组织重构
——艺术、选择及领导
（第三版）

Reframing Organizations
Artistry, Choice, and Leadership
(THIRD EDITION)

［美］ 李·G·鲍曼（LEE G. BOLMAN） 著
特伦斯·E·迪尔（TERRENCE E. DEAL）

桑强 高杰英 高燕翔 李博 万阿惠 译
高杰英 桑强 校

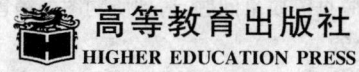
高等教育出版社
HIGHER EDUCATION PRESS

图字:01-2003-8957号

Reframing Organizations: Artistry, Choice, and Leadership/Lee G. Bolman, Terrence E. Deal. —3rd ed.

Copyright © 2003 by John Wiley & Sons, Inc.

All Rights Reserved. Authorized translation from the English language edition published by Jossey-Bass, Inc. a John Wiley & Sons, Inc. company.

图书在版编目(CIP)数据

组织重构——艺术、选择及领导(第三版)/[美]李·G·鲍曼(LEE G. BOLMAN),[美]特伦斯·E·迪尔(TERRENCE E. DEAL)著,桑强、高杰英等译.—北京:高等教育出版社,2005.11

书名原文: Reframing Organizations: *Artistry, Choice, and Leadership* (THIRD EDITION)

ISBN 7-04-016429-9

Ⅰ.组··· Ⅱ.①李···②特···③桑···④高··· Ⅲ.组织管理学 Ⅳ.C936

中国版本图书馆CIP数据核字(2005)第115476号

出版发行	高等教育出版社	购书热线	010-58581118	
社　　址	北京市西城区德外大街4号	免费咨询	800-810-0598	
邮政编码	100011	网　　址	http://www.hep.edu.cn	
总　　机	010-58581000		http://www.hep.com.cn	
经　　销	蓝色畅想图书发行有限公司	网上订购	http://www.landraco.com	
印　　刷	北京外文印刷厂		http://www.landraco.com.cn	
开　　本	850×1168　1/32	版　　次	2005年11月第1版	
印　　张	18.625	印　　次	2005年11月第1次印刷	
字　　数	470 000	定　　价	37.80元	

本书如有缺页、倒页、脱页等质量问题,请到所购图书销售部门联系调换。

版权所有　侵权必究

物料号　16429-00

译 者 序

历时一年半,本书的翻译终于接近尾声了。翻译的过程也是一个学习的过程。在翻译的过程中,我们深切地体会到,这是一本非常有特色的"组织学"著作。除了作者在前言中的介绍之外,我们愿意把自己的一些体会与读者分享。

本书最大的特色在于"整合"。盲人摸象的故事,大家都已经耳熟能详了。从现代方法论的角度来总结,这个故事揭示了还原论的缺陷,强调了整体论的重要性。认识一头大象如此,研究一个组织也是如此。受还原论思想的指导,现代科学的分化越来越细。在不到一百年的时间里,管理学这个新兴学科也衍生成为一个庞大的学科体系,管理学科的"内部分工"也越来越细。即使是关于"组织"的研究和论述,也分散在不同的学科分支之中。当我们剖析一个组织的时候,我们需要从不同的著作中去寻找理论支持和方法工具。这些著作可能涉及组织行为学、组织设计、人力资源管理、企业文化等领域。在图书馆或书店里,很容易就可以找到很多本关于这些领域的著作,甚至书名都是相同的。但是,还没有哪本著作专门探讨过这些领域的相关性。本书以"组织重构"的名义,把这些相关的领域整合在一起,提出了重构组织的系统方法论,总结了组织重构的四大视角:组织结构、人力资源、组织权术和组织文化。这四个方面既相互独立,又密切相关,透过这四个方面,我们可以全面、系统地认识一个组织。第二、三、四、五篇,专门研究了每一种组织重构思路的理论基础、方法工具和适用情境。第六篇则从"改善领导"的角度阐述了如何从不同的视角来理解和认识组织,综合性地改善领导水平,提升组织绩效。其中第20章更是围绕一个案例,生动地刻画了"组织重构系统方法"在实践中的运用。

案例引用和分析贯穿全书始末：或者是以案例分析为引言切入主题；或者是以真实案例印证观点；或者是提供正反两方面的案例，诱人思考。在行文中广泛使用案例，可以吸引读者的注意力，也有利于加强读者对概念的理解和认识。书中所引用的案例来源广泛，有来自企业界的，也有来自教育界的，还有来自军界的。不同组织类型的案例，有利于开拓学习和研究思路。

根据内容的需要，本书在适当的位置对组织领域的经典文献和畅销著作加以推介。如果读者对某些方面的问题感兴趣，就可以按图索骥，进行更加广泛的阅读。在附录中，作者根据文献的引用率，对组织领域的经典文献进行排名，列出了引用率排在前十五位的文献；根据《商业周刊》的畅销书排名结果，挑选出了与本书主题相关的畅销书。

基于以上特色，本书对于工商管理和公共管理领域的管理者和领导者、研究教学人员、管理咨询人员和各级各类学生，都是有益的学习参考读物。受译者水平所限，难免会影响原著的风采，难免会有误译、错译之处，敬请读者批评指正。

全书各章的译者分工如下：中国人民财产保险股份有限公司的博士后桑强（前言、第1章、第2章、第9章、第10章、第11章、第20章、第21章、附录）、中国人民大学高燕翔（第3章、第4章、第5章、第12章、第13章、第14章）、中国人民大学李博（第6章、第7章、第8章）、首都经济贸易大学的高杰英（第15章、第16章、第17章）、中国人民大学万阿惠（第18章、第19章）。桑强对全书的译稿进行了初校，高杰英对全书的最终稿进行了全面细致的审校，特此表示感谢。

译　者

2005.2.20

前　言

本书最早出版于1984年,那时候,该书的书名是《理解和管理组织的现代方法》,如今这本书已经是第四版了。20世纪90年代,本书曾经以《组织重构》的名称出过两个版本,而且被翻译成多种文字。世界各地的读者告诉我们,无论是在生活中,还是在其他方面,这本书都给了他们非常重要的思想。对此,我们不胜荣幸。

现在,有必要对这本书进行重新修订。为了满足大家的需要,我们非常高兴进行这项修订工作。近些年以来,组织和领导所面临的挑战发生了非常迅速的变化,学者们非常努力地追赶这种变化。在这一版中,我们将努力把握新千年中理论与艺术的新前沿。

四维重构模型和关于组织类型(被视为企业、家庭、丛林和教堂)的观点,仍然是本书的核心概念。但是世界的变化真是太快,于是我们大规模地更新了书中的案例,以追踪管理实践的最新发展。在这个版本中,增加了一个新的特色:总结了一系列"组织研究中的伟大发现"。这个栏目,对最具学术影响的文献中的核心思想,进行了精练的概括(这些文献是通过一种新的引用率分析方法选择出来的,附录中专门对这种方法进行了介绍)。为了与学术著作相对应,我们还在书中添加了近期管理类畅销书的概要。

现实中的组织不断出现许多新的案例。"引言"那一章和组织结构设计那一篇(第二篇)的写作,从更新的案例中受益匪浅。在讨论人力资源管理的内容中,增加了关于多元化的新材料,涵盖了人力资源管理领域的一些最新进展。在讨论组织权术和象征的内容中,增加了新的案例和研究成果。还深化了关于组织文化的讨论。

全书增加了一些新的内容,也删除了那些多余的语句、不重要的概念和无关的案例,以保证内容的精干。同时,我们也尽可能地使这本书充满乐趣。组织的实践为我们提供了既有趣味又有教育意义的丰富案例。我们把这些案例分散在全书之中,如果有人感到不习惯,我们向他们表示道歉。但我们认为,大多数读者会发现:这本书更加清晰,更加易读了。

本书的主要读者是管理者和未来的领导者们。我们一直试图回答这样一个问题:关于组织和领导,对于实际工作者,哪些真正有用?经过长期研究,我们提出了一个尽可能明确、简洁的综合了理论、研究和实践的完整体系。对于如何解决管理中的问题,我们一方面在努力避免提出过于简单化的观点;另一方面也避免按照冲动及煽动性的思维方式来提供解决方案。

管理和领导始终是我们关注的两大焦点,二者存在差异,但都很重要。如果一个组织的管理能力非常强,而领导能力比较弱,那么,它最终会失去发展的精神和目标。如果一个管理薄弱的组织,拥有一位强势的魅力型领导人,那么它无法支撑持续的高速增长。和医生一样,对于管理者和领导者来说,玩忽职守是有害的、不道德的。短视的管理者或激情过度的领导者,通常会给组织带来更大的危害。现代组织所面临的挑战要求组织既要有管理者的客观冷静的观点,也要有领导者睿智的闪光思想。我们要求管理者能够在混乱和嘈杂中发现简洁性和规律性,需要有才华的、具有灵活性的领导者,他们应当是艺术家,是分析师,善于反思过去,从中发现新的问题和可能性。我们需要拥有爱心的管理者,他们热爱自己的工作,关心自己的组织,关爱自己周围所有的人。我们需要的管理者和领导者,应当把管理看作是道德和伦理的载体。我们需要把现实主义与浪漫主义相结合的领导者,他们能够把坚持原则的无情与勇于担当责任的热情结合起来,实现更大的价值和更高的目标,我们希望提倡和培养这样的品质。

以前,本书试图对本领域的重要理论贡献,作一个清楚的总结和整合,集中关注具有实践意义的组织理论,从世界各地,从不同的部门寻找案例。从整个历史来看,组织研究已经分化为多个理论阵营,这些阵营之间是相互孤立的。有些著作也尝试着对组织理论和研究进行综合性的概述,但是它们往往沉浸于社会科学的专业术语和抽象概念之中,不太有利于实践者的理解。因此,我们努力实现简单与复杂之间的平衡。

大多数组织理论方面的著作,只关注私营组织,或者只关注公共组织,很少同时兼顾。我们认为这是不对的,管理者需要了解各类组织之间的异同性。而且,私营组织与公共组织之间正在相互渗透。航空、核电厂和制药公司都属于公共事业单位,这些组织中的行政长官只能在日常运作中实施"间接性的管理",在有限的权限范围内,努力扩大对组织行为的影响。私营部门需要正确处理与各级政府的关系,对于跨国公司的管理者来说,这是一项更为复杂的工作,他们需要处理好与多国政府的微妙关系,而这些国家有着不同的制度和传统。不同部门、不同文化背景下的管理者,通常采取狭隘的观点来看待彼此,这妨碍了各类组织管理效率的提高。我们需要为他们搭建共同的平台,以增进理解,这样才有助于增强世界各地的私营组织和公共组织的优势。私营部门与公共部门、国内组织与多国组织之间的沟通,已经变得越来越重要,组织设计在这些组织之间具有通用性。因此,组织设计可以为它们之间的沟通提供通用语言。与世界各地的各类组织的交往,不断强化了我们的信心:各地的组织设计有着相通之处。例如,权术问题是一个具有普遍意义的重要问题,尽管不同国家、不同文化的组织所面临的具体问题有较大的差异。

重构(reframing)的思想仍然是本书的中心主题。全书表明,针对同一个问题,至少可以从四个方面来考察。第六篇的各章包括了组织重构中的若干关键问题,如领导、变革和伦理,其中有两章专门涉及现实环境中的重构问题。

我们仍然强调组织的艺术性(artistry)。过于强调组织的理性和技术性,通常会导致组织的衰退和消亡。本书强调了艺术性在管理和领导中的重要地位,艺术性就是不苛求严格性和精确性,艺术是要表达艺术家的某种体验,艺术家通过能够为人们所感受、理解和欣赏的方式,来表达这些体验。艺术讲求激情、微妙和含蓄,艺术家使我们对这个世界有了更深刻的理解。对于现代组织来说,品质、责任感和创造力,是非常有价值的,但也是难以寻觅的,只要领导者或管理者能够在他们的工作中身体力行,就能够鼓励和发展组织的这些特性。

内容提要

本书的第一篇是"理解组织"。一开始就提出了一个令人困惑的管理问题:为什么聪明的人总是会犯一些愚蠢的错误?第1章"重构的力量"解释了为什么管理者常常会做出错误的形势判断,因为他们还没有学会从多个角度来认识所面临的问题,无法提出有效的解决办法。第2章"简单理念与复杂组织"通过多个著名案例的分析表明:"当一天和尚撞一天钟"的理论会导致无穷的后患。这些案例包括韩国喷气客机被苏联空军击落事件,安然破产事件,以及1994年伊拉克上空发生的"误击"惨案,多种因素增加了组织的复杂性、模糊性和不可预测性。本章还对这些基本要素进行了解释,讨论了管理思维中常见的一些谬误,并提出了有效的诊断和解决办法。

第二篇是"结构视角"。这一部分充实了新的案例材料:2001年9月11日,在纽约发生的恐怖主义事件当中,组织结构的混乱妨碍了营救工作。第3章"构建组织",介绍了管理者在组织结构设计过程中必须考虑的基本问题,以保证组织的目标、任务与环境的匹配。第4章"结构与重组"解释了组织结构可能存在的症状及其危害,本章将告诉你如何实现结构与环境的协调。本章还用几个案例解释了如何成功地实施组织结构变革。第5章"组织群体与团队"表明,对于各类高绩效团队来说,结构是非常重要的。

第三篇是"人力资源视角"。这部分增加了关于员工关系变革的新材料;更新了人力资源管理方面的最佳实践。第6章"人与组织"重点关注了组织与人性之间的关系,本章内容表明,管理者奉行不同的人性假设并采取相应的管理措施，其管理效果可能截然不同：或者是导致管理者与员工之间的关系疏远，甚至产生敌意；或者是增强员工的责任感和积极性。本章对比了两种追求效率的战略："精干和刻薄"，或者进行人力资本投资。第 7 章"提升人力资源管理"，对关于如何建立一支有积极性、有责任感的员工队伍的实践进行了综述，这些措施包括：参与管理，工作丰富化，自我管理工作团队，多样化管理以及组织开发。第 8 章是"人际关系与团队动力学"。本章运用个体间冲突的案例，说明了管理者是如何创建有效的或是无效的关系。通过参与群体工作过程，可以提高群体成员的工作效率。本章对这些参与方式进行了讨论。这些方式包括：非正式组织和角色，个体间的冲突，领导和决策。

第四篇"权术视角"把组织看作是一个竞技场。组织是一个目标冲突、资源稀缺并且充满权力斗争的世界，个体和群体为了各自的狭隘利益而展开竞争。第 9 章"权力、冲突与合作"分析了"挑战者"号航天飞机的悲惨损失，解释了权术动力学对决策的影响。本章的研究表明，资源稀缺和目标多样化会导致冲突、讨价还价和权力博弈；本章还区分了建设性的和破坏性的权术动力学。第 10 章"作为权术家的管理者"解释了建设性权术家所应当具备的基本技能：诊断权术现状，安排议程，建立网络，谈判，做出兼顾效率与伦理的选择。第 11 章"作为权术竞技场和权术中介的组织"认为组织既是权术竞争的舞台，也是影响社会、政治和经济发展趋势的权术主体（政治参与者）。透过罗斯·约翰逊与 250 亿美元融资收购的故事，我们可以找到组织内外部权术竞争的交叉点。

第五篇考察了象征视角。第 12 章"组织文化与符号"详细阐释了组织中的基本象征要素：文化、神话、英雄、暗喻、故事、幽默、文体比赛、仪式和礼节。本章定义了组织文化的内容，并说明了其在决定组织绩效方面的中心作用。象征与文化在组织中的影响力是多方面的，哈雷-戴维森（Harley-Davidson）、沃尔沃法国分公司（Volvo France）、美国国会及诺斯壮百货店（Nordstrom Department Store)的案例可以说明这一点。第13章"组织是一个舞台"揭示出组织的结构、活动和事件构成了一部没完没了的戏,它表达我们的恐惧与欢乐,激发我们的情感,点燃我们的激情。本章还说明,对于组织结构和流程(诸如计划、评价和决策),我们还只是停留在口头上的重视。第14章是"组织文化的实践"。本章介绍了一个计算机研发团队的案例,案例表明,领导和群体成员可以共同建立一种文化,把整个群体整合在一起,为共同的目标而努力。利用加入仪式、专用语言、群体故事、幽默、文体比赛和礼节等等,可以把一群多元化的员工,转变为一个拥有共同目标、精神和灵魂的、有凝聚力的团队。

第六篇"改进领导能力的实践"特别关注管理实践中的核心问题,包括领导、变革和伦理。第15章是"整合不同视角以确保重组实践的有效性"。本章表明,管理者可以把不同方面的设计整合在一起,以提高设计的效果。组织是一个多面体,我们需要根据不同的情况进行不同方面的设计,本章提出了一些设计思路。第16章"组织重构的实践:机会与风险"提出了四个视角的方案,并用这些方案分析了一位年轻经理人的痛苦经历。上班的第一天,这位经理人遇到的挑战,远远超过了她的预期。本章讨论了领导者如何通过考虑多种方案,来增加选择余地,提高其影响力。第17章"领导能力重构"讨论了传统领导观的局限性,并提出了一个角度更全面的领导观,对领导在组织中的作用做出了更全面的认识,性别与领导是这一部分新增的内容。第18章"重构变革"研究了变革活动中的四大基本问题:个体需要、结构排列、冲突和损失。本章通过分析变革的成败案例,总结了一些关键的战略,如培训、重组、提供舞台以及利用象征和仪式。

第19章"重构伦理和精神"讨论了四条伦理准则:卓越、人道、公平、忠诚。领导人依靠其权威、爱心、权力和影响力,能够建立起更加符合伦理准则的组织。第20章是对重构过程的一个整合。本章追踪了一位学校负责人在忙乱的周末所遇到的关键难题,表明了重构如何能够帮助管理者走出困境,并坚持重新确立的立场和信心。结束语(第21章)描述了未来领导者所需要具备的战略和特征。本章解释了领导者为什么需要把理念的灵活性与对核心价值观的忠诚艺术地结合起来,面向未来的领导者们,既要重视精神的发展,也要重视智力的发展。

致谢

在第一版中,我们就提到过"写书就像是一次孤独的旅程,如果是一对古怪的伙伴一起写作的话,更是如此"。这对伙伴的年纪越来越大,现在都已经六十多岁了。有些人会说,他们也越来越古怪了。但是,在写这本书的过程中,我们并不觉得太孤单。因为我们之间保持着深厚的友谊,并与众多的同事朋友保持着密切的关系。作为教师,最大的收获就是可以从学生那里学到许多东西。在过去这些年里,哈佛大学(Harvard)、范德比尔特大学(Vanderbilt)、密苏里堪萨斯城市大学(the University of Missouri-Kansas City)和南加州大学(the University of Southern California)的学生给予了我们非常宝贵的批评、挑战和支持。在各种研修班、研讨会和咨询项目中,我们从众多的领导者和管理者那里学到了许多东西。我们要感谢他们中的每一个人,他们的经验和智慧是我们这本书的基础和试金石。

像过去一样,这本书的完成一定程度上要归功于我们的同事。要感谢他们在前几版中所给予我们的帮助;他们的贡献仍然保留在这本著作之中。但是,我们要特别提及那些做出最新贡献的人们,在与密苏里堪萨斯城市大学的教学同事和研究助理的合作过程中,我们学到了许多东西。我们要特别感谢 Mary Yung 和 Hooilin Chan 的帮助,他们帮助我们完成了附录中的文献分析,他们的工作非常出色。

我们还希望感谢美国和世界各地的所有同事和读者,他们提出了非常有价值的评论和建议。但是,这份名单太长了,我们只能简要摘录。加拉加斯(Caracas)高级管理研究院(the Institute for Advanced Study of Management)的 Elena Granell de Aldaz 与我们合作出版了西班牙语版的《组织重构》(*Reframing Organizations*)。最近,我们又合作完成了一个研究项目,对委内瑞拉管理者们的组织设计取向进行了研究。我们非常自豪有她这么优秀的同事和好朋友。还需要特别提到的是马萨诸塞州大学(the University of Massachusetts)的 Bob Marx,他是这个组织设计大家庭的创始成员之一,他对设计框架非常感兴趣,创造性地开发出一些教学方案和视频材料,这些对于我们的思考和教学都是非常有帮助的。有许多人为我们提供了有价值的案例材料,他们包括:美国海军上尉 Gary Deal,美国空军少校 Kevin Reed,一名从事器官移植的医生 Peter Minich,和来自 FzioMed 公司的 Jan 与 Ron Haynes。我们在凤凰城(Phoenix)里兹·卡尔顿俱乐部(the Ritz-Carlton Club)的朋友 Ann Hamilton、Yunen Silverio、Perla Silverio 和 Jean Wright 对一家大型连锁宾馆的内部工作有着深刻的了解,他们为我们提供了一些重要的见解。哥伦比亚大学(the University of British Columbia)的 Peter Frost 和圣托马斯大学(St. Thomas University)的 Peter Vaill 源源不断地为我们提供了一些创意、支持和鼓励。许多人,包括我们在组织行为学教学协会(the Organizational Behavior Teaching Conference)的朋友和同事们,都给予了我们有益的创意和建议。非常抱歉,我们可能会有遗漏,但是我们要感谢 Joe Aniell, Jim Begun, Lars Bjork, Irwin Blumer, Grady Bogue, Gordon D. Brown, Mark Denke, Eric Dent, Susan C. Eaton, Max Elden, Elden Ensher, Kent Fairield, Maureen Farrell, Kenneth E. Galea'i, Daniel Gutmore, Margaret Heffernan, Tom Hickock, Richard M. Jacobs, Jeanne King, Patricia Klinck, Harald Koht, Bob Kramer, Mark Kriger, Mark Maier, Magid Mazen, John Mirocha, Christopher Morphew, Ken Murrell, Sandra Parkes, Sally Power, Jeffrey A. Routsong, Peter Sevastos、Jody Spiro、Niki Steckler、Susan S. Stratton、Michael Thies、J. Douglas Toma、Suzanne Waalfort。我们从以上同事以及其他同事那里获得了许多有益的想法,我们只希望能够把这些想法付诸实践。

Bill Eddy 应该得到特别的感谢,他是密苏里堪萨斯城市大学布洛赫学院(the Bloch School)的系主任,为促进学术繁荣创造了良好的环境,他的继任者 Al Page 和 Homer Erekson 也保持了这种优秀传统。布洛赫学院的其他同事 Dave Bodde、Nancy Day、Dick Heimovics、Bob Herman、Rick Lytle、Deborah Noble、Stephen Pruitt、David Renz、Eleanor Schwartz、Beth Smith 及 Marilyn Taylor 也给予了很大的帮助。

在布洛赫学院组织领导与管理系,李的同事们非常尽职,他们创造了许多实践的机会,以更好地学习和理解领导学。除了已经提到的同事以外,李还要感谢 Raj Arora、Gene Brown、Rita Cain、Rich Hamilton 和 Patti Greene。在南加州大学 Rossier 学院(the Rossier School),系主任 Karen Gallagher 建立了一个富有激情的、稳定的学术基地。Carl Cohn、Stu Gothald 和 Gib Hentschke 这些同事都给予了智力和精神上的支持。

我们从以下这些同事那里得到了帮助:Chris Argyris、Pat Arnold、Sam Bacharach、Cliff Baden、Estella Bensimon、Al Bertani、Pat Bower、Barbara Bunker、Tom Burks、Ellen Castro、Sharon Conley)、Linton Deck、Tom Johnson、Ralph Kimann、Grady McGonagill、John Meyer、Harrison Owen、Kent Peterson、Michael Sales、Mary Jane Saxton、Dick Scott、Joan Vydra、Roy Williams 和 Karl Weick。我们还要感谢 Brookline 小组(the Brookline Circle)中的 Dave Brown、Phil Mirvis、Barry Oshry、Tim Hall、Bill Kahn、Todd Jick。目前,他们探寻生命的欢乐与意义的活动,已经进入第三个十年了,现在开始投身于组织的研究。

在美国之外,我们要感谢瑞士的 Rolf Kaelin、Cüno Pumpin 和

Peter Weisman；芬兰的 Ilpo Linko；巴西的 Tom Case；挪威的 Einar Plyhn 和 Haakon Gran；瑞典的 Peter Normark 和 Dag Bjorkegren；以及 H. R. H. Prince Philipp。

再回到国内，对于 Bruce Kay 和 Homa Aminmadani 的感谢是无法用语言来表达的。如果没有他们，我们的智力和健康将会受到很大损害。Homa 具有波斯人的高雅和非凡的决断力。我们还要感谢 Linda Corey 长期以来给予我们的支持和友谊，她现在仍然是我们在哈佛大学的代表。

李的六个孩子——Edward、Shelley、Lori、Scott、Christopher、Bradley——丰富了他的生活，也促进了他的成熟，他希望能够尽可能地给予他们更多的东西。还要特别提到特伦斯的父母 Bob Deal 和 Dorothy Deal，他们都已经 90 多岁了，看到一向任性的儿子能够写一本书，他们既兴奋又惊奇。

我们要把这本书献给我们的妻子，我们给予她们的所有荣誉和感激都是不够的。Joan Gallos 是李的妻子和亲密同事，她一方面从学术的角度提出了挑战和批评，另一方面也给予支持和关爱。在我们提出各种观点的过程中，她是一位积极的合作者。本书的写作从她的智慧和洞察力中获益匪浅，她的贡献已经与我们的思想整合在了一起，我们已无法从各个方面表示感谢了。

特伦斯的妻子 Sandy Deal 受过心理学方面的训练，这使她能够以独特的、富有启发性的视角来理解组织学这个领域。她对个体和家庭的关注，帮助我们的研究在某些方面与临床心理学建立了更加紧密的联系。Sandy 是一位勤奋的合作者，没有她长期的支持，一切都会大不相同。在她的身上，集中了勇气与同情心，依赖性与独立性，责任心与幽默感。

再一次感谢！随着时间的流逝，我们更加深爱着你们。

李·G·鲍曼　特伦斯·E·迪尔
2003 年 5 月

作者简介

李·G·鲍曼(Lee G. Bolman)在密苏里堪萨斯城市大学的布洛赫工商与公共管理学院工作。1962年,他获得了历史学学士学位;1968年他获得了管理学博士学位。这两个学位都是从耶鲁大学(Yale University)获得的。鲍曼的兴趣在于领导学与组织学的交叉领域,他已经发表和出版了大量的论文、著作和案例。他也是一位咨询师,曾经为美国、亚洲、欧洲和拉丁美洲的公司、公共机构、大学和公立中学提供咨询服务,还在哈佛教育学研究院从事了20年的教学工作,在那里,他还担任了教育管理研究会和社会领导学会的主席,目前还担任着组织行为学教学协会的会长和全国培训实验室的主任。

鲍曼和他的妻子Joan Gallos居住在密苏里州堪萨斯市(Kansas City, Missouri),他们共有6个孩子,最小的两个孩子克里斯托夫(Chris)和布拉德利(Brad)与他们住在一起,跟他们住在一起的还有一只达尔马提亚狗(Dalmatian),狗的名字叫Vincent Van Gogh of KCMO。

特伦斯·E·迪尔(Terrence E. Deal)是南加州大学Rossier教育学院的教授。在加入加州大学之前,他曾在斯坦福大学教育学研究生院、哈佛教育学研究生院和范德比尔特大学Peabody教育学院任教。1961年他在La Verne学院获得学士学位。1966年他在位于洛杉矶(Los Angeles)的加利佛尼亚州立大学(California State University)获得教育管理硕士学位。1972年他在斯坦福大学(the Stanford University)获得教育与社会学博士学位。迪尔曾经当过警察、公立学校的教师、高级中学的校长、地区行政长官和大学教授。他的主要研究领域是组织符号象征和组织变革。他写过25本书,其中包括畅销书《企业文化》(*Corporate Culture*)(与

A. A. Kennedy 合著,1982)和《塑造校园文化》(*Shaping School Culture*)(与 K. Peterson 合著,1999)。他在组织、变革和领导学方面,发表了大量的论文,还为企业、医疗机构、军队、教育机构和宗教组织提供咨询服务,这些机构遍布国内外,包括欧洲、斯堪的纳维亚、中东、加拿大、南美洲、日本和东南亚。

迪尔和他的妻子桑迪(Sandy)居住在加州(California)的圣路易斯·奥比斯波(San Luis Obispo),与他们住在一起的,还有他们一只叫马克斯的猫(Max)。

鲍曼和迪尔最早是在1976年认识的。那时候,他们在哈佛大学共同承担一门组织学方面的课程。由于在东西两岸接受了不同学科的教育,他们几乎在所有方面都无法取得一致意见。起初他们是一对既有挑战、又富有效率的合作伙伴,最终共同完成了大量的著作,不少著作已经被翻译成多种文字,介绍给了亚洲、欧洲和拉丁美洲的读者们。

鲍曼和迪尔曾经先后在全国教育领导中心、哈佛大学的一个社团、范德比尔特大学和芝加哥大学等机构共事五年。

身为作者,非常希望听到来自读者们的反馈。欢迎读者们就书中的内容,发表批评意见,提出问题和建议,或者是介绍你们的实践经历。无论是成功,或是失败,抑或是感到困惑,他们都非常欢迎,读者们可以通过以下方式与作者联系:

Lee Bolman
Bloch School—UMKC
5100 Rockhill Road
Kansas City, MO 64113
E-mail:bolman@umkc.edu

Terry Deal
6625 Via Piedra
San Luis Obispo, CA 93401
E-mail:sucha@slocoast.net

目 录

第一篇 理解组织 ... 1

第1章 引言:重构的力量 ... 3
1.1 组织活动的优势与劣势 ... 5
1.2 智障的祸因 ... 7
1.3 改善组织战略的回顾 ... 9
1.4 理论基础 ... 12
1.5 视角与重构 ... 14
1.6 结论 ... 22

第2章 简单理念与复杂组织 ... 24
2.1 组织的特征 ... 30
2.2 组织学习 ... 33
2.3 应对不确定性和复杂性 ... 36
2.4 组织诊断中常见的问题 ... 43
2.5 结论 ... 48

第二篇 结构视角 ... 51

第3章 构建组织 ... 53
3.1 结构假设 ... 54
3.2 结构视角的起源 ... 55
3.3 结构形式与功能 ... 56
3.4 基本的结构冲突 ... 59
3.5 纵向协调 ... 61
3.6 横向协调 ... 64
3.7 麦当劳与哈佛:结构比较 ... 67
3.8 决定结构的要素 ... 69

3.9	结论	78

第4章 结构与重组 … 80
- 4.1 结构困境 … 81
- 4.2 结构安排 … 85
- 4.3 重组中的一些基本问题 … 94
- 4.4 为什么要进行重构? … 95
- 4.5 使结构变革能够发挥作用:三个案例 … 97
- 4.6 结论 … 103

第5章 组织中的群体与团队 … 105
- 5.1 小型群体中的任务与联系 … 107
- 5.2 团队作业与相互依存关系 … 111
- 5.3 团队结构与高绩效 … 115
- 5.4 土星公司:故事背后的故事 … 117
- 5.5 总结 … 119

第三篇 人力资源视角 … 121

第6章 人与组织 … 123
- 6.1 人力资源假设 … 125
- 6.2 人的需求 … 126
- 6.3 人有哪些需求 … 128
- 6.4 X理论和Y理论 … 129
- 6.5 个性与组织 … 130
- 6.6 个体能力和新型雇佣合同 … 136
- 6.7 精简高效:能否获得高于成本的收益? … 139
- 6.8 人力资源投资 … 142
- 6.9 结论 … 145

第7章 提升人力资源管理 … 147
- 7.1 建立并实现人力资源理念 … 150
- 7.2 雇佣合适的员工:明确你的需求并进行挑选 … 151
- 7.3 留住员工 … 152
- 7.4 投资于员工 … 157

7.5　授权给员工 …………………………………… 158
　　　7.6　提倡多样性 …………………………………… 171
　　　7.7　全面质量管理(TQM)和新联合汽车制造公司
　　　　　(NUMMI) ……………………………………… 173
　　　7.8　培训和组织发展 ……………………………… 176
　　　7.9　结论 …………………………………………… 179

第8章　人际关系与团队动力学 …………………… 180
　　　8.1　人际关系动力学 ……………………………… 182
　　　8.2　管理风格 ……………………………………… 190
　　　8.3　组织中的团队 ………………………………… 193
　　　8.4　结论 …………………………………………… 201

第四篇　权术视角 …………………………………… 203

第9章　权力、冲突与合作 ………………………… 205
　　　9.1　关于权术的假设 ……………………………… 208
　　　9.2　作为联合体的组织 …………………………… 211
　　　9.3　权力与决策 …………………………………… 214
　　　9.4　组织中的冲突 ………………………………… 219
　　　9.5　道德困境:成功的权术学 …………………… 220
　　　9.6　结论 …………………………………………… 222

第10章　作为权术家的管理者 ……………………… 224
　　　10.1　权术技能 …………………………………… 228
　　　10.2　道德与权术 ………………………………… 240
　　　10.3　结论 ………………………………………… 245

第11章　作为权术竞技场和权术中介的组织 ……… 246
　　　11.1　作为竞技场的组织 ………………………… 251
　　　11.2　作为权术代理人的组织 …………………… 254
　　　11.3　结论 ………………………………………… 265

第五篇　象征视角 …………………………………… 267

第12章　组织文化与象征符号 ……………………… 269

- 12.1 象征视角的假设 ······ 270
- 12.2 作为文化的组织 ······ 271
- 12.3 组织的象征符号 ······ 274
- 12.4 结论 ······ 298

第13章 组织是一个舞台 ······ 300
- 13.1 制度理论 ······ 301
- 13.2 戏剧似的组织结构 ······ 305
- 13.3 戏剧似的组织流程 ······ 308
- 13.4 结论 ······ 315

第14章 组织文化的实践 ······ 317
- 14.1 "鹰"小组成功的原因 ······ 318
- 14.2 领导原则 ······ 320
- 14.3 结论 ······ 329

第六篇 改善领导能力的实践 ······ 331

第15章 整合不同视角以确保重构实践的有效性 ······ 333
- 15.1 管理者所理解的生活 ······ 334
- 15.2 超越不同视角:组织的多面性 ······ 335
- 15.3 因地制宜地选择组织重构的视角 ······ 339
- 15.4 有效的管理者和组织 ······ 343
- 15.5 结论 ······ 350

第16章 组织重构的实践:机会与风险 ······ 351
- 16.1 结构视角 ······ 352
- 16.2 人力资源视角 ······ 355
- 16.3 权术视角 ······ 357
- 16.4 象征视角 ······ 360
- 16.5 组织重构的收益与风险 ······ 362
- 16.6 新来者和外来者的组织重构 ······ 364
- 16.7 结论 ······ 364

第17章 领导能力的重构 ······ 366
- 17.1 领导能力的概念 ······ 368

目 录

- 17.2 领导能力的情境分析 ·· 370
- 17.3 我们知道什么是优秀的领导能力吗？ ············· 371
- 17.4 性别与领导能力 ··· 377
- 17.5 领导能力的重构 ··· 381
- 17.6 结论 ·· 400

第18章 重构变革：培训、重组、谈判、抱怨与继续 ···· 401
- 18.1 一个普通的变革案例 ····································· 401
- 18.2 变革与培训 ·· 405
- 18.3 变革与重组 ·· 408
- 18.4 变革与冲突 ·· 411
- 18.5 变革与损失 ·· 413
- 18.6 变革的战略 ·· 418
- 18.7 斑马团队：故事的剩余部分 ·························· 421
- 18.8 结论 ·· 428

第19章 重构伦理和精神 ·· 429
- 19.1 组织的灵魂和精神 ··· 431
- 19.2 工厂：卓越和自主权 ····································· 435
- 19.3 家庭理论：关心和爱心 ································· 437
- 19.4 竞技场的观点：公正和权力 ·························· 439
- 19.5 神殿：信仰和意义 ··· 441
- 19.6 结论 ·· 444

第20章 整合：变革与领导的实践 ······························ 445
- 20.1 结构问题与选择 ··· 456
- 20.2 人力资源问题与选择 ····································· 458
- 20.3 权术问题与选择 ··· 459
- 20.4 象征问题与选择 ··· 461
- 20.5 结论：重构的过程 ··· 469

第21章 结束语 ·· 471
- 21.1 对核心信念的承诺 ··· 472
- 21.2 进行多视角的思考 ··· 473

附录 ··· 475
参考文献 ··· 481
人名索引 ··· 532
主题词索引 ·· 549

第一篇 理解组织

第 1 章 引言:重构的力量

安然公司(Enron)的总部位于得克萨斯州(Texas)的休斯敦市(Houston),在其总部大厅的标语上写着这样一句话:"世界一流公司"。这并非自我吹嘘:成立 6 年以来,安然公司已经入选《财富》杂志"最受赞赏的公司",并被评为最具有创新性的公司(McLean,2001,p.60)。2001 年 9 月,公司的年利润超过 10 亿美元,年增长率达到了 68%。在《财富》杂志评出的成长速度最快的 100 家公司当中,安然公司名列第 30 位。安然的首席执行官(CEO)肯尼斯·W·莱(Kenneth W. Lay)被称为最具影响力的企业领导者,这多少有些令人吃惊,因为这种评价只是偶尔用在通用电气的传奇 CEO 杰克·韦尔奇(Jack Welch)的身上。莱具有独特的优势,他与乔治·布什(George Bush)总统保持着长期的友谊关系。他曾经为布什的总统竞选活动捐赠了 50 万美元,这是布什所获得的最大一笔个人捐赠,此举增强了他们之间的私人关系。安然公司规模巨大,创新能力强,成长速度快,盈利水平高,又与布什保持着密切的政治联系,还有哪个公司能够比得上它呢?

然而公司并没有创造如上所述的真正奇迹,只是在暗中伪造财务数据,令人不解的是外部审计也疏于责任。到了 2001 年 12 月,安然公司突然破产,这成为历史上最大的公司破产案。公司的股价也在 1 年之内,从 80 美元跌到了 80 美分,股东手中的数百亿美元财富突然之间就蒸发了,大批员工被解雇,大多数员工的退休金也无法保障。[1]

究竟出了什么问题?安然破产之后,专家们提出了大量似是而非的解释。但是,安然的领导们似乎被突然之间的崩溃给弄懵了。前任 CEO 杰弗里·K·斯基林(Jeffry K. Skilling)也负有疏忽之责。他曾被认为是安然的总设计师，正是他实现了公司的高速起飞，创造了自由平等的企业文化。同事们认为他是一个"拥有最终控制力的奇人，这种事必躬亲的领导者，把他的手伸向了所有的难题"（Schwartz, 2002, p.C～1）。在安然破产前的3个月，斯基林以无可奉告的"个人原因"提出了辞职。事后许多人怀疑，他是不是已经看到了前面的冰山，而提前跳船了。但是当人们问起他这件事时，他只是淡淡回答到："我一直觉得公司运转良好，从来没想到公司会存在什么问题"（p.C～1）。

人们认为斯基林和他的上司莱都精明能干，并非缺乏能力。他们两人都坚持说，他们不清楚导致公司破产的财务操纵和管理失误等问题。虽然安达信在芝加哥的合伙人曾经争论过，是否终止与安然公司的业务关系——安然公司的财务策略非常激进，超出了可以接受的范围，安然公司的首席审计事务所安达信全球公司（Andersen Wordwide）仍然作出了与二人相同的声明。卡尔·巴斯（Carl Bass）是负责监督安然审计工作的高级合伙人，他曾经强烈地反对过安然公司的某些高风险的财务举措，结果安达信公司把他调离。在巴斯被调离之前的几周，安达信的高级经理约瑟夫·F·贝拉迪诺（Joseph F. Berardino）曾经访问过安然的总部。但是，他说他并不曾听到过有关的信息（Byrne, 2002b）。

面对隐现的危机而无所作为，这样的企业领导人很多，贝拉迪诺、莱和斯基林都包括在其中。20世纪80年代，通用汽车公司（GM）市场份额大幅下跌。有人问当时的CEO罗杰·史密斯（Roger Smith），究竟哪出了问题。他唯一的回答是："我不知道，这太神秘了"（Loomis, 1993, p.41）。史密斯曾经被人们捧上了天，被称为果断的愿景型领导者。重新跌落到地上后，他悔恨地说："我既不像人们前几年说得那么聪明，也不像他们现在说得那么蠢"（Smith, 1993, p.41）。

领导者们通常会面临这样的挑战：你如何知道、你是否了解真实的情况？这样的挑战普遍存在。贝拉迪诺、莱、斯基林和史密斯的故事,只是其中的几个例子而已。面对这样的挑战,管理者和领导者通常都会失败。无能的表现存在于日常生活之中,即使是聪明人也不例外。问题不在于智商的高低,而在于不知道将要面临什么样的状况,不知道采取什么样的措施才能奏效。过去,要想提前发现某些线索和迹象,是非常困难的。这在今天变得更加困难。与50年前相比,这个世界变得更加混乱、更加复杂:风险增大了,挑战超出了领导者的认知能力。

在下面的讨论中,我们先研究组织功能失调的起源与征兆,然后转向"重构"这个概念——这是本书的核心。重构工作要求变革者具备多视角的理解和操作能力,要求从不同的角度来思考问题。我们总结了四个视角:结构、人力资源、权术与象征。每个侧面都各有特点,都有其优势。综合起来,我们就可以得到组织的完整形象,就可以知道哪里出了问题,从而可以采取什么措施。

1.1 组织活动的优势与劣势

地球上最早的与人类相像的灵长类动物,出现在大约1 200万年以前。在人类进化的大部分时间里,我们的祖先都是从事狩猎和采集野果。只是到了1万或1.5万年前,才出现了比简单的游牧部落更为复杂的组织。大型组织在整个社会中占据主导地位,则是更晚的事情。

当个体处理自己事务时,并不需要专业的管理人员。面对动荡不安的21世纪,寻找合适的方法来设计我们这个世界,成为无可置疑的挑战。前几年有效的管理和组织模式,如今可能已经过时了。塞里约(Sérieyx)(1993)称之为组织的大爆炸:"信息革命的到来,经济全球化的推进,不稳定事件的扩散,意识形态的崩溃,以及网络社会的发展把我们的世界变成了一个地球村——所有这一切彻底改变了游戏规则,它会使原有的组织突然之间变得过时"(pp.14~15)。

复杂组织的大量出现,使得大多数人类活动成为集体性的活动:我们长大成人,然后组建家庭;我们在组织中工作;我们从其他组织获得商品和服务;我们在中学和大学中学习;我们以团队的方式参加体育活动;我们参加俱乐部和协会;我们中的许多人在医院或养老院中安度晚年直至死亡。我们建立这些组织是因为它们对我们有用,它们能够为我们提供消费品、娱乐、社会服务与健康护理以及邮政服务。

但是,我们时常也会感受到组织不尽人意的一面。人们在组织中也可能会遭遇挫折和剥削,例如,产品存在缺陷,家庭功能的缺失,学生不爱学习,病人无法康复,政策的执行反而适得其反。许多组织没有赋予工作以更多的意义,这使得人们工作的目的只是为了赚钱。如今,大多数公司都提出了让顾客满意的目标。但是,有一项全国调查显示:1995—2001年间,大多数行业的顾客满意度呈下降趋势(American Customer Satisfaction Index, 2002)。美国国家宇航局(NASA)曾经实现了人类的成功登月。但是,他们发射"挑战者号"(Challenger)和"哥伦比亚号"(Columbia)的任务却失败了。在世界各地,中学因社会弊病的存在而受指责,大学因更加封闭而受批评,政府机构因做官样文章和过于僵化而受抨击。具有讽刺意味的口头语"政府的工作已经做得够好了",反映了人们对公共机构工作效率的普遍不满。私人部门也有它们的问题。汽车制造商召回了有缺陷的产品,婴儿食品制造商为搀入低劣的果汁而道歉,软件公司不停地为其软件打"补丁",工业事故导致化学物品、石油、有毒气体和放射性物质的泄露,污染了大气和水源。企业的贪婪和对安全的麻木,导致了这些重大事故的发生。我们很难对组织实施有效管理,从而让收益超过成本。最大的问题是:为什么会是这样?

1.2 智障的祸因

年复一年，那些最优秀、最聪明的管理者们，爬上了大型企业的顶点，并操纵着整个公司。然后，他们每天就做一些愚蠢的事情。为什么聪明的人突然会变得如此愚蠢？有一种理论认为，他们太为自己的利益考虑了。范伯格(Feinberg)和塔兰特(Tarrant)(1995)把它称之为"自我破坏性的智力综合症"。他们认为，由于个性的缺陷——比如骄傲、自满、潜意识中的需要无法得到满足等等，聪明的人就会做出愚蠢的事来。K·伦丁和W·伦丁(Lundin)(1998)也得出了相同的结论："老板们的愚蠢行为是由于自恋和自负导致的，这妨碍了他们理解他人的能力。"

那些聪明的自我破坏型的个体具有明显的心理缺陷，这是事实。像阿道夫·希特勒(Adolph Hitler)、理查德·尼克松(Richard Nixon)和比尔·克林顿(Bill Clinton)就是他们中的典型。但是，智力受到挑战的人们，与最优秀的、最聪明的人们一样，拥有许多心理问题。无能的真实根源并不是个性或智商(IQ)。它的根源在于：我们如何思考、如何理解我们周围的世界。不考虑智商因素，如果我们对环境的认识是错误的，那么我们的行为很可能就是错误的。当你看到一幅扭曲的情景时，你必然会做出错误的反应，而且你往往还会坚持那些错误的思想。问题是，它们在把你引入歧途的同时，还掩盖了它们自身的缺陷。你可能非常自信，所有的一切都很正常。即使不正常，至少也不是你的错误。

沃恩(Vaughan, 1995)曾经试图解释"挑战者"号发射失败的原因。他发现，对于任何人来说，要想让他们改变已有的思维方式，都非常困难。"面对矛盾的现象，他们会感到不解，通常他们都会置之不理。除非他们遇到的现象非常引人注目而无法被忽视，非常明显而无法忽略，非常严重而无法拒绝考虑。这些现象还会表现出其他的更为明显的信号，这些都是他们不愿意看到的。这些现象迫使他们调整和改变自己精心建立的世界观"(p.235)。

恰兰和尤兹姆(Charan & Useem, 2002)发现：没有看到潜在的危机，是组织发生灾难的常见原因。例如，思科系统公司(Cisco System)拥有一个最为复杂的业务预测系统，20 世纪 90 年代，在这成长的 10 年中，这套系统运行得非常成功。但是，它并没有成功地预见到需求(路由器)什么时候会开始下降。此时思科的领导者们很难相信：灾难将会降临到自己头上。

客户们相继破产，供应商发出警告，需求将会下降。甚至华尔街也怀疑，互联网设备市场将会崩溃。2000 年 12 月，公司仍然保持着 50% 的增长速度，CEO 约翰·钱伯斯(John Chambers)宣布："对于整个产业或思科的未来，我从来没有比现在更加乐观。"对于始终乐观的钱伯斯来说，"关键迹象"直到 2001 年 4 月才出现。此时，骤然下降的销售额，迫使思科的存货增加了 25 亿美元，并导致 8 500 名员工被解雇。诚然，钱伯斯是在经营着这个企业，但他不是处在一个真实的世界之中。(Charan and Useem, 2002, p.54)

弗洛伊德·诺里斯(Floyd Norris)是这样描写安然的前 CEO 的："在杰弗里·K·斯基林经营期间，安然公司没有什么问题。至少，在他向国会提供的证词中，他认为没有发现什么问题。斯基林先生没有能够说服多少听众，此时司法部和证券与交易委员会正在调查安然公司。斯基林的言行表明，调查人员必须能够证明：在经营这家美国最大的公司期间，斯基林知道发生了哪些事情"(Norris, 2002, p.C~1)。通常，心灵上的藩篱会成为管理者和领导者的一种局限。它会妨碍他们以一种新的视角来看待旧的问题，或者妨碍他们寻找更有希望的途径来解决长期存在的挑战。当他们不知道该怎么办的时候，他们更多的时候会采取熟悉的做法。这可以解释来自管理一线的许多令人不安的报告：

- 2000 年的时候，美国仍是世界上最强大的经济体，但是美国的企业却创下了新的失败记录：拥有 950 亿美元资产的 176 家上市公司破产了。受经济低迷期的影响，第二年的情况更加糟糕，拥有2 580亿美元资产的 257 家公司破产了(Charan and Useem,2002)。恰兰和尤兹姆对所有的失败案例进行了研究,找到了唯一的根源:"大多数公司的失败都是一个原因:管理失误"(Charan and Useem, 2002. p.52)。

• 从 1980 年到 2000 年间,公司兼并规模增长了 100 倍(Renner, 2000)。但是,近期的研究表明,"83%的兼并是不成功的,这些兼并没有给企业带来任何收益,没有给股东带到任何价值"(KPMG, 2000)。通常只有被兼并企业的股东能够从中受益,其他各方的利益都会受到侵害,这包括消费者、员工和兼并方(Tichy,即将出版)。尽管这份报告非常令人沮丧,但是操作兼并的大多数管理者都认为,他们是成功的(KPMG, 2000)。

• 据 J·霍根(J. Hogan)、G·J·柯菲(G. J. Curphy)R·霍根(R. Hogan)(1994)估计,有二分之一到四分之三的美国管理者是不胜任的。这些作者并没有研究其他国家的管理者,但是,与美国相对成功的经济比较,其他国家的这一结果不会比美国更好。

• CSC 指数(CSC Index)的一项研究(引自 Gertz and Baptista, 1995)发现:只有不到三分之一的流程再造实践达到或超过了预定的目标。这一结果几乎可以适用于所有的经营改善计划,包括全面质量管理和战略规划。

有点令人不解的是,有那么多经验丰富的企业家都赞同斯科特·亚当斯(Scott Adams)总结出来并得到广泛认同却不甚科学的"呆伯特法则"(Dilbert principle):"大多数低效率的员工,都被系统地分配到管理岗位上。因为在这些岗位上,他们产生的危害最小"(1996, p. 14)。

1.3 改善组织战略的回顾

我们一直在不断地努力改善组织。大量的管理者每天在走上工作岗位的时候，都心怀着这样的期望。学者和顾问们不断地提出新的答案，不断地承诺各种解决方案。政策制定者们制定出各种法律和规则，来引导组织沿着正确的道路发展。

　　大多数战略都以改善管理为目标。现代管理神话向人们许诺，如果管理得好，组织将运行得非常成功。管理者们应当满怀憧憬，并且要时刻关注着组织的总体健康状况和生产效率。遗憾的是，他们还是没能完成这项任务，即使他们拥有计算机、信息技术、流程图、质量规划，以及许多其他先进工具和技术。他们带着这些理性的武器冲锋陷阵，试图用它们来控制各种充满不确定性的因素。但是，最终往往以失败告终。

　　当管理者们无法解决某些问题时，他们会求助于咨询师。如今，咨询师的数量和种类，也发展得非常迅速。他们各有专长，如企业再造、质量管理、并购、战略、人力资源管理、信息技术、高管人员研究、职业介绍、培训、组织发展等等。针对每一个问题，都会有咨询师愿意提供有偿帮助。

　　为了表明他们的建议正确且收费合理，咨询师们必须解决令各类机构（企业、公共机构、军事机构、医院或学校）感到困惑的问题。有时候，咨询师们更多地起到了反作用。许多管理者都希望，咨询师能够向医生那样，遵守"至少不要把事情弄糟"这样的誓言。与此同时，咨询师们抱怨，客户们并没有贯彻他们的意图。麦肯锡公司（McKinsey & Co.）是一家具有很高水平的咨询公司（Byrne, 2002a, p.66），曾经与安然公司密切合作过。当安然事件发生之后，合伙人雷加特·格普塔（Rajat Gupta）派他的首席律师到休斯敦去调查本公司是否遇到了法律上的麻烦。律师回来报告说，麦肯锡不会承担法律责任，于是格普塔勇敢地坚持说："我们极力坚持我们做过的工作。除此之外，我们只能强调他们遇到了麻烦。他们的不幸令人同情"（Byrne, 2002a, p.68）。咨询公司要客户们相信：如果没有达到预想的目标，无论结果多么糟糕，责任都在于他们自己，但是他们会得到同情。

当管理者和咨询师失败之后,政府就会借助法律、政策和法规等方式来介入。选民们要求选举出来的官员们,面对各种问题,如污染、危险品、有害的工作条件和混乱的学校,能够有所作为。政府部门通过制定政策来解决这些问题。但是,在解决实际问题时,这些政策通常会被扭曲。一家规模相当大的研究机构的连续性研究表明:由于政策实施的方式不合适,而扭曲了政策制定者的意图(Bardach, 1977; Elmore, 1978; Freudenberg and Gramling, 1994; Peters , 1999; Pressman and Wildavsky, 1973)。

每项组织变革战略所遇到的困难,都已经得到了充分的证明。有些变革所需要的成本,要高于其所带来的收益。与解决办法相比,问题具有更加顽强的生命力,似乎问题出现的速度比解决它们的速度要快。

当然,我们也有许多理由保持乐观主义。在过去10～20年的时间里,组织所发生的变化,与过去几个世纪所发生的变化一样多。为了生存,组织必须变革。技术方面的革命性变化,经济全球化发展,产品生命周期缩短,促进了许多管理活动的产生和发展。变革的目的是要设计出更加具有流动性和柔性的组织结构。这些新兴管理实践被贴上了令人眼花缭乱的标签:网络(networks)(Chaize, 1992),虚拟组织(virtual organization),临时组织(ad-hocracy)(Mintzberg, 1979),原子型组织(atomized organizations)(Deal and Kennedy, 1982),蛛网型工厂(spider plants)(Morgan, 1993),PALs(Kanter, 1989),等等。这些新模式可以在一些网络组织中见到,例如法国包装业巨头 Carnaud et Metal Box 公司的CEO 让·马里·德嘉方特立(Jean-Marie Descarpentries)说,他的管理方法非常简单:"你引导组织迈向未来,你要相信员工,他们会发现你从未想到过的事情"(Aubrey and Tilliette, 1990, p.142)。

新的组织模式在许多公司都非常流行,例如:Pret à Manger(英国一家知名的三明治商店),土星公司(Saturn)(一个拥有核心价值的汽车制造商),以及 Novo-Nordisk(一家丹麦公司,在它们的财务报告中包括有环境和社会方面的指标)。这三家公司都非常强调其核心价值观。他们都在与员工和顾客之间,建立起了家庭一样的关系。信息技术革命已经培育出一大批新型的企业模式,例如 eBay(这是一家非常成功的网上拍卖公司)和软件创新者 SAS 研究院(SAS Institute)。不仅有成功,实际上也有非常多的失败。为了自己,也为了他们的组织,领导者和管理者们应当如何改善这些状况呢?

1.4 理论基础

为了改善组织,管理者、咨询师和决策者们,正式地或非正式地提出各种各样的理论。但是,只是在过去几十年间,社会科学家们才投入了较多的时间和精力来研究组织是如何运转的(或者是组织为什么会失败)。在社会科学领域,有几个主要的思想流派已经发展起来了。每个流派都自己的一套概念和假设,在关于如何控制社会群体方面,每一流派也都各自信奉某种观点。

每一种流派都主张建立一个科学的基础。但是,理论很容易演变成只推崇狭隘经文的神学。各种各样的信仰只对现实做了有限的解释,但是都对未来做出大胆预测,并且提出了达到目的的一套明确战略。现代经理人都希望能够熟练处理所有的事务,但是他们总会遇到一些不和谐的声音和尴尬的现实。

让我们设想一下,在 2003 年初一个寒风凛冽的冬日,有一位企业高级管理人员正在当地的书店浏览管理类的书籍。她对公司日渐下降的绩效感到担心,同时也担心自己可能会失去工作。她发现了一本书,在白底上突起的黑字书名是《六西格玛方法:通用电气、摩托罗拉及其他顶级公司是如何改善其绩效的》(*The Six Sigma Way*: *How GE*, *Motorola*, *and Other Top Companies Are Honing Their Performance*)(Pande, Neuman, and Cavanagh, 2000)。此时她并不确切了解什么是六西格玛。但是,她知道她的许多同事都在谈论六西格玛。浏览了一下这本书,有几个主题句吸引了她的注意力。例如,"有助于改善领导和绩效的柔性体系"和"21世纪业务流程的新模式"。翻到第2章,她看到:"图2.2是一个从流程角度来理解的企业模型。图的最左端是流程(或系统)的投入;中间是组织或流程本身(用程序图或流程图来描述)。最后,在最右边,是最重要的:顾客、最终产品以及(所期望的)利润。"

这位高级管理人员自言自语:"这种思想的确非常了不起,但它似乎有些乏味。"

然后,她又发现一本书,名为《领导的要旨:认识情商的作用》(*Primal Leadership: Realizing the Power of Emotional Intelligence*)(Goleman, McKee, and Boyatzis, 2002)。这本书的作者讨论了领导者如何培养良好的情商,即领导者可以通过发展"四个方面的情商"来培养这种情感。这四个方面的情商分别是:自我意识(self-awareness)、自我管理(self-management)、社会意识(social awareness)和关系管理(relationship management)。

"还行,"她默默地说,"但是有一点儿务虚。再找找,有没有更务实一点的书。"

她找到了《马基雅弗利会怎么做?自私有理》(*What Would Machiavelli Do? The Ends Justify the Meanness*)(Bing, 2000)。这本书的基本前提是:那些在企业经营中取得成功的人,不一定是非常聪明的人,但他应当是一个自私的人。书上说:"一个简单详细的计划……勉强谈到金钱、权力和优越的办公环境。"

"他可能那么严肃么?"她有此怀疑,"无论如何,这有些太愤世嫉俗了。不知道有没有令人情绪高涨一些的书?"

她发现了《从最差到第一:大陆公司复兴的背后》(*From Worst to First: Behind the Scenes of Continental's Remarkable Comeback*)(Bethune and Huler, 1999)这本书。她看了几章的标题:"最后的晚餐,这是谁的问题?""飞向成功,你可以让比萨饼便

宜得没人愿意再吃它","农用飞机驾驶员的儿子"。她看到戈登·白求恩(Gordon Bethune)在掌管大陆公司之后的第一次正式行动:他打开了总经理室的房门,以此表明,他不想把员工关在门外。他还和一群员工聚集在公司的停车场上,将一些过时的、限制性的制度手册烧掉。

"在我的公司里点火?"她心里想,"我看不可能。"

1.5 视角与重构

这位经理人可能还会去逛另一家书店,她还可能会看到其他一些著作。这些著作同样会提出迥然不同的观点,众多的声音为了吸引管理者对自己的注意力而相互竞争。在本书中,我们的目的就是对这些声音加以分类。我们把组织思想的主要流派归纳为四类观点[2]。对于这些见解可能有不同的叫法,例如,心智模式,规划图等等,这里也只提到了一少部分。我们选择了"视角"(frames)这种叫法。选择"视角"这一概念,我们是经过深思熟虑的,其中包含着丰富的含义。在提到"视角"时,可能是指观察手段(windows)、规划图(maps)、工具(tools)、角度(lenses)、导向(orientations)和观点(perspectives)。因为它们构成了一个我们想要考察的完整思想体系。

作为知识体系图(mental maps),视角就是你头脑中所拥有的一系列的思想或假设。它能够帮助你理解和掌握某个特定的"领域"。这个领域不一定是地理上的概念,它可能是一种运动,一种艺术形式,一个学术问题,以及你所关心的其他任何事情。假设你喜欢烹饪,而且特别喜欢中餐,你就需要了解和掌握有关中国烹饪的大量知识和概念。最终,你知道了不同地区的中国菜在调味和成分方面的微妙差异,这样你就能够判断出某一道菜属于中国的哪个地区。其他人要想判断同一道菜的来源,可能就不会那么确定。他们不知道这道菜是北京菜,还是孟买菜。这个例子表明,你头脑中的知识体系图越清晰,也就越容易控制某个领域。但是,每一张知识体系图都是有限的。一张纽约地图无法为你在洛杉矶导航。现代汽车通常装备有电脑定位导航系统,它可以告诉你所在的位置,并指引你逐步达到目的地。如果组织也能够给管理者们装上这个东西,那一定大有用处。令人遗憾的是,为了避免迷失方向,管理者们仍然需要在他们自己的头脑中建立和安装精确的地图。

本书的目的是提供不同的透镜或视角,以帮助你了解和发现周围的道路。视角就是理解领导和管理的窗口。一个良好的视角可以很容易地让你知道你将会遇到什么事情,你可以相应地采取什么样的行动。戈兰·卡斯泰德(Goran Carstedt)是一位睿智的经理人,他曾经在20世纪80年代领导了沃尔沃公司(Volvo)法国分公司的转轨变革,他说:"在开始的时候,在你的内心就要有一种模式。否则,你根本无法了解这个世界,无法把事实组织在一起。理论不一定必须是正确的,因为随着占有信息的不断增加,你可以不断地修正理论。但是,在开始的时候,你必须有一些概念,这些概念能够为你提供一些期望和假设"(Hampden – Turner, 1992, p.167)。

像卡斯泰德这样的天才管理者们,能够不断地学习,是因为他们能够根据经验进行设计和重新设计,能够在杂乱无序的丛林当中找到解决问题的办法。曾经有人对塞尚(Cézanne,法国画家)提出批评:"您的画看上去根本不像是落日。"经过思索之后,塞尚反击说:"那只是因为您没有按照我的角度来欣赏落日。"领导者们必须像塞尚一样,寻找新的角度来观察事物。而且领导者们还必须向其他人解释和沟通所提出的愿景,从而可以使其他人按照领导者的要求转换视角。

视角就像是地图。它们既是了解疆域全貌的窗口,同时也是旅行的工具。每一种工具都有其优势和局限性。正确的工具可以使工作变得容易,错误的工具则会影响工作进展。一两种工具也许能够满足简单工作的需要,但却无法承担更加复杂的任务。拥有一把锤子的管理者,总希望遇到的所有问题都像是钉钉子。但是,他错了,他会发现组织生活是多么的混乱无序,绝非钉钉子那么简单。像一个熟练的木匠或专业厨师那样,聪明的管理者希望拥有多样化的高质量工具。有经验的管理者还应当明白,拥有一种工具和知道怎么使用这种工具,还是有区别的。只有经验和实践能够把技能和智慧结合起来,才能对形势做出判断,才能正确地运用所掌握的工具。

我们的目标是提供有实用价值的知识。我们所发现的理论和思想是非常有效的,足以发现组织生活中微妙的和复杂的关系;同时它们的使用也很简便。我们从社会科学中吸取了大量的思想精华,特别是社会学、心理学、政治学和人类学。成千上万的管理者和无数的组织都是我们的良师益友,他们帮助我们转变了社会科学研究的方向,转而开始探求在实践中发挥作用的思想。我们把从研究和实践中获得的思想划分为四种视角(四个维度)。它们对于帮助学者和企业工作者正确理解组织,都是非常有价值的。我们最早是在20世纪80年代初提出的这四种视角:结构、人力资源、权术和象征(Bolman and Deal, 1984)。从那以后,又被其他组织领域的学者所继承和发展(其中包括 Bergquist, 1992; Birnbaum, 1988, 1992; Dunford, 1992)。本章前文中那位焦虑的高级经理,在书店中寻找参考书的过程中,也发现了类似的四种视角。

她找到的第一本书是《六西格玛方法:通用电气、摩托罗拉及其他顶级公司是如何改善其绩效的》。这本书延续了一种历史传统——把组织看作是一个工厂。以社会学和管理科学为基础,结构视角(Structure frame)强调的是组织的目标、专业化的角色和正式的组织关系。组织结构通常用组织结构图的方式来描述,结构设计是为了使组织能够与环境和技术相匹配。组织向参与者分配责任(即"分工")。然后,再建立规则、政策、程序和等级,以此来整合多样化的活动,服从于统一的战略。如果组织结构不能适应当前的环境,就会产生问题。这时候,就需要进行某种形式的重组或重新设计,以弥补这种不匹配的关系。

这里有一个简单而又典型的案例。里伯林(Riebling,2002)记录了美国两大情报部门——联邦调查局(Federal Bureau of Investigation,FBI)和中央情报局(Central Intelligence Agency,CIA)之间的冲突与斗争的深远历史。这两个机构都是为了与间谍和恐怖主义作斗争而成立的,但是,FBI 分工的范围在美国国内,CIA 分工的范围在美国之外。从组织关系上看,FBI 隶属于司法部(the Department of Justice),向司法部长(Attorney General)报告工作;CIA 则是通过中央情报局局长向总统报告工作。在美国历史上许多的重大事件中(包括约翰·F·肯尼迪总统遇刺事件,伊朗人质丑闻(Iran-Contra Scandal),911 恐怖袭击事件),两家机构都掌握着大量情报。但是,由于协调的混乱,每个机构只能面对自己掌握的情报,而无法把这些情报整合起来进行分析。

那位高级经理接着看到的第二本书是《领导的要旨:认识情商的作用》。这本书主要关注的是组织中人的一面。人力资源视角主要是基于心理学的思想。这种视角把组织看作是一个扩展了的家庭。这个家庭中的成员有自己的需要、感觉、偏好、技能和局限。人们拥有非常强大的学习能力,与此同时,人们通常也拥有更为强大的固守原有态度和观念的习惯。从人力资源的角度来看,最关键的挑战是调整组织以满足组织成员的需要。也就是说,要找到一种有效的组织方式,要能够让人们在完成工作的同时,也能够对工作持满意态度。例如,FBI 和 CIA 之间的冲突,部分原因就在于两个机构的"保护神"(patron saint)之间长期存在的宿怨。这两个人就是 J.埃德加·胡佛(J. Edgar Hoover)和比尔·多诺万("Wild Bill" Donovan)。20 世纪 20 年代,当胡佛首次担任 FBI 的局长时,他向多诺万汇报工作。那时候,多诺万想要撤掉胡佛。第二次世界大战爆发之后，胡佛希望 FBI 成为美国面向全球的情报机构。当富兰克林·D·罗斯福（Franklin D. Roosevelt）总统坚持设立一个新的机构，并且让多诺万负责时，胡佛终于暴怒了。

《马基雅弗利会怎么做？自私有理》是权术思想（political frame）在当代的运用，它的理论基础是政治学。这种思想把组织看作是竞技场，把组织活动看作是比赛，把组织看作是一种弱肉强食的社会关系，从狭隘的利益出发，为了权力和稀缺的资源而展开竞争。由于个体和群体之间长期存在着需求、观点和行为方式上的差异，因此冲突无处不在。讨价还价、谈判、胁迫以及承诺成为日常生活中的基本组成部分。人们围绕特定的利益而结合在一起。随着问题的变迁，这种组合也会发生变化。不恰当的权力集中或者权力过于分散，都会产生问题。正如马基雅弗利在几个世纪之前所说的，要依靠权术手段和政治才干来解决问题。为了争夺来自国会和白宫的支持和资金，加剧了 FBI 和 CIA 之间的冲突。

最后，那位高级经理看到了《从最差到第一：大陆公司复兴的背后》这本书。这本书强调的是文化变革，并把它看作是组织变革的关键。象征视角（symbolic frame）的思想来源于社会人类学和文化人类学。这种设计把组织看作是部落、舞台或联欢会。它放弃了其他视角所坚持的理性假设。这种视角认为组织就是文化，组织是由礼节、仪式、故事、英雄和神话等文化因素推进发展的，而不是规则、制度和管理权威推进的。我们利用符号、神话和魔力来重建组织的精神层面。FBI 所树立的形象就是，经常戏剧性地逮捕或击毙那些臭名昭著的黑帮头头、银行抢劫犯以及从事偷渡活动的蛇头（foreign agent）。他们喜欢在大庭广众之下搞突然袭击。CIA 则喜欢悄悄地开展工作，他们认为，耐心和保密对于实现其长期目标是重要的。他们的长期目标是收集情报，挖出外国间谍。

表 1.1 对这个四维模型（the four-frame model）进行了概括。表 1.1 表明，模型中的每一种视角都有其现实性。你可能倾向于其中的一种或两种视角，而排斥其他视角。某些视角似乎是清楚

而直接的,另外一些视角可能是令人迷惑不解的。但是,学会同时采取四种视角,将有助于深化你对组织的认识和理解。伽利略在设计第一架望远镜时,就意识到了这一道理,当他每增加一个透镜时,都会使他所看到的天空景象更加清晰。成功的管理者善于利用同样的道理,他们不断地变换视角,直到他们做出正确理解。他们通常会采取一个以上的视角,以正确地判断他们即将面对的境况,并且制定出发展的战略。

表1.1 四维模型概述

	视角			
	结构	人力资源	权术	象征
组织的类比	工厂或机器	家庭	弱肉强食的社会	联欢会、教堂、舞台
中心概念	规则、角色、目标、政策、技术、环境	需求、技能、关系	权力、冲突、竞争、组织权术	文化、意义、象征、礼节、仪式、故事、英雄
领导的形象	社会基础设施	授权	辩护	激励
领导面对的基本挑战	使结构与任务、技术、环境相匹配	使组织与人的需求相统一	确定议程和权力基础	建立信念、美景和价值

这一结论引发了大量的相关研究。邓福德和帕默(Dunford and Palmer,1995)研究发现,在管理课程中进行多视角的教学,无论是从长期来看,还是从短期来看,都有具有显著的、积极的效果。事实上,在他们的调查中,有98%的被访问者认为"重构"是"有用"或"非常有用";有大约90%的受访者认为,通过重构建立了他们竞争优势。另外一系列研究表明,多维模型的运用能力与管理者和领导者的效率密切相关(Bensimon,1989,1990;Birnbaum,

1992; Bolman and Deal, 1991, 1992a, 1992b; Heimovics, Herman, and Jurkiewicz Coughlin, 1993, 1995; Wimpelberg, 1987)。

多视角的思考,要求超越狭隘、机械的方法,采取动态的观点来理解组织。表1.2对两种截然不同的管理和领导方法进行了比较。一种是理性的技术方法,它强调的是确定性和控制。另一种是更具有感性和艺术性的方法,它提倡灵活性、创新性和个性化的处理。第一种方法把管理者看作是技术员,第二种方法把管理者看作是领导者和艺术家。

表1.2 扩展管理思维

管理者如何思考	管理者应当如何思考
他们常常以狭隘的视角来认识组织(例如,总是把所有的问题都归结为个人的失误和过错)	他们需要一个整体性的框架,促进他们探究更为广泛的问题:人员,权力,结构和象征
管理者们忽视问题的根源,常常选择理性的、结构性的解决办法:事实、逻辑、结构变革	他们需要能够提供多种选择的工具箱:谈判培训,重组庆典
管理者常常强调确定性、理性和控制,惧怕模糊性、矛盾的观点,"按照流程运行"	他们需要开发创造力、风险承受力和幽默感,以面对生活中的困境和矛盾。他们既要重视寻找正确的答案,也要重视发现正确的问题。他们还应当重视在混乱中探寻深层次的意义与信念
领导者们总是依靠"某种正确的答案"和"唯一正确的方法";当产生混乱和阻力时,他们就无所适从了	在理解事物并做出反应的过程中,领导者既需要激情,需要对原则的坚定承诺,也需要具有灵活性

我们无数次听到管理者们说,在处理某些问题时,他们只有一条路可以走。这种话暴露出了他们缺少想像力和勇气。他们可能

会心安理得地认为失败是不可避免的,我们已经尽全力了。但是,我们应当意识到,任何问题都不仅仅只有一种解决方案。管理者们往往会被局限于有限的范围内。

缺乏想像力被兰格(Langer,1989)称为"智障"(mindlessness)。这是导致如此多企业迅速发展或停滞不前的主要原因:梦想与现实之间的鸿沟,热情和失败的反差。在这个世界上,组织在我们的生活中占据着如此重要的地位,这种缺陷是非常严重的。

艾金拉·库鲁萨瓦(Akira Kurosawa)的电影《罗生门》,从多个目击者的角度讲述了同一个事件。每位目击者都讲述了一个非常不同的故事。在组织中,对于事情的现状以及事态的进展,每个人都会做出自己的解释。每种版本都包含着一定的真实性,但是,每一种观点的产生,也都包含着某种成见,也都缺乏对"现场"的了解。任何一种单一的工具都不具备足够的综合性,无法帮助我们真正地认识和管理组织。要想进行有效的管理,管理者们需要多样化的工具,需要具备运用这些工具的技能,以及使组织设计与环境相匹配的智慧。[3]

艺术既不讲究真实,也不讲求精确。艺术家阐释和表达其经历的形式,可以为其他人所感受、理解和欣赏。艺术品中包含着情绪性、微妙性和模糊性的东西。在艺术作品中,艺术家对世界进行了重新的组织,其他人可以从中看到新的可能性。现代组织在追求品质、承诺和创新的过程中,过分地依赖于技术,同时过于忽略艺术。艺术不是要取代技术,而是起一个推动作用。艺术型的领导者和管理者帮助我们超越今天的现实,引导我们建立新的组织形式,从而充分地释放个体员工的能力,并提高整体绩效。作为艺术家的领导者,需要想像力,也需要备忘录;需要诗意,也需要制度;需要思考,也需要命令;需要重构,也需要整修。

1.6 结论

在我们的生活当中，组织已经非常普遍，且已经处于主导地位。与此同时，它们也变得越来越难于理解和管理。其结果就是像呆伯特所描述的那样：管理者都具有"某种智障"。缺乏远见的管理和领导所造成的后果随处可见，有时候这些结果可能是不为人们所察觉的，有时候可能就是一场灾难，就像安然公司和世通公司的破产。我们认为管理失败的主要原因是理论不足所导致的不全面的思考。管理者和他们的助手们常常依赖于狭隘的模型，只能了解到组织真实生活的一部分。

学习和掌握多种视角或框架，是应对"智障"的重要手段。视角或框架具备多种功能，它们是导航的地图，也是解决问题、完成任务的工具。本书是围绕四个视角（框架）组织起来的。这些视角（框架）都建立在管理实践和社会科学研究的基础之上。结构视角（*structure frame*）关注的重点是组织的架构——包括单元和子单元、规则与角色、目标与制度的设计——对决策和活动的影响和引导。人力资源视角（*human resource frame*）强调对人的全面理解，包括他们的优势与弱点，理性与情感，渴望与恐惧。权术视角（*political frame*）把组织看作是竞技场。在这个竞技场上，资源是稀缺的；存在着竞争性的利益；人们为了权力和优越的条件而斗争。最后，象征视角（*symbolic frame*）关注精神与忠诚的问题，它把礼节、仪式、故事、英雄和神话等文化因素放在组织生活的中心地位。

每一种框架（视角）都是有效力的，都具有内在的一致性。综合起来，就可以从不同的角度来观察同一事物，就可以对组织进行重构。这个世界充满了迷茫，似乎没有什么措施能够发挥作用。重构是一种有力的工具，它能借给我们一双慧眼，赋予我们更多的选择，帮助我们找到有效的战略。

注释：

1. 安然造假案曾经是最大的公司破产事件，但是，这一历史很快就被改写了。世通公司是一个比安然更庞大的公司，它拥有1 000多亿美元的资产。2002年7月，这个庞然大物也轰然倒塌，股票价格也从两年前的每股超过45美元下跌到每股9美分。

2. 在讨论"架构(frame)"时常用的术语包括：schema theory(Fiedler, 1982; Fiske and Dyer, 1985; Lord and Foti, 1986), representations(Frensch and Bougon, 1986), cognitive maps(Gregory, 1983; Kuhn, 1970), social categorizations(Cronshaw, 1987), implicit theories(Brief and Downey, 1983), mental models(Senge, 1990)以及root metaphors。我们继承了Goffman所使用的"架构"一词(Goffman, 1974)。

3. 大量的管理学者(包括 Allison, 1971; Bergquist, 1992; Birnbaum, 1998; Elmore, 1978; Morgan, 1986; Perrow, 1986; Quinn, 1988; Quinn, Faerman, Thompson, and McGrath, 1996; Scott, 1981)都进行过类似的多(框架)视角组织方法的讨论。

第 2 章　简单理念与复杂组织

　　1983年8月31日上午,韩国航空公司(Korean Airlines)的随机值班工程师Kim Eui Donz登上了本公司的007号班机,并进入机舱中的工位。他的任务非常清楚:调好惯性导航系统(inertial navigation system,INS),以引导飞机完成从安克雷奇①(Anchorage)到汉城(Seoul)的4 100英里的飞行。像往常一样,Donz坐在了座位上。由于没有意识到计算机的录入基数偏离了10个点,他把飞机位置定位在W139而不是W149。当他设定了错误的位置时,闪烁的报警灯发出了警告。但是,他误以为报警灯发生了故障,就把报警给取消了。结果,由于设定错误,惯性导航系统引导飞机朝安克雷奇东部飞行了300多英里。

　　这个错误应当是可以避免的。在飞行员的飞行程序中,设计了精密的交叉检查机制。但是,飞行员也是人——人们常常为了走捷径而违反标准的操作规则。当机长Chun(Captain Chun)考虑到时间因素,紧急调整飞行计划时,又发生了一个错误。为了赶时间,机组人员匆忙地完成了飞行前的例行检查工作。

　　安克雷奇控制塔要求007航班直接飞往贝塞尔(Bethel)的检查点。Chun机长接通了惯性导航系统,但没有检查它的基本设定。起飞之后,飞机运行控制器提供了一条节约时间和燃料的航线。但是,这条新的航线并不经过贝塞尔。除此之外,将不会再有其他的检修点。飞机将一直在海上飞行,直到达到亚洲。此时,飞行途中的机组人员和乘客,正在朝着错误的目的地飞行。如果

---

　　① 译者注:安克雷奇是位于美国阿拉斯加州南部的一个港口城市。从安克雷奇到汉城,飞机应当自东向西飞行。

第2章 简单理念与复杂组织

Chun机长当时能够留在飞机的驾驶舱里，那么也许还能够发现这一失误。但是，他离开座位之后，就去了头等舱，和那里的高级人物们待在一起，他还跟那些免费乘机的本公司飞行员们聊天。

这10度的误差，导致了飞机飞行路线的改变。非常巧合的是，改变后的飞行路线，与美国侦察机在苏联领空附近飞行时的路线非常相近。通常，侦察机的任务只是刺探一下苏联的边界，然后就调头飞走了。开始时，苏联的雷达值班员只是把这架飞机出现看作是司空见惯的信号，直到它的飞行超出了以往的惯例。事实上，这架飞机并没有调头，却飞入了苏联的领空。

这个时候，在这场还未展开的剧目中，苏联空军扮演了积极的角色。当雷达操作者无法识别这架入侵飞机时，四架拦截机已经起飞。在地面上，苏联指挥官们陷入了恐慌和混乱之中。一个无法识别的入侵者，令人们感到疑惑不解，也被看作是潜在的威胁。如果这是一架侦察机，它为什么没有调头飞走呢？由于仍然无法识别007号班机，于是苏军又紧急起飞了更多的战斗机。这架班机目前已经处于苏联的领空，并且正直接朝着苏联两个重要的空军基地飞去。

凌晨3点12分，副团长盖纳迪·奥西波维奇（Gennadi Osipovich）驾驶着他的苏-15型战斗机，与这架客机并肩飞行。他非常惊奇地看到这架飞机上有着闪烁的灯——这在美国侦察机身上从来没有见到过。更让他奇怪的是，他认出了这是一架波音民用机。奥西波维奇向地面汇报了闪烁灯的情况，两名苏联高级官员推断，入侵者可能是一架客机。但是，奥西波维奇从未提起：他已经认出那是一架波音747。事后，他说："他们没有问我。"（Gordon, 1996, p. A6）他从内心里认为，那架飞机一定是执行侦察任务的，他想要摧毁这架敌机。这样，他既可以得到英雄的称号，同时也可以得到一笔可观的奖金。但是，时间非常短暂，这架波音飞机很快就可能离开苏联的领空。奥西波维奇接到命令，迫使它降落。客机飞行员根本听不懂俄语，奥西波维奇却认为无线通讯不起作用。作为警告信号,奥西波维奇用闪光灯警告,并且发射了500余发机关炮弹。但是,这些炮弹上并没有曳光剂,在夜空里是无法看到的。客机没有任何反应。凌晨3点26分,再有不到半分钟007号客机就要飞出苏联领空了,奥西波维奇发射了两枚导弹,并向地面控制台报告:"目标已被摧毁"。机上240名乘客和29名机组人员全部罹难(Gordon, 1996; Hersch, 1986; Witkin, 1993)。

随后在国际上引起一场轩然大波,包括各种愤怒的指责、控诉以及"阴谋论"。人们不禁要问:这家飞机是否承担着美国的间谍侦察任务?苏联是故意击落这架民用飞机的吗?那些乘客是否依然幸存,而且已经被关进了苏联的监狱?

韩国航空007号班机事件,更有可能只是人为失误所导致的惨剧,这不过是许多历史故事的另一个戏剧化的版本。起初,航班上的机师犯了一个错误。最初的错误又被其他机组人员的行为所扩大,其中包括Chun机长。可是,如果进行更加深入地考察,我们会发现,人为错误的解释有些靠不住,有些过于简单。在组织生活当中,总是会有许多组织因素,会诱发人性弱点。韩国航空公司在班机上安装有预防人为错误的系统,这些系统没有能够阻止错误的发生。航班上还设置有专门的程序,以探测和纠正这些错误;这些备用的措施也没有能够防止错误的发生。同样的失灵现象也发生在许多重大事故当中:发生在乌克兰(Ukraine)的切尔诺贝利(Chernobyl)核事故,发生在美国的三哩岛(Three Mile Island)核事故,以及1995年发生在汉城(Seoul)的百货大楼倒塌事故。每一场事故都可以说明一个相似的过程:错误—错误的沟通—误导的行动。

韩国航空的惨剧发生在20年以前。但是,第1章中讨论的最近发生的一场灾难表明,毁灭性事件不仅仅发生在航空旅行和外国阴谋之中。20世纪90年代末期到21世纪初,美国安然公司正是如日中天,它已经准备着在规模和影响力方面超过通用电气公司(General Electric)。它快速地向能源市场扩张,似乎已经没有什么力量能够阻止公司雄心勃勃的计划。

关于安然公司的未来,在公司内部曾经有两种截然不同的发展战略。一种战略是由杰弗里·斯基林提出来的。这一战略追求使安然公司处于一种扩张型的财务环境之中:不要仅仅限于购买工厂和输油管道,为什么不能到公开市场上去闯一闯呢?网络宽带、甚至气象方面的投资也有更加丰厚的潜在回报,为什么要把经营范围限定在能源领域中?另一项战略是由斯基林的内部竞争对手丽贝卡·马克(Rebecca Mark)提出来的。他提出的未来愿景是公司的投资应当主要集中在工厂和基础设施方面,部分投资于发展中的海外市场。马克希望公司拥有自己的业务,斯基林则并不想拥有自己的业务,他认为公司只需要进行买和卖。在这场争论之中,安然的董事会主席肯·莱(Ken Lay)只顾着与分析师和华盛顿的高官们闲谈和参加各种慈善活动,仿佛自己置身事外。

安然拥有专门的系统和控制手段,来监控财务交易活动。但是,似乎并没有人发现在表面现象下面所积累的债务与亏损。亚瑟·安德森(Arthur Anderson)是安然公司的外部审计师,面对安然公司不安全的财务状况,不知道他是得了健忘症,还是与安然公司串通一气。当财务状况无法掩盖时,股票价格急转直下。这又进一步暴露了资金严重不足和债务负担沉重的问题。高层管理人员紧急召开全体会议,目的在于保持普通员工的信心。与此同时,他们却在抛售股票,准备"弃船"逃跑。最终,安然的破产使员工的退休金蒸发一空,欺骗了公司的债务人,破坏了美国公司的信誉,使长期的牛市发生了逆转。人为失误和系统错误再一次为我们敲响了警钟。

韩国航空和安然事件被各种媒体大肆渲染,广为人知。其实,在组织的日常生活中,也普遍存在着错误、失败和混乱。再让我们看一个发生在公共部门的不太引人注目的案例:

海伦·德马科(Helen Demarco)走进她的办公室,看到当地报纸上的一份报道,标题是:"奥斯本(Osborne)宣布了他的计划"。两个月前,保罗·奥斯本(Paul Osborne)来到阿姆特兰公司(Amtran)担任首席执行官,他的目标是:恢复活力,削减成本,并提高效率。德马科已经在这家公司工作了20年,拥有高级经理的职位。她从未与奥斯本交谈过,但是她的上司要向他报告。德马科好奇而又担心地想知道,这位首席执行官心里想的是什么。在阅读报纸的时候,她对报道的内容感到震惊。奥斯本的计划所做出的技术假设,与她的专业领域直接相关。她知道,他是一位管理者,不是技术专家。她马上就发现,这项计划存在着致命的技术缺陷。她暗自思考:如果他真要实施这项计划,那将是自埃德塞尔汽车事件(the Edsel)①以来最为严重的管理失误。

两天之后,她和几位同事收到了一份通知,要求他们参加一个委员会,着手启动公司的复兴计划。当大家坐在一起开会时,都认为这个计划是疯狂的、不可靠的。

有人问:"我们要做什么?"

有个抱有希望的人说:"我们为什么不告诉他,就说这个方案不可行?"

"他已经将其公布于众了!你想对他说他的孩子是个白痴吗?"

"并非对我一人,他已经对我们几个有了成见,认为我们是无用的人。如果我们对他说他的计划不好,他只会认为我们是在消极抵抗。"

---

① 译者注:"埃德塞尔汽车事件"是世界营销史上最大的品牌失败案例。1955年,福特公司决定制造一种中档轿车。董事会没有听取社会调查机构和广告代理商的意见,选择福特二世的名字"Edsel"作为这一车型的品牌。在设计、生产、营销和广告宣传方面投入了巨额资金之后,这一车型的销售情况远没有达到最初的预期。原因就在于它的名字叫 Edsel! Edsel 听起来就像是 Hard sell(不好卖)。Edsel 的发音还与一种止咳药的商标 Hardsell 相近,而这种药在当时的美国是属于强行推销的商品,消费者对其非常反感。Edsel 汽车销量非常可怜,在1959年后的两年内仅卖出了11万辆。最终,福特公司不得不停止了其生产。福特公司为此蒙受的损失高达5亿美元。

"可是,我们不能按那个计划做,那注定是会失败的。"

"没错。"德马科经过思考,说:"但是,如果我们告诉他,我们正在研究如何实施这项计划,那会怎么样?"

她的建议得到了大多数人的同意。他们告诉奥斯本,他们正在进行研究。他们甚至还制定了一份庞大的预算,来支持这项"研究工作"。没有人提到这项研究的真实目的:寻找一种途径以取消这项计划,而且还不能够激怒奥斯本。

经过一段时间,这伙人制定了一项战略。他们整理了一份长篇技术报告。这份报告中充满了图形、表格和晦涩的行话。这份报告为奥斯本提供了两种选择方案。A方案,就是他最初的计划。研究表明,这项计划在技术上可行的,但是其代价非常高——远远超出了阿姆特兰公司承受范围。B方案是原计划的基础上,进行了"适当的削减"。研究证明,B方案可以兼顾成本与效率。

当奥斯本对两套方案的巨大成本差异提出疑惑时,他得到了充满专业术语和引文的回击。虽然方案B也是以较高的成本创造出较少的收益,却没有人揭穿烟幕下面的秘密。但是,仅从表面上来看,他最终同意执行B方案。由于方案的实施需要花费多年的时间,当他调离时,方案还没有正式开始运行。即使如此,"奥斯本计划"还是得到了广泛的宣传,被认为是一项独特的创新。这再一次提升了保罗·奥斯本的声望:作为一名经理人,他能够使生病的组织恢复生机。

这次经历之后,海伦·德马科有一种深深的挫折感和失败感。在她看来,"奥斯本计划"纯粹是一种浪费和错误。她明知道这一点,却又参与了这场荒唐的表演。但是,她理性地对自己说:"我实在是没有任何选择。奥斯本决定那么做。如果我要阻止他,那我无异于在拿自己的职业开玩笑。"

事实上,德马科没有其他选择。在许多管理困境中,总是存在着多种选择。悲剧之所以会发生,是因为管理者无法预见到这一问题,没有意识到可供他们选择的机会,或者是由于缺乏制定不同路线的艺术和技能。海伦·德马科,保罗·奥斯本,韩国航空007班机的机组人员,以及安然公司的管理团队,都认为自己的做法是正确的。他们失败的原因部分在于人性中有易犯错误的一面。但是,由于对环境的了解有限,他们也受到了蒙蔽。在管理智慧和管理艺术当中,首先就要理解周围的环境。

这第一步通常也是不容易的一步。因为,要理解一个组织是不容易的。在本章以后的内容里,我们解释其中的奥秘。在下一部分中,我们介绍了组织的一些特征。正是这些特征,使得组织难于理解和管理。然后,我们将讨论,人性特征对人们的理解力有何不良影响,以及它们是如何使组织的困境进一步加深的。

2.1 组织的特征

由人构成的组织可能令人感到兴奋和富有挑战性。在管理学教科书和公司年报中,通常会对组织做出这样的描述。但是,组织也很有可能是虚伪的、混乱的、士气低沉的。有人认为,一个组织要么是疯人院,要么是玫瑰园,这种假设是错误的(Schwartz,1986)。管理者们需要了解组织生活的几项天然特征,可以为明智的工作方式创造机会,同时避免一些不明智的行为。

第一,组织具有复杂性。组织是由人组成的。众所周知,人的行为是难以理解和预测的。不同个体和群体之间的互动,使得组织更为复杂。韩国航空007班机上发生的事情告诉我们,即使是在只有三个人的机舱这样相对简单的系统中,也存在着复杂性。再大一些的组织,则包含着更为错综复杂的人、部门、技术、目标和环境。多个组织之间的互动关系也会产生复杂性。韩国航空公司的灾难就是由一系列事件引发的,而这些事件就发生在相互独立的系统之间。下挫的股市、苛刻的债权人、幼稚的外部审计以及公众信心的丧失,这一系列因素加速了安然的崩溃。在集体活动当中,几乎所有的事情都可能对其他事情产生影响。变化也会导致复杂性。要想追根溯源是非常困难的。保罗·奥斯本可能永远都不会知道,关于他的计划究竟发生了什么样故事。即使已经进行了全面的调查,我们对韩国航空007班机事件真相的理解,依然是凭借推测和猜想。我们可能永远都不会知道安然事件背后的完整故事。

第二,组织是令人惊奇的。结果总是与你的预期有着戏剧性的反差。保罗·奥斯本把自己的计划看作是大胆的、飞跃性的进步;海伦和她的群体则认为,这项计划纯粹是一项沉重的负担。如果她是正确的,那么他改善组织的美好愿望反而适得其反。如果他放任不管,结果可能还会好一些。就在财务体系崩溃的不久之前,安然公司的领导团队仍然自豪地认为,他们开创了一种企业成功的新模式。当事情就要败露的时候,他们试图重新给公司注入信心。当公司最终破产之后,这些行为让人感觉到是多么的做作和狡猾。

针对过去的问题,我们提出了解决办法。对于未来,这些办法往往会成为新的障碍。甚至有可能增加危险发生的可能性。当灾难发生之后,诸如007班机事件、安然事件和挑战者号事件,人们常常会建立一些程序和系统的防范机制。我们有位朋友是一家零售连锁店的总裁,在企业创办的初期,他与他的两个姐妹在同一个店里工作,他们之间曾经发生过矛盾。为了防止类似事件的发生,他专门制定了相关的制度:禁止同一家庭中有两位成员同时为该公司工作。数年之后,他的两位员工在工作中相识、相爱,并且开始共同生活。他们问总裁,他们是否可以结婚,但又不会被解雇,总裁对此无可奈何。已经解决的问题常常还会再返回来影响组织的利益。在一个大集体当中工作,就像是用一颗摇摆不定的母球,来撞击一大片杂乱无序的子球,大量的球朝着众多的方向运动,你不可能知道结果会是怎么样。

第三,组织具有欺骗性(deceptive)。有些组织蔑视常规并极力掩饰自己的不安。苏联空军试图掩饰他们的不安和混乱,因为他们害怕暴露自己战略上的弱点。安然公司掩盖财务真相的手段出神入化,例如把"星球大战"叫做诸如 Chewco、Jedi 或 Kenobe,以混淆视听。这些创造性的工作,掩盖了公司的账外负债,制造了虚假的收入(Babineck,2002)。海伦·德马科及其同事竭尽所能,不让保罗·奥斯本知道他们的真正意图。并非所有的谎言都应受指责,海伦·德马科不愿意说谎,她为此感到不安,但是,她认为自己没有其他选择。久经世故的管理者们都知道,发生在保罗·奥斯本身上的事情,实际上经常会发生。即使新的质量计划可能是有缺陷的,或者某个新产品注定是要失败的,下属们也不会站出来反对。安然的反对者们在国会的听证会上,在新闻媒体上,吹响了"警笛"。在此之前,安然公司内部没有任何警告的声音。下属很自然会担心,如果他们提出不同意见的话,老板会因为他们的反对或不服从,而拒绝听取他们的意见,或者可能会惩罚他们。有位朋友在某大型政府机构中担任高级职务,他对此的解释非常率直:"组织中的沟通往往是不直率的、不公开的、不及时的。"

第四,组织具有模糊性(不确定性)。复杂性、不可预见性、欺骗性综合在一起,就导致了模糊性。要想了解企业、医院、学校或公共机构的内部运作,是困难的。即使我们知道发生了什么事情,也很难知道这究竟意味着什么,或者我们该怎么办。海伦·德马科根本不知道保罗·奥斯本的真实感受:他是否能够接受不同的观点,他能够在多大程度上做出妥协。她和她的同事们不让他知道真相,这进一步增加了模糊性。韩国航空和安然事件表明,如果把组织或文化与人整合为一体之后,模糊性就会迅速膨胀起来。

模糊性有许多根源。有时候是因为信息的不完整或信息的模糊。相同的信息可以从不同的角度加以阐释,有时候则是为了掩盖问题或回避冲突,而故意制造模糊性。在大多数情况下,事件或流程是非常复杂、分散和不协调的,没有人能够充分理解究竟发生了什么,更不用说对其实施控制了。表 2.1 列出了组织模糊性的一些最重要的来源(McCaskey,1982)。

表 2.1　模糊性的来源

1. 我们无法确定是什么问题。概念是模糊的,或者是相互冲突的。某些问题总是与其他一些杂乱的问题交织在一起。
2. 我们无法确定究竟发生了什么。信息是不全面的、含糊的、不可靠的。关于如何解释所获取的信息,人们无法取得一致意见。
3. 我们无法确定我们需要什么。我们都拥有多元化的目标,这些目标并不明确,或者是相互冲突的。不同的人有着不同的追求,这就会导致权术的和感情上的冲突。
4. 我们不拥有必要的资源。时间、精力或资金的短缺,使困境更为混乱。
5. 我们不确定希望谁去做什么事情。角色定位不清楚,责任不明确,工作总是随着人员的变动而改变。
6. 我们不确定应当如何得到我们需要的东西。即使对目标有着一致的认识,但是我们无法确定结果究竟会怎样。
7. 我们不确定如何判断我们是否已经成功。我们不知道该用什么样的标准来评价成功。如果我们知道这样的标准,也不知道该如何评价结果。

资料来源:摘自 McCaskey(1982)。

2.2　组织学习

身处一个充满复杂性、惊奇、欺骗性和模糊性的环境,人们很难从中吸取教训,从而能够在今后的工作中引以为鉴。在这个混沌程度不断增加、变化迅速的环境中,为了生存,现代组织必须能够更好更快地学习。戴尔电脑公司(Dell Computer Corporation)的创立者迈克尔·戴尔(Michael Dell)对此做出了诠释:"在我们这个行业中,产品的生命周期只有 6 个月。如果你错过了这个产品周期,你就失去了机会。在这个行业中实际上只有两类人:反应敏捷的成功者和失败者"(Farkas and De Backer, 1996)。

由于潜在的风险非常巨大,组织学习逐渐成为一件越来越紧迫的任务。几十年以前,人们甚至还在争论,集体学习有什么意义;组织能够学习吗? 或者说,学习是否本质上只是一种个体行为？后来这种争论逐渐平息下来了。因为，学者和实践者们发现了一些例证：在有些情况下，个体可以学习而组织无法学习；在有些情况下，组织可以学习而个体无法学习。像微软（Microsoft）、丰田（Toyota）和英国航空（British Airway）这样的复杂企业，所具有的"学习"能力，远远超出了个体的知识。但是，个体通常能够从以往的经验中吸取教训，而他们所处的系统则没有这种能力。

关于组织学习，已经出现了许多种观点，这在彼得·圣吉（Peter Senge，1990）和巴里·奥希瑞（Barry Oshry，1995）的著作中已有说明。圣吉发现了组织中存在的学习困境："在实践中学习是有效的。但是，关于我们所做出的决策，我们从来无法直接体验其结果"(1990，p.23)。当原因与结果之间间隔较短时，人们很容易看到它们之间的联系，理解和学习起来也就相对容易。复杂的系统通常会切断这种线型关系：诱因与结果之间相距遥远，问题与解决办法之间相距遥远，而且反馈结果往往是滞后的或容易被人误解的(Cyert and Msrch，1963；Senge，1990)。在家里，你一打开开关，灯就亮了。在组织中，如果你搬动开关，在你离开房间之前，什么也不会发生——结果可能是10英里外某栋建筑物中的某个盥洗室的水被打开了，你仍然是一无所知。但是，盥洗室的使用者则会感到惊奇和不愉快。要想理解发生了什么事情，你需要掌握系统复杂的因果关系。

圣吉非常强调"系统映射图"（system maps）。他以此来阐明，系统是如何运作的。邓拉普（Dunlap）是斯科特纸业（Scott Paper）的CEO，他有一个外号叫"利锯阿尔"（Chainsaw Al）。邓拉普以这个外号及其在斯科特的裁员工作而感到骄傲。他进行了大规模的裁员，并且削减了一些可有可无的费用，如研发费用。通过以上措施，大幅度地增加了公司的利润，提高了公司的市值。但是他很少谈及，斯科特的市场份额正在逐步下降(Byrne，1996)。这个案例说明，那些为了实现短期利益目的而采取的行动，往往会导致更加严重的、长期性的问题。相应的系统模式如图2-1所示。

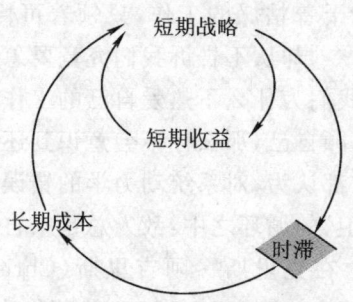

图 2-1 包含时滞的系统模式

这种战略可能是：通过削减培训费用来降低短期成本，或者是喝马提尼酒①(martinis)来减轻压力，或者是靠高比例折扣来吸引顾客购买，或者是靠大笔借款来掩盖高风险的债务。无论是哪种情况，从短期来看，这一战略可能起作用了。但是，它会背上长期性的负担，当长期负担逐渐显露时，则已为时太晚。

对此，奥希瑞(Oshry, 1995)持有相同的观点：系统失明(system blindness)是普遍存在的。但是，他强调说，系统失明的根本原因在于不对称的关系。高层与基层之间、销售商与顾客之间都是一种不对称的关系。例如，当身处组织的顶端时，我们可能无法了解中层和基层的情况。我们无法理解"系统动力学"正在导致不和谐，而在不和谐的环境中，不同的人生活在不同的世界中。面对复杂性、责任和重负，高层管理者们承受着巨大的压力，他们一直对于中层管理者缺乏主动性和创造力感到失望。与此同时，中层管理者却被相互冲突的信号和压力所折磨。高层管理人员一方面鼓励他们冒险，另一方面又对他们的错误做出惩罚。组织的中层管理者们，受到来自基层员工和顶头上司的相互对立的"指使"，这令他们感到无所适从、软弱无力。在组织的底层，员工们的感受是：经常挨批评，不被领导欣赏，感到非常压抑。基层员工们常常

---

① 马提尼酒是一种鸡尾酒，此处有借酒浇愁之意。

抱怨:"他们让我们干着枯燥的工作,只领着可怜的薪水。他们不停地向我们发布命令,却从不告诉我们究竟要怎么干。于是,他们对我们表示质疑:我们为什么不热爱自己的工作。"奥希瑞说,如果在跳舞过程中你只顾自己,那么你不会意识到还有其他选择。

奥希瑞和圣吉都认为,对系统动力学的错误理解,使我们陷入了"批评与自我防卫"的循环之中:敌人总是来自于外部,问题总是由其他人引起的。在克里斯·阿吉里斯(Chris Argyris)和唐纳德·舍恩(Donald Schön)(1978,1966)的著作中也涉及同样的主题。他们没有太多地涉及系统动力学,而是更多地关注个体和群体的防卫性。圣吉认为,我们之所以无法从经验中学习,是因为我们没有看到自身行为的后果。阿吉里斯和舍恩认为,"我们为了促进学习而采取的行动,实际上抑制更为深入的学习"(Argyris&Schön,1996,p.281)。我们的行动常常达不到预期的目的,这是因为,虽然我们希望解决问题,却总是回避与组织禁忌有关的一些无法讨论的问题。我们常常忽视那些重要却又"敏感的"问题。我们告诉自己,只有傻瓜才会绕路远行。在短期内来看,那样的战略是有效的。但是,它们最终会导致两难困境的出现:我们要想解决问题,就必须面对我们试图掩盖的那些问题;但是,这样就会暴露出我们的掩饰手段。面对这样的两难困境,海伦·德马科和她的同事们做出了伪装战略的选择。阿吉里斯和舍恩认为,结果只会导致欺骗的游戏越玩越大。这种事情已经真实地发生在安然公司和世通公司身上。越是不顾一切地进行掩饰,当事情败露时,只会导致更具灾难性的后果。

2.3 应对不确定性和复杂性

组织如何应对一个复杂的、不确定的环境呢? 一般来说,组织会想办法降低复杂性和不确定性。通过信息系统和有关技术来收集和处理信息,就是一种方法。另一种方法是,把复杂的工作分割成片段,分配给专业性的个体或单位来完成。还有一种方法是,雇佣和培养具有特定技能的、富有经验的专家,他们能够应对特定的复杂环境。这些方法以及其他一些方法都是有益的,但仍然是不够的。尽管组织已经尽了最大的努力,但是糟糕的事情还是不断发生。

1994年4月14日,海湾战争结束三年之后,两架美国F-15C喷气战斗机从土耳其的一个基地起飞,驶向伊拉克北部的禁飞区。他们的目标是"清除该区域内所有的敌机"(Snook,2000,p.4)。在禁飞区内,已经两年多没有违禁行为发生了。但是,伊拉克的防空火力仍然是一个持续存在的危险。有媒体报道,萨达姆·侯赛因(Saddam Hussein)可能会向北部调集大批部队。上午10点,战斗机飞行员向警戒与控制系统控制员报告,他们用雷达探测到两架在低空缓慢飞行的飞机。这名战斗机飞行员试图使用一种敌友识别电子系统,来判断对方的真实身份,但是没有成功。他们降低了飞行高度,试图通过视觉来识别。前面一架飞机从上方飞到了目标飞机的左侧,发现了两处印有"雌鹿"——这是伊拉克使用的苏联造直升机的标志。他报告了他的发现。系统控制人员回答:"全部击落"(Snook,2000,p.6)。这两架飞机又折回头,向目标飞机开火。他们告诉系统控制员,他们正"忙着"呢!上午10点30分,每架飞机各击落一架直升机。

成功之后,两位飞行员都感觉"喘不过气来"——就像击落韩国航空007客机之后,奥西波维奇的感觉一样,击落敌机是战斗机飞行员的光荣。很快,他们就得知,他们击落的是两架美国UH-60"黑鹰"直升机。机上26名联合国救援工作人员全部丧命。

虽然"雌鹿"直升机是褐色的,"黑鹰"是草绿色的,虽然每架UH-60直升机上都印有六面美国国旗,但是F-15C战斗机飞行员确信他看到的是"雌鹿"。为什么这两位训练有素、经验丰富的飞行员所看到的与事实不符呢?斯努克(Snook)的谨慎分析提供了一种令人信服的解释。

最初设计的"黑鹰"直升机的伪装色,在特定地形下很难看清楚。从1 000英尺以上的高空垂直往下看,更是如此。为了能够看清楚,飞行员必须在山谷中间进行危险的低空飞行。地形意识是非常关键的。他们非常渴望尽快飞回山脉上方。广泛的事后调查发现,直升机很难被识别。面对模糊的概念性数据,飞行员行动与普通人一样:他们会根据已知的、期望的和需要的信息,来推断那些未知领域。

"黑鹰"和"雌鹿"在大小和外形上有些相似之处:都有一个锥形的向下倾斜的尾巴和翅膀一样的附件("雌鹿"上的是突出的炮座,"黑鹰"上的则是油箱)。从上往下看,两种机型有相似之处。在识别直升机方面,那些飞行员只接受过有限的训练。战斗机飞行员训练的主要目的是为了在高空中进行高速战斗,直升机从来也不会达到那样的高度。在他们接受训练时,他们看到的只是从下往上拍出来的照片。(这些照片来自地面部队,他们通常是从地面仰望直升机。)后来,长机飞行员说,"我的心中从来没有黑鹰直升机。我心中唯一的直升机就是'雌鹿'"(Snook, 2000, p. 81)。

2.3.1 你期望什么,你就会看到什么

那些飞行员只想到了敌人的飞机,这是容易理解的。他们的飞机装备充足,而且飞行在不友好的区域内。在做飞行准备时,他们就被告知可能会遇到的众多威胁。没有人告诉他们,会遇到友方的飞机。当目标出现之后,长机飞行员不断地与地面控制人员联系。他希望控制人员能够提醒他,留心周围的友方飞机。事实上,有一名控制员正在指挥着那两架直升机。但是,这个控制小组是第一次上岗,他们的成员都正在学习如何一起协同工作。"当飞行员看到那两架直升机时,他已经认为它们是敌机了。接下来他要做的就是,把所看到的零碎信息,与头脑中的敌机轮廓进行对照。根据他从手册上获得的印象,从高空往下看,'黑鹰'上的外部油箱很容易被看成是'雌鹿'上的突出炮座,因为他的教材上没有

'黑鹰'的照片"(Snook，2000，p.80)。

有了第一次误解,情况会变得更加复杂。1987年5月,美国的"斯塔克"号驱逐舰(USS Stark)与一架驶离伊拉克的飞机建立了雷达联系,这是一个友好的目标。那时候,伊拉克正和美国一起联合对付伊朗。没有想到的是,这架战斗机袭击了"斯塔克"号,造成了巨大的损失和伤亡。14个月之后,同样的情况出现在"温森斯"号驱逐舰(USS Vincennes)指挥官的面前。当时,它正航行在伊朗和阿拉伯半岛之间的霍尔木兹海峡(Straits of Hormuz)上。雷达显示,有一架飞机从伊朗方向飞来。"温森斯"号驱逐舰发射了两枚导弹,摧毁了这架飞机。这是伊朗航空公司的空中客车飞机,飞机上有290人,无一生还。"斯塔克"号的经历无疑影响到"温森斯"号舰长的决策,过去发生的事情会影响到当前的决策。

有些事情是非常精确和不含糊的,人们很容易对事物的进展情况取得一致意见。例如,火车是否准点,飞机是否安全着陆,钟表是否准时,这些问题都可以直接做出判断。但是,管理者们所面对的大多数问题,并非如此明确。在日常的工作中,很难发现那些确定的事实和简单的问题。某次机构重组是否真正起作用了?某次会议开的是否成功?为什么协商一致达成的协议未成取得预想的结果?在复杂和不确定的环境中,我们的感知能力更多地取决于我们的视角(frames)或思考模式(mental models)。就像美军战斗机向"友方"开火事件一样,观察问题的视角是由历史和当时的情况所决定的。即使是训练有素的专家,也有可能做出错误的选择。由于我们的解释是以我们自身的期望、信仰和价值观为转移的,因此,我们的内心世界与外部世界同样重要。我们总是设法取得我们预期和需要的结果,因此,内心世界有时候要比外部世界更重要。日常生活中的模糊性,很容易让外部世界屈从于人们内心中占据主导地位的主观印像。

管理者们常常会面对无休止的谜团或困境。为了不至于引起更多的麻烦,在采取行动之前,管理者们必须首先对发生的事情有一个准确的把握。然后,他们必须进行更深入的探讨,"这里究竟发生了什么事情?"在分析情况的过程中,这是一个重要的步骤。但是,它常常被忽略。结果,管理者可能只进行肤浅的分析,并采取顺手拿来的解决办法,或者是采取时下比较流行的解决办法。市场份额下降了怎么办?试一试战略规划怎么样?顾客有抱怨怎么办?实施一项质量计划。利润下降了怎么办?赶快进行再造或缩编。

更好的办法应当是,进行更加深入的思考和探索:究竟发生了什么事情(究竟是怎么回事)?有一位前海军演习指挥官曾经指出:"领导的第一责任就是弄清楚事情的本来面目……这一点是很难做到的。因为,事情很少是黑白分明的,它们通常是灰蒙蒙的……它们很少是整整齐齐的。"有些时候,仔细地评估能够发现问题的本质。在另外一些时候,我们会发现我们处于两难的选择困境之中。正像一位大学教授所说的,"我处于这样一种两难选择的困境:要么承担起我不愿意从事的行政管理工作,要么就得为我不尊敬的管理者工作。"问题是可以得到解决的。但是,领导者需要面对两难的困境,要在价值和伦理之间做出选择;有时候还需要耐心地等待事情的进展。

我们凭借所具备的思想或理论,对某件事情做出判断。我们要判断这件事情是否明确、是否有意义;要看看它是阻止我们前进的一场灾难,还是一个丰富阅历的学习机会。个人见解是非常关键的。关于人的认知过程,有这样一个基本事实,那就是:在任何情况下,我们都会遇到许多需要我们关注的意外情况。个人见解可以帮助我们了解,事情究竟会朝什么方向发展,我们接下来该怎么办。根据经验积累所得出的个人见解具有两方面的优势:(1)它告诉我们,哪些是重要的,哪些是可以安全地回避的;(2)它可以把大量分散的信息汇总为可以控制的模式或概念。

2.3.2 变革与保守的两难选择

对于不是飞行员的人来说,战斗机座舱里众多的控制键、开关和仪表,让人感到没有头绪。但是,对于经验丰富的飞行员来说,只要看上一眼,就可以判断出飞机的状态。像其他专业人士人一样,飞行员的学习模式也是将表面上看起来支离破碎的大量信息整合在一起。为了学习一些关键的概念,他们可能要花费许多个小时。但是,一旦学会了,他们就可以非常容易地、又快又准确地把握所遇到的情况。经过类似的过程之后,熟练的管理者也能够非常迅速地对事态做出判断,并且知道该采取何种行动。这种直觉和技能是在广泛学习的基础上建立起来的,经过预先的学习,管理者可以建立有效的思考和行动模式。

学习这些知识是要花费时间和精力的。在前文案例中,海伦·德马科凭借以往经验所建立的视角,来理解保罗·奥斯本的行为,并决定如何做出反应。由于她的理解是建立有局限性的框架之中,所以,她不可能做出其他选择。我们的向导帮助我们走出混乱、迷茫和焦虑。这既是好消息,也是坏消息。前述 F-15C 飞行员非常确定地知道该怎么做,因为他相信他所看到的是"事实"。"温森斯号"驱逐舰的舰长则不希望"斯塔克号"的悲剧再次发生。当我们尝试了所知道的各种方法,却依然无法奏效时,我们就会变得非常焦虑,不知所措。我们陷入了一种两难困境:保留旧模式没有效果,但是要开发新的心智模式就需要花费大量的时间和精力,而且这也是有风险的。它有可能使我们分析能力受到麻痹,从而进一步侵蚀我们的自信心和工作效果。

即使我们没有发现现有的心智模式有什么缺陷,这种两难困境也是存在的。这是因为我们的思想是自我封闭的,它让我们看不到自己的缺点。大量的研究文献表明,人们会通过多种途径来坚持现有的信念(例如,可以参见 Garland, 1990; Kühberger, 1995; Staw and Hoang, 1995; Tetlock, 2000)。这有助于解释,为什么安然公司的肯·莱和安达信的乔·贝拉迪诺(Joe Berardino)确信他们的行动是正确的,尽管他们的公司正是在他们的管理之下破产的。希思和冈萨雷斯(Heath and Gonzalez, 1995)发现,决策者对其他人的依赖,不是为了获得新的信息,而是为了进一步强化已有的思想。泰特劳克(Tetlock, 2000)的研究表明,管理者对绩效的判断常常受到认知偏好和权术观念的影响。有关"设计效果"(framing effect)(Kahneman and Tversky, 1979)的大量研究表明,微妙的暗示具非常强大的影响力。关于解决问题和决策模式的适度变革,会招至人们非常强烈的反应(Shu and Adams, 1995; Gegerenzer, Hoffrage, and Kleinbölting, 1991)。例如,现在有这样两个方案,一个方案的成功概率是70%,另一个方案的失败概率是30%。虽然这两种方案在统计学上是没有差异的,但是决策者会更倾向于选择第一种方案。

在我们中间,有些人能够认识到心智模式会如何影响我们对周围世界的解释。很少有人知道,我们所期望的通常会决定我们所得到的。罗森塔尔和雅格布森(Rosenthal and Jacobson, 1968)在学校做了一项研究。学校的老师被告知,在他们的班上,哪些学生是"有潜力的"——前途无量的学生。实际上,这些"有潜力的学生"是随机抽选出来的。但是,在测验时,他们仍然取得了超出平均水平的成绩。他们真的是有潜力吗?事实上,老师的期望已经以某种方式传达给了学生们,并且也为学生们所接受。现代医学也仍然试图了解"安慰剂效应"(placebo effect)——用糖制成的药片能够使病人们康复起来。原因在于,服"药"之后,病人的信念体系发生了无法解释的变化。病人相信他们会康复起来;于是,他们就康复了。与此相类似,在无数的组织重组、新产品开发和新绩效评价体系应用的过程中,也在重复着"皮格马利翁效应"(Pygmalion effect),即我们对事物和人的看法无论是正面的或是负面的,都会对对方产生影响。

2.4 组织诊断中常见的问题

来自组织研究领域的伟大启示第 5 号:詹姆斯·G·马奇,赫伯特·A·西蒙:《组织》(James G. March and Herbert A. Simon, *Organizations* (New York: Wiley, 1958)。

马奇与西蒙1958年的著作《组织》开创了一个从未存在过的新领域。它提供了一种研究组织的结构和语言。西蒙于1978年获得诺贝尔经济学奖,这本书也是帮助他获奖的著作之一。

马奇和西蒙在他们的著作中所讨论的主题和观点的范围非常广泛。简单的概要无法使我们全面认识他们的成果。他们重点研究了组织行为中的思维、信息处理和决策等活动。他们以这些活动为重点,提出了一种社会心理学的认知角度。本书在开始的部分,对某种行为模式进行了广泛的关注。这种行为模式认为人们总是在不断地追求目标的实现,人们所追求的目标则表现为需求层次。在特定的时间内,人们所追求的目标,是个人历史与其所处环境的综合产物。如果追求的目标是不令人满意的,人们就会继续寻找新的目标;他们会寻找更好的、更令人满意的选择。马奇和西蒙的模型有一个重要的意义:组织主要是通过对可获取的信息与选择权,以及个体所要考虑的"决策前提"进行管理,来对个体施加影响。

马奇和西蒙在他们的著作中继承了西蒙早期的思想(Simon, 1974),对传统经济学中的"理性人"观点进行了批判。传统经济学认为,"理性人"综合考虑各种可能的选择机会,并做出最优的选择,从而实现效用最大化。马奇和西蒙认为,事实上,无论是个体还是组织,所拥有的信息都是有限的,而且他们处理信息的能力也是有限的,他们从来都无法知道所有的各种选择。实际上,他们是在探索环境的过程中,开始意识到所面临的选择,并且逐步地调整所追求的目标。个体和组织所追求的不是"最优解",而是"满意解"。他们不是要寻找最优的选择,而是寻找能够优先满足其当前需求的、足够好的选择。

组织中的决策是一个更加复杂的活动。由于组织所处的环境是复杂的,资源(时间、精力和金钱等等)是稀缺的,在个体之间、群体之间有着没完没了的冲突。在进行组织设计时,需要经过一个支离破碎的谈判过程,这根本无法保证做出理性的选择。组织有必要对环境进行简化处理,以降低有限的决策能力和信息处理能力所要承受的负担。一种重要的简化方法就是建立"程序"——完成重复性工作的标准化方法。一旦程序付诸实施,只要结果能够在最低限度上令人满意,人们就会坚持执行这一程序。否则的话,组织不得不花费时间和精力去创新。但是,程序性工作会抑制创新。人们在这方面已经拥有丰富的实践,工作起来非常熟练,工作成功率高。人们发现,将有限的时间和精力投入到程序性任务之中时,既省事又不费力。因此,一个自诩为作家的人会发现,泡茶、整理书桌和信件分类,要比写小说的开头难得多。

马奇和西蒙的著作总体上可以归入结构和人力资源视角。但是,他们对稀缺资源、权力、冲突和谈判的讨论,也认识到了组织中的权术问题。例如,他们认为,如果群体之间拥有共同的目标,那么组织的决策活动就是分析型的;但是,如果群体之间没有共同的目标,那么组织的决策活动就更具有权术的特点。虽然他们没有直接使用"框架(视角)"这一术语,但是他们认识到"框架(视角)"是个体和组织进行选择的关键要素。他们说,决策总是建立在一个简化的模型之上。组织开发出特有的术语和分类计划,这就决定了组织中的人希望看到什么,喜欢谈论什么。那些不适应组织视角的事物,要么会被组织所忽视,要么会被改造成为组织能够理解的语言。

* 我们根据引用结果分析(某篇文献在学术著作中被引用的次数)设计了一系列的"来自学者们的伟大启示"——组织领域的学者最依赖的著作。附录 A 列出了分析的结果,并讨论了我们是如何进行分析的。在本书的适当部分(内容最相关的地方,比如说这里),我们会对某篇文献中的重要思想做一个简单的总结。这些文献在我们的列表中都排在前列。

阿尔伯特·爱因斯坦(Albert Einstein)曾经说过,任何一件事情都要设法转变得尽可能地简单,但并不是要把事情简单化。当我们要求学生或管理者对韩国航空 007 号班机、海伦·德马科或安然的案例进行诊断时,他们通常会把问题简单化。他们常常会依赖三种过于简单化的概念,总是以不变应万变。第一种最常用的方法就是批评别人(blame people)。这种方法总是用个体错误来解释所有的事情。问题的产生都是源于人们不正确的态度、粗暴的个性、神经质的倾向、愚蠢迟钝或缺乏能力,这是一种可以解释任何问题的简单方法。安然垮台之后,必然要寻找指责的目标。高层管理者们就成为被起诉人和谈话节目主持人攻击的目标。有一位 CEO 这样说:"我们希望坏人暴露出来,希望坏人能够得到惩罚"(Toffler and Reingold, 2003, p.229)。作为孩子,我们知道,我们会因为搞坏文具、弄脏地毯、打伤兄弟姐妹而受到批评。查明犯人的犯罪事实是令人快慰的事情。消除疑惑,解决谜团,弄清事实,最后对罪犯做出惩罚。毫无疑问,在安然事件中有个人失误的因素。但是,个人渎职的组织与社会背景是一个更为重要的因素。把目标瞄准个人,而忽视更大的系统失故,实际上是把问题简单化了。这并不利于防止事件的再次发生。

如果找不到一个罪人的话,那么人们常常会采取第二种方法——指责官僚机构。导致混乱的原因在于,组织被各种规则和警示所窒息,或者是由于组织缺乏明确的目标和角色定位而失控。如果事态失去控制,那么,这个系统就需要规则和程序,以及更加严格的岗位描述。如果角色明确,而且每个人都能理性行事的话,就可以防止海伦·德马科与保罗·奥斯本之间的问题。更加严格的财务控制,有可能防止安然公司的破产。问题是,过多的制度和规则就会导致官僚制结构的僵化。规则会妨碍自由,降低灵活性,抑制创新,会产生大量的繁文缛节。如果安然公司严格按照传统的规则运行,那么它是否能够成为美国最具有创新性的公司?任何事物如果限制的太死了,那么唯一的解决办法就是"解散"这个系统。只有这样才能打破那些繁文缛节和死板的规定,释放被束缚的创新力,让组织走出困境。但是,许多组织往往是在不断地在"松"和"紧"之间摇摆不定。

第三种方法就是把问题归因于对权力的追求。从这种观点来看,保罗·奥斯本和海伦·德马科都是在玩权术游戏,都是为了自身的利益。在安然的案例当中,斯基林和马克更感兴趣的是如何扩展他们的"地盘",而不是公司利益的最大化。这种观点把组织看作是充满捕食者和被捕食者的丛林。获胜者会变得更加老练,更加奸诈。组织中的许多问题都是由于争夺权力和地盘所导致的。你的最佳选择就是要比你的对手玩的更好,而且要提防来自背后的进攻。

当然,并不是说这三种结论是完全错误的,问题在于,他们往往把一个比较复杂的现实问题简单化了。每一种结论只有部分是正确的。对人的批评指出了个体缺陷的重大影响。有些问题是由个性特征引起的,例如苛刻的老板,懒惰的员工,讲求形式的官样文章,贪婪的工会会员,以及缺乏敏感性的中坚力量。在多数情况下,有缺陷的人会妨碍我们看到整个系统的弱点,让我们无法提出可行选择。例如,如果某个人具有病态的个性,我们该怎么办?心理学家也发现,要想改变一个人的性格是非常困难的。因为性格原因而解雇一个人,几乎是不可能的。

对官僚机构的指责源于一种合理的假设:组织的创立是为了达到特定的目标。如果目标和制度是明确的(但不要过分严格),工作得到合理界定,控制系统到位,员工行为合理、谨慎,那么这样的组织就是最有效的。从理想的角度来考虑,海伦与奥斯本之间的冲突,是可以通过理性的交流以及对事实的认真考虑而得到解决。如果人们都能这样做,那么可能大多数组织都要比现在运行得好。实际上,这种观点很好地解释了为什么组织可以比现在运行的更好。当面对从未遇到的非理性问题时,坚持理性的管理者们会变得泄气而沮丧。年复一年,我们看到了新型控制系统引入组织内部,我们听到了重组的新方法,并且被新兴的管理咨询公司和最新的管理方法搞得眼花缭乱。但是,传统的问题依然继续,似乎它们已经对我们所设计的理性疗法产生了免疫力。

第三种观点反映了组织中长期存在的一些问题。海伦·德马科和保罗·奥斯本,杰弗里·斯基林和丽贝卡·马克拥有不同的利益和权力来源。德马科是一位职业经理人,她要保护其现状不受侵犯,她持有一种长期性的观点。一项不现实的会导致失败的计划,可能会让她失去工作。奥斯本的情况则有所不同,他是带着变革的使命来到这家公司的——变革得越早越好。一项持续多年的计划无法提高他作为领导者的声望。他需要一项剧烈的、看得见的创新计划,而且这项计划要迅速地取得所承诺的巨大改善。对于组织或社会中发生的几乎所有问题,都可以利用自相残杀的权力斗争观点来给予解释。例如,德马科和她的同事们打出的牌非常老练。很明显,他们取得了显著的胜利。但是,德马科和奥斯本实际上都不希望权术在决策中发挥主导作用。从这种意义上来讲,他们都输了。在安然公司,斯基林赢得了内部的权力斗争,但是他和马克的行为都推进了公司的垮台。在公司垮台之前,这两个人都紧急"跳伞"了。

对组织中人员、官僚作风以及人性的批判,带给人们透明和乐观的感觉。然而,这种感觉是虚假的。组织生活中充满了意外、复杂和不确定,需要赋予管理者们更加有效的、综合的方法,提高他们的灵活性,使他们能够从多个角度来考察组织。特别是在西方文化中,有这样一种倾向:试图用一种理论或信念,来统一整个世界。如果这种理论或信念有效,我们就会坚持我们的观点。如果产生差异,我们会想办法消除这种差异。如果有人挑战我们的观点,我们要么不予理会,要么击退他们。只有长期效果不理想,我们才会对理论产生质疑。即使这样,我们通常会有一种新的世界观来保护自己,同时就启动了新的一轮循环。

日本有四种宗教:佛教、儒教、神道教和道教,它们都拥有独特的信仰和假设。尽管这些宗教在历史、传统和基本原则方面存在着巨大的差异,但是,日本人认为没有必要只选择一种宗教。他们接受不同的宗教,根据特定的目的和环境,利用各种宗教的优势。对于现代组织中的管理者们来说,我们所提出的四种视角(框架)就可以起到同样的作用。我们不是要零散地介绍组织理论的某个领域,而是要综合地把它展现出来。以这种方式来观察组织理论,可以为我们观察组织提供一个丰富的、多样化的视角。每种理论传统都是有帮助的,每种理论传统也都有盲点。每种理论都为我们讲述着它们的关于组织的故事。如果具备在不同理论之间转换的能力,就能够帮助我们重新认识事物的现状,使之成为可认识的、可管理的事物。重构能力是管理大师们所具备的最强大的能力之一,它对于管理者也是同样有效的。范德比尔特大学(Vanderbilt University)的大学生们通过课堂活动把握住了这一点:

重构,重构,在混乱中引入新的理念。

重构,重构,不断玩不同的游戏。

重构,重构,当你身处混乱时,换一个角度观察事物。

2.5 结论

由于组织具有复杂性、新奇性、欺骗性和模糊性等特征,因此组织是非常难于理解和管理的。我们事先形成的见解和观念,决定着我们所能看到的东西,并决定着我们的行动,决定着我们的完成方式。狭隘的、过于简化的观点无法为管理活动指引道路,反而会制造迷雾。大多数管理者所处的世界都是一团乱麻,其中充满了复杂性、模糊性、价值观冲突、权力斗争和不同的群体利益。如果管理者的理念妨碍了他们对这个纷繁世界的正确认识,那么就会充满挫折和失败。如果管理者拥有良好的理论并且具备运用这些理论的技能,那么这就是一个充满激情与机会的世界。我们可以这样定义"混乱":这既是一个充满麻烦的世界,也是一群在一个锅里吃饭的人,领导的核心挑战就是要把组织从前者转变为后者(或者是更接近后者)。

在接下来各章中,我们分别考察四种视角。它们将有助于管理者和领导者们在混乱的组织生活中发现清晰的脉络和真正的意义。我们无法保证你成为一个成功的管理者或者是变革代理人。但是,我们相信,如果拥有这四种视角的艺术鉴赏力,并且知道如何运用它们来理解和影响事态的进展,你成功的机会将会大大增加。

第二篇 结构视角

在第2章我们曾经解释过视角的概念,即视角是使人们更清楚地理解日常事务的一整套连贯的概念。我们将在第二篇到第五篇分别阐述四种视角——这是四种不同的理解组织生活的方法。每一种视角都分3章阐述:第一章介绍基本概念,其他两章是其主要的应用与引申。首先,我们从一种历史最悠久、使用最广泛的理解组织的方法——结构视角开始阐述。

如果有人要求你描述你所在的组织——工作单位、学校或者家庭——你会想到什么?你很可能会想到传统的组织结构图,即描述工作职责和层次的一系列方框和线条。组织结构图的形状可能大致像一个金字塔:一少部分拥有职权的人物在顶层,更多的普通人在底层。其实,这样的组织图仅仅是反映结构视角如何理解组织的一种图示。这种视角来源于传统的理性图示,但事实上在理解结构及其结果方面目前已经又有了更多的、更深入有效的方法。

我们以两个案例作为本章的开始,即把一个纪律严格的航空母舰运转体系的结构特征与在纽约911恐怖主义袭击中妨碍了营救的组织结构失误进行比较。然后,我们将重点讨论结构视角的基本假设,即对两个基本维度的关注:分工以及其后的协调。我们重点阐述了结构设计如何依赖于一个组织所处的情境,包括它的目标、技术以及环境。另外,我们还解释了为什么控制严格、自上而下的组织形式在简单、稳定的环境下运作得很好,但在变化迅速、模糊的环境中却会失败。

在第 4 章,我们分析结构变革与重新设计的问题:描述基本的结构冲突;探讨当新的环境要求调整结构时,可考虑的一些选择;讨论重构过程的难点。本章结束时,我们举了几个结构变革成功的案例。

在第 5 章,我们把结构的概念运用于群体与团队。当团队运行不良时,成员常常针对结构问题而不是个人问题互相指责。首先,我们考察了五人团队的结构安排。然后,我们比较了棒球、美式足球、篮球比赛,目的是说明一个良好的结构是如何依赖于团队的任务及其环境的。最后,我们考察了高绩效团队的结构特征。

第3章 构建组织

　　一位曾经在美国海军"肯尼迪"号(USS Kennedy)航空母舰上服役的海军军官加里·迪尔(Gary Deal)说:"这艘航空母舰可能看起来很混乱无序,但我们总是知道正在发生着什么。""肯尼迪"号满员超过5 000人,其中一半属于舰上人员,另外一半属于空军人员。舰上的人员分属19个部门,包括日常运作、工程、供应、航行以及航空(即控制飞行甲板上的所有职能)。舰上有9个飞行中队,每一个中队必须保证飞行员和飞机可以随时执行任务,飞行甲板负责飞机安全起飞和降落,整个过程涉及50种职能。个人的职责可以从他们的制服上马上辨别出来:穿蓝色的是普通士兵,穿红色的是武器和火力控制人员,穿褐色的是指挥飞机滑行或指挥牵引飞机的人员,穿紫色的是加油人员(其他人亲切地称他们为"葡萄")。包括被称为"射手"的弹射器人员的主管身穿黄色制服,安全人员穿白色制服。在驾驶台,官员们都穿着标准的土黄色制服;甲板上的官员头上戴有金色饰物的棒球帽。舰长拥有指挥权,而空军部队的指挥员则对整个空军部队负责。

　　在战争中,美国海军"肯尼迪"号航空母舰的主要目的非常明确:轰炸目标。为了达到这个目的,所有的职能必须相互配合。任何一个人做的任何一件事都会影响到其他人,在战争条件下相邻的军营之间更是如此。即使个人不知道总体的情形,但他们都清楚他们自己的职责。只有职责清晰并且人员一律听从指挥,航空母舰才能成功完成任务。因此,在20世纪90年代初期的海湾战争以及10年之后的阿富汗战争、2003年的伊拉克战争中,所有军舰都能像"肯尼迪"那样完成它们的任务。

　　海军军官能够对战争可能带来的大多数意外事件提前作出安

排。然而不幸的是,纽约的消防部门和警察部门在911恐怖主义袭击世界贸易中心时却没能做到这一点。那天有无数激动人心的个人英雄事迹,很多人都牺牲了。急救人员不顾个人生命危险营救了成千上万人,很多人在营救过程中牺牲了。然而在沟通、指挥、控制中出现的问题却阻碍了更多人进行营救。盘旋在北楼附近的警用直升机早在北楼倒塌的20多分钟之前就用无线电指出它将倒塌。预防警告被传给有关警察官员,不知为何,大部分人却没有接收到这一信息,只有少数几个消防队员接收到了这个信息。现场的消防部门与警察之间没有任何联系,并且由于他们的指挥基地相距三个街区,所以这两个部门的指挥人员不能进行相互沟通。不过,即使他们进行了沟通,可能也不会有所帮助,因为消防部门的无线通讯几年前就已经被高高耸立的建筑物弄得信号强度很弱。无法及时沟通和协调,导致了死亡人数的增加——北楼倒塌时牺牲了121名消防队员。面对突如其来的灾难,这些斗志昂扬、技术熟练的专家都愿意付出一切,然而由于缺乏一个清晰而适当的组织结构,严重削弱了这种救援的效果(Dwyer,Flynn,and Fessenden,2002)。

把"肯尼迪"号的情况和世界贸易中心的营救过程与结构观的核心前提相比较,我们可以发现:清晰、容易理解的职责和关系以及充分的协调,是决定组织运行是否良好的关键因素。我们先讨论结构视角的核心假设、理论渊源及其基本形式。组织的结构设计可以多种多样,但任何设计都必须强调两个核心问题。我们在这一章解释这些问题,阐述主要的设计选择,讨论完成特定的任务时需要考虑的一些结构要求。

3.1 结构假设

结构视角的假设就体现在现行的结构与结构设计方法中,这些假设反映了一种理性的信仰或理念:恰当的正式安排可以使问题最小并使业绩最好。人力资源视角强调改变人(通过培训、轮换、晋升或解雇)的重要性,但结构视角则支持合理的角色与关系的模式。如果设计合理,那么这些正式安排既可以考虑到集体的目标又可以顾及到个人的差异。

结构视角有6个假设条件:
(1) 组织的存在是为了实现既定的目标。
(2) 通过专业化和明确的劳动分工,组织可以提高效率、改善绩效。
(3) 合理的协调与控制形式,可以确保多样化的个人努力与集体目标的匹配。
(4) 当组织中的理性因素超越个人喜好和外部压力时,组织运行得最好。
(5) 结构设计必须符合组织的情境(包括它的目标、技术、劳动力和环境)。
(6) 结构缺陷会产生问题并降低绩效,但是,通过分析与结构变革可以改善这种不足。

3.2 结构视角的起源

结构视角有两个主要的学术渊源:一是专门为效率最大化而进行组织设计的管理分析家的研究成果,他们中最杰出的人物是弗雷德里克·W·泰勒(Frederick W. Taylor)(1911),他是时间与动作研究之父,他建立了一种被称为"科学管理"的方法。泰勒把任务分成许多细微动作,并且培训工人使他们花在工作上的每个动作和每一分钟的效率最高。其他对科学管理方法做出贡献的理论家还包括亨利·法约尔(Henri Fayol)([1919] 1949)、林德尔·厄威克(Lyndall Urwick)(1937)以及卢瑟·古利克(Gulick & Urwick,1937),他们的研究得出了一些原则:专业化、管理幅度、权威和责任下放等。

结构视角的第二个渊源来自于德国的经济学家与社会学家马克斯·韦伯(Max Weber)的研究,他在20世纪初提出这些观点。当时,正式组织还是相对比较新的现象,组织的主要原则是家长制而不是理性原则。家长制组织由一位拥有极大权力的长者控制,他可以进行奖励、惩罚或对个人的异想天开大发脾气。韦伯预感欧洲19世纪末会出现新的组织模式,他认为"独裁官僚制"是使理性标准最大化的理想形式。他的模型有几个主要的特征:(1)固定的劳动分工关系;(2)职位存在等级之分;(3)存在一系列绩效管理的规则;(4)个人与组织的财产与权利是分离的;(5)选择员工依据技术标准(而不是依据家庭关系或朋友关系);(6)受雇工作成为主要的就业方式和长期性的职业。

第二次世界大战后,人们重新审视了韦伯的研究,因此产生了大量相关的理论和研究。布劳(Blau)和斯科特(Scott)(1962)、培罗(Perrow)(1986)、汤普森(Thompson)(1967)和霍尔(Hall)(1963)以及其他人共同发展了官僚制模型。他们考察了结构各个要素之间的关系,密切关注了为什么组织会选择某种结构而不是另一种结构,并且分析了结构对士气、生产率、绩效的作用。

3.3 结构形式与功能

结构是如何影响工作的?最根本的一点,结构是内部人(总裁、管理者、雇员)与外部支持者(例如消费者与客户)实现正式预期以及进行交流的一个蓝图。结构形式就好像一个动物的骨架或者一栋建筑物的框架一样,既能促进也能限制组织完成任务。人们的设计选择总是无穷无尽的,除非他们不愿意这样做,或他们的能力达不到。

一般来说,我们认为人们更喜欢那种有更多选择与自由的结构(Leavitt,1978)。但事情并非总是如此。穆勒(Moeller)(1968)曾经研究过两种学校体制下,结构对教师的激励作用。他所分析的两所学校中,一所学校结构松散,鼓励教师广泛参与决策制定;而另一所学校则严格控制、集中指挥,并有着清晰的指挥链。穆勒发现结果与他预期的正好相反:结构严谨的学校士气更高一些。阿德勒(Adler)和博雷斯(Borys)(1996)认为,结构的类型与结构的数量同等重要,利弊总是并存的。如果正式的结构有助于我们完成工作,那么它将提高士气。但如果它妨碍我们完成工作,使我们陷于繁文缛节中,或使管理更容易控制我们,它就会有负面影响。阿德勒和博雷斯认为,机械官僚制的传统图示混淆了"两种很不同的机制——限制技能发挥的机制和调动技能的机制"(p. 69)。即使这样也可能过于简单,正如人民快递公司(People's Express)(在20世纪80年代早期创建的一个快递公司)的经验显示的那样,该公司的CEO 唐纳德·伯尔(Donald Burr)看到了员工工作轮换的好处,他认为那样会减少员工对工作的厌恶,并使员工对整个操作过程有更好的理解。然而,让员工轮换不熟悉的工作最终导致了员工精力的分散,效果反而不好。这项改革的出发点是好的,但其结果却让人们更加认识到专业化与程序性工作的重要性。

撇开模式不说,结构视角也并不是天生地像机器或天生就不灵活。稳定环境下的结构是等级制并且是规则严密的。但是,近年来在结构设计方面也出现了许多强调灵活、参与、质量的创新。例如,土星公司把员工从位于密歇根州(Michigan)的通用汽车公司(General Motors)调到田纳西州(Tenessee)。在密歇根州,上司告诉员工该做些什么,而在田纳西州,员工自己决定工作怎样做。这种高水平的自治与参与使他们生产出了世界上最好的汽车。诺斯壮公司(Nordstrom)在提供顾客服务方面享有很好的声誉,顾客的忠诚度和满意度都很高,公司成功的大部分要归功于销售队伍的自主权。当新的员工来到公司后,每个人都会拿到一个指导手册,上面只有一条规则:"规则1——在任何情况下都运用你自己的判断。除此之外,再没有别的规则了。"结构总是处于僵化与灵活之间。诀窍就在于在自治与冲突之间取得平衡:前者会提高顾客服务质量,而后者则会降低顾客服务质量。

技术与商业环境的急剧变化使原有的结构以前所未有的速度被废弃,人们开始对结构设计产生了新的兴趣(Nadler, Gerstein, and Shaw,1992)。全球化、竞争、技术、消费者预期以及劳动力流动的压力促使世界范围内的组织重新思考和重新设计其结构模式。许多项目正力争获得管理者的注意——以求得资金、市场、人才、技术等资源。但我们必须在结构上花费大量的时间和精力,设计一种让人们可以尽情发挥的组织系统:"一个公司的组织模式可以成为巨大的竞争优势,尤其是在组织敏捷性、适应性以及管理变革方面的投资。"(Nadler, Gerstein and Shaw,1992, p. 3)。

来自组织研究领域的伟大启示第4号:詹森(Michael C. Jensen)和梅克林(William H. Meckling)的文章"公司理论:管理行为、代理成本和所有权结构"("Theory of the Firm: Managerial Behavior, Agency Costs, and Ownship Structure," *Journal of Financial Economics*,1976,3,305~360)。

这篇经典文献在被引用统计中排名第四(见附录中的表A.1),学者们经常引用它。它主要讨论两个中心问题:(1)"代理问题"——委托人与代理人之间的利益冲突的含意是什么?(2)既然存在这种冲突,为什么公司依然存在?

只要一方委托另一方完成任务时就会产生代理关系。但詹森和梅克林的这篇文章主要讨论公司的所有者(股东)与他们的代理人(公司的管理者)之间的关系。作者认为委托人与代理人都在寻求最大化的效用,但他们的利益往往不同。如果你是公司的唯一所有者,那么,公司的1美元也就是你自己的1美元;如果你只有公司1%的股权,那么公司的1美元却只代表你的1美分。你持有的股份越少,你就越有可能把公司的钱花在自己身上而不是公司身上。有一个臭名远扬的例子是关于泰科公司(Tyco)首席执行官丹尼斯·科茨洛夫斯基(Dennis Kozlowski)的,据报道,他花了3 000多万美元购买、布置、装修他在纽约的富丽堂皇的寓所(Sorkin,2002)。股东们当然憎恨这种事情,他们希望把非生产性的管理补贴最小化。但是他们很难及时了解管理者所做的事情,他们不可能不花费"监督成本"——花在监督和审计上的时间和金钱——做这些事。这两个作者得出的一个启示就是:证券分析师的主要作用是他们的监督职能。分析师选择股票的能力虽然声名狼藉,但他们为了保护股东的利益而对管理者施压。文章也表明,尽管存在代理冲突,但公司形式仍然使团体的存在具有经济意义。

作者指出,代理问题是一个委托合作活动的普遍结构特征。团队与其成员之间的关系或老板和下属之间的关系,就好像委托人和代理人之间的关系。例如,如果团队中的成员平等地分享奖励,就有一种"免费搭车"式的激励,即让一些人做大部分工作。在各种情况下,委托人必须想办法保证代理人要尽量考虑到委托人的利益与指示。

3.4 基本的结构冲突

组织结构设计有两个核心问题:如何分配工作(分工);分清职责之后,如何协调岗位与部门之间的关系(整合)。劳动分工(或分配工作)是基础。每一个生命系统都想办法设置专业化的岗位。让我们来看一下蚂蚁王国:"小工蚁……花大部分时间在巢中喂养幼虫。绝大部分成员是中等工蚁,它们主要是外出寻找食物,还做一些其他工作。体形最大的工蚁……头很大、颚坚硬。这些都是……士兵;它们并不运输食物,但是它们常常在运粮队伍和迁移队伍的旁边巡逻"(Topoff,1972,p.72)。

正如蚂蚁那样,人类很久以前就已经发现专业化的好处。人们通过描述要做什么或不做什么,以完成一项工作,来规定一种工作行为。命令通常采取工作描述、程序或规则的形式来发布(Mintzberg,1979)。正式的约束可能是一种负担,会导致厌烦、冷漠、旷工或抵制(Argyris,1957,1964)。但是,它们有助于保证可预测性、一致性和可靠性。如果把生产标准的制定、航空公司的运作规章、酒店的日常事务或者犯罪判决等权利完全交给个人,就会产生大量的质量问题和公正问题。

一旦组织确定了职位或职责,管理者便面临着主要决策的第二步:如何把人们组织成工作小组,即任务的整合。划分小组有以下几种基本的选择(Mintzberg,1979):

- 根据知识或技能划分职能小组,如大学的教学部门或典型的生产单位的研发小组、工程小组、制造小组、营销小组和财务小组。
- 以时间为基础分组:如航班。
- 以产品为基础分组:清洁剂与肥皂、宽体飞机与窄体飞机。
- 根据顾客或客户的类型划分小组,如医院的病房是根据病人的类型分类的(儿科、重症特别护理、产科),计算机销售部门根据消费者的类型分类(公司、政府、教育部门、个人),学校根据学生的不同年龄阶段分类。
- 根据地点或地理位置划分小组,如公司或政府机构的地区办事处,或在同一城市的不同地区的相邻学校。
- 根据过程分类:一个完整的工作流,如"完成订单过程,这个过程是指从一个消费者下订单开始,经过不同的职能,直到最终产品运送到消费者手中为止"(Galbraith,1993,p.34);在20世纪90年代的企业再造行动中,按照流程设计的组织,取得了显著的成绩(Hammer和Champy,1993)。

设置不同的职责与部门可以带来专业化的好处,但同时也产生了协调与控制问题,不同的部门都倾向于优先考虑自己的利益。正如在911事件中发生在纽约消防部门与警察部门的情况一样,结果只能是局部最优化,即重点在于达到部门的目标而不是整体的目标。各部门的努力被分解了,绩效受到影响。这个问题困扰着政府。汤姆·里奇(Tom Ridge)成为恐怖主义袭击之后由乔治·W·布什(George W. Bush)总统指定的国土安全部负责人。

他试图把与安全有关的各种机构非正式地整合在一起,并努力把各个独立部门统一起来。结果,布什总统提出建立内阁级别的国土安全部,该机构的目标是把各个安全机构统一在一个职权之下。

成功的组织运用许多方法来协调个人与群体的工作,并且把局部利益和整个公司的目标结合起来。它们主要采取两种方法:在纵向上,通过正式的指挥链;在横向上,通过会议、委员会、协调岗位或网络结构来协调。下面我们详细分析这些策略。

3.5 纵向协调

在纵向协调中,上层通过职权、规则与政策、计划与控制系统来实施对下属工作的协调和控制。

3.5.1 职权

把个人、小组或不同事业部整合起来的最基本、最普遍的方法是指派一位"老板"——一个拥有正式职权的人。有职权的负责人——行政主管、经理、主管——承担着使活动与目标相一致的责任。他们通过制定决策、协调冲突、解决问题、评价绩效与产出、奖励与惩罚来达到控制的目的。指挥链是一个关于管理层与监督层的等级制度,每一层都拥有合法的职权,来决定和指导下一层的行为。如果这个负责人既得到下级拥护,又得到上级的认可,那么是最好的(Dornbusch &Scott,1975)。例如,在"肯尼迪"号上,指挥链清晰而且被普遍接受。

3.5.2 规则与政策

规则、政策、标准及标准的操作程序限制了个人的随意性,但有助于保证可预测性和一致性。规则规定工作条件,并且详细说明执行任务、处理人事问题及协调外部关系的标准过程,这有助于保证个人和组织用一致的方法处理类似的情况。它减少了"例外情况"(Perrow,1986)的发生,即做出与组织目标不相关的基于个人或政治力量为针对特定问题的反应。例如,两个市民对一个税务单的抱怨,应该用相同的方法处理,即使其中一个人是著名政治家,而另一个只是一名普通鞋匠。规则应用的范围一旦确定,行动的过程就很清楚、直接,甚至有些机械。

标准是保证产品与服务保持特定质量水平的一个基准。根据标准进行测量可以确定并解决问题。在20世纪70年代到80年代期间,美国的制造标准落后了,而与此同时,日本的制造商则非常刻意地让人们广泛了解并普遍接受高标准。有一个案例说的是一个美国公司从日本的一个工厂中订购滚珠轴承,美国方面坚持一定要高质量的产品——每1 000个产品中只允许有20个次品。当货物到达后,随货物还有一个单独的包裹,里面放着20个滚珠轴承次品,并且附着一张字条,上面写着"我们不清楚你们为什么要这些,不过我们还是给你们准备好了"。要求世界一流质量的全球化压力使人们越来越对"六西格玛"感兴趣——这是一种近乎完美的统计标准。

在那些要求预测性高、误差很小的任务中,标准操作程序(SOP)减少了结果不一致情况的发生。商业航空公司的飞机每个月都由不同的机组人员飞行。由于存在高度的相互依赖性,而且任何一个失误都是致命的,所以要依靠标准操作程序来监控工作的所有重要方面。所有的飞行员都接受广泛的程序培训。只要他们遵循规则,工作人员之间的行为就相互联系、紧密配合;如果他们不遵循规则,灾难就会来临。一旦有人违反了标准操作程序,出现航空事故的概率就很高。由于机组人员忽视工作要求标准,不止一次飞机在起飞后发生空难。

但是,在异常——反常、不可预见的情况下,标准操作程序就会失效。在911恐怖主义袭击事件中,飞行员遵循了对付劫机的标准程序:与劫机者协商,并使飞机尽快着陆。这些标准操作程序是基于以前的劫机者设计的,他们的目的是发布一个声明,而不是自杀。美国航空公司93次航班的乘客通过手机得知劫机者是用飞机作为炸弹而不是恐吓飞机驾驶员时,他们放弃了传统的方法。尽管那些试图重新获得对飞机的控制权的乘客都遇难了,但是他们所在的飞机是被劫持的四架飞机中唯一一架在一片荒地坠毁,而没有破坏城市高层建筑目标的飞机。

3.5.3 计划与控制系统

计算机时代来临后,人们越来越依赖计划与控制系统进行预测和衡量。比如,零售商需要知道正在出售什么和不出售什么。原先需要几个星期得到的数据现在通过现场销售终端可以马上得到。有关绩效的数据可以在等级链的上上下下自由流动,这极大地增强了管理层控制绩效与产出的能力。

明茨伯格(Mintzberg)(1979)区别了控制与计划的两种主要方法:绩效控制与行动计划。绩效控制(performance control)指仅仅制定产出目标(例如,"今年增加10%的销售量")而不会指出如何达到这个目标。尤其是当目标清晰、可衡量时,绩效控制可以衡量指标并且能够激发人们达到目标;当目标模棱两可、难以测量或不太恰当时,这种方法则很难奏效。一个失败的例子便是美国军队运用估算敌人数量来测量越南战争中战争的有效性,战地指挥者整天陷于"加数字"中而不管信息是否准确或者是否反映了真实的军事进展。

行动计划(action planning)详细说明决策和行动的方法和时间,如"用全公司范围的销售增加这个月的销售量"(Mintzberg,1979,pp.153~154)。当衡量怎样做一项工作比衡量这项工作的目标是否达到更容易时,行动计划最有效。服务业的工作常常如此,对于店面员工怎样问候顾客,麦当劳有非常清楚的具体要求(如面带微笑,热情欢迎)。它们的目标是使顾客满意,但监测员工的行为比衡量顾客的反应更容易。

3.6 横向协调

纵向协调虽然效率高,但并非总能发挥作用。人们的行为常常和指挥、规则、体制没有显著联系。这就需要横向的协调技术——正式与非正式会议、任务小组、协调角色、矩阵结构与网络组织来填补空白。横向协调的形式不太正式,比基于职权的体制与规则更具灵活性,它可以非常简单而快捷。

3.6.1 会议

非正式的交流与正式的会议是横向协调的基础。任何组织都有一些常设性会议:董事会人员聚集在一起制定政策,经理委员会制定战略决策,在一些政府机构里,评议委员会(有时被称为"杀手委员会")在一起考察下一层提出的建议。正式的会议在结构相对简单、稳定的组织中是很好的一种协调方式。例如,市场前景较好的一条铁路,有稳定产品的制造商,或者是销售相对固定的保险产品的寿险公司都属于此类组织。

3.6.2 任务小组

当组织变得更加复杂、技术变得更加精尖、环境变得更为动荡时,对横向协调的要求会越来越高,即需要更多面对面的协调工具。当新的问题或机会需要有许多专家或职能部门协作时,可以采用任务小组。高科技公司经常运用项目团队或任务小组来共同开发新的产品或服务。

3.6.3 协调角色

为了弥补正式小组的缺陷,出现了专门负责协调的人员或部门,他们用劝说或谈判的方式帮助整合各方的工作。一家消费品公司的产品经理,通常要花费其大部分时间来协调那些对产品的成功非常关键的人或部门:如研究、制造、营销、销售等部门。20世纪80年代和90年代,库珀工业公司(Cooper Industries)由于发明了一种交叉制造方法,而取得了突飞猛进的发展。它专门组建了一个协调部门,一个由制造专家组成的SWAT团队。由这个团队负责在库珀工业公司各经营单位中推广这种生产技术诀窍(Farkas and De Backer,1996)。

3.6.4 矩阵结构

从20世纪60年代开始,存在于复杂环境中的许多组织发展了矩阵结构,提出了交叉协调责任。到20世纪90年代中期,电器工程巨人ABB公司(Asea Brown Boveri),已经成为拥有大约13 000家分公司以及20多万员工的大公司了。ABB在苏黎世保持着一个很小的公司总部(不到200人),公司CEO帕西·巴尼维克(Percy Barnevik)每周几乎只在总部呆一天或两天(常常是星期六或星期天)。精力充沛的他大部分时间在ABB广阔的帝国上空的空中办公室里度过("The ABB of Management,"1996)。

为了把这么多子公司联合起来,ABB发展了一种矩阵结构,大约横跨100个国家、65个部门(Rappaport,1992)。每一个附属公司都同时向一个地区经理(瑞士、德国等)和一个部门经理(电力传输部门,运输部门等)报告。这种设计不可避免地会导致地区经理和部门经理之间的紧张和冲突。为此,ABB公司采取多项措施来加强组织结构的凝聚力:在高层设立一个小型的经理人员协调委员会(由来自8个国家的13个人组成);培养一支拥有大约500名全球经理的精英领导队伍;使用英语作为工作语言,尽管对大多数的ABB员工来说英语只是第二语言。

这个结构在20世纪90年代一直发挥作用,而且使ABB成为欧洲最令人羡慕的公司之一。但是这种结构所固有的矛盾最终造成了很大损失。巴尼维克在1996年把公司交给他的继承人,在2000年股市大跌之后,ABB开始出现许多不利消息(Reed和

Sains,2002)。尽管如此,ABB矩阵组织结构——一个维度是业务或产品线,另一个维度是国家或地区线的矩阵结构——在全球性公司中仍然非常普遍。

3.6.5 网络结构

网络结构一直都存在着。但是从20世纪80年代开始,微型计算机的迅速普及,使计算机网络——从小型的局域网到全球因特网——以爆炸式的速度增长。这些强有力的新型横向沟通工具常常代替了垂直沟通,并且刺激了组织内部与组织之间的结构向网络化的方向发展(Steward,1994)。鲍威尔(Powell)、科普特(Koput)以及史密斯-多尔(Smith-Doerr)(1996)描述了在类似生物工艺学这样飞速发展的领域中"组织间网络"的蓬勃发展。在这些领域中,知识非常复杂而且广泛分散,以至于没有一个组织可以独立掌握。他们举了一个关于阿尔茨海默氏病(Alzheimer)研究的例子,这些难题由来自三家公司、一所大学、一个政府实验室以及一个私人研究机构的34位科学家共同研究。

高沙尔(Ghoshal)和巴特利特(Bartlett)(1990)认为一些大型的全球性跨国公司已经发展到组织间网络的水平。横向联系弥补甚至有时已经取代了纵向的协调。这样的企业是多中心的:创新与战略产生于各个不同的地方,通过各种类型的合伙企业或合资企业组建而成。

3.6.6 横向协调策略的优缺点

每一种横向协调策略都有自己的优点和缺点。正式与非正式会议是对话和制定决策的好机会,但它太浪费时间和精力。任务小组能就特定的问题提出创意和统一意见,但在讨论问题时常常转移注意力。跨越许多部门界限的协调人员的有效性,主要取决于他们的技能与信用。矩阵结构创造了横向联系和整合手段,但总是产生冲突与误解。比如,数码设备公司(Digital Equipment)

的CEO罗伯特·帕默(Robert Palmer)就曾指责该公司的矩阵结构设计,使公司从小型计算机到个人电脑的转变推迟了很多年。当数码设备公司还在争论时,竞争者已经走在前面(Dwyer, Engardio, Schiller & Reed,1994)。摇摆不定的数码设备公司最终被康柏公司收购,几年之后,康柏也被惠普吞并。

自我组织的网络结构倾向于分权的、团队式的、跨职能和跨地区的工作方式,使它很容易适应复杂变化的环境(Steward,1994)。但是,网络结构从根本上来说很难控制,而且它的发展也是有利有弊——谁也无法保证其结果会让我们满意。

3.7 麦当劳与哈佛:结构比较

如何有效地综合运用纵向和横向协调策略,取决于特定环境条件对协调能力的要求。如果环境稳定、任务容易理解并且可以预测,采用纵向协调要好一些。如果环境动荡、变化迅速而且任务复杂,采用横向协调要好一些。每一个组织都要寻找一个适应自己情境的结构设计,否则,它就会失败。下面我们比较两个非常成功的组织:麦当劳与哈佛大学。

麦当劳在印度的第一家分店是在新德里开张的。在那儿,麦当劳的菜单上首次没有出现牛排。那是一个星期二,他们用传统的印度仪式来庆祝麦当劳的开张,迎来了很多热情的顾客。一位75岁的退休军官O. P. 萨哈尼(O. P. Sahani)专门从90英里以南的Vrindavan赶来,表示他对麦当劳到印度做生意的支持。他自豪地戴着麦当劳的红黄帽子说:"他们不从海外采购原材料。"其他的顾客好像并不太关心,麦当劳是否从印度的羊身上获取羊肉,是否从印度农场获得土豆,是否从印度制瓶公司获得可乐。麦当劳的菜单上有萝卜、红辣椒、豆角、香菜及其他调料风味的蔬菜汉堡包。作为第一批顾客的萨哈尼是一个素食主义者,他赞扬了蔬菜汉堡包。他说:"很好,但你们需要在薯条上作一些改进。"他说薯条炸得"太软了"(Associated Press,1996)。

麦当劳取得了巨大的成功,它使"巨无霸"(Big Mac)家喻户晓。从20世纪50年代建立之后,40年来,麦当劳就一直朝着支配全球快餐业的目标不断前进。麦当劳在芝加哥附近的总部只有很少的员工,绝大多数员工都分布在成千上万个地方分店。尽管麦当劳的规模非常大,地理分布也很广,但它是个高度集权、严格控制的组织,大多数的主要决策都由高层制定。

关于如何完成自己的工作,麦当劳的经理和员工们只有很有限的自主权。他们的工作由技术标准加以控制;炸土豆条和制作饮料都由计算机实时控制。母公司拥有严格的制度,以保证食物和服务符合标准规格。无论是在纽约还是在洛杉矶、香港、莫斯科,"巨无霸"的口味都是一样的。保证标准质量不可避免地限制了那些拥有分店的店主以及在分店工作的员工的自主权。麦当劳不鼓励分店厨房开发新式的汉堡(尽管有些分店创造了脂肪蛋塔以及其他新的品种)。在麦当劳,除非要在地方分店推出一个新项目,否则既不鼓励也不容忍那些不符合标准的产品创新。

这种结构听起来可能非常沉重。但是,20世纪90年代,麦当劳的一个重要失误恰恰是由于当时企图放松管制而造成的。1993年,迫于一些失败的特许加盟店的压力,麦当劳不再向外派出监督员,来评价各个分店的服务、食物以及环境是否合格。但是,由各分店进行自主控制时,一些分店业绩出现了严重的滑坡,麦当劳在人们心中的形象受到了破坏。10年以后,一位新的CEO又重新启动监督员制度,力图更新麦当劳落后的标准(David,2003)。

哈佛大学的运作也非常成功。同麦当劳类似,在高层只有一个很小规模的行政管理小组。但在其他大多数方面,这两个组织都存在很大不同。尽管哈佛在地域上比麦当劳更为集中,但它是高度分权的。哈佛的几乎所有活动都发生在波士顿、剑桥、马萨诸塞的几平方英里范围之内。多数职员都居住在这所大学的几个学院中：哈佛学院（大学部）、艺术和科学研究院以及各种专业学院。每一个学院都有院长和自己的财产。而且，按照哈佛"各学院自治自理"的指导思想，这些学院都是自己决定自己的命运。

在哈佛大学，每一个学院可以选择自己的学期开始时间。在美国，只有少数几所大学这样做。在某个学年内，医学院可能是8月28日开学，法学院可能是9月3日开学，艺术与科学研究院可能是9月17日开学。每一个学院都有财务自主权并自我负责。教授自身也有很大的自主权和随意性。在某些学院中，教授在许多方面都拥有自主权，例如开设什么课程、从事什么研究等。如果一个院长或系主任希望某个教授担任某委员会的主席或开设一门课程，这种要求常常是谦恭的恳求而不是行政命令。

比较麦当劳与哈佛这两个组织，在提供服务的水平上有很大不同。没有人期望以个人的努力能够影响麦当劳汉堡包的质量，然而任何人都期望哈佛的每一门课程都是每位教授的创造。两个学院可能开设同一门课，但内容可能完全不同，讲授的风格也完全不同。

3.8 决定结构的要素

为什么麦当劳与哈佛大学的组织结构会有如此大的差异呢？是否一个比另一个更有效？是否这两个组织的设计都适合各自的环境？每个组织都需要对一系列结构参数有所反应（表3.1所示）。一个组织的规模、成立时间、核心流程、环境、战略与目标、信息技术、劳动力特征综合起来决定了它的结构。设计可行的结构时必须考虑这些因素。

表 3.1 决定结构的要素

维度	对结构的影响
规模与成立时间	随着规模的扩大、时间的增加,组织结构会变得更复杂更正规
核心流程	核心流程或技术必须与结构相适应
环境	稳定环境下,倾向于采用简单的结构;不确定的、急剧变化的环境,要求采用更复杂、更具有适应性的结构
战略与目标	目标在清晰度与一致性方面的差异,要求适当的结构与其匹配
信息技术	信息技术的应用,使得更扁平、更灵活、更分权的结构成为可能
劳动力的性质	受过更多教育、更专业的员工,会要求更多的自治与自主权

3.8.1 规模与成立时间

组织的规模与成立时间影响其结构的形态与性质。在调整职责与关系时要考虑到成长（或衰落）的因素,否则就会出现问题。一个小型企业组织的结构通常很简单,而且是非正式的结构安排。随着时间的流逝,组织逐步成长,效率与纪律的压力使结构越来越正式、越来越复杂(Greiner,1972; Quinn 和 Cameron,1983)。但是,如果过于正式和复杂,又会导致在大型成熟的公司中常见的那种令人窒息的僵化官僚结构。

在初始阶段,麦当劳并不是像现在这样一个复杂的、标准化的、严格控制的公司。开始的时候,它只是麦当劳兄弟在加利福尼亚州圣伯纳德蒂诺(San Bernardino)拥有并亲自经营的一个汉堡包摊位。他们创造了快餐的概念,而且看起来很成功。他们俩试图通过出售特许权进行扩张,而且取得了难以想像的成功。他们挣了太多钱,但他们不喜欢旅游,也没有继承人。其中一个兄弟说,如果他们更富有的话,"我们将把这些钱捐给教堂或其他地方,但事实上我们并不去教堂"(Love,1986,p.23)。

雷·克洛克(Ray Kroc)出现之后,事情发生了变化。他通过向饭店出售牛奶搅拌机取得很大成功。当他接到一些人要求把麦当劳兄弟的牛奶也进行搅拌的电话时,他决定拜访兄弟俩。当看到他们最开始的摊位时,雷·克洛克意识到他们的潜力:"与在家乡居住的麦当劳兄弟不同,克洛克曾经到处旅游,他能够想像到麦当劳可以落脚的成百上千个大大小小的市场。他了解现行的食品服务行业,也明白麦当劳的店铺怎样才能成为一个强大的竞争者"(pp.39~40)。克洛克说服麦当劳兄弟让他来进行特许权的尝试。接下来就是我们所熟悉的历史了。

3.8.2 核心流程

我们必须围绕把原材料转换成制成品的过程来设计组织结构。每一个组织都有它的核心流程或核心技术。核心流程至少有三个因素:原材料、把原材料转换成最终需求的活动以及关于投入产出之间因果联系的内在理念(Dornbusch & Scott,1975)。

核心技术在清晰性、可预测性、有效性方面都有所不同。经营一个麦当劳分店相对来说是常规性、程序性的行为。在麦当劳,任务是明确的,大多数潜在问题是可以提前预知的,产生满意结果的可能性很大。相对简单的技术,使麦当劳能够主要依靠纵向协调,就可以很成功地运作。

相比之下,哈佛的两个核心流程——研究与教学——则比较复杂和不可预测。教学的目标复杂且不确定。与汉堡包不同,学生是能动的因素。他们的需要和水平相差很大;他们的心情会随着天气、一天中的时间或季节而波动。哪一种教学策略会产生较好的效果不仅仅是一种事实,更重要的是一种信念。即使学生可以按照预期的模式进行塑造,人们也很难知道哪种模式是最好的。学生最终需要的知识和技术充满神秘,反馈很慢或者根本没有反馈。从长期来看,教授几乎不知道学生从一门课程中得到的好处究竟是什么。如果有的话,这种复杂的技巧严重依赖于受过良好培训专家的技术和知识,它是哈佛采取高度分权的松散结构的一个主要原因。

由于结构必须与组织的核心流程相一致,所以显著的技术变化意味着结构的变化(Barley,1990),但现有的结构常常阻碍它的适应。最近几十年,整合新技术的能力是强还是弱,已经成为公司绩效高低及公司能否生存的关键(Henderson&Clark,1990)。这意味着新进入者在开发新技术方面总是比原有的公司具有优势,因为后者总是试图强迫新技术适应旧的结构。比如说,在20世纪70年代,当高强度、低合金的钢引进汽车制造时,一个公司的工程师坚持要用传统的制造方法,这已经不起作用了,这个公司因此而落后于那些没有多少传统方法的新兴企业。

3.8.3 环境

尽管组织可以缓冲外部的变动和干扰,但是外部环境仍然是个强有力的决定因素。外部可以提供原材料并接受产成品与服务。稳定、成熟的行业——如铁路、家具制造或小学——都有相似的、稳定的、可预测的外部影响,所以,他们依靠比较简单的组织形式。

技术和市场都变化迅速的组织——如高科技的电子公司——要应付更高的不确定性。新的技术产品可能在六个月或更短的时间内过时,不确定性与动荡的环境要求更复杂的结构形式,这些需要有新的专家来处理新出现的问题。更加专业化和复杂化的组织结构需要更有效的方法来设计横向协调和纵向协调方式。不确定的环境同样要求高度的灵活性和适应性。仍然沉湎于传统的自上而下的金字塔结构的传统经理人很难适应新的组织形式。在这种新形式下,指挥链更加扁平化而不是多层次,而且主要采用横向的密集网络作为协调方式(Chaize,1992;Sérieyx,1993)。

所有的组织都依赖于环境。不过,有些组织比其他组织更加敏感。比如,如果不考虑外部赞助的话,公立学校的权力很有限,他们必须费很大的劲来获取他们所需要的资源。规模小、竞争对手强大、外部顾客组织良好、不太灵活、资源稀缺,这些都增强了对环境的依赖。像哈佛大学这样的组织因为规模大、有杰出的职员和大量的资助,从而能够不受环境的影响。哈佛大学能够降低教学负荷、提供丰厚薪金以及允许员工自治。而有严重财务压力的小规模大学,则更倾向于严格控制、加大工作量、限制资金运用自主权。

3.8.4 战略与目标

战略决策面向未来,而且它是与组织的长期发展方向相联系的(Chandler,1962)。大多数组织,尤其是商业组织,投入很大的精力制定战略。战略是指"制定一个企业长期的目标,以及为达到这些目标所采取的行动与资源的分配"(p.13)。

战略中的具体目标各有不同。在工商企业中,一些目标如利润率、增长、市场份额都相对具体并容易衡量,这也是麦当劳能紧紧控制资源的一个原因。在教育或服务型组织中,目标通常比较分散:"培养受教育者"或是"改善个人福利"。这就是哈佛采取分权的、职责与关系相对松散的组织结构的另一个原因。

目标在数量和复杂性方面都存在差异。从历史上看,与哈佛大学相比,麦当劳的目标较少、不太复杂、不太会引起争议,这是与它集权式的、自上而下的结构相一致的。在公共机构、大学及一般学校中,目标则更加不确定甚至相互冲突。在21世纪早期,即使是麦当劳,也开始发现,变化的环境要求更为复杂的一套目标。全球化使环境更加动荡、更加复杂,消费者偏好的改变超出了麦当劳的适应能力,从而导致2001年与2002年一系列收入不尽人意(Stires,2002)。

更进一步说,所宣称的目标并不是一个组织所遵循的唯一目标(或者是最重要的目标)。威特隆(Westerlund)和施斯兰德(Sjostrand)(1979)提出其他几个目标:
- 受人推崇目标:让人们相信组织具有良好的目标
- 禁忌目标:一个组织遵循但不说出来的目标
- 普遍目标:任何有信誉的组织都具有的目标
- 现实目标:悄悄地遵循的目标,即使与组织宣称的价值观念和自我形象不一致

为了理解目标、结构与战略之间的关系,不妨先看看正式的目标表述。例如,如果学校的结构与学校的目标不一致就会遭到批评,但学校也有其他的、不太明显的目标。一个就是发展个性,另一个是不能明说的目标即合格率与选择率,因为学校会根据学生的具体情况进行分类并把他们分到不同的专业中去。第三个目标是监护和控制,防止学生流落街头影响社会。最后,学校也常常代表着崇高的目标,比如卓越。战略与目标影响结构的形式,但这个过程往往复杂而微妙。

3.8.5 信息技术

计算机与新技术继续改变着可获得信息的数量以及信息传输的速度。曾经只有高层和中层管理者才能获得的信息,现在一般人也很容易得到,而且可以广泛分享,这加快了决策速度。电子邮件使交流可以马上进行,而且人们能够与很远的地方联系。只要一按键盘,任何人都可以与其他人联系——或者覆盖整个网络。在2003年的伊拉克战争中,美国和英国军队在军事硬件方面有着明显的优势,而且他们也有一个有利的结构优势,即由于拥有优越的信息优势,他们发展了一种更为灵活的分权制定决策的结构。战地的军官能够针对新的形势马上改变计划。但与此同时,伊拉克军队的结构则更缓慢、更垂直。伊拉克的军官主要依赖上层制定决策,伊拉克的反抗没有预期的那么严重,一个主要原因是当他

们被切断与指挥链的联系后他们不知道该怎么做（Broder and Schmitt, 2003）。

技术进步对于组织设计的影响是非常巨大的。信息是一个决定组织结构的核心因素。加尔布雷斯（Galbraith）(1973)把不确定性定义为一个组织拥有的信息和需要的信息之间的差别。当不确定性增加时，制定决策需要更多的信息——这些信息可能很难获得。这时组织有两种选择：减少对信息的需要或者增强处理信息的能力（Galbraith, 1973）。组织通过创造充足的资源或建立自己拥有的、能独立工作的部门来减少对信息的需要。

在个人电脑普及之前，信息技术（IT）只是集中在专家手中并由专家控制。大型机可以完成以前做不到的事情。但是，信息技术所提供的信息与用户的需要之间还需要协调，这往往令人感到沮丧而且双方都要浪费很多时间。个人电脑的普及创造了充足的资源（用户可以运用的计算能力大大增加了），减少了纵向协调的需要。把台式电脑连接起来，使建立网络组织结构或"复杂适应系统"成为可能（Waldrop, 1992, p. 145）。这些系统是松散联系的部门或机构的一个集合，每一个部门或机构都有自己的议程。控制是分散的，由一系列自下而上的互动形成。这些机构都追求他们自己的利益和需要，而不是对总部的命令做出回应（Chaize, 1992; Holland, 1995; Waldrop, 1992）。在牧场、城市、经济和网络等如此多样的系统内都有这些特征。

被广泛运用的（但并不是广受欢迎的）Windows NT 操作系统的开发就是网络结构运用的一个例子。该产品是至今为止最复杂的一个软件，虽然隶属几十个小部门的200多个开发人员被组织得"恰好在混乱的边缘"（Zachary, 1994, p. 107），但它必须作为一个整体工作。每个部门都有自己的目标和工作风格，许多开发人员从未和别的开发人员说过话，他们中的一部分人甚至不喜欢另一些人。报告关系是"扁平的，不是等级制，常常忽视正式的报告途径"（p. 108）。是什么把他们结合在一起？基本上是老板戴维·卡特勒(David Cutler)的要求。他宣布,程序员在第一年以后必须通过在NT操作系统下自己开发NT来"自食其果"(p.1),通过电子方式把操作系统组合起来(Cusumano & Selby,1995)。最初,程序员都惊讶于NT系统非常差的质量;系统总是失败。不过每次失败都让开发人员很快知道最近的编码是否有缺陷或是否闯入别人的系统。他们总是有强烈的动机发现问题并解决问题。卡特勒的口号是一个很重要的激励因素:"如果你破坏了这幢建筑,你这个家伙就是草,而我是剪草机。"(Zachary,1994,pp.129~130)。更重要的是,这个集体对于相互依赖和对整体的贡献的理解和欣赏:如果你的编码破坏了整幢建筑,那么你的自尊心就会受损,而且你也破坏了其他人继续工作的能力。

信息技术的创新和投资使更扁平的结构成为不可避免:"仅仅在5年以前,当我指出以信息为基础的组织比传统的指挥控制模型需要更少的管理层的时候,还曾经引起很大轰动。到现在,很大一部分——也许是大多数——的美国公司已经削减了三分之一或更多的管理层,但是公司的重组——大型的、中型的、甚至小型的公司——还仅仅刚开始"(Drucker,1989,p.20)。

这些变化导致了可能会带来灾难的紧张与复杂。2001年7月,两架飞机,一架俄罗斯客机与一架DHL运输飞机,在36 000英尺的高空发生了碰撞。两辆飞机都装备有计算机控制的防碰撞系统TCAS。DHL飞机上的TCAS系统要求下降,而俄罗斯客机上的TCAS要求飞行员上升。但一位瑞士的航空管理员命令俄罗斯的飞机下降。面对截然不同的指令,俄罗斯的飞行员像从前那样听从了指挥者的命令。在这个案例中,横向的控制可能比纵向的控制更好一些——计算机而不是人给了更好的建议。飞机碰撞了,所有机上人员全部遇难——包括45位到西班牙海滨度假的俄罗斯学生(Landler,2002;Rising,2002)。

3.8.6 人:劳动力的性质

近几十年,社会对人力资源的需要发生了急剧的变化,许多低层次的工作现在都需要较高的技术水平。受到良好教育的劳动力则期望并常常要求在日常工作中有更多的自主权。知识专业化水平的提高使许多职能专业化,专业人员比他们的主管更清楚工作的技术情况。他们更喜欢向专业的同事报告,那些向工程人员报告的律师,或者向律师报告的工程人员,常常怀疑上司是否能有效地评价自己的工作。如果你试图告诉哈佛教授应该向学生教授些什么,那么你是徒劳的;另一方面,如果授予麦当劳那些年轻的、低技术员工太多的自主权,对于雇员和顾客来说很容易成为一种灾难。

与技术的变化一样,劳动力的变化给传统的等级制度带来了压力。结果,出现了很多差别很大的结构。迪尔(Deal)和肯尼迪(Kennedy)(1982)预测将会出现虚拟和网络组织,其成员是由信息系统和组织符号组织在一起的许多小型的、自治的、地理位置比较分散的工作小组。德鲁克(Drucker)注意到企业将更多地"向人们所在的地方转移工作,而不是人们向工作所在的地方转移"(1989,p.20)。

3.8.7 花旗银行的国际化

总之,许多影响结构设计的因素综合起来就产生了一个充满变化与冲突的复杂物。应该选择像麦当劳那样的等级或集权结构,还是应该选择像哈佛那样扁平或分权结构,这并不是一个简单的决策。许多组织发现,它们必须两者兼备,有时它们不得不容忍二者的结构冲突。

20世纪80年代初,以纽约为基地的花旗银行就把未来寄希望于美国之外的消费者储蓄市场,尤其是在亚洲与环太平洋一带(Hansell,1996)。为了在澳大利亚、中国香港、印度、印度尼西亚、马来西亚、菲律宾与新加坡等如此多的地方服务消费,要求应付各种各样的文化、政府、竞争者以及商业环境集成。同时,该银行的一个关键策略是把花旗银行发展成为一个全球一致的品牌与形象:"花旗银行要使它的分支机构像麦当劳快餐店那样一致,在每个国家都采用相同的广告形象和装饰"(p,12),即花旗银行的顾客可以在世界任何一个地方发现采用他们自己的语言并且提供与家乡一样的服务的自动取款机。但是这个策略不可避免地存在巨大风险:"没有一个公司可以采用集权方式在世界范围内有效地运作。相对于远距离的管理决策来说,每个市场的条件相差太大,竞争又太复杂,环境变化太微妙并且太快。不管中央总部的决策者是如何优秀,也不管分析能力有多么强,他们还是与各个市场及当地消费者的需要相距太远"(Ohmae,1990,p.87)。

难点在于同时做到全球化与地区化:把产品开发和计算机服务这些功能集中起来。与此同时,在世界范围内寻找和发展拥有资源和灵活性,并能适应地区条件的经理人。

3.9 结论

结构视角超越个人的眼光来考察工作的社会结构。尽管有时人们会把结构方法与繁文缛节、备忘录以及僵化的官僚人员联系起来,但它更宽广、更微妙。它不仅包括控制严格的铁路公司或邮政部门,而且包括了随心所欲、结构松散的创业小组。如果忽视了结构问题,组织通常会误导其方向与资源分配。为了解决问题,它可能在大量无效的培训计划上浪费时间和金钱,这种培训不能解决这种与结构有关而与人们的技能或态度无关的问题。也可能通过解雇经理人以及引进新的经理人来解决这个问题,但他们也会很快成为使前任失败的相同的结构问题的牺牲品。

结构设计的核心是两个问题:分工与协作。组织通过创设许多专业岗位、职能和部门来分工。那么,它们也应该通过纵向和横向的技术把许多因素组织起来进行整合。不存在最好的组织方法,合适的结构依赖于当时的条件、组织的目标、策略、技术和环境。

在比较简单、相对稳定的环境中运作的组织,一般选择不太复杂、较为集权的结构。它们依靠职权、规则和政策作为协调工作的主要工具。但是高度集权体制中的高层在变化更迅速、更复杂的环境中就会遇到灾难,原因在于他们不能快速处理涌向他们的大量信息。在快速变化、动荡的、不确定的环境中运行的组织需要更复杂、更灵活的结构。理解各种结构的复杂性和多样性,有助于得到有利于而不是有害于成员和组织目标的结构。

第4章 结构与重组

在第3章,我们比较了麦当劳与哈佛大学的组织结构,但这种比较可能很快就得更新了。2001年,拉里·萨默斯(Larry Summers)成为哈佛大学新的掌舵人,他是一位经济学家并且曾任美国财政部长。萨默斯认为,值得尊敬的大学需要进行彻底的改革。他在校长办公室发布了一系列权威的最新指示。首先,他攻击了大学本科阶段的评级制度,按照这种制度,50%的学生可以得A,90%的学生毕业时能够得到学位。其次,他又批评教授终身职位的授予标准,他鼓励学生去海外学习并且要求教师(尤其是年龄较大的教授)要在学生身上投入更多的时间。他还专门考察了跨学科课程,提倡加强教育改革,鼓励开设更多的跨学科课程。他提议建立了一个医学科学中心,以鼓励更多的应用型研究。最后,他宣布了一个大胆的计划:在查尔斯河(Charles River)沿岸再建设一个校园,为学校的进一步发展提供空间。萨默斯采取这些行动的目的,就是要严格控制哈佛大学著名的分权式结构,并且赋予校长办公室更多的权力。他的计划怎样才能成功?结构变革的历史经验并不能保证以后成功。事实常常证明,重新设计结构与流程的行为,既不能持久也毫无益处。

1984年,战略大师迈克尔·波特(Michael Porter)曾经建议,10亿美元规模的出版巨人麦格·劳希尔公司(McGraw-Hill)应进行彻底的重新组织。在此之前,它拥有图书、杂志和金融服务三个事业部。波特把它改为21个"市场集中"的部门。"然而波特的计划失败了",比姆(Beam,1989,p.40)在他的书中写道,"这种对麦格·劳希尔资产的精细化的混合控制耗费了成百上千名员工的工作,但结果远远没有达到管理层的预期。1988年它的收入仅增长了3.8%,比当时的通货膨胀率还低。麦格·劳希尔不再是图书贸易、杂志出版业的领导者,而在此之前,整个行业都由它控制。"表现最好的事业部是那些调整最小的事业部。一位麦格·劳希尔的高级经理人非常后悔:"实施市场集中化战略是导致公司分裂的元凶。它就好像我们第一次闻可卡因,这种诱人的念头即问题的解决方案就在公司内部:对部门进行重组。现在,当事情发展不妙时,我们还需要进行重组。"(Beam,1989)

重组或重构是改进绩效的一个强有力但同时也有很大风险的方法。在任何情况下,组织结构都代表组织面对一系列压力或困境(两难选择)所采取的解决方式。在本章中,我们将从讨论这些困境开始。然后,根据亨利·明茨伯格(Henry Mintzberg)与海格森(Helgesen)的研究成果,我们分析当组织企图使其结构与使命和环境相匹配时,所采用的一些主要的结构安排。在结论部分,我们引用了几个例子来说明,当管理者试图进行有效的结构设计时所面临的机遇与挑战。

4.1 结构困境

寻找一个令人满意的关于职责与关系的制度,是一个永恒的、普遍的难题。管理者几乎遇不到有明确解决办法的明确问题。事实上,他们面对的总是那些长期存在的关于组织结构的两难选择。他们需要进行艰难的权衡和选择,无法给出简单明确的答案。

4.1.1 分工与整合

正如我们在第3章看到的那样,分工与整合之间存在典型的两难选择。职责结构越复杂(许多人做许多不同的工作),维持一个集中的、紧密结合的企业就越困难。我们可以设想,当拉里·萨默斯(Larry Summers)试图在一个曾经高度分权的大学中引进高层次协调机制时,他可能遇到的困难。随着复杂性的增加,组织也需要更复杂的协调战略——其成本也往往更高。那么,就必须引入规则、政策与命令等机制来强化横向协调战略。

4.1.2 职责空白与重叠

如果责任划分不清楚,就无法完成一些重要的任务。相反,职责与活动也可能发生重叠,造成冲突、浪费精力并产生非故意的冗员。比如,有位在一家著名医院住院的病人请求她丈夫赶快救救她,否则她就会发疯的。因为在晚上医院员工总是叫醒她,让她做一些别人已经让她做过的事情,所以她根本无法睡觉。相反,当她想要得到别人帮助时,却总是没人回应她的呼叫。

在911恐怖主义袭击之后,美国新建了内阁层次的国土安全部(Department of Homeland Security),其目的是减少多个负责安全的机构的职能空缺与重叠。新部门的职能包括移民、保护边境、紧急事件管理以及情报分析。然而,两个最主要的反恐组织FBI与CIA的职能一直存在着空白与重叠,而且两部门高层之间争吵也有很长的历史了。这两个部门直到现在仍然互相独立,而且也独立于新设置的部门(Firestone,2002),时间会证明这种新的结构能否达到它预期的目的。

4.1.3 负荷不足与负荷过重

如果员工的工作量太少,他们会对工作产生厌烦感,而且还会妨碍别人的工作。例如,在一位内科医生的办公室,办事员上午就能够完成大多数工作,吃过午饭后,他们就会在电话上和家人或朋友聊天以消磨时间。其结果是,办公室的电话总占线,病人很难通过电话进行预约。与此同时,护士被病人以及日常工作所累,她们太忙了,以至于根本没有时间同病人聊天,她们态度粗暴而草率,病人常常抱怨她们没有人情味。如果把护士的一些任务分给办公室人员就会得到一个更加平衡的结构。

4.1.4　缺乏明确性与缺乏创造性

如果员工不清楚组织需要他们干什么,他们承担职责时往往围绕个人利益而不是组织目标,这样经常会产生问题。例如,对于麦当劳的大多数顾客来说,他们并不关心做汉堡时是否采用了什么创新方法。但是,如果责任定义得过细的话,执行者就会教条地遵循已经定义好的职责。他们教条地按照职责描述来工作,而不管究竟会耗费多少产品与劳务。"你们丢了我的包!"一个恼怒的乘客对一个航空公司经理尖叫道。该经理却答非所问:"航班怎么了?"乘客说:"我说的是我的包。"经理回答说:"那不是我的工作,你应该找管行李索赔的人。"这样做,乘客一定不会满意。

4.1.5　过度自主与过度依赖

如果个人或团体的工作过度自主,人们常常会感到孤独无助。学校教师在独立自主的教室中上课,很难见到其他成年人,他们常常感到孤独无助。然而,由于教师很难在一起工作,所以创造更紧密团队的尝试又一次次地被搁浅。相反,如果单位与成员之间联系过紧,人们的注意力又总是被分散,并且会在一些不必要的协调上浪费时间。IBM之所以在个人电脑市场失去先前的领导地位,其原因在于,新的创意必须得到很多方面的认可,以至于新产品设计需要很长的周期,最终导致新产品上市时间往往很晚。20世纪90年代,也是由于同样的问题,惠普公司(Hewlett-Packard)的创新能力也受到了影响。

4.1.6　过松与过紧

结构问题的关键是,如何在不使组织倒退的前提下把它组织在一起。如果结构过于松散,人们几乎很少知道别人在干什么,他们只管自己做自己的事,甚至有时会完全迷失方向;过紧的结构会妨碍灵活性,使人们花很多的时间来打破这个体制。

安达信审计公司是一家全球性的公司。2002年,安达信因为在安然丑闻中扮演的角色而受到指控。从中我们可以看到,过于松散的结构存在着危险。为了掩盖他们在安然可疑的会计程序中的作用,安达信的休斯敦办公室销毁文件并变更备忘录。在芝加哥总部,该公司有一个内部审计团队,名叫专家标准团(Professional Standards Group,PSG),它的主要职责是负责地区办公室工作的评价。但与其他大的会计公司不一样,安达信公司允许一线合伙人封锁PSG做出的决定。这种松散控制导致了地区分支机构的随意性。对于客户来说,这是一个卖点,但最终反过来又连累了总公司。这种松散控制造成了这样一种情况:"监督者只有权支配那些无足轻重的小人物"(McNamee和Borrus,2002,p.33)。

医疗卫生管理方面则普遍存在相反的问题。医疗决策是由保险公司评估的,那些远离病人的职员有决定采取何种治疗方案的权力。许多医生花在与保险代理人打电话抱怨上的时间,要比花在病人身上的时间还要多。这种严格控制的结果是,有时候保险提供者可能会否决医生认为是急需采用的治疗方案。有这样一个例子,医院的心理学家诊断某个青年人有性侵犯倾向,但是,保险公司则怀疑这个诊断并否认他应该住院治疗。结果,第二天这个十几岁的年轻人就强奸了一个5岁的小女孩。

4.1.7 没有目标与目标过多

在某些情况下,几乎没有人知道目标是什么;而在另一些情况下,人们却坚持已经不相关的并且过时的目标。比如,在20世纪60年代,小儿麻痹已经被新的疫苗完全根除,这使"为一角钱奔走"运动(the March of Dimes)[①]的目标不复存在,事实上该组织之

[①] 译者注:最早的一次"步行马拉松"慈善活动开始于1938年,当时被称为"为一角钱奔走"(March of Dimes)运动,目的是为了筹集资金抵抗小儿麻痹症,而后转为"防止儿童早夭"主题。

后很多年都在寻找治疗跛子的方法。后来,这家机构开始转而研究如何防止生育缺陷。

4.1.8 不负责任与无同情心

如果人们放弃自己的责任,则业绩会很糟糕。然而过于严格地遵守政策或程序也同样有害。在公共机构中,人们常常要求负责公共事务的"街道官僚"(Lipsky,1980)"能不能帮个忙?""你能不能在这件事情上通融一下呢?"如果拒绝每一个请求,不论是否合理,不仅会使他们与公众疏远,而且会使人们认为体制过于僵化并且繁琐。但是,过于圆滑的机关人员,则会前后不一致甚至偏袒某一方。

4.2 结构安排

用某种适当的结构安排来避免这些结构困境,是目前管理中的一个难题。追求组织的平衡,与组织所处的情境密切相关:环境、劳动力、技术以及过去的结构约束。没有一种结构是胡乱设计的,管理者们从他们的经验或者各类文献中的现有方案中寻找可供选择的方案。明茨伯格和海格森提供了两种结构选择的概念。

4.2.1 明茨伯格的五种模型

当传统的二维组织图变得越来越过时的时候,组织设计的研究者又发展了一系列新的结构图。一个有影响的例子是明茨伯格的五部门"示范"模型,如图4-1所示。在明茨伯格组织图的底部,是由承担基本工作的员工组成的操作核心层(operating core),这个核心由向消费者提供产品或服务的员工组成:学校的老师、工厂的流水线工人、医院的医生和护士以及飞机上的机组人员。

在操作核心正上方是行政管理层(administrative component):管理、控制及向工作者提供资源的管理人员。学校的校长、

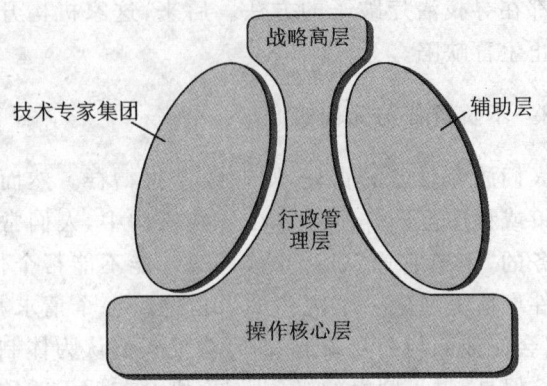

图 4-1 明茨伯格的模型

来源：Mintzberg(1979)，p. 20. Copyright 1979. Reprinted by permission of Prentice Hall, Upper Saddle River, N. J.

工厂的工头或中层管理的类似等级，都充当这个角色。在明茨伯格图的顶部，战略高层的管理人员主要关注外部环境、制定企业目标、树立品牌形象。在学校的体制中，战略高层包括学校负责人以及学校董事会；在公司中，高层包括高级管理人员以及董事会。

在行政管理层的两边有两个组成部分，技术专家集团（technostructure）包括制定、衡量及检查产出与流程的专家和分析师。工厂中的会计与质量控制部门、政府机构中的审计部门以及航空公司中的飞行标准部门都履行上述技术职能。辅助层（support staff）支持别人的工作。比如在学校，支持层包括护士、秘书、监护人、厨师和司机。

明茨伯格(1979)从这个最基本的图中得出了五种结构安排：简单结构（simple structure）、机械型官僚结构（machine bureaucracy）、专业型官僚结构（professional bureaucracy）、事业部结构（divisionalized form）以及临时结构（adhocracy），每一种结构都有其独特的管理难点。

简单结构 简单结构只有两层：战略高层与工作层（如图

4-2)。组织主要通过直接的指挥来协调,与小型的家长制管理一样,老板对日常决策拥有全部权力。新建企业常常是从简单结构开始的,正如苹果计算机公司的史蒂夫·乔布斯(Steve Jobs)和施蒂夫·沃兹奈克(Steve Wozniak)一样。威廉·休利特(William Hewlett)和戴维·帕卡德(David Packard)在车库中创立惠普公司。通用电气发家于托马斯·爱迪生的实验室。简单结构的好处是灵活、适应性强,一个人指挥整个企业。但优点也可能变成缺点,老板可以鼓励变革也可以阻碍变革,他们既慷慨地奖励也反复无常地惩罚。每日陷于日常事务的老板,非常容易被眼前的问题转移注意力而忽视了长期的战略问题。

图 4-2 简单结构

来源:Mintzberg(1979),p. 307. Copyright 1979 . Reprinted by permission of Prentice Hall,Upper Saddle River,N. J.

机械型官僚结构 麦当劳的结构是一个典型的机械型官僚体制,由战略高层制定重要的战略决策,日常事务则由管理者与标准程序控制。与简单结构不同,机械型官僚结构在战略高层与操作层之间有许多层次,即有许多支持人员和一个较大的技术专家集团(如图 4-3)。

对于像制作汉堡包和自动制造零部件这些日常任务,机械型官僚结构既有效率又有效果。关键的难点是如何激励并使操作层的员工满意。重复的工作和标准的程序会很快使人们疲劳。但如果在麦当劳的分店赋予员工太多的创造性和个人的挑战性,则可能会削弱一致性与统一性——这两个因素是该公司成功的两个关键因素。

与其他的机械型官僚结构一样,麦当劳也常常存在地区经理

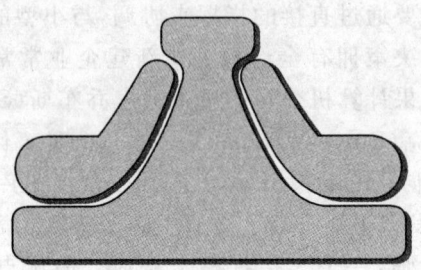

图 4-3 机械型官僚结构

来源：Mintzberg(1979)，p. 325. Copyright 1979. Reprinted by permission of Prentice Hall, Upper Saddle River, N. J.

与总部之间的矛盾。中层经理受地区利益的影响大，有分析师帮助的高层总裁更多地依赖普遍的抽象信息而追求整个公司的利益，结果来自高层的解决办法常常忽视了个别单位的需要。面对日益下降的销售额与市场份额，1998年麦当劳以"为你制作"为口号引进了一种新的食物准备制度。CEO 杰克·格林博格（Jack Greenberg）认为，根据要求烹调的新制度会生产出更新鲜、口味更好的汉堡包，而这是公司重返快速发展轨道所需要的。然而，被授予特许权的各分店很快抱怨这种制度导致了排更长的队，从而使消费者感到不满。格林博格面对这些批评并没有慌张，他邀请了许多持怀疑态度的金融分析师到新泽西州（New Jersey）的麦当劳分店去视察，他认为这样他们就可以亲眼看到担心是毫无根据的。然而实验失败了。分析师认为这种食物准备制度速度太慢并且决定抛售股票（Stires，2002）。2002年末，格林博格下台了。

在20世纪早期，科学管理提出的时候，已经有人不断地改进公立学校制度。他们试图让学校更像一个机械型官僚结构那样运行，在这种结构下，教师就是工厂的工人。这些想法包括以"标准化"课程、薪金激励计划、晋升考试分数作为学校效果的主要指标。然而教育者坚持认为自己是专家，需要有足够的自由来运用他们的经验与判断来探索最好的教学方法。他们希望在类似明茨伯格第三种类型的组织中工作,即专业型官僚结构。

专业型官僚结构 哈佛大学提供了一个专业型官僚结构的内部机理一瞥(如图 4-4)。它的工作核心与其他部分紧密相关,尤其是与技术专家集团。在战略高层与专家之间几乎没有管理层次,呈现一种扁平的分权式的结构,控制主要依赖于专业培训与思想灌输。专家们不受正式的干预,可以自由地运用自己的特长。这种安排尽管有些好处,但是它也导致协调与质量控制问题,比如,终身教授几乎不受正式弹劾的影响。结果,大学必须寻找解决不完全竞争与不负责任的其他办法。

专业型官僚结构对外部的变化反应缓慢,因为专家们常常把他们周围的变化视为工作的干扰,所以,改革的浪潮只会产生很小的影响。结果非常矛盾:个别专家可能走在专业的最前沿,但机构作为一个整体变化非常缓慢。当他们试图对工作核心实施更多的控制时,专业型官僚结构发展缓慢;要求哈佛的教授遵循标准的教学方法可能更有害。新校长拉里·萨默斯在对哈佛难以驾驭的教师实施更多的控制过程中,很快就遇到了可以料到的问题。有一次,校长建议从事非裔美国人研究的著名教授考恩·韦斯特(Cornel West)改变他的学术作风,萨默斯的建议是私下提出的,但韦斯特的受侮辱感受却成为了《纽约时报》的头版新闻。萨默斯进行了大量的公开道歉,才避免了被冒犯的教授跑到普林斯顿(Princeton)去。

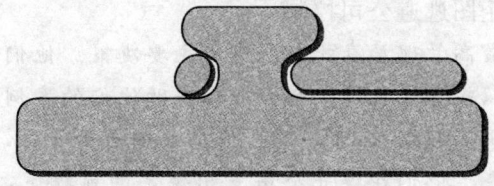

图 4-4 专业型官僚结构

来源:Mintzberg(1979), p. 355. Copyright 1979. Reprinted by permission of Prentice Hall,Upper Saddle River,N. J.

事业部结构 在事业部结构中(如图 4-5),大部分工作由半自治的单位完成,就好像多校园大学中的各个校园、多专业医院的各个专业或财富 500 强公司的事业部一样(Mintzberg,1979)。美国的一个最古老的公司 Berwind 有许多事业部:制造、金融服务、不动产及土地管理。每一个事业部都服务于特定的市场,有自己的职能结构。事业部经理负责完成由费城(Philadelphia)公司总部制定的具体指标:利润、销售增长、投资回报。只要他们完成任务,事业部就拥有相对自主的权利。费城总部的经理们,负责制定战略组合并且基于对市场机会的评估分配资源。

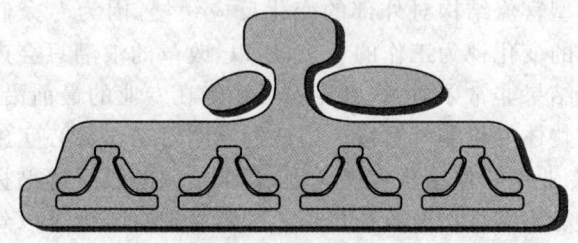

图 4-5 事业部结构

来源:Mintzberg(1979),p. 393. Copyright 1979. Reprinted by permission of Prentice Hall,Upper Saddle River,N. J.

事业部结构有规模经济的优势,有充足的资源,而且能够获得来自总部的没有过度经济风险的支持。但是,它也引起了一些问题。一是总部与事业部之间的猫鼠游戏,总部希望严防疏漏,而事业部经理则企图逃避公司控制:

我们的最高管理层喜欢做所有的主要决策。他们认为这是他们的事,但是,我曾经见过一个事业部击败他们的案例。有个事业部向我请示买一个烟囱,我不明白他们要烟囱干什么,所以我就飞到那儿去调查。他们在遵守公司支出规定的前提下,已经建好并装备一个工厂。这个烟囱是唯一的一个超出公司支出限额即 50 000 美元的项目,而且是一个不可分的项目。很明显,他们明白我们不会批准建立一个新工厂,所以他们建造了这个该死的东西。

我真不知道我该说什么好(Bower,1970,p. 189)。

事业部结构的另一个风险是,总部可能失去对业务运作的控制(正如一位经理人所说,"总部是橡皮图章")。除非目标可以衡量而且有适当的垂直信息系统,否则事业部企业就可能难以控制(Mintzberg,1979)。

临时结构 临时结构是一种松散、灵活的、自我更新的有机形式,它主要依赖于横向手段连接在一起(如图 4-6)。临时结构通常存在于多样的、自由的环境中。它的作用类似"组织帐篷",专门利用结构设计人员传统上认为是不利因素的优势。"模糊的权威结构、不清晰的目标以及相互矛盾的责任安排,可以使公开辩论与挑战传统成为合法的,不清楚与犹豫不决鼓励了探索、自我评估与学习"(Hedberg,Nystrom,and Starbuck,1976,p. 45)。

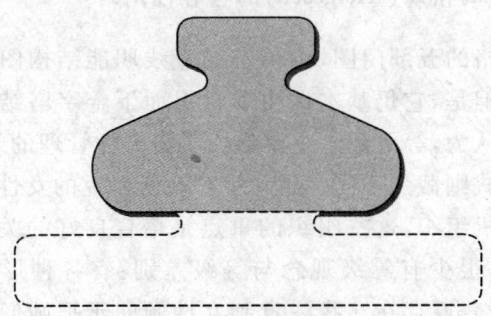

图 4-6 临时结构

来源:Mintzberg(1979), p. 443. Copyright 1979. Reprinted by permission of Prentice Hall,Upper Saddle River, N. J.

非正式结构常常存在于急剧的、快速的变化中。类似的例子有:广告公司、智囊顾问公司、音像制品录制公司等。在 20 世纪 70 年代与 80 年代,数码设备公司(Digital Equipment)是有名的临时组织先锋:"DEC 在许多方面都是穿着小公司衣服的大公司,在那儿不太相信等级、没有规则手册、公司专用汽车、总裁餐厅、极高的头衔与乡村俱乐部会员,或者对员工不利的公司管理,那儿甚至没有停车场。只有最高的六位总裁有大的办公室,其他所有人都在位于马萨诸塞州的梅纳德市的公司总部有很小的没门的小单间"(Machan,1987,p.154)。

数码公司的结构安排使它成为小型计算机行业的世界领导者。但是当市场由小型机转向个人电脑时,这种结构就成了问题。在这个行业,新的竞争者如康柏和戴尔是领导者。"它们飞得很高,摔得很惨,"一个观察者说,因为"在 DEC,内部事务非常重要,它们花一生的时间相互竞争"(Johnson,1996,p.F-11)。当公司需要一个全公司范围的及时的、协调的转变时,数据公司的临时结构的长处——极强的局部创造性——却成为障碍。

4.2.2 海格森(Helgesen)的包容性网络

明茨伯格的五部门图,给传统的直线职能结构图提供了新的思考维度。但是,它仍基本保留了自上而下金字塔结构的传统形式。海格森认为,等级观念主要形成于由男性管理的组织中,而女性管理的形式则截然不同。她写道:"我所研究的女性都创建了高度统一的有机组织,这些组织的重点是培育良好的关系。在这些组织中,几乎很少有等级观念与等级差别:有各种形式的交流渠道,开放而且普遍存在。我注意到女性倾向于把她们自己放在组织的中心而不是高层,结果这种组织既强调便利、又强调平等。她们不断地努力,把人们融入到制定决策的网络中去"(Helgesen,1995,p.10)。

海格森用"包容性网络"来描述一个圆形的而不是等级制的结构。这个网络从中心开始向外建立,它的结构机制就好像是蜘蛛织网一样,它们不仅编织相互联系的新线路,而且加固原有的线路。网络的中心与外围相互交织,某一点的行为就会波及到整个结构,形成了"相互交织的无边无际的网络,各种力量和事件形成了一个互为条件关系的无休止的不可分的网络"(Fritjof Capra, quoted in Helgesen,1995,p.16)。结果是,无论网络中心或外围的缺陷都会削弱这个网络。

海格森的这个概念,最初形成于她在《乡村之声》当助手时。《乡村之声》是纽约城格林尼治村的一份报纸。主编丹·沃尔夫(Dan Wolf)的经营很简单:没有部门领导、没有备忘录、没有一个合理的指挥链。唯一可以看见的信息来源,是办公地区中央放的一块木板。员工可以在上面贴许多通知,并且可以随意应答。可以想像,这些信息是多么的模糊、混乱。但是,在《乡村之声》报社中,内部交流非常好。沃尔夫在交流网络的中心,任何人都可以进入她的办公室而无须提前预约。日程表是不必要的——你可以想说什么就说什么。沃尔夫定期邀请人们一起吃午饭,吃饭、谈话、彼此熟识。任何人,无论职责或等级怎样,都可以和她聊天。《乡村之声》的结构是一个有机的互相联系的网络,而不是一个定义清晰的金字塔。它有一个人们认可的、清晰的结构,这种结构在员工的日常行为中可以观察到。

当组织越来越大时,这种网络结构就会出现越来越多的问题。当梅格·惠特曼(Meg Whitman)1998年成为易趣(Ebay)的CEO时,她发现这是一个少于50个雇员的组织,成员围绕创业者皮埃尔·欧米迪亚(Pierre Omidyar)呈非正式网络关系。她最先采取的措施之一就是与她的新的员工见面。她惊奇地发现在这个公司,人们没有日历,也不进行预约,根本没有预定的会议。欧米迪亚建立了一个具有文化强、集体意识强的企业,但企业没有明晰的战略、没有例会、没有营销部门,并且几乎没有其他的可确认的结构因素。尽管公司在表面上还增长、获利,但惠特曼指出,如果没有更多的结构和纪律,公司就会面临内爆的危险。欧米迪亚同意她的看法。他费了很大的劲把惠特曼吸收进来,就是因为他相信她能够给易趣带来大公司的管理经验(Hill and Farkas,2000)。

4.3 重组中的一些基本问题

正如数码设备公司的兴起与衰落所反映的那样,每一种结构,或早或晚,都必须随着内部或外部条件的变化而变化。当需要重组时,管理人员应该考虑到每一种结构安排的矛盾冲突。顾问与管理人员常常在还没有认识清楚各种结构的关键区别前,就开始运用一般的原则。事实上,对临时组织进行重组与对机械型官僚结构进行重组是截然不同的,重新构筑网络与修补专业型官僚结构也不相同。按照相同的组织逻辑对待截然不同的组织,会引发灾难。

明茨伯格的组织图提出了许多在特定条件下指导重组的一般原则。他的模型中每一个组成部分都会施加自己的压力。重组引发了多方向力量的较量,较量的结果最终决定了结构的形状。除非了解并有效地管理这些力量,否则结果可能是灾难。

战略高层倾向于集权。高层管理人员试图通过指挥、规则或不太过分的手段制定一个统一计划或战略。他们在心底渴望采用一种他们能控制的简单结构。相反,中层管理人员则抵制来自高层的控制,倾向于使组织更加松散。海军舰长、学校校长、部门领导、机关领导都专心负责自己的领域,力求保护并促进自己单位的个别利益。高层凝聚力与中层离心力之间的冲突,在事业部结构中非常突出,但在任何重组过程中这都是关键问题。

技术专家集团要推行标准化;分析师希望根据明确的标准衡量并监测组织的进展。根据不同的情况,他们在企图集权化的高层与寻求更加自治的中层经理人员之间起平衡(或补充)的作用力量。技术专家在机械型官僚结构组织中感到最自在。

辅助人员能促进协作。当把权力分配给小型的工作小组后,它的成员一般感到很愉快。因为在这里他们可以亲自、直接地影响日常决策的形成与变动。他们喜欢临时组织。与此同时,操作核心层则试图控制自己的命运,并使来自其他组成部分的影响最小。他们的成员通常都是眼睛朝外——向工会或他们的专业同行寻求帮助。

想要重组,就一定要了解各组成部分之间的基本冲突。每一个组成部分都或多或少对最终的结果有一定的影响——这取决于结构安排:简单结构、机械型官僚结构、专业型官僚结构、事业部结构、临时组织。在简单结构中,老板的权力最大。在机械型官僚结构中,技术专家与战略高层拥有大部分权力。在专业型官僚结构中,行政管理人员与专家之间的长期冲突是最主要的矛盾,而技术专家集团中的成员在两翼起非常重要的作用。在临时组织中,许多人员都可以在将要形成的结构安排中实施影响作用。

除了内部的关系,还有一个更重要的问题:一个结构是否可行,最终要取决于它是否与组织的环境及技术相匹配。自然的选择会优胜劣汰。通过谈判达成一种能满足各方需要、并且在组织的环境中起作用的结构,就好像玩扑克牌一样是一种博弈过程。

4.4 为什么要进行重构?

重构是一项具有挑战性的工作:费时、费资源又没有成功的保证。只有感觉到必须对主要问题或机会有所反应时,组织才会着手这项工作。多种影响都可能导致上述结果:

• 环境发生变化:在美国电报电话公司(American Telephone & Telegraph),当市场结构从垄断型转向竞争型时,要求对贝尔系统(Bell system)进行大规模的重构。

• 技术变化:航空工业的引擎由活塞式变为喷气式,深刻地影响了引擎与飞机机体结构之间的关系。一些已建立的公司由于低估了这种技术的复杂性,所以失败了。但是,波音公司却由于懂得这些而发展成为行业领导者(Henderson & Clark, 1990)。

• 组织成长:数据设备公司在早期因为结构非正式、灵活而蓬勃发展；但是，当它发展成为一个几十亿美元的公司时，同样是这个结构却产生了大问题。

• 变换领导：结构变革往往是新领导的一种主动行为。即使没人发现需要进行重构，这依然是让组织记住他们的一种方法。

米勒（Miller）和弗尔森（Friesen）(1984)研究了进行结构变革的一些成功案例与失败案例。他们发现，那些遇到问题的公司最终采取了三种安排：

1. 易冲动的公司：由一个人或一部分高层人员控制的快速成长型组织，由于结构与控制过于简单，公司开始逐渐失去控制。利润可能急剧减少，也有破产的可能。许多曾经成功的具有创业精神的组织在这个阶段发展缓慢，他们不能超越原有的简单结构继续发展。

2. 停滞的官僚制：拥有一条陈旧生产线的、古老的、传统主导型的组织。可预测的、安静的环境，容易使人昏昏欲睡，在这种情况下，高层管理者很容易固守传统的方法。信息系统过于陈旧，以至于觉察不到变革的需要，底层管理者感到茫然。许多有旧生产线的公司以及公共机构就属于这种缓慢前行的机械官僚制。

3. 没有领导的巨人：一个已经转变为封建领地的松散型事业部组织。行政核心很薄弱，大部分创造力和权力都集中在自治的事业部。在高层，没有真正的战略和领导，公司成了无目标的组织。部门之间为争夺资源而展开竞争，合作几乎是不可能的。只有在不得已或解决危机的情况下，才会制定决策。最近，世通公司（WorldCom）的例子可以说明事情会糟糕到什么程度。公司的CEO伯尼·埃博（Bernie Ebber）通过大约65次收购，很快把公司从密西西比的一个小型新企业发展成为一个全球型通信巨人。1998年，它用370亿美元收购了巨人MCI之后，股票达到最高值。但是，"尽管它有收购竞争企业的天赋，但公司并没有完成兼并的任务。相互冲突的计算机系统、重复建设的地区网络不能一起正常工作、也没有统一的付账系统。'不要像看其他企业那样看世界通信',一位曾经在该公司高层工作过多年的人说,'它不是一个公司,它只不过是一堆碎片',它已经完全丧失了功能"(Eichenwald, 2002c, p. C-6)。

米勒和弗尔森(1984)发现,即使是那些存在问题的组织,都很少进行结构变革:长时间的微小变化之后是偶尔的重要结构变革。组织一般不愿进行大规模变革是因为稳定的结构会减少混乱与不确定性,保持内部一致,维持现有平衡。但是,稳定的代价就是结构越来越不适应环境。最终,不得不进行彻底的大改革。因此,从这个意义上来说,结构变革就好像春季大扫除:灰尘日积月累,直到最后面对一团混乱时,我们必须采取行动。

4.5 使结构变革能够发挥作用:三个案例

在这一部分,我们分析三个变革的案例,主要关注企业再造的案例。在20世纪90年代出现的重新思考组织结构的潮流中,企业再造理论非常突出。"当进行流程再造时,范围狭小、任务导向的工作变为多维度的。原来按照规定做事的员工,现在需要自己做决策。流水线工人消失了,职能部门也失去了存在的必要,管理人员更像教练而不像负责人,员工更关心消费者的利益而不是老板的利益。新的激励措施,使人们的态度和价值观也发生了变化。几乎组织的每一个方面都发生了变化,而且常常变得无法辨认"(Hammer和Champy, 1993, p. 65)。

再造的过程及其产生的结果,具有很大的差异。一些结果非常糟糕,一个臭名昭著的例子就是美国长途公共汽车公司——灰狗巴士(Greyhound Lines)。当公司在20世纪90年代早期破产时,新的管理团队宣布要进行大规模重组,他们大幅度削减员工,开发了一个新的计算机预订系统。这个新设想在华尔街反应很好,公司的股票大幅上涨。然而,由于消费者服务及新的预订系统都崩溃了,所以它的进展非常缓慢。前途茫然、资金不足、员工和消费者都失去了兴趣,它成了如何不重组的教材。最终,灰狗巴士的股票跌了,管理层被迫离开。一位观察家揶揄道:"他们把公司再造到地狱了。"(Tomsho,1994,p. A1)

但也有重构成功的著名的案例。下面我们讨论不同时代不同行业的三个案例。首先是花旗银行(Citibank)的案例,发生于20世纪70年代,那时候企业再造这个术语还没有运用到结构变革之中。

4.5.1 花旗银行的后台部门

当约翰·里德(John Reed)在1979年接管花旗银行时,花旗银行的"后台部门"——处理支票和其他金融工具的部门正遇到了困难(Seeger,Lorsch,Gibson,1975)。银行处理效率很低,错误时有发生,支出每年都增加20%。里德很快做出决定:该部门需要进行根本的结构变革。尽管它的结构是机械型官僚制,但传统上它一直被看作是该银行客户联系部门的一部分。里德决定把它看作一个工厂而不再是一个支持性职能部门:一个独立的、大量生产的机构。为了实施这个理念,他从自动化企业中引进高级经理。其中一位是罗伯特·怀特(Robert White),他来自于福特公司,成为新结构与新体制的主要设计者。怀特坚信自上而下的管理:"我们用通过/失败系统作为管理激励。在自上而下的结构中,管理者自己制定工作目标,他可能完成也可能完不成这些目标。相应地,企业给予奖励或不给予奖励,不接受任何我控制不了的借口或解释。"(Seeger,Lorsch,Gibson,1975,p. 3)

怀特以"第一阶段行动计划"作为开始,即降低成本、安装新的计算机系统、开发能够预测并衡量业绩的财务管理系统。事实上,这种策略不仅保留了机械型官僚结构而且其强化了它。当第一阶段结束时,怀特总结道:"我们还没有完全把握最根本的东西,我们发现我们还没有真正地理解现行流程"(p. 8)。紧接着他们开始广泛、具体地研究后台部门的流程是如何运行的。他们意识到,现行的结构事实上是一个非常大的职能通道。任何东西从通道开始进入"预处理",然后"编码",在经过一系列职能领域后到达另一个终点。里德和怀特决定把该通道断为几个小截,每一个小通道都有一个不同的产品,并且都有一个负责人对该流程负责。关键的思想是,把机械型官僚制转变为事业部制。

怀特也设定了广泛的业绩衡量标准并且加强了程序的责任性。

目前我们衡量69个不同的质量指标,到时将满足87%的标准。当满足了一个既定的指标时,我们再严格标准,我们希望无限地继续下去。到现在为止,我们已经定义了129个不同的标准,而且我们希望这个数字继续增加。现在,我们满足了85%的标准,而且,只要我们不断地满足它们,我们就将不断地严格这些标准。我认为,说我们极大地改善了我们的服务是公平的,因为成本开始降低这种说法是公平的——我们确实知道自己在做什么,除此之外,没有别的原因。(p.8)。

毫不奇怪,这种自上而下的方法和命令在后台部门引起了不满并几乎产生了极度混乱。正如明茨伯格所说的那样,技术核心强烈地抵制这种干扰。事实上,里德和怀特决定实行这种结构转变是突然的,其短期结果是体系混乱、系统破坏。他们费了两周的时间恢复系统功能,用五个月的时间解决了过渡时期的问题。一旦渡过危机,新的体制极大地改善了运营效果:效率提高、成本与错误下降。后台部门意想不到地成为竞争优势的主要来源。

后台部门重组背后的基本概念并不新颖,从大型的职能官僚制到事业部制,而事业部制在20世纪20年代的通用汽车公司和杜邦公司就已经出现。到20世纪70年代,事业部制对大型组织来说已经成为主要的形式。这次重构不同的是,他们把事业部的概念引进一个银行的后台部门。事实上,里德和怀特开始并没有想到这些,这源于他们对现行流程的深刻理解,而且他们认识到急剧的变革是可行的。

4.5.2 柯达公司的黑白胶卷事业部

花旗银行的结构变革是自上而下的,主要致力于提高内部效率。结构变革的目的确实如此,但并非全部。最近的例子是伊士曼—柯达公司(Eastman Kodak),其变革始于高层的推动,但他们更重视顾客并强调在各个层次上向员工授权。柯达成立于19世纪80年代,当时乔治·伊士曼(George Eastman)开始制造能够捕捉100个人影的木制盒子,而且他想出了一种"没有麻烦,没有混乱"的照片加工方法:只要把盒子送给柯达公司就可以了。柯达公司会加工这些照片,并且把胶卷重新装入盒子,然后把它还给顾客。

一个世纪之后,柯达公司遇到了困难。它的名字和胶卷已经名扬世界,但由于激烈的竞争、高昂的成本、日益降低的消费者满意度、敌意接管者的威胁、低迷的员工士气,公司几乎破产。在1989年的一次高层管理会议上,柯达公司性格温和的CEO科尔比·钱德勒(Colby Chandler)实行了大刀阔斧的改革。改革的要求清晰而剧烈:柯达公司需要进行根本性的变革,而且其基于职能的结构必须让位基于流程的结构——从原材料到最终产品的无缝隙流程(Hammer和Champy,1993)。

柯达公司选择了六个流程进行重构,其中一个是黑白胶卷生产流程。流程重构立即开始实施,所有拖后腿的操作都将被取消。在黑白胶卷事业部,一组经理人员重点建立了三个流程:绘图、健康科学和溶剂涂层。所有其他部门(财务服务、人力资源、工程支持)都要支持这些流程。

第一项任务是建立流程的绩效评价指标和标准(生产率、存货、浪费、质量、是否符合规范)。随着经营流程成为中心,管理者与负责人成为教练或快乐的领导。频繁的非正式会议为交流感想、明确问题提供了机会。公司鼓励员工对从降低存货、减少浪费到与供应商建立关系以及提前交货等整个过程进行思考,决定优先顺序、完善改革计划。"从前,消费者与产品工程师之间几乎没有什么真正的交流。当产品需要维修或需要改进时,就去找 MEMO(制造、工程以及维修部门),根本没有人鼓励你自己解决问题"(Frangos,1993,p.108)。

整个流程致力于使外部顾客满意;流程中的每一个步骤都强调使内部顾客满意,并在员工之间建立协作关系。跨职能小组在提高质量与降低成本方面取得了突破性的进展。佛朗哥(Frangos)评论道,"我们的实践证明,内部顾客可以集中精力解决普通问题"(1993,p.110)。

在黑白胶卷事业部实施结构变革两年后。从利润角度看,该事业部成为公司的明星部门,是最佳工作地方。事业部新的名称"斑马小组",概括了结构的变化。之所以选择斑马作为象征,是因为"每个斑马都是独一无二的,任何两个斑马的条纹都不完全相同——与指纹相类似。它们成群奔跑,因为它们明白,作为一种被捕食的动物,聚集在一起,可以在一定程度上保护自己不受狮子和其他食肉动物的侵害。事实上,食肉动物可能很难在许许多多黑白条文中辨别个别的斑马。我们也需要组成一个团队——当我们同时采取行动时,我们会迷惑竞争对手。"

4.5.3 贝丝以色列医院(Beth Israel hospital)

波士顿(Boston)的贝丝以色列医院是一个医疗卫生领域的重构案例,它的目标是变得更为自治或更像一个团队那样工作。当乔斯·克里弗(Joyce Clifford)成为以色列医院的护理部主管时,她发现该医院的结构也是医院中常见的那种自上而下的结构。

普通护士与病人接触最密切,但她们没有任何权利。她们必须问自己的主管,病人是否可以吃阿司匹林。主管再问自己的护士长。护士长再去问医生。医生会问护士长,病人疼了多长时间了,她当然不知道,所以她必须一步步返回去问护士,最后再把这种信息传达给医生。这是一种荒唐可笑、令人不满的情况。这种

体制是等级式的、割裂式的、冷漠的,而且是管理过度的。(Helgesen,1995,p.134)

在医院中,护士的责任高度专业化:一些人负责敷药,另一些人监测主要症状,还有其他人记录血压读数。另外还有人专门充当管家的角色——端便盆、铺床、送饭——一个病人在一天之中不停地被这么多陌生人打断,但却没有一个人真正知道病人的病到底怎么样了。

以色列医院有抱负的 CEO 克里弗,在米切尔·罗宾(Mitchell Rabkin)的支持与协助下,组织了一次大规模的结构变革:将大量护士处于最底层的金字塔结构,变成一个护士处于中心的包容性网络。这个概念被称为首席护理制,每位首席护士都承担照顾某个特定病人的责任。当接到病人后,首席护士要记录下相关信息,然后制定一个综合计划,组建一个小组提供夜以继日的照顾,让家属知道需要做些什么。护士长制定小组的目标,处理预算及行政事务,并保证首席护士有足够的资源来提供高质量的服务。

首席护士是关于病人进展的信息中心。当首席护士承担更多的责任时,她与医生及其他医院工人的联系必须进行修正。首席护士变成一个职业的合伙人,而不仅仅简单地执行医生交给的任务,她在治疗决策中与医生的地位平等。病房护理应当向首席护士,而不是向其主管进行报告。首席护士会指定同一个病房护理给同一个病人铺床、整理卫生、并送饭;洗衣工按照要求洗衣物而不是例行地一天换一次。由于技术的复杂性,该医院更加强调使网络上的任何一个人都很容易得到病人的信息与管理数据。

首席护士亲自为病人做许多事情,比如,人们不再认为铺床是枯燥的工作,反而被看作是评估病人身体状况好坏以及评估某个治疗计划是否起作用的机会。

乔斯·克里弗处于以色列医院所有病人护理的中心,她连接网络上的各个点:"我的主要工作是使护士知道哪儿发生什么——董事会在做什么? 医院作为整体面临什么决策? 国家的医疗卫生

问题是什么？我也让他们——院长、董事会以及外部的人们——知道这儿的护士正在做什么。"(p,158)

没有人知道，重构成功的概率是否大于失败的概率，但重构的失败率确实很高。柯达、花旗银行以及以色列医院，由于遵循了结构变革的正确基本原则而取得了成功：

- 通过结构变革，开发了组织目标与策略的新概念。
- 仔细研究现行的结构与流程，所以他们懂得组织是怎样运转的。许多组织结构变革失败的原因是，从一开始就不太清楚现行的流程。
- 根据变化了的目标、技术、环境来设计新的结构。
- 最后，进行试验，保留了有用的东西而抛弃没用的东西。

4.6 结论

在一定时期内，一个组织的结构代表着它使内部流程与外部环境相适应的努力。同时，这种结构也是解决长期存在的组织两难的办法：我们是太松了？还是太紧了？员工工作是负荷不足，还是负荷过重？我们是否太僵化？我们是否缺乏标准？人们是否花费太多还是花费太少的时间用于互相协调？结构也同样代表着在组织内各个不同的小组之间的斗争与妥协。

明茨伯格把组织的结构分为五个组成部分：战略高层、行政管理层、操作核心层、技术专家集团、辅助人员。这些组成部分的特定安排，决定了特定的组织形式：简单结构、机械型官僚结构、职能型官僚结构、事业部结构、临时组织。海格森又增加了一个等级结构不明显的结构模型：包容性的网络结构。

结构矛盾的具体解决办法，可能在某一特定时期或特定情况下是正确的。但是，组织及其环境的变化最终要求新的形式与其相适应。重构是一种强有力的同时风险也很高的结构变革手段。在短期内，它可能不可避免地会产生混乱、员工抵制甚至效率下降。长时期内,重构的成功或是失败,取决于这种新的模式是否使组织与环境、任务、技术相适应,而且取决于结构变革过程的有效性。有效的重构不仅要求对结构问题有个大致了解,还要求对结构选择有一个总体上的形象理解,而且要求对特定的结构问题有详细的了解。

第5章　组织中的群体与团队

在西雅图(Seattle),有个17岁的女孩在一次车祸中严重受伤,医生宣布她为脑死亡,她的父母同意捐献她的器官。于是,这个女孩肾脏的相关数据,被输入到有关数据库中。在纳什维尔(Nashville),初步确认了一个肾接受者:一位有3个孩子的42岁母亲,她已经不能再继续进行透析了,如果没有一个新的肾,她就会死亡。

在纳什维尔,负责这次移植手术的彼德·米尼克医生(Dr. Peter Minich)与西雅图的医生进行了联系,确定关于肾的具体情况。经过权衡几个因素之后,他决定接受这个肾。于是,西雅图的外科手术小组负责摘取肾、检查肾组织的适应性并且把冰冻的肾送到机场准备运到纳什维尔。与此同时,纳什维尔的手术小组则安排肾接受者住院,给她进行了全身检查并且给她做了透析。他们还通知医院移植手术大约需要多少时间。为防止意外,一旦肾运到,医生还要在实验室做最后的交叉配血,这种交叉配血大约需要3个小时。

肾刚运到时,就被送到实验室做交叉配血。在检验结果出来前,护士们提前90分钟开始准备手术室。她们清扫房间、给仪器消毒,准备必要的工具——钳子、剪刀、牵引器等。90分钟后,实验室得出肯定性的结论:移植手术可以继续进行。手术小组的成员进行了手臂消毒并开始进行各自的工作:医生清洗肾,第一助理(first assistant)修剪掉肾上的脂肪并帮助医生把肾包到一个新鲜的半溶血的袋子里,一个擦洗护士(scrub nurse)与一位巡回护士(circulating nurse)准备仪器台,麻醉师与护士助理负责病人的手术准备工作。在手术过程中,巡回护士负责递工具和缝合线,擦洗护士观察医生做手术并判断医生需要哪种仪器。医生集中注意力做手术,第一助理护士牵开肾组织,麻醉师监测病人的主要症状并指挥护士助理。

手术团队的绩效与医生的医疗技术,对于手术的成功同等重要。尽管每个人的职责非常清楚,但成员们仍然需要跨越职责界限做一些事。虽然手术团队有基本的横向协调途径,但医生是主要负责人。例如,一位好的擦洗护士,判断要给医生递哪种仪器,有"给我想要的,而不是我要求的"的判断权。米尼克医生说:"团队成员在一起工作的次数越多,就越有可能成功。建立一个凝聚力强的团队非常重要。医生不仅仅应该有精湛的技术,而且必须是一个团队领导者。"米尼克医生就非常成功。

结构对团队绩效的影响不仅仅局限于工作现场。在二次世界大战期间,有一支非同寻常的美军突击队创下了典型的纪录。它完成了分派给它的所有任务,包括那些风险极大、深入敌后的任务,但其伤亡人数最少。有一个研究小组负责调查,这个团队到底为什么如此成功,是士兵和军官都特别聪明么?是他们的培训比普通的培训时间更长么?或者是更为集中么?或者仅仅是因为这个团队运气比较好?

通过调查,研究人员指出该小组成功的原因是:调整结构使其适应形势的能力。在制定任务计划时,这个团队非常民主。任何人,不管是专家还是普通士兵,都可以自由发表意见、提出建议。团队根据大多数人的意见做出决策,而且作为一个整体审核通过作战策略。该团队的计划结构,类似于研发团队或具有创造精神的设计团队。没有确定的职责、强调横向协调以及扁平化的结构,都能够鼓励成员积极参与、创造性地解决问题并且能容忍有建设性的冲突,作战计划能够反映团队最好的想法。

执行计划则完全不同。这时,团队的结构从一个松散、有创造性的民主制,转变为一个清晰、控制严格的指挥链。每一个成员都有具体的任务,他们必须非常精确地完成这些任务。只有指挥官才有制定军事决策或修改计划的权利,其他所有人都必须无条件地执行命令,尽管在时间允许的时候,他们也可以提建议。在作战过程中,该团队依靠传统的军事结构:清晰的责任、高层制定决策、普通士兵执行决策。

该团队调整结构的能力具有两方面的优势:参与有利于鼓励创造性、激发成员的主人翁意识并能够使他们充分理解作战计划;权威、责任、清晰则使团队能在战争中快速有效地作业。

大型组织中的大部分工作是由群体或团队完成的。当这些单位运行良好时,可以大大提高普通成员的业绩水平,当这些单位不能正常运转时,正如常常发生的那样,便会影响优秀成员潜能的发挥。是什么决定了群体的业绩水平?正如手术小组与突击队所表明的那样,结构对群体的业绩影响很大。高效团队的一个关键因素是致力于实现目标的有效职责与关系模式。

在这一章里,我们阐述小型群体的结构特征以及如何通过重构以改善群体绩效。我们先介绍了几种不同的结构设计选择以及结构设计与任务之间的关系。接下来,用体育项目作为例子,讨论了团队中的分工、协调及其相互依存关系。最后,我们描述了高绩效团队的特征。

5.1 小型群体中的任务与联系

在组织过程中,群体有许多种结构选择。群体所选择的结构,必须能够最大限度地发挥成员的优势,同时使群体常有的问题最少。选择群体结构的关键是完成任务,任务在清晰性、可预测性、稳定性方面都不同。不管是在小型群体中,还是在大型组织中,任务—结构关系都是一样的。

正如第 4 章所提到的那样,复杂任务与简单任务的挑战性不同。制定突击队的计划或移植肾与粉刷一间房子是不同的,简单的任务适合采用基本的结构——职责清晰,相互依存形式是最基本的,由计划与指挥来协调各种关系。复杂的项目总是需要复杂的形式:职责灵活,相互依存关系是互惠的,通过横向途径或相互反馈来协调组织。如果形势变得很模糊并且发展迅速,尤其是当时间紧迫时,分权往往更有效,否则,群体便不能很快作出决策。如果没有一个可行的结构,业绩和士气都会受到影响,问题也会增多。

探索适宜的群体结构,要求仔细考虑许多情境因素,其中有些因素很模糊也很难确定:

- 我们准备完成什么任务?
- 需要做些什么?
- 什么人做什么事?
- 我们如何作决策?
- 谁是负责人?
- 我们如何协调各方面的工作?
- 个体成员最关心的是什么,时间、质量还是参与?
- 每个成员的特殊技能与才能是什么?
- 该群体与其他群体之间的关系怎样?
- 我们怎样确保成功?

为了说明结构设计的几种选择,我们根据对一个 5 人小组的研究,得出了以下几种基本的结构安排。第一个是单个领导的结构,即只有一个人拥有指挥其他人的权力(如图 5-1)。信息和决策自上而下传递,群体成员主要向领导者而不是向同伴提供信息并与之交流。尽管这种结构有效而且快捷,但它是在任务相对简单直接时最有效。除非负责人技术非凡、专业知识丰富而且能力极强,否则更复杂的情况只会使领导负担过重,从而延误决策或作出错误的决策。当下属不能及时接到指示或所接到的指示不能指导他们的工作时,他们很快就会气馁。

第二种结构是在领导下面又增加了一个管理层(如图 5-2),两个管理层各自负责不同领域的任务,信息和决策通过他们传递

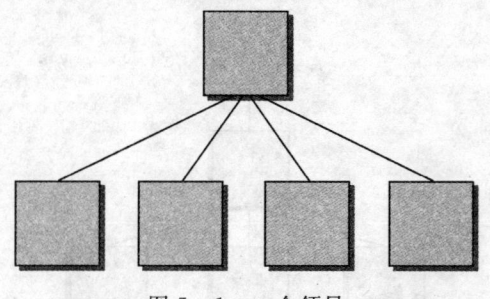

图 5-1 一个领导

给领导或下属。当任务可分解时,这种安排是有效的。它减少了管理幅度,使领导集中精力制定计划、发展战略、与高层建立联系。但是,这种结构增加了一个管理层,影响了信息的畅通性,可能最终影响士气和业绩。层次越多,沟通越缓慢越沉重。

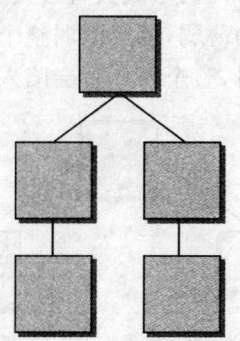

图 5-2 双重领导

另一种结构选择是建立一种简单的等级制。在这种制度下,有一个中层经理向领导汇报工作,同时他也指挥下属并与下属交流(如图 5-3)。白宫就广泛采用这种安排,它可以使总统集中精力制定计划并与外部进行联系,而把日常事务交给参谋人员。尽管这进一步限制了信息到达高层的正确性,但它比两个管理者的安排更有效。同时,基层员工与高层管理者之间的冲突经常存在,甚至可能会导致出现二把手篡夺一把手权力的情况。

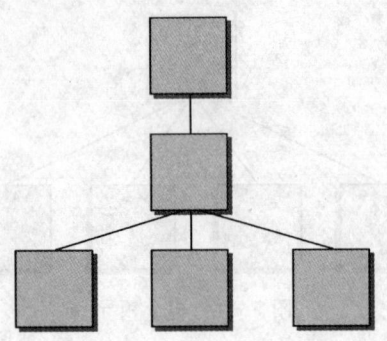

图 5-3 简单的等级制

第四种选择是一个循环网络,信息与决策由一个群体成员流向另一个成员(如图 5-4)。这种安排主张人人平等并且使交流简化。每个成员都与另外两个成员直接接触,这使管理更容易,但链条上任何一个环节的薄弱,都会削弱整个企业。当任务更复杂,需要更多的相互交流时,整个循环就会陷入困境。

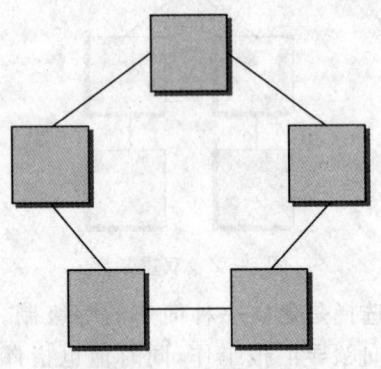

图 5-4 循环网络

最后一种结构选择是全通道或星状网络结构(如图 5-5)。这种结构类似于海格森的包容性网络。它有很多通道,所以每一个成员都可以与其他所有人进行交流。信息自由流动,决策时需要有广泛的基础。通常情况下,在全通道性网络中,成员的士气都很高。这种结构适用于任务不确定或比较复杂的情况,对于简单任务它通常慢而无效。当成员具备良好的沟通技巧,喜欢参与,能容忍不确定性,信奉多样性,拥有良好的沟通技巧,并且能够进行冲突管理时,这种结构的运行效果最好。

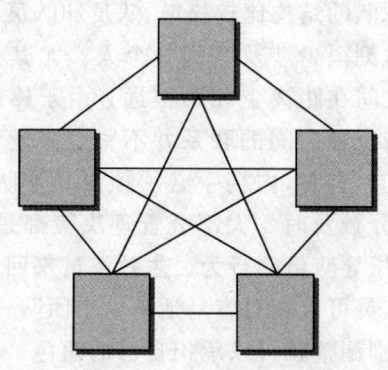

图 5-5　全通道结构

在群体中,例如学校董事会、家庭、任务小组、领导团队,不清晰、不恰当的结构形式导致了许多日常问题。建立有效的团队,要求所设计的职责与关系模式能够适应形势。

5.2　团队作业与相互依存关系

上述章节的研究表明,即使在相对简单的 5 人群体中,结构对团队功能的发挥也是至关重要的。在真实的组织中,事情更为复杂,团队大小不同,任务相差很大,所以对结构的要求也不同。为了更清楚地说明不同的任务对团队作业的不同影响,团体性体育运动是一个很好的比喻。每种比赛都要求有自己独特的分工与协调模式。在不同的体育活动中,团队成员相互之间的关系差别很大(相互依赖的程度)。正因为如此,不同的体育项目都要求有自己独特的团队结构(Keidel,1984)。和组织一样,团队也必须适应自己的任务,棒球、足球与篮球队的结构就存在着很大的差异。

5.2.1 棒球

彼得·罗斯(Pete Rose)曾经说过,"棒球是一种团队比赛,只要9个成员都达到他们各自的目标就是一支好的团队"(Keidel,1984,p.8)。棒球队的结构比较松散,队员和队员之间基本是相互独立的,在同一时刻很少涉及2到3个人。尤其在防御时更是如此,队员和队员之间在距离上相距很远。由于棒球队这种联系松散的性质,位置与位置之间的联系并不紧密。投手和接手必须知道另一个人的反应,有时,内场手必须预测其他队员会如何行动,尤其是双杀或抢分触及时。大部分管理决策都是战术性的,通常包括替换队员或指导队员的行为。主教练员来回走的时候都不打扰小组的行为,队员可以相对容易地从一个团队转到另一个团队,新队员不需要特别调整就可以承担自己的角色。

约翰·厄普代克(John Updike)总结得很好:"在所有的团体运动中,棒球断续行为非常优美,宽敞而安静的场地上几乎没有穿白衣服的老队员,没有感情的数学、看起来最适合一个孤独者,它是一种孤单的游戏。"(Keidel,1984,p.14~15)

5.2.2 足球

美国足球则完全不同。与棒球相比,足球队员相互之间的距离很近,边锋和后卫可以看到、听到甚至接触到对方,每一场比赛都会牵涉到场内所有的队员。在计划或比赛中队员的行为都是前后联系的,边锋为后卫的活动创造条件,防御队的场地变成了攻击队的起点,或者相反。在防御和攻击的互相转换中,队形安排非常重要(Keidel,1984)。与棒球不同,足球运动中单个队员之间联系很紧密。华盛顿红人队(Redskins)的教练乔治·艾伦(George Allen)这样说道:"足球比赛就像一台由零部件组成的机器。如果一个零件坏了,一个队员拉你后腿或不做他自己的事,整个机器就会运转不灵。"(Keidel,1984,p.9)

由于队员之间是相互依存关系,所以足球队必须很好地组织,主要通过计划和等级控制统一。足球队主要的组成部分是:攻击、防御、队形安排,每个小组都有自己的协调人员。足球队在教练的指导下,利用侦查报告或其他监视方法提前制定战略或比赛计划。在比赛中,战略决策主要由教练做出,助手或指定队员制定战术性的决策。(Keidel,1984)

足球队的系统性特征使小组之间对调队员很困难。费城(Philadelphia)鹰队(Eagle)的艾利·克劳斯(Irv Cross)曾经评论道,"鹰队的队员从来不会轻易地转到达拉斯牛仔队(Dallas Cowboys),因为两队的体系与哲学理念非常不同"(Keidel,1984,p.15)。足球队更换教练也很困难,汤姆·蓝德利(Tom Landry)、小文斯·伦巴第(Vince Lombardi)和登恩·许乐(Don Shula)各自领导着他们的达拉斯牛仔队、绿湾包装工队(Packers)和海豚队(Dolphins)在几年内多次获得比赛的成功。他们的成功很大程度上源于他们能够根据现有人员的技能建立一个合作良好的小组。与棒球不同,足球需要正确的战略以及队员之间的紧密配合。

5.2.3 篮球

篮球活动中,队员之间的距离比足球运动中队员之间的距离更近。队员在快速的移动中会很快由防御变为攻击。篮球队员相互之间关系密切,每个队员都依赖其他的队员,他可能与其他四个队员中的任何一个发生关系,每个队员都可以控球并投篮。

篮球很像即兴演奏爵士乐:团队要求高水平的、即时的相互调整。运动员都不停地移动,而且常常是非常紧急而不是事先定好方向。成功的篮球联赛很大程度上取决于群体成员之间的互动关系,队员相互之间要能够理解并预测其他人的反应。长时间在一起的队员能够培养出一种在不同的情况下每个人会怎么做的感觉,新来的队员需要经过一段时间调整自己的习惯。凯德尔(Keidel)(1984)指出,教练的作用就是协调,他的定期暂停加强了队员的凝聚力,他也帮助队员从侧面进行协作。与棒球群体不同,篮球群体不能像一群个人明星;与足球不同,篮球没有队形,它完全是一种集体努力。

对杜克大学2000年成功的女子篮球联赛的研究,表明了群体相互依存与凝聚力的重要性。群体取得成功是因为队员能够想到其他队员的反应。个人的"我"要服从集体的"我们",传给队员球就好像是你自己投球。篮球是"快速、挨得很近的、拥挤的、20只运动中的胳膊和腿,或上、或下、或中间、或空中,群体越好,就越准确地在看似拥挤的球场上来回活动"(Lubans,2001,p.1)。

5.2.4 团队成功的决定性因素

在体育活动以及其他领域,成功的团队作业取决于任务——即一个团队要做什么。凯德尔(1984)提出评价一个结构设计是否恰当的几个重要问题:

- 成员之间与任务有关的互动性质怎样?程度怎样?
- 群体成员的区域分布如何?
- 就群体的目标和约束条件而言,哪儿需要自治?
- 如何协调?
- 哪个词最能解释结构的要求:凝聚、机械的还是有机的?
- 哪种运动能够恰当地比喻管理的任务:填写一排卡片,准备比赛计划,或者是影响比赛流程?

不仅各种体育活动之间的团队结构不同,即使在同一组织中,也存在不同的团队结构。例如,在一家制药公司中,一位年龄较大的研究管理人员注意到,发现并研究一种新药"这个过程要经过三个不同的阶段,就好像从棒球运动到足球运动再到篮球运动"(Keidel,1984,p.11)。在基础研究过程中,单个的科学家们独立地研究大量的知识,正如在棒球运动中,个人的努力就是正常现象。一旦该研究被确认,一种很有前途的药就从研究化学家转到药学研究人员再转到毒理学家。如果该药品通过了联邦的批准,它就转到诊所研究人员那儿进行试验。这些依次的关系会令人想起在足球运动中的比赛顺序。在最后阶段(新药的应用),医生、统计人员、药剂师、药理学家、毒理学家以及化学家一起工作以获得食品和药物管理局(Food and Drug Administration)的最后批准,他们的努力与篮球队的紧密联系很类似(Keidel,1984)。

简·海恩斯(Jan Haynes)发明了在手术过程中防止留下疤痕的方法,她也同意这位制药主管的看法。但是她又补充道:"体育比赛仅持续一小段时间,但在我们的工作中,每一项活动都要持续好几个月。"该公司的CEO罗恩·海恩斯(Ron Haynes)指出,当游戏规则发生变化时,改变自己的领导风格是很困难的:"我必须知道,什么时候我需要从棒球教练员汤姆(Tommy)变为足球教练员伦巴第(Lasorda)再变为篮球教练员瑞里(Riley),否则,我们就不会正确地做事。"做正确的事,要求结构要与组织的任务相适应。

5.3 团队结构与高绩效

有许多文献阐述了清晰而适宜的结构对团队绩效的重要性。卡特森伯奇(Katzenbach)和史密斯(Smith)(1993)为写《团队的智慧》一书采访了50多个团队成百上千人。书中的例子涉及30个企业,范围非常广泛,如:摩托罗拉、惠普、"沙漠风暴"行动(Operation Desert Storm)及美国女童军(Girl Scouts)。作者区别了没有明显特征的"群体"和"团队":"团队由少数有相互补充技术的人组成,他们围绕一个共同的目标及一系列业绩指标和方法相互负责"(p.112)。

卡特森伯奇和史密斯的研究得出高绩效团队有六个显著特征:

1. 高绩效团队的目标是根据发展道路上的需要或机会而形成的,通常由高层管理者提出。高层管理人员制定团队的章程、基本原则以及任务,同时允许团队灵活地制定具体的目标和执行计划,赋予组织一个清晰的职权后不再插手,管理可以激发集体的力量和创造性。

2. 高绩效团队把总目标分解成具体的、可衡量的业绩指标。总目标规定了总的使命,成功的团队还进一步把总目标分解成具体的可测量的业绩指标体系。"如果团队没能制定具体的业绩指标,或者这些指标与团队的总体目标没有直接联系,团队成员就会感到混乱、分裂,最终影响业绩。相反,当总体目标和业绩指标互为基础并服务于团队的总体目标的话,它们就会变成一个强有力的引擎"(p.113),具体的指标规定了团队的"劳动产品",有助于清晰地交流和建设性地冲突,也有助于团队把精力持续集中在实现结果上,并且在这个过程中可以有一个衡量小进步的尺度。

3. 高绩效团队拥有适合管理的规模。卡特森伯奇和史密斯(1993)认为,高效团队的有效规模应当为 2 到 25 个人:"10 个人比 50 个人更能有效地处理好他们各自在共同计划上对个人、职能和管理层机制的不同看法,并且更愿意共同为结果负责"(p.114)。

4. 高绩效团队有适宜的专家组。结构框架强调专业人士与专家的关键联系。有效的团队寻找必要的技术支持,"与那些配备有互补技术人员的研发小组相比,仅仅包括市场人员或仅仅包括工程人员的产品研发小组,其成功的可能性更小"(p.115)。而且,模范团队寻找并奖励那些专家,这些专家能解决问题、制定决策并使团队更集中于任务,摆脱无意义的个人纷争。

5. 高绩效团队有共同遵守的工作关系。"团队成员必须在以下几个方面达成共识:由谁做哪项具体的工作,日程表如何安排并且如何实现,需要发展哪些技能,如何持续地保持团队成员资格,以及团队如何制定并修改决策"(p.115)。有效的团队花很大的精力研究个人角色如何整合,研究哪个人最适合做哪种特定的工作。不同的团队结构清晰度也不同,然而,仅仅根据组织图确认职责和确定个人在等级之中的位置也是不够的,大多数团队需要详细说明谁将做什么,以及人们如何在执行不同的任务时联系。运用职责图是一种可能的选择(Galbraith,1977)。职责图为说明人们如何工作提供了一个框架和一种语言。对一个既定的任务,责任被分派给有总目标的个人或小组。下一步是分清哪个角色如何与团队中的其他角色联系,某人需要证明是否是有责任的员工,是否需要顾问？是否需要通知某些职工？无论采取哪种形式,一个有效的团队"在于与目标相关的各成员之间达成一个协议并且指导集体合作"(Katzenbach 和 Smith,1993,p.116)。

6. 高绩效团队的成员相互承担责任。明确个体的责任对协调是至关重要的,但有效的团队也寻找能够使集体相互负责的方法:"有共同目标和方法的团队不可避免地使他们自己,无论是作为个人还是作为团队,对团队的业绩相互负责"(p.116)。

明确而具有凝聚力的结构是高绩效团队的基础。如果小组的结构总是混乱不堪,即使是那些既有追求共同目标的热情又有熟练技能的人员也会犹豫、失败。

5.4 土星公司:故事背后的故事

自从被母公司美国通用汽车公司(General Motors)创办之后,土星(Saturn)很快在质量水平、消费者满意程度、消费者忠诚度方面超过了许多美国的汽车企业。该公司成功的秘诀是什么？人们认为应该归功于公司复杂的技术以及它那令人振奋的管理人的方法。在技术方面,广泛运用计算机并且让机器人做那些重复性的工作和危险性的工作;它的人力资源实践强调培训、冲突管理以及广泛的员工参与。然而人们很容易忽视这样一个事实:土星独特的团队结构是成功的一个重要因素。

在土星,整个公司范围内的员工都有在一些灵活的指导方针下做决策的权力。当公司从被雇员称为"旧世界"的通用汽车公司出来时,它抛弃了原有的严格的纪律与管理严密的工作程序。早在公司历史早期,从通用汽车公司引进的一位新的管理人员在生产线旁走动,他注意到一个装配工人站在一堆零件旁边。他问工人为什么没用这些零件,工人回答说零件不满足质量标准。管理人员要求工人无论如何必须用上这些零件,工人拒绝了。"很快汽车工会主席和一个高级管理人员就来到现场。他们费了很大的劲告诉(新来的管理人员)在土星公司事情不能那样做,而且他应该好好了解一下自己的工作。管理人员回答道,'我的工作是什么?'工会主席回敬道,'那需要你自己去发现'"(Deal and Jenkins,1994,p.244)。

土星公司的工程人员与流水线工人一起工作,他们共同解决问题并设计制造程序。汽车工会与土星管理者的关系是热忱的、合作的,这种关系由一份一页长的官方协议来约束。

土星公司汽车流水线上的大部分工作都是由团队完成的。在半英里长的流水线上有150多个生产小组共同组装汽车,每个小组都由8~15个交叉培训、联系紧密的工人组成。那种传统的由相互孤立的成员连续地重复相同工作的制度已经成为历史。土星创造了一种"人们给自己也给别人提供领导的工作环境,正是协作、自我管理与团队管理使土星公司成为今天这个样子。员工一起解决问题——他们不再互相推诿"(p.230)。

土星成为《团队的智慧》一书中成功企业的典范。汽车的设计、公司的价值观念、质量标准都由管理部门制定,但是每一个团队都把总体目标分解成可衡量的业绩目标。公司授权团队处理预算、安全程序、人体工效学、休假以及其他事务。事实上,每个团队都在一般的指导原则下管理自己的事务。一位在主系统工作的员工曾经这样描述他们小组是如何工作的:"这儿的工作好像就是做自己的事,我们自己决定什么时候倒班、谁从哪儿开始、什么时候休息或吃饭、什么时候休假(Deal 和 Jenkins,1994,p.242)。"

土星公司团队的大小正好适合管理,通常配备有专家来解决小组在工作中各个方面的问题。如果有必要,团队还可以通过一种称为"扩编"的途径从其他团队再借专家。

土星公司的团队自己设计他们的工作关系。在倒班之前,小组成员要在小组中讨论 5 到 10 分钟。他们要安排当天的轮换小组。一个 10 人团队会有 10 项工作要做而且在成员之间全部轮换。每个星期他们都要停产,目的是让小组评估质量标准、预算、安全以及流水线的效率。WUC(工作小组顾问)是团队的领导,他们都是从普通员工中选出来的。为了寻找降低成本的方法,小组要分析效率较低的动作:从流水线走很远,去拿零部件。把零部件放到流水线旁可以减少距离,但也会造成不必要的放置。团队——包括那些转到土星其他部门的团队——必须决定需要取消哪些放置点。

群体共担责任已经成为土星团队普遍接受的方式。员工每天都观察数据。每年至少有 10 000 美元是风险金。如果公司完成了它的业绩目标,那么每个人都有收入;如果没有完成目标,大家就要共同分担损失。土星的所有员工都承认事情并不完美。但是,大家都认为自己从错误和不断调整的团队结构中,学会了很多东西。

5.5 总结

当成员一起工作时,每一个群体都会逐步形成一个结构,这种结构可能有助于提高效率也可能阻碍效率的发挥。是否重视结构和角色可能会造成小组之间业绩的差异。与组织中的情况一样,强调等级以及自上而下控制的团队结构,对简单、清晰、稳定的任务很有效。当任务更加复杂或环境变化更快时,结构也必须变得更为复杂,横向的沟通和协调形式变得更加重要。棒球队的简单结构反映了这种比赛步伐从容、强调个人行为的特点。足球队以及临时组建的、重视协调的篮球队需要一个比赛计划,他们需要有更复杂的结构。

许多团队从未吸取过突击队的经验:随着任务和环境的变化

而改革结构。比如,研究一个问题并制定一份报告的任务小组要经历几个阶段,每一阶段都要求有不同的角色、联系、互相依赖的模式。松散的、没有等级的形式可能在制定目标与头脑风暴的早期阶段最有效,尤其是当小组有足够的时间完成工作时,随后的写报告及编辑报告的阶段,则需要更加集权的、更专业化的结构。正如罗恩·海恩斯所指出的那样,领导者必须知道什么时候游戏规则发生了变化,并需要相应地重新设计结构。

当小组遇到不可避免的兴衰变迁——如负荷过重、冲突、混乱、交流鸿沟或办糟事情时——成员常常会互相指责对方。几乎没有小组能有幸遇到没有缺点的成员,重新设计小组的结构,比重新组织每个成员的个性更容易也更加有益。

第三篇　人力资源视角

"人是组织中最重要的资源。"

"组织剥削人,把他们榨干,然后抛弃他们。"

关于人与组织之间的关系,我们经常会听到这样两种截然不同的观点。究竟哪一种观点正确?对于这个问题的回答,将影响到我们工作的方式。

人力资源结构视角的中心问题是:组织的特性与人的特性对它们之间相互关系的影响。针对这一问题,我们首先在第 6 章中阐述有关人力资源的基本假设,其重点是人的需求与组织的合理性之间的协调。组织通常希望构建一个有才干的、有积极性的并且能够尽力而为的员工队伍。但是,由于这些组织遵循陈旧的理论假设、采用错误的管理手段,结果反而导致员工付出较低却要求很高。

在分析了组织的上述不足之后,本章转向探讨优秀的管理者和先进的组织是如何寻找正确的方式来管理其人力资源的。并且,还将分析"高度参与"和"高度承诺"的实践如何帮助组织培养并留住有才干的员工,并对其进行有效激励。

在第 8 章中,我们主要考察有关人际关系和小群体的问题。我们将描述实施关系管理时的有效策略和无效策略,并且考察人际动力学是如何形成或如何破坏一个团队的。

第6章 人与组织

从朝鲜战场回国后,大卫·斯旺森(David Swanson)在美国消费品巨头——宝洁(Procter & Gamble)公司找到了一个管理职位。起初他很喜欢这份不错的工作,但是,他很快就失望地发现,宝洁公司对生产工厂的管理,就像美国军队管理它的作战单位一样,严格地强调等级、指挥和自上而下的控制。这些行为往往导致组织产生很多内耗,比如好斗的工会,根深蒂固的互不信任,以及一年到头的劳资对抗。在宝洁一家工厂的一次罢工中,飞去代替工人的管理人员甚至没有走出飞机场,就被乘着卡车、带着猎枪赶来的工会会员包围了。面对这些问题,斯旺森感觉到,在组织管理中必然存在着其他更好的方式。

斯旺森曾经在麻省理工学院(MIT)同道格拉斯·麦格雷戈(Douglas McGregor)一起学习过。麦格雷戈相信员工确实希望做好工作。在20世纪50年代,麦格雷戈是为数不多的持有这一观点的几个美国人之一。麦格雷戈感到,如果管理者能够巧妙地把员工的需求与其从事的工作有机结合起来,那么员工将表现出更高的生产率。在获得一次升职之后,宝洁任命斯旺森管理一家在奥古斯塔(Augusta)新建的工厂。于是,他聘用麦格雷戈去帮助他设计这家新工厂。他们将这家工厂建设为一个"开放系统",这个系统具备一些根本性的创新——好信息与坏信息的沟通、自我管理的团队、同级控制的薪酬制度等。这一试验获得了巨大的成功,"到20世纪60年代中期,通过斯旺森及其同事的共同努力,奥古斯塔工厂的生产效率比其他工厂要高出30%。"(Waterman,1994,p.41)

麦格雷戈的研究是以玛丽·帕克·福利特(Mary Parker Follet,1918)和埃尔顿·梅奥(Elton Mayo,1933)这两位学者的早期理论成果为基础的。他们对一条已经指导了管理者几个世纪的、无形的、深刻的假设提出了质疑。这一假设就是:"工人除了获得薪水外毫无权力,他们的职责就是努力工作和服从命令"。这两位学者从两个方面批评了这一假设:首先,它是不公平的;另外,它依据的是一个不健康的心理学假设。他们认为,人们的技术、态度、能力以及承诺,是建立或者搞垮一家企业的重要原因。

大家都知道,组织有可能令人疏远、使人丧失人性或者令人备感挫折。在这种情况下,员工的才能被浪费,组织的活力被破坏,人们不断离开或者对抗,结果导致人们浪费大量的时间和精力去破坏组织系统。当然,人力资源结构也会提供另一种可能性,即组织也可能使人精力充沛、使人高效工作,并且使他们两者相互得益,这种潜在的可能与令人压抑的组织是背道而驰。而这种使人压抑的组织,正是由那些无情、自私的老板所控制的,他们只关心聚积财富与权力。例如,在弗朗兹·卡夫卡(Franz Kafka)的小说《痕迹》(The Trial)中,主人公就面对着一个神秘的、不具人格特征的、充满敌意的组织,这个组织不断摧毁其成员的意志,但从表面看起来却找不到任何原因。大量的书籍和电影都描写了类似的主题,但有关描写愉快的工人和人道的老板的作品却是少之又少。

如此众多的小说在一定程度上反映了现实中存在的客观事实。以麦克万公司(McWane)为例,这是世界最大的铸铁管生产商之一。其管理哲学可以从狄更斯(Dickens)的小说中反映出来。"到目前为止,麦克万公司的安全纪录是最糟糕的,在过去4年中,有3年它都保持着该国最高的伤亡率"(Barstow and Bergman,2003a,p.A~1)。1995年,麦克万公司购买了一家位于得克萨斯州(Texas)中部的铸造工厂——泰勒(Tyler)制管厂。在之后的两年中,麦克万公司解雇了该厂三分之二的员工,取消了质量控制和安全监督人员,但却仍然保持着较高水平的产量。在这种情况下,这个工厂的利润急速上升,当然,高的营业额同时也伴随着高的工伤率(包括至少三人死亡)。员工手册告诉工人,他们被期望以尽可能快的速度和尽可能高的效率工作,而根本不必遵守安全工作规程(Barstow and Bergman,2003a,p.A~14)。联邦安全监督员认为由于公司总是为了避免由于检修、待料等引起的停工而不断地违反安全标准,安全生产计划几乎变成了一种"文字游戏"。结果造成许多新雇工受伤并离开,公司的工伤率与营业额呈现出明显的负相关关系。一位护士在公司工作了4个月之后厌恶地辞职离开了,因为她看到公司毫不留情地将受伤的工人一律解雇。2002年,麦克万公司在联邦法庭的一次调解活动中承认,该公司存在着故意忽略和违反安全规则的行为(Barstow and Bergman,2003a)。

正是由于很多公司为追求利润而牺牲工人的利益,从而造成那种古老的、无情的组织形象至今还不断地再现出来。每一次经济低迷时期都会引起大量公司解雇工人和缩编,结果增加了工人的压力,而他们面对这些压力却几乎无能为力。近几年,《呆伯特》成为美国最受欢迎的连环漫画之一,漫画的主人公是一位在小阁子里工作的白领人士,在工作中,他不得不面对上司的无知、官僚体制的桎梏以及故弄玄虚的言词。

6.1 人力资源假设

是否工厂总是令人沮丧的?是否个体总是简单地牺牲自己的利益去服从集体的利益,甚至在组织不再需求个体时被组织所抛弃?是否组织希望能够不断地充分运用员工的才能为其工作?随着全球化的推进和现代组织规模与权力的扩大,这些问题越来越受到重视。如何使人们在这个被经济波动和注重短期利益所统治的世界中找到自由与尊严?回答这些问题并不容易,这要求我们对人以及人与组织的共生关系有一个敏锐的认识和理解。人力资源结构是根据以下关键假设构建起来的:

- 组织的存在是为了满足人的需求,而人的存在并非仅仅是为了满足组织的需求。

- 人与组织相互依存,组织需求思想、活力和技能,而人则需求事业、薪水和机会。
- 当人与组织之间不能很好地相互适应时,其中一方或者双方就会遭受损失。情况可能是个体剥削了组织,或者组织剥削了个体,或两者都成为受害者。
- 当人与组织之间能够很好地相互适应时,个体会找到有意义的且令人满意的工作,组织也会获得使其成功的活力与技能。

个体希望知道,"这个地方是怎样满足我的需求的?"而不同的组织则常常会考虑,"我们如何才能够发现并留住那些拥有良好的工作才能和工作态度的人?"在这一节中,我们首先研究组织中的人,即在工作中人的需求是如何被满足或者被阻碍的,然后我们主要着眼于分析变化的雇佣合同以及它对于个体和组织的影响。

6.2 人的需求

对需求这一概念的解释一直众说纷纭。一些学者认为这个概念太模糊,并且还涉及一些很难描述的方面。另一些学者则认为人的需求是如此的易变并受到环境的强烈影响,以至于这一概念在解释需求的作用机理时几乎不能提供什么帮助(Salancik and Pfeffer,1977)。经济学家,如詹森和梅克林(Jensen and Mecking,1994)认为个体自发的交易替代行为(如用时间来换取金钱,用娱乐来替代睡眠等)反驳了需求这一概念。尽管存在这些学术上的种种质疑,但是需求一直以来都是心理学中的一个中心要素。父母担心孩子的需求,政治家以能够反映选民的需求而洋洋得意,管理者则设法去理解员工的需求。经验告诉我们,需求是如此的重要,但它又是如此的不清晰。

一个有关园艺的类比可能会帮助我们弄清楚这一概念。一位园丁知道每一种植物都有各自特殊的要求。恰当地提供温度、湿度、土壤和阳光等条件会使一株植物不断生长并且茂盛。在这个设计的限度内,植物会竭尽全力去获得其所需求的东西,它们向东的叶子朝向太阳以获得更多的光照,或者将根部扎得更深来寻找更多的水分。随着植物的不断成长,它的各项能力都在不断地增长。越是易受攻击的幼苗在其生长过程中,越是具备自给自足的能力(能够更好地抵挡昆虫的侵害,具备比其他时期更强的生存能力)。当然,在植物接近其生命周期的终点时这些能力都会减弱。

人的需求类似于此,环境中的各种条件和因素使得个体得以生存和发展。对于氧气、食物和水的需求是清楚的,但是对于精神上的需求则存在很大争议。遗传的观点或者说是"先天具有"的观点认为确定的心理需求是作为人所必备的基本因素(Maslow,1954;McClelland,1985;White,1960)。而"后天培养"的观点则认为个体的很多方面是由环境、社会、文化等因素决定的,因此讨论一般性的精神需求是毫无意义的。

从极端的形式来看,无论是"先天具有"的观点还是"后天培养"的观点都会误导我们。没有一个心理学学位要求必须知道人们具有大量的、各种各样的学习和适应能力,并且还受到他们周围事物的影响。同时,我们也没有必要进行进一步的生物学方面的教育,以便于人们认识到很多个体间的不同自出生时就已经存在了。基因决定了如此多的物质方面的特性,以至于当一些"后天培养"论的建议者说人们行为上的差异总是由不同的环境因素引起时,我们感到十分惊讶。

新兴的观点普遍认为人们的行为是先天遗传与后天环境相互作用的结果。基因最初决定着潜在的可能和个体的偏好。一些研究已经证明了这一点,例如,一定的基因模式与一定的行为趋向(如犯罪)密切相关。但是,渊博的学识却会改变甚至颠倒这种最初的决定。

结合"先天具有"论和"后天培养"论这两者为我们提供了一个更为有利的途径去研究人的需求。一种需求可以定义为一种遗传的偏好,这种偏好引导人们更喜欢某些经历和感受。需求激励并导致行为,并且在不同的时间改变这种行为的力度。比如,我们喜欢和别人呆在一起,但有时又希望能够一个人独处。遗传的指令不能预测个体遭遇的所有情况,自出生之后每个人需求的形式和表达方式都因为其不同的经历而发生了重大的改变。

6.3 人有哪些需求

心理学家亚伯拉罕·马斯洛(Abraham Maslow,1954)提出了个体需求理论,这是我们当今有关需求的最有影响力的理论之一。在其提出理论之初,他就指出人是受多种需求激励的,这些需求中的一些比另一些更为基础。当人处于长期的饥饿状态中,他的最主要的需求是食物,但当他得到足够的食物之后其他的需求就成为激励个体的重要因素。马斯洛将人的需求分为五类,并按一定的等级进行排列(自我实现需求位于其顶端):

1. 生理需求(对氧气、水、食物、身体健康和舒适的需求);
2. 安全需求(保护自己免受危险、攻击、威胁的需求);
3. 归属和爱的需求(与他人建立积极的、互爱的相互关系的需求);
4. 尊重需求(感到被尊重或自尊的需求);
5. 自我实现需求(充分地发展自己、发挥自己潜能的需求)。

根据马斯洛的观点,针对追求生理上的舒适与安康的基本需求是"优先的",因为他们必须被首先满足。一旦这些较低层次的需求获得满足,个体才会被归属、尊重、自我实现这些较高层次的需求所激励。但是这一顺序并非是固定不变的。比如,父母会为了他们的孩子牺牲很多东西,烈士们有时会因为某个原因而献出自己的生命。马斯洛认为这种顺序上的颠倒是由于较低层次的需求在早期就得到了很好的满足,以至于后来它们退却到了不引人注意的地方。

很多人试图证实马斯洛的需求理论,结果都无功而返(Alderfer,1972;Lawler and Shuttle,1973;Schneider and Alderfer,1973)。由于不能给出充足的证据,马斯洛的需求层次理论在学术上遭到很多怀疑,但是他的理论仍然被众多的管理者所接受并广为流传。例如,在美国联邦快递公司的《管理者指南》中就指出"现代行为科学家,如亚伯拉罕·马斯洛……认为事实上个体具有一个需求层次,即从基本的对安全、栖身、食物的需求到对尊重、满意和成就感的期望。随着时间的推移,这些需求会依次成为渐进的公司政策的核心内容,而且这些政策总是伴随着显著的成绩"(Waterman,1994,p.92)。可见,学术上的怀疑并没有阻止联邦快递根据这一思想建立其高绩效的管理价值观。

6.4　X理论和Y理论

大卫·斯旺森的老师道格拉斯·麦格雷戈(1960)在马斯洛的需求理论基础上加入了另一个重要思想:管理者倾向于根据其对于人性的假设塑造自己对待下级的行为。麦格雷戈认为大多数管理者持有"X理论"假设,即相信下属总是消极的、懒惰的、没有什么进取心、愿意被领导并且抵制变化。根据这一观点,大多数传统的管理实践主要可以分为两类不同的"X理论"版本,一类是硬性的,一类是软性的。硬性的行为强调对下属采用强制、严格控制、威胁和惩罚等方式。随着时间的推移,这种行为往往导致较低的生产效率,人员之间的对抗,部门之间的敌对甚至蓄意破坏——就像20世纪50年代斯旺森在宝洁工厂中遇到的情况。软性的行为主要指努力避免冲突并满足每个人的需求。这种行为则通常导致表面上一团和气,实际中却充满了冷淡和漠不关心。麦格雷戈的核心思想在于一种硬性的或者软性的"X理论"管理方式是自我实现的,即如果你认为人们是懒惰的、需要被指导的,并据此对待他们,那么他们就会像你期望的那样。

守旧的管理者经常指出多年的管理经验证明,X理论是唯一的管理方式,因为员工是"从不满足的"并且"似乎对任何事物都毫不在乎"。麦格雷戈则提倡另外一种观点——Y理论,而马斯洛的需求层次理论正是这一理论的基础:

我们很容易认识到个体因为饮食不足而难受是一种疾病。也就是说,剥夺生理上的需求会造成行为上的结果。同样,剥夺较高层次的、精神上的需求也会如此,尽管人们对此认识不足。当个体对于安全、社交、自立、地位的需求不能满足时,这也是一种疾病,就像一个人得了软骨病一样。并且,他的这种疾病也会造成行为上的结果。如果我们将一个人对于其职责的消极的、敌对的、抵制的态度归因于其与生俱来的自然属性,那么我们就错了,这些行为是因为被剥夺了个体的社会和自我需求而产生的症状。(McGregor,1960,pp.35~36)

Y理论的主要思想是"管理的本质任务是合理地安排组织条件,使员工能够最大限度地实现他们的目标,并在此过程中引导员工朝着组织的目标努力"(McGregor,1960,p.61)。如果个体需求在工作过程中无法得到满足,那么管理工作只能别无选择地依靠X理论和外部控制。相反,管理者越是将组织的目标与员工个人的利益结合起来,他们就越能依靠Y理论中的自我指导原理。

6.5 个性与组织

与同时代的麦格雷戈一样,克里斯·阿吉里斯(Chris Argyris,1957,1964)也认识到在人的个性与组织的构成和管理机制这两者之间存在一个基本的冲突。阿吉里斯认为人们都有基本的"自我实现的倾向"——就像一株植物会努力地生长以发挥它本身的潜力。从婴儿变为成人的过程中,人们从依赖进步到独立,其能力和兴趣也由一个狭小的范围变得较为宽广,其思想也由一个短期的状态(兴趣爱好飞快地发展并被遗忘,具备较少的各类能力)

发展到一个较为长期的水平。同时,孩提时的冲动和有限的自知之明被较为成熟的自我意识和自我控制所代替。

同麦格雷戈一样,阿吉里斯认识到,组织通常对待员工的态度,更像是在对待小孩,而不是成人。这一观点在1936年查理·卓别林(Charlie Chaplin)的电影《摩登时代》中得到了生动的体现。在电影的一个场景中,卓别林扮演的角色在一条流水线上飞快地工作,努力去拧紧流水线上经过身边的每个螺丝。他的时间概念可以用秒来衡量。工厂的技术要求是追求最短的时间,而他总是无法控制自己的工作节奏。一个效率专家选择卓别林来试验一台新机器,这台机器让他可以一边吃午饭,一边继续拧螺丝。结果,那台机器失去了控制而且还用食物攻击卓别林。这部电影反映的主题十分清晰,即工业组织剥削着工人并且像对待婴儿一样对待他们。

阿吉里斯发现,传统的组织设计和管理原则必然会导致个体与组织之间的冲突。对于工作专业化的概念,一般组织都将其狭义理解为尽可能地提高工作效率,但是,这种看似合理的逻辑却常常事与愿违。接下来,让我们来看一下汽车工人本·哈默(Ben Hamper)的经历。当本·哈默还是个孩子的时候,他就知道有关汽车工厂里流水线上的工作情况。他对于工厂流水线的第一印象,与很多美国工人讲的一样:

我是在7岁的时候第一次踏进汽车工厂的。那是一次偶然的机会,参加位于弗林特市(Flint)的费希尔兄弟(Fisher Body)老工厂的家庭之夜活动,我爸爸在那里上夜班。这个每年一次的活动使我明白了,爸爸为什么每天总是牢骚满腹:流水线上到处散发着臭味,巨大的噪音令人难以忍受,翻涌的热浪更是令人无法忍受。

在无数次地换工作和四处碰壁之后,我的爸爸找到了这个装配线边的工作。他的具体工作内容是,使用一台类似章鱼的大吸盘的设备安装挡风玻璃。一辆汽车会慢慢地移到他的工作地点,他就在那里等着,嘴里叼着一支烟,用他的胳膊紧紧地抓住那台机器,就好像一不小心它会逃回到大海里一样。汽车,挡风玻璃,汽车,挡风玻璃,汽车,挡风玻璃。难怪爸爸宁愿和酒吧里的女招待员玩跳房子游戏,也不愿在工厂里工作。

继他的祖父和父亲之后,本·哈默(Ben Hamper)也成为了一名汽车工人。很快他就发现,一切都是那么熟悉。此时,距离阿吉里斯和麦格雷戈对传统的管理谬论提出质疑,已经有20年了,但是,现实情况并没有什么改变。汉普尔也找过很多工作,但每份工作都跟上一个一样地枯燥无味:"唯一不能逃避的事情就是单调乏味,每1分钟、每1小时、每1辆卡车、每1个动作都是以前行为的简单重复。"(p.41)

本·哈默看到,汽车工厂因提倡专业化,而要求使用一系列命令去协调不相关的工作。老板在一个较低的层次上指导和控制工人,结果导致了工人的消极和依赖。这也就是阿吉里斯讲到的,健康的个体需求所引起的对抗。一个人的等级越低,情况就越糟——更多的机械化的工作、更多的命令和更多的高压控制。随着个体的成熟,这种对抗和冲突会不断地被强化。阿吉里斯认为,员工不可避免地要去寻找出路,对这些挫折做出反应。他提出了6种可能的结果:

1. 选择主动撤退——长期旷工或者离开工厂。本·哈默记载了很多有关旷工和辞职的例子,其中包括他的朋友罗伊(Roy),他的工作只坚持了几个月。

我的朋友罗伊,他的工作是迅速地解开绳索。拿全额工资对他来说已经没有兴趣了,他最大的痛苦就是每天都在重复那些辛苦乏味的工作。他总是抱怨,工厂里的打卡钟走得太慢了。他的工作和我的一样,并不困难却十分地令人厌倦……

在他离开的前一天,他拿着一把用来切割纸箱的刀子,走到我的跟前,要求我在他的手背上割一刀,他认为,这个花招可以使他暂时休息几天。因为用刀划伤与机器划伤并不一样,因此,我当时就拒绝了他。于是,罗伊离开了流水线去找其他工人,但是,那些人建议他"仁慈地"割断自己的喉咙算了,而不只是划破双手。结果,他生着闷气回到了自己的工作岗位上。自从那天之后,我就再也没有见到过他。(pp.40,43)

2. 选择继续呆在工作岗位上,但是心理上开始退缩,变得对工作毫无兴趣、漠不关心。像其他大多数工人一样,本·哈默并不想离开工厂,于是他开始寻找各种方法来调节这种单调乏味的工作。他最喜欢的方式就是"轮换工作",也就是与其他的工人倒换各自的工作任务和时间。这样一来,可以只工作半天就能拿到全额工资。

多好的一个安排!戴尔(Dale)和我将在四点半开始工作。我们先花半个小时的时间准备好今天晚上工作所需求的所有原料。等到了五点整,我开始同时做我们两个人的工作,而戴尔则到位于长椅后的那张由纸箱搭成的简易床上去睡觉。他用塞子堵住自己的耳朵,钻到"床"上睡觉,还经常打呼噜。我从五点一直工作到九点二十四分,也就是到午餐时间了。这时候生产线停了下来,我冲着戴尔的"床"踢一脚把他叫醒,该是我俩换班的时间了。于是,我将自己的工作卡交给戴尔,以便在下班时他替我打卡。(p.61)

如果轮换工作不能解决问题,工人们就去寻找其他的方法。比如,里韦特·霍克(Rivet Hockey)经常用铆钉扎同事的脚或腿,而邓普斯特·鲍尔(Dumpster Ball)经常用脚把纸箱踢得很高。如果这些游戏也不够的话,工人们通常就会酗酒,"没有人考虑是否应该在流水线上喝酒,事实上很多人都在这样做。最流行的喝酒时间就是午餐休息时间。午餐铃一响,工厂里几乎一半的工人就三五成群地冲出大门,直奔最近的啤酒商场去买酒喝。"(p.56)

3. 选择抵制——降低产量、欺骗、要求雇佣更多员工或者消极怠工。哈默(1992)记载了当公司以"与员工关系过于紧密"的名义而开除一名有声望的领班后,该公司发生的情况(p.205)。

新工头刚来的时候,通过严格的控制来欺负每一个工人。不许听音乐,不许喧闹嬉戏,不许喝酒,不许打牌,不许离开车间,不许轮换工作。不许这样,不许那样,不许问任何问题。"

在连续三个晚上被灌输各种限制条例之后,大家变得忍无可忍了。部分钢架开始从流水线上掉下来,铆钉变歪了,喷枪也神秘地被分解。尽管修理工开始修理主要的损坏,却跟不上工人们的破坏速度。(p.56)

消极怠工非常严重,却不能从根本上被解决,而只是起到更换领班的作用。老板的强力政策,导致了来自工人一方的同样强烈的反应。为了能够呆下去,领班不得不采取一些缓和的措施,否则他就会被取代。这样,新的一轮循环就又开始了。

4. 努力获得提升,得到一个更好的职位。总有一些人可以获得提升。但是,在工厂里,"好的工作"总是有限的。许多工人都不愿意获得任何方式的提升。哈默(1992)记载了一名同事在被提升为领班之后,他是如何被大家轰下台的:"在接下来的8天中,我们使卡尔文·莫扎(Calvin Moza)短暂的工作生涯完全处于一个真正的地狱之中。每当他走在过道上的时候,就会有人在通道上洒下很多铆钉,这使他无法移动。同时,还不时地有'马屁精'之类的谩骂声传进他的耳朵。可以说,他遭受了他可能遭受的一切'待遇'。在工厂里,这个可怜的家伙没有立锥之地"(p.208)。哈默则是幸运的,在他失业的一段时间里,他开始写有关他在汽车工厂工作的故事,他在《铆钉头》一书中,从一个内部人的角度,讲述了工厂里的生活。后来,该作品成了一本畅销书,但是,他的大多数伙伴都没有他那么幸运。

5. 形成联盟(比如工会等)来调节劳资双方间的力量平衡。工会的活动以谋取工人与管理层之间的平等地位为中心。然而,阿吉里斯却担心,从短期来看,工厂的领导不得不满足工会的要求,因为他们知道除此之外没有更好的办法;但是,从长期来看,工人原有的那种无能为力的感觉几乎没有什么改变。本·哈默像其他汽车工人一样也是工会成员,但是,当他在流水线上工作的时候,工会则几乎对他没有任何帮助。他也感谢工会,在谈判的时候会带给他更好的工资和福利。但是,在劳动合同中却没有任何一条,能使工人免除那种厌倦、灰心和无力的感觉。

6. 教育他们的孩子相信,工作的回报总是有限的,希望通过工作获得个人发展的想法是不会实现的。哈默在生产线上的工作情况,生动地阐释了阿吉里斯的论点,即组织像对待孩子一样对待成人。工厂对于其他的事毫不关心,只希望工人拼命工作。公司的信息栏上,写满了鼓舞人心的话,如"安装铆钉是一种娱乐"。一位平日里见不到的公司经理,会发表演讲并承诺与员工进行更多的交流。所有这些伪善的行为,都会为它本身付出代价。"在铆钉生产线上工作,就像一个人在中学时代考试不及格一样。'青春期'被日常工作中的潜在烦恼所'歪曲'了,结果,没有一个人能在工厂里真正获得成长。通常采取的那些手段(比如像里韦特·霍克伊和邓普斯特·鲍尔那样做,或者喝醉,或者写作,或者听摇滚乐等)只不过是想找回些年轻的感觉而已。这就好像我们在一部长期上演的卡通片中摸索一样"(Hamper,1992,p.185)。在20世纪60年代,一些学者开始注意到,农民的孩子在其成长的过程中相信只要努力工作就会得到相应的回报,但是,城市中蓝领工人的孩子则不相信这一点。结果,很多美国公司开始将他们的设备从旧的工业地区(如本·哈默工作的密歇根州)搬到较偏远的一些州(如北卡罗来纳州和田纳西州),这样做是为了寻找那些还具备"工作伦理"的工人。但是根据阿吉里斯的预测,工业最终将失去动力,除非管理行为发生变化,否则即便是最忠心的劳动力也会变得十分消极。

阿吉里斯和麦格雷戈在研究20世纪50和60年代美国的组织基础上形成了他们的观点。自此以后,各处的研究者都证明了这种组织与其成员间冲突的广泛存在。例如,奥格戈佐(Orgogozo,1991)认为典型的法国式管理行为,使工人感到敌对、厌倦、愤怒和疲惫,这主要是"因为工人们对于通过工作而获得价值和承认,并不抱任何希望"(p.101)。她认为,由于"老板们可能做很多事去保护他们自己,以避免遭受因他们的行为而产生的愤怒",所以,在法国,管理者与员工之间的关系是十分紧张和疏远的(p.73)。

在早期,人力资源视角的思想,一直被学者和实践中的管理者所忽视。后来,人们逐渐认识到,如果使用人力资源不当,就会使企业效益和员工利益均遭受损害。人力资源视角思想的影响开始不断扩大。大量的顾问、管理者和研究人员已经开始寻找各种方法,以便能够解决这个令人恼火的、组织中的人的问题。在这个过程中,人们找到了很多策略来使组织与个体之间更为协调。这些方法我们将在第7章中深入探讨。

6.6 个体能力和新型雇佣合同

随着个体与组织的需求和能力的变化,它们之间的关系也获得了相应的发展。最近几年,巨大的潮流从两个截然不同的方向推动着组织的变化,个体和组织又面临着一些新的问题。潮流之一就是竞争的全球化、迅速的技术变革以及更短的产品寿命周期。它们导致了更为激烈的竞争环境,这就要求组织必须自由、迅速、敏捷,"自由意味着组织中的构成单位(工作小组和个人)能够独立地对分割市场中的问题和机会做出反应,迅速是指能够快速地对这些情况做出评价和反应,敏捷则是指能够根据新的信息或者变化改变思维方式并形成习惯"(Mirvis 和 Hall,1996,p.74)。

汉迪(Handy,1993)发现,有些组织正在采用一种"三叶草式"的组成形式,即由三类人群组成:

1. 一个核心的管理专家团队,他们具备技术能力和管理能力。

2. 一支基本的劳动力队伍,"越来越多的是一种非全日制的、可轮换的劳动力,以保持必要的弹性"(p.366)。

3. 一个"合同外围"的群体,他们主要承担哪些由外部人完成时成本相对较低的工作。

20世纪90年代初,越来越多的组织开始采用瘦身、外包及雇佣更多兼职工和临时工等方法,来对付经济波动。例如,1996年大众公司来巴西投资建立一家新的制造工厂,这家工厂里80%的工人都是由转包商雇佣的。大众的CEO认为,这是一种"理想中的工厂",它将给汽车制造业带来革命性的变化(Schemo, 1996, p. C1)。这种新型工厂是一种趋势还是一种毫无意义的形式,专家们还没有达成一致意见。但是,在日本,甚至传统的终身雇佣制也正在逐渐被改变,因为"事实已经证明,一支庞大的员工队伍,特别是一支庞大的白领群体,是导致日本经济萧条的原因之一"(WnDonn, 1996, p. 8)。世界各地的员工们都发现,在选择工作时遇到了一些新的原则:

没有什么工作是安定的。

这里不考虑任何雇佣关系的保障,只考虑个体是否具有受雇就业的能力。

每一个体都是自我雇佣的(Hakim, 1994)。

如果你要追求卓越的成绩,只有在不断寻找新工作的过程中才会实现(Paul Hirsch,被Kanter引用,1989)。

关注学习和诚信问题,而不要关注提升问题(Kanter, 1989)。

与此同时,另一个方面潮流就是,组织越来越要依靠那些受过良好培训的人力资本。随着全球化和信息经济的到来,组织已经变得越来越复杂。针对这种日益增长的复杂和动荡,越来越多的分散性组织产生了,就像我们在前面第3章中讨论的网络组织和第4章中讨论的网状组织,这些新型组织需要高技术、高智力和高责任感的员工。如果一个网络组织节点上的决策人不具备敏捷的判断能力和意愿的话,这个组织就只能是失败的。而技术的变化是如此之快,个人很难跟上这一变化。结果,就必然会产生一个缺口,即组织努力地寻找能满足其需求的、具备较高技术和素质的个体,而个体却只拥有过时的技术、面对着令人沮丧的工作前景。"证据已经表明,这个问题在美国的员工中变得越来越普遍。然而,却很少有证据显示,美国的老板们正在着手解决这个问题"

(Pfeffer,1994,p.17)。

　　从产品密集型经济转向信息密集型经济,并不能解决上述问题。在过去,以制造业为主产生了大量的就业机会。在二战后的头三十年,发达国家的高收入工作主要集中在蓝领工人的岗位(Drucker,1993),而且这些工作一般很少要求正式的培训和专门的技术,但是其收入却足以维持舒适而稳定的生活,这种情况很快就不存在了。在20世纪70年代后期,美国的蓝领工人占工人总数的三分之一还多,但到了90年代中期,这个比例就不到五分之一了,而且还在不断地下降(Drucker,1993;Handy,1989),同时,从事产品生产工作通常还要求比过去高很多的技术能力。20世纪90年代中期,当美国汽车制造商开始重新雇佣退休的老工人时,他们更为看重工人敏捷的思维能力而不是他们强壮的身体。一个申请者"要想获得这份工作,就必须通过那些令人精疲力竭的选拔测试,这些测试强调的是敏锐的思维能力和沟通能力"(Meredith,1996,p.1)。

　　上述的技术缺口问题,在许多发展中国家甚至表现得更为严重。中国13亿人口主要由农民和拥有过时技术的工人组成。20世纪80年代初,中国开始逐步地转向市场经济,开始减少计划、吸引国外投资并且开始卖掉一些濒临破产的国有企业,这些策略都收到了很好的效果。尽管中国是世界上发展速度最快的国家之一——从1998到2002年的五年中一直保持大约7％的经济增长速度,但是,随着国有企业在与更为灵活的国外企业的竞争中失利,该国的失业人口变得越来越多。

　　我们正面临着一个两难的困境,一方面在努力增加组织的弹性和员工的技能,另一方面却导致产生了令人烦恼的、越来越多的富余人力资源。我们是应该通过削减规模、外包和临时性雇工来增加组织的弹性和适应能力,还是应该通过长期雇佣员工来肩负起应有的责任和保持对社会的忠诚？我们应该通过雇佣最好的、受过良好培训的员工来寻求较高的技术水平,还是应该雇佣廉价的、具备必要能力的员工来保持较低的成本?

6.7 精简高效:能否获得高于成本的收益?

拥有一支人数较少、充满弹性的员工队伍,其优势是引人注目的——较低的成本,较高的效率,以及对商业周期波动较强的反应能力。许多经济学家和商业分析家认为,美国企业在20世纪80年代取得的成功,直接受益于公司在削减不必要的员工方面所做出的努力(Lynch,1996)。对一些公司而言,削减员工取得了有效的成果,"削减员工并且投入大量的计算机设备,使企业特别是制造业领域的企业获得了巨大的盈利,因为它使制造业企业比一般的企业获得更高的生产效率——在20世纪90年代,制造业企业的生产效率比平均水平每年要多增长3%。通用电气公司就是这方面的赢家。克莱斯勒公司也是如此。克莱斯勒公司1995年在美国共生产汽车1 720 000辆,这一产量同其在1988年的产量相同,但是却少用了9 000名工人。削减这么多工人,意味着剩下的93 700人每小时生产更多的汽车"(Uchitelle,1996,p.1)。

如果能够有机地将新兴的技术与巧妙的管理结合起来,那么缩编的做法会取得显著的成果并实现生产效率的大幅提高,只使用较少的员工就可以完成更多的工作。但是,在缩编的同时,公司为了短期收益而有可能面临长期衰退的风险。比如,我们在第2章中提到的一位削减员工运动中的英雄人物——"利锯阿尔"邓拉普,作为斯科特纸业公司(Scott Paper)的总裁,他将公司的利润和市场价值提高了一倍。他的策略是什么?答案很简单,就是裁员——他削减了一半的管理人员,一半的研发人员和五分之一的蓝领工人。另外,他还要求管理层不要参加社会活动,减少公司所有的慈善捐助,并且决定将公司的总部从费城(公司总部在那里已经一个多世纪)搬迁到佛罗里达州的博卡拉顿(Boca Raton)(邓拉普在那里有一个新家)。从财务报表显示的结果来看,这些行为的效益是显著的,但却造成了员工士气的下降,而且导致斯科特纸业公司在各个主要产品领域都失去了一定的市场份额。结果,在不到两年之后,邓拉普还没有来得及考虑是否是因为追求公司的短期收益而断送了斯科特纸业公司的未来这一问题,他就不得不以1亿美元的价格将公司卖给了他最大的竞争对手。就在同一天,博卡拉顿的地方官员接受了邓拉普的建议,准备投入 156 000 美元作为基金用于创造新的工作。随后不久,斯科特纸业公司的新老板宣布关闭位于博卡拉顿的公司总部(Byrne,1996)。

在近数十年之中,各类公司已经削减了数以百万计的工作岗位,这其中很多都是中层管理岗位(Pennar,1996;Uchitelle 和Kleinfeld,1996)。然而,很多公司发现,这些行为的收益是看不到的或者根本就不存在。美国管理协会的一次调查结果显示,只有不到一半的公司在缩编之后能持续地获得较高的利润(Gertz 和Baptista,1995),而且降低成本并不一定能够导致公司获利的增长。与此相反,另一项调查发现,在过去的 10 年中,90%的在各行业中业绩突出的公司,其主要特征更多地表现为稳定,而不是剧烈的变化("Fire and Forget",1996)。马克里斯和默里(Markles and Murray,1996)指出,缩编通常会变成一种"愚蠢的行为":"很多公司不断地做出错误决定——匆忙地、全面地削减员工,这些错误终将产生负面作用,如糟糕的公众关系,紧张的顾客关系和供应商关系,以及士气低落的员工。"面对涣散的员工,公司通常会发现他们已经牺牲掉了曾经拥有的知识、技能和员工的忠诚(Reichheld,1993,1996)。

公司缩编和外包的行动,会挫伤员工的积极性和责任感。1996 年的一次民意测验显示,75%的美国员工感觉公司对员工的信任度下降了,而 64%的员工感觉员工对公司的忠诚度下降了。另外,员工们认为,工厂里的气氛变得越来越使人生气,而同事间的竞争也越来越激烈了。对于这一现象的冷嘲热讽随处可见。20世纪 90 年代中期,当化学银行(Chemical Bank)和大通曼哈顿银行(Chase Manhattan)进行一次艰难的合并时,管理层通过定期出版有关公司的时事通讯,来努力消除员工的紧张和焦虑。但是,大多数员工认为,这只是"陈词滥调式的讨好"(Kleinfeld,1996,p.8),并且有些怀疑者开始分发他们自己编写的、更为公正的补充材料。在一份由公司老总公开的虚假的备忘录中,记载着如下对"经常问到的一些问题"的回答(p.8):

问:为什么我被解雇?为什么我的事业被毁了?为什么夜晚我不能入睡?

答:你大部分的、频繁的时间都在为建立世界上最好的银行和金融企业做贡献,无一例外。

问:我什么时候会知道,自己是否将被解雇?

答:你,你,你。这就是你所关心的吗?请你注意我们必须用"我们"的概念来思考问题,可能这个"我们"中并不包括你。伙计,现在是你开始更全面地进行思考的时候了。记住,被解雇也是一种荣誉。

对于个体和组织来讲,这类煽动性的语言都具有某些暗示。对个体而言,一个削减员工并给人以不安全感的时期,是有一定的个体和社会成本的:较低的工资、最少的利益、工作的不安全感、工作压力和长期的精神压抑。普费弗(Pfeffer,1994,1998)和劳勒(Lawler,1996)认为一个有能力的、有动力的员工团体是一家公司取得战略优势的重要源泉,因为很少有雇主愿意投入大量的时间和资源来培养忠诚的、能干的员工。近几十年中,美国航空业最成功的公司——西南航空公司,建立了一种竞争性的工资制度,由于公司拥有忠诚度较高的员工,也就具有较高的生产效率,从而比他们的竞争对手具有更为巨大的成本优势。结果,很多竞争对手努力去模仿西南航空公司的方法,但是却发现"真正的不同之处在于员工的不同,这是很难进行复制模仿的"(Labich,1994,p.52)。

6.8 人力资源投资

我们还应当注意到,并非所有的情况都是糟糕的。很多成功的组织,已经在采用一些创新的、有力的方法来协调个体和组织的需求。所有这些都反映了人力资源视角的核心假设——将员工看作一种投资而不是一种成本。普费弗(Pfeffer,1996)和沃特曼(Waterman,1994)认为,高绩效公司的一个普遍特征就是,能够理解员工和顾客的需求并做出适当的反应。通常,这样的组织能够吸引到好的员工,从而实现较高的业绩。这种螺旋式的下降带来的是更大的螺旋式的上升。

尤因·考夫曼(Ewing Kauffman)将一家位于堪萨斯城地下室的制药作坊,发展成为一家拥有数十亿美元资产的大型制药公司(Morgan,1995)。他做事的方式方法,主要受他当年作为一名年轻的药品推销员时的工作经历所影响。

当时,我的工作只能得到佣金、没有薪水、没有业务费用、没有汽车、也没有其他任何形式的收益,仅仅只有佣金。到第二年底,我的佣金总数超过了公司总裁的薪水。他认为这是不合适的,于是他减少了我的佣金。在那时,我是公司中西部地区的销售主管,手下有其他的推销员,我的佣金是他们销售总额的3%。尽管我的佣金提成被减少了,但是那一年我的收入仍然超过了公司总裁。这个时候,他又缩小了我管理的销售区域,使我的收入减少。于是,我辞了职,开始创建马里恩实验室(Marion Laboratories)。

我组建的这家公司,完全是按照我的构想来设计它的发展的。当我雇佣员工时,我让他们认识到,他们与我是"合作者"的关系,并且让他们分享公司的成功。这两条原则又一次成功地指导了我的整个事业。这些是我在第一家制药企业工作时学到的,即"那些参与生产的人应当共享产生的利润"以及"威胁他人就等于威胁你自己"(Kauffman,1996,p.40)。

第6章 人与组织

在1950年的时候，很少有管理者分享考夫曼的信仰，大多数人对此持怀疑态度。当时，正在进行有关个体与组织关系未来变化的大讨论。有些人的观点认为，个体与组织这两者的关系在未来将是灾难性的——"工作的终结"，即一个庞大的处于半失业和完全失业状态的下层阶级，日益扩大的两极分化以及社会的不稳定现象(Rifkin,1995)。一个乐观的观点则认为，未来全世界组织的数量将继续不断地增长，这些组织将认识到人力资本的重要性，并采用类似考夫曼原则的方法来引导他们的组织走向成功。

20世纪60年代后期，通用汽车（本·哈默的雇主）发现，尽管他们的销售收入在不断地增长，但是利润却在不断下降。这时，他们开始认识到这一挑战。正如阿吉里斯和麦格雷戈所预料的，人力资源变得越来越昂贵，同时也越来越难以管理。1972年，通用汽车位于俄亥俄州洛兹敦的新工厂，因为工人与工厂间的激烈冲突而变得声名狼藉。洛兹敦的工厂在其建成使用时，是当时通用汽车最新的和设备自动化程度最高的工厂。在设计时，公司主要强调了复杂的技术，但却较少地考虑如何采用新的方式来组织员工。一年之后，由于该工厂不能完成生产任务，于是工厂引进了新的管理层。他们主要通过削减岗位来试图激励员工，而不是解决员工所遇到的问题。他们削减了员工总数，并且增加了在岗员工的工作量。尽管员工的工资是非常丰厚的，但是员工的抱怨却不断地增加，从以前每年500次增加到每月500次。结果，员工们的消极怠工行为经常发生。后来，当地工会投票决定，通过罢工来改善他们的工作条件。工人们提出的第一个条件就是实行"倒班制"。在工厂里，汽车以每小时100辆的速度生产出来。也就是说，每个工人一般有36秒的时间来完成他的工作。而"倒班制"就要求将36秒的时间缩短到18秒，这是一个很快的节奏。但是，大多数工人像本·哈默一样宁愿快速地工作以便获得更多的休息，也不愿意一整天每隔半分多钟就去面对下一辆汽车。当被问及为何罢工时，工人们表示工资并不是主要问题，"工作收入并不低，但工作却会使我疯狂。""就像是呆在军队里。不，比呆在军队里还要糟糕。你完全被固定在生产线上，可是你至少需要一点时间去小便。"

在那次洛兹敦代价高昂的罢工之后，通用汽车公司开始明白过来。1973 年，通用汽车与（美国）汽车工会签订了一项协议，协议将组建一个联合的管理组织——改善工作生活质量全国委员会。随后，通用汽车像很多跨国公司一样，开始投入巨资以提高人力资源的管理水平（Deal & Jenkins，1994；Kanter，1983；Lawler，1986；Maccoby，1981）。这种努力使通用汽车和其他公司发生了巨大的变化，我们将在第 7 章中讨论其中一些成功与失败的例子。另外，在第 7 章我们将主要研究探讨管理人力资本的技巧。

两种不同的管理观念之间的争论仍然广泛地存在，即有关精简高效和投资人力资源的争论。在阿拉巴马州的伯明翰，两家在当地处于支配地位的生产铸铁管的公司，进行着遍布全城的竞争。在人员管理的方法上，他们走的是完全不同的道路。其中一家是麦克万公司的下属公司，我们已经在本章的开始部分讨论过了。由于该公司非常糟糕的安全纪录和环境污染纪录——从 1995 年到 2002 年间共发生九例死亡事故、四百多次安全违例事故以及四百五十次环境违例事故（Barstow 和 Bergman，2003b），该公司变得臭名昭著。另外一家公司是美国铸铁管公司（Acipco），在 2002 年《财富》杂志评出的美国最佳工作单位中排名第六位（Levering 和 Moskowitz，2003）。巴斯托和伯格曼（Barstow and Bergman）写道，"各种不同的评价都显示出美国铸铁管公司与麦克万公司的巨大区别。在麦克万公司的一些工厂中，每年的人员更新率接近 100%。而在美国铸铁管公司，其员工总数只有 3 000，也就只相当于麦克万公司的五分之三。但是，该公司每年的人员更新率只有不到 0.5%。而且，最近有大约一万人在申请该公司的一百个空缺岗位。与此相比，根据职业安全和健康局的记录显示，自 1995 年以来麦克万公司却因为过多的联邦安全违例事故被点名四十多次"(2003c,p. A15)。

这两种截然不同的观点中,究竟哪一个更为有效呢? 仅仅从财务结果上来看是很难判断的,因为他们都是私人所有的公司。我们唯一清楚的是,这两家公司自20世纪初以来在这个行业都取得了成功。但是,2003年1月在《财富》杂志赞美美国铸铁管公司先进的人力资源管理的同时,《纽约时报》和一部电视纪录片对麦克万公司对人和法律的无情漠视行为进行了抨击。随着观念的进一步更新,这个故事将继续发展下去。

6.9 结论

人力资源视角强调的是个体与组织之间的关系。组织需要个人(需要他们的能量、努力和才能),个人也需要组织(需要组织提供给人内在的与外在的报酬),但是他们各自的需求并不能被完全协调统一。当人与组织之间不能很好的相互适应时,其中一方或者双方就会遭受损失:个体会感到被组织忽视并受到组织的压抑,而组织则会因为个体不努力工作并做出对抗组织目标的行为而变得混乱不堪。与此相反,当人与组织之间能够很好地相互适应时,对两者都是非常有益的:个体会找到有意义的、令人满意的工作,而组织则会获得使其成功的机制和能力。

竞争的全球化、社会的动荡和迅速的变化使长期存在于组织中的两难选择凸显出来:是追求精简高效,还是投资人力资源? 一种策略就是缩编——削减员工、实行外包、使用临时性的和兼职的工人,这样就可以降低成本、增加弹性。尽管这一策略增加了公司的弹性,但同时又暗藏着一定的风险,即由于失去员工的才能和忠诚而导致公司变得平庸。一些新出现的例子已经证明,削减员工通常会产生令人失望的结果。许多获得高绩效的组织,则采用另外一种策略,即投资人力资源,这一策略的前提假设是高动力的和高技能的员工是一种强有力的竞争优势。

注释:

1. 阿吉里斯、马斯洛、麦格雷戈以及他们同时代学者的观点建立于十九世纪的管理实践。

第7章 提升人力资源管理

尽管处在不同的时代,比尔·盖茨(Bill Gates,1955年出生于西雅图)和罗伯特·欧文(Robert Owen,1771年出生于威尔士)从未见过面,但是他们却具有很多共同之处。他们都在三十岁以前就成为非常成功的企业家,他们都主要依靠当时最为热门的技术——盖茨主要从事软件业,而欧文主要从事纺织业。而且,他们都引起了广泛的争论。盖茨作为微软(Microsoft,软件业的巨人)的创始人,他的财富和赶尽杀绝(take-no-prisoners)的竞争方法使人们既羡慕又担心。欧文则因其作为当时唯一的使用八岁童工进行十三小时轮班工作的资本家,而遭到了人们深深地厌恶和抨击。然而,1799年在他收购的位于苏格兰新拉纳克(New Lanark)的针织厂,欧文则开始使用新的管理方法:

在这个社区里,欧文为他的工人及其家庭提供干净、像样的房屋,在这里没有那些难以控制的疾病、犯罪和酒店。他辞退了工厂里的孩子,将他们送进自己创办的学校里。在那里,他还首创了幼儿园和日托,并且强调将累进式的教育看作一种使人愉快的经历(这也包括第一所成人夜校)。当欧文在他的工厂里禁止体罚工人、针对管理者进行仁慈管理行为培训时,整个企业界都为之震惊,变得目瞪口呆。然而,在欧文为他的工人提供高标准的生活条件的同时,他也在新拉纳克获得了巨大的收益。在1815年到1820年间,这个令人费解的现象吸引了两万多人来到这里参观(O'Toole,1995,pp.201,206)。

欧文预料到人力资本日益增长的重要性。他努力使其后的资本家们相信投资于人比投资于机器设备能带来更多的回报。为了传播他的这一异端哲学,欧文离开了新拉纳克开始进入政界。从那以后,他不断地遭到挫折直到最终失败。尽管他吸引了大量的赞美者(包括 Thomas Jefferson, Ralph Waldo Emerson, Karl Marx),但是企业界却完全反对他的思想。他被描绘成一个狂热的激进分子,他的想法伤害了那些他想去帮助的人(O'Toole, 1995)。

欧文的思想领先于他的时代大约有 150 年,直到 20 世纪后期,企业领导者们才开始意识到投资于人是取得财务收益的关键。近年来,周期性地企业重组和规模紧缩,使人们越来越重视个体与组织关系这一古老的问题。大量令人信服的报告证明,欧文是正确的:一条通向长期辉煌的道路就是对员工进行投资并且对他们的需求作出及时地反应(Applebaum, Bailey, Berg, Kalleberg, 2000; Collins, Porras, 1994; Deal, Jenkins, 1994; Farkas, De Backer, 1996; Kotter, Heskett, 1992; Lawler, 1996; Levering, Moskowitz, 1993; Pfeffer, 1994; 1998; Waterman, 1994)。也有很多组织并不相信这些,也有很多组织在实践这一思想的过程中遇到了困难:

一些奇怪的事情正在组织管理中发生。在过去的 10 年中,大量细致的研究根据在一些特定产业和组织的情况证明,实施人们称之为高参与、高绩效或高承诺的管理行为会给企业带来巨大的经济回报。而且,很多同类的研究形成了较早的有关参与管理和员工参与的理论。尽管有很多这方面的研究,但是,很多例子表明,现实中的管理实践方向仍然与这一方向背道而驰(Pfeffer, 1998, p. xv)。

这种抵抗力具有悠久的历史。欧文在十九世纪遭遇了它,埃尔顿・梅奥(Elton Mayo)则在 20 世纪初遭遇了它。梅奥的研究证明,短暂的休息会提高纺织厂工人们的生产效率。然而当梅奥一离开工厂,领班们就废除了这种休息制度,同时生产效率明显地下降了(Trahair, 2001)。为什么当一种较优的策略很好地实施时,管理者却要坚持采取效率较低的策略?

首先,管理者仍然以 X 理论作为其管理的出发点,担心失去对员工的控制。其次,投资人力资源是一个长期的过程,它需要时间和不断地坚持才能取得成效。而现实中,管理者却面临着无情的压力——常常被要求获得立即的成效,这时管理者往往都采用削减成本、改变策略或者进行组织重组等方法来实现一些短期的目标。普费弗(Pfeffer,1998)认为,"财务"观念的日益兴盛造成了另一种阻力,其将组织简单地描绘为一张财务的资产负债表。这种观点认为与硬性的财务数据相比,人的问题只是一种主观的、软性的和次要的因素。

尽管在组织中存在着这些阻碍,但很多组织却能很好地克服它们。他们可能做得并不完美,但他们确实比大多数组织做得更好。在他们的组织中,无论是组织本身还是组织中的员工都能够取得较好的绩效。由于比其竞争对手拥有更高的能力、活力、忠诚度以及情绪高昂的团队,这些企业往往都很成功。同时,企业中的员工也具有较高的生产效率和创新能力,能够为顾客提供更好的服务。他们很少会犯严重的错误,也不会在面对别人提供较高薪水时轻易跳槽,员工从工作中获得乐趣和较高的收入。就这点而言,无论在比赛、企业或是其他任何地方,都是一个巨大的优势。当然,每一个具有反应灵敏人力资源管理的组织都有其独特的方法,但是这些不同的方法都是基于一些基本的策略(见表 7.1),我们将在本章以下的部分深入探讨这些策略。

表 7.1　基本的人力资源策略

人力资源管理原则	具体管理实践
建立并实施一种人力资源策略	逐步提出人力资源管理的共同理念,建立系统和准则实现这一理念
雇佣合适的员工	明确你真正需求什么样的员工 进行挑选

续表

人力资源管理原则	具体管理实践
留住员工	高酬劳 保护工作 内部晋升 利润共享
投资人力资源	投资员工培训教育 创造发展机会
授权给员工	提供信息与支持 鼓励自主与参与 重新设计工作 培养自我管理团队 提倡平等
提倡多样性	清楚并能调和组织中不同的理念 使管理者肩负应有的责任

7.1 建立并实现人力资源理念

一种有效的人力资源理念将会给组织提供全面的指导,它的一系列基本原则将通过具体的管理活动和实践获得生机,从而发挥作用。

7.1.1 逐步提出有关人力资源理念的公开声明

即使不是绝大多数组织,也有很多组织缺乏一个公开的人力资源理念或者常常会忽视它们所赞成的理念。然而,组织的成功往往是同一个富有思想性的、公开的人力资源管理策略相关的。在20世纪90年代,联邦快递公司在它的《管理者指南》中就解释了公司的这一理念:"要关心我们的员工,他们将提供我们的顾客所需要的完美服务,而我们的顾客将以可靠的预期利润回报给我们。员工—服务—利润,这三者是联邦快递真正的基础。"

7.1.2 建立系统和准则实现这一观念

如果联邦快递公司没有认真的强化并实现他们的人力资源观念,那么这一观念也就如同文件中的句子一样,在现实中得不到任何体现。联邦快递公司的管理人员每年都要被下属评价一次,评价的具体指标包括他们如何很好地帮助下属、听取下属的意见、尊重下属等等。那些评价结果不够分数的管理者,不得不在六个月中重复这一过程——这是公司要求不惜代价尽力避免的现象。如果全体管理人员的评价结果低于公司的标准,那么位于最高层的三百名管理者将被扣除当年的奖金(Waterman,1994)。

7.2 雇佣合适的员工:明确你的需求并进行挑选

成功的公司都清楚他们需要什么样的员工,他们只雇佣那些符合他们要求的员工。西南航空公司通过雇佣具有积极态度、交际能力强、特别是具有幽默感的员工使其成为该行业最为成功的公司(Farkas&De Backer, 1996; Labich, 1994; Levering&Moskowitz,1993)。这一理念公布之后,热情的工作申请者便蜂拥而至。具体航线是可以选择的,几乎每一个公开招聘的岗位都有一百多名申请者在申请。一群飞行员在申请一个岗位的过程中,被要求在面试之前去买"百慕大"短裤(一种长宽短裤)。一位飞行员拒绝这样做,结果他在西南航空没有得到任何工作。

里兹大饭店(Ritz Carlton)服务的客户范围比西南航空公司更小且客户处于更高的消费层次,他们采用一个认真的选拔程序来挑选那些符合他们基本理念的员工,即:"我们是淑女和绅士,我们为淑女和绅士服务。"以客户为中心的服务使得创业汽车租赁公司(Enterprise Rent-a-Car)成为同行业中成长最快的公司。公司通过有意地雇佣"成绩排名靠后的那些学生"——大学毕业生在运动会和兄弟会的聚会中比在课堂上表现得更为成功。创业公司更看重员工的个人技能而不是先天的智力水平(Pfeffer, 1998, p.71)。与此相反,微软公司极其聪明的 CEO——比尔·盖茨则坚持"智力和机敏比其他任何因素都重要"(Stross, 1996, p.162)。一个有关德国中等规模成功企业的研究(Simon, 1996)发现,经过认真挑选和有效激励的员工队伍,是企业获得成功的一个关键因素。在斯特罗斯研究的企业中,员工的更新率都很低,这当然不包括新雇佣的员工,"很多新雇员在进入公司不久就中止合同离开了企业。这是因为双方都清楚,如果一个员工不能适应本企业的文化,他就不能跟上企业的步伐"(p.199)。

7.3 留住员工

为了满足员工的需求,SAS 公司(SAS Institute)、好事多公司(Costco)和西南航空公司向员工提供富有吸引力的薪水和津贴。为了留住员工,他们提供长期雇佣合同,注重从内部激励员工,并且与员工一同分享利润。

7.3.1 高酬劳

"在巨大的、不提供非必须服务的零售仓储店,整批销售决定着股东的利润。在那里,有见识的、可靠的服务通常不会成为低成本商品的一部分,你不必对好事多批发公司提这些要求,在那里长期工作、士气高昂的员工就像超载的购物手推车一样普遍。'我们更喜欢快速周转我们的存货而不是我们的员工',好事多公司的 CEO 兼总裁吉姆·辛内加尔(Jim Sinegal)这样说道。而好事多公司是总部位于华盛顿州并在本土拥有 300 多家连锁店的加盟仓储店"(Montgomery, 2000)。

好事多公司拥有一条不可思议的成功规则:比它最大的竞争对手——山姆俱乐部(Sam's Club)(零售业巨头沃尔玛的下属公

司)提供给员工更高的收入、向顾客提供更低的价格。这一规则听起来就像是导致失败最简单的办法,但近几年来好事多公司却成为该行业获利最高的企业。这究竟是为什么?用 CEO 辛内加尔的话来说,答案很简单,"如果你支付最高的工资,那么你将获得最高的生产效率。用我们这一行业的标准来说,当我们这样做以后,我想我们获得了最好的员工和最高的生产效率。"好事多公司一直获得行业领先的利润和顾客满意度(American Customer Satisfaction Index, 2000)

好事多公司的例子反映了一个较普遍的原理:收入应当反映价值的增加。给予那些对公司价值贡献较少的员工以过多的收入是一个错误的想法。但是,给予那些有能力的、有活力的、专心投入的并且做出杰出贡献的员工以较高的薪水则是正当的(Lawler,1996)。

为了招到并留住合适的员工,善于挑选的公司总是提供富有吸引力的待遇。例如,奥斯特曼(Osterman,1995)发现,那些具有"高承诺"人力资源的公司大多都向员工提供一些工作和家庭方面的福利,比如(托儿所的)日托和弹性工作时间,软件业巨头 SAS 公司就是一个例子:

在软件行业,一般公司的员工更新率都在 20% 左右,但是在 SAS 公司员工更新率却低于 4%。根据哈佛商学院的研究,SAS 公司将会因此在人力资源方面节约大约 5 000 万美元的成本。此外,SAS 公司相信,稳定的员工队伍能使他们在生产新版本的数据采集和统计分析软件方面,获得更低的成本和更高的效率。"我们公司的健康发展与我们员工的健康发展是息息相关的,"SAS 公司的 CEO 吉姆·古德奈特(Jim Goodnight)认为,"员工决定着我们是否繁荣、是否衰败。如果我们努力投入资源来提高员工的福利,那么每一个人都会受益——无论是员工,顾客,还是公司本身。"这些福利具体包括:为 700 个孩子提供低成本的日托,配有儿童椅的自助餐厅(以便员工可以和他们的孩子一同吃午餐),可以免费进入的 36 000 平方英尺的体育馆,一个高尔夫球活动区,一个固定的按摩点以及为每一个白领员工提供单独的办公室(Stein,2000)。

联邦快递公司(长期以来都被《财富》杂志评为美国 100 家最佳工作地点之一)最广为人知的一项福利就是"jump-seating"——免费乘坐联邦快递的飞机去公司飞机可以到达的任何地方。一位旧金山的服务代理,在她工作的前 11 年中,平均每年乘坐联邦快递公司飞机超过十万英里(Levering,2001)。

7.3.2 工作保护

提供稳定、安全的工作在今天这个时代好像是不合时宜的,它只是过去那个节奏缓慢、具有家长式作风时代的残留物。在今天这种竞争如此激烈的环境下,为员工提供长期雇佣的承诺是否还可行? 做到这一点并不容易,而且通常也是不可行的。曾经在其历史上提供过长期雇佣承诺的公司(甚至国家),当他们面对严重的经济恶化时都放弃了他们原有的承诺,AT&T、德尔塔航空公司(Delta Airlines)、IBM 就是这样的例子。从国家层面来看,历史上最大规模的裁员发生在中国,经济改革迫使国有企业(SOEs)在市场经济的环境中破产或者竞争,许多国有企业被迫放弃原有的终身雇佣的承诺(Smith,2002)。从 1998 年到 2001 年这 3 年中,根据政府的报告大约有两千五百多万人从国有企业下岗,其中很多人都是缺乏技能、年纪较大的工人。另外,其中大约有三分之一的人到 2002 年还没有找到新的工作("中国说'不'……",2002;Lingle,2002;Smith,2002)。

然而,也有很多公司继续将提供安全、稳定的工作作为其人力资源管理理念的基础。比如,公众超市(Publix)公司,它是一家员工所有的企业,位于美国东南部,是《财富》500 强连锁超市之一。公众超市公司自 1930 年成立以来就从未辞退过任何一位员工,更令人不可思议的是,在 2002 年公众超市公司拥有该行业最高的顾客满意度,这已经使他们第八年连续保持这一纪录了。与公众超市公司类似,作为世界上最大的电弧焊设备制造商,林肯电器公司自1914年以来一直坚持一条政策,即从不解雇一名为公司已经工作3年以上的员工。他们的这一政策在20世纪80年代受到了考验,当时公司产品的需求量以每年40%的速度下降。为了避免辞退员工,很多生产工人转变成为销售人员,他们到处拉生意,完全超出了公司原有的分销渠道。"这些员工不仅将电弧焊设备在新的地区卖给了新的用户,而且,自那以后公司仅从零件更换这一领域就获取了巨大的利润,随后,林肯公司获得了巨大的市场渗透和更大的销售量"(Pfeffer,1994,p.47)。另外,日本的马自达公司(Mazda)在面临类似的环境时也获得了相同的经验:"在那一年年末,当公司为最佳销售员颁发奖金时发现位于前十位的销售员都是以前公司工厂里的一线工人。他们往往能够更有效地介绍公司的产品,在谈生意的过程中这些工人有充足的经验和知识向顾客介绍产品的性能"(Pfeffer,1994,p.47)。

7.3.3 内部晋升

好事多公司有一个清楚的目标,就是从公司内部来提拔其至少80%的管理者。而在联邦快递则有90%的管理者是从非管理岗位晋升上来的,内部晋升产生了很多好处(Pfeffer,1998):

- 它鼓励管理者和员工投入大量的时间和资源来提升自身的技能。
- 它强有力地激励着公司的绩效。
- 它鼓励人们诚实与忠诚。
- 它有利于利用经验丰富员工的知识和技能。
- 它会减少由于新来者不了解以前的方式而造成的严重错误。
- 它增加员工从长期角度考虑问题的可能性,避免它们做出鲁莽的、短视的决策。柯林斯和波拉斯(Collins and Porras)

(1994)发现获得巨大成功的企业几乎从不从外部招聘总经理,而效率较低的公司则经常这样做。

7.3.4 财富分享

大多数员工对组织的成就没有什么责任感。他们希望当公司获得有利于决策者和股东的效率和利润时,自己也能从中有所收益。以人为本的组织已经在设计不同的方案以使员工的收益和公司的生产率更直接地挂钩,这些方法具体包括利益分配、利润分享和员工持股计划(ESOPs)。斯凯伦计划(Scanlon)在20世纪30年代第一次被提出,其具体内容就是通过让员工参与企业收益的分配来激励员工,使他们努力降低成本、提高效率。利润分享则是根据公司总体的收益率或者员工所在单位的绩效给予员工相应的分红。

一般而言,利益分配和利润分享计划能够有效地提高公司的绩效和收益率,但利益分配计划的开展显得比较缓慢。坎特(Kanter,1989)认为,这主要是由于它要求一系列重要的变革:建立横向交叉的团队、建议系统以及向员工披露更多的财务信息。类似的障碍也减缓了员工持股计划开展的进程,"证据显示,要使得该计划有效地实施,就要通过工作团队与质量提高小组等计划来使员工参与企业决策、把企业基层的努力与所有者的利益结合起来。很多公司已经在这样做了,当然也包括很多没有实行员工持股计划的企业。但是,员工常常会要求与公司其他股东同样的权力——更广泛地参与公司决策、股东会议上更多的席位以及更多的投票权。这也就是问题产生的根源,因为几乎没有总经理能够轻松地实现这个层面的权力分享"(Bernstein,1996,p.101)。

有关员工所有制的沉浮,我们可以用联合航空公司(United Airlines)的例子来解释。1994年,在员工用收入中扣除的15%的部分,交换公司55%的股票以及12个董事会席位中的3个之后,公司的股票在接下来的两年中增长了两倍多。联合航空在利润、生产率以及股票方面都取得了巨大的收获,紧接着员工购买了公司的所有上市股票(Chandler,1996)。但是,联合航空并没有从根本上解决长期存在的对立性的员工关系。尽管联合航空在20世纪90年代的经济景气时期获得了令人难忘的成长,但当911恐怖袭击之后这一切就都明朗化了。当公司开始需求大量的现金时,管理层为了节约成本开始放弃提供工作保障的承诺。最后,在无法获得政府的紧急援助之后,联合航空于2002年10月被迫宣布破产。

在20世纪90年代的经济景气时期,红利和利润分享计划得到了迅速的推广。尽管最高管理层好像比员工获得了更多的利益,但是许多成功的公司尽量使利益分配的范围扩大化。这些计划一般将员工的收益与公司的总体绩效、或者单位绩效、或者两者相挂钩。同时,也可以与公司特定的目标相挂钩,如创新和创办新的企业等等。但是,对利润分享计划持怀疑态度的人们指出这一计划存在着一个严重的不利风险——当存在较高收益时,员工会十分努力地工作。但当公司在财务上经历其低迷时期时,这一计划会导致员工的失望和愤怒。联合航空的员工们就是这样,当公司的股票飙升至每股100美元时他们热情高涨,但当公司破产时他们手中的股票就变得一钱不值了。

7.4 投资于员工

当产品、市场和组织变得越来越复杂时,员工拥有知识和技能的价值也就变得越来越重要。培训不足的员工会在很多方面伤害组织——低劣的质量、糟糕的服务、高昂的成本和损失惨重的失误。例如,根据普费弗(Pfeffer,1994)的报告,石化行业的事故中大多数都涉及签约的员工。然而,很多组织并不愿意投资来发展他们的人力资本,因为培训员工的成本是现实并且容易衡量的,然而这一方面的收益却难以衡量,而且表现更为长期化。因此,很多公司认为向临时的或者签约的员工提供培训,会给公司带来更多的阻碍。但是,与此同时,仍然有很多公司报告他们在培训员工投资方面获得了巨大回报。例如,摩托罗拉公司的内部研究发现,在员工培训方面的 1 美元投资会得到 29 美元的回报(Waterman,1994)。

一个以人力资源为导向的组织也会认识到,在工作中学习和在课堂上学习同样重要。法国公司 Carnaud et Metal Box——世界上第三大包装公司,十分强调要创建一个学习型组织:"当组织具备三个因素时,组织中才能实现学习。这三个因素是:能够指导他人的、优秀的导师,一个允许人们尽可能尝试新事物的管理系统,以及一种与外部环境的良好交流"(Aubrey 和 Tilliette,1990,pp.144~145)。公司的首席执行官 Jean-Marie Descarpentries 感觉,在管理者中存在最大的缺点就是他们不能够按照要求进行积极进取的、系统的学习。

在里兹大饭店,员工必须每年参加考核并被授予证书,还必须参加每天的"列队",在那里他们会反复重温公司的服务宗旨,这一活动被强调为"一天的基础"。当被问及今天工作的基础时,里兹大饭店的员工将告诉你它是"毫不妥协的清洁标准","不要冷落任何一名顾客","保持微笑,因为我们正站在自己的舞台上",或者是公司二十条原则中的任意一条。如果他们不能回答上来,那么他们会感到十分尴尬并且会立即浏览写有公司宗旨的小纸条来恢复自己的记忆。

7.5 授权给员工

进一步向员工授权并且投资以促进他们的发展,授权包括充分利用信息,但又不止于此。它还包括鼓励自治与参与、重新设计工作、培养团队、促进平等和赋予工作重要意义等。

7.5.1 提供信息和支持

导致安然公司迅速崩溃的一个关键因素就是没有人能够看懂它的财务报表,包括华尔街的分析家、董事会的董事们、甚至公司的首席执行官和审计员都没能看懂它们。一次,《财富》杂志的记者贝塔尼·麦克莱恩(Bethany Mclean)向安然的新任首席执行官杰弗里问道,"确切地说,安然公司是如何赚钱的?"杰弗里被媒体抨击为缺乏能力和不讲道德的管理者,安然公司的董事会试图去《财富》杂志封杀关于她的报道,但是未能成功。2001年3月,《财富》杂志刊登的有关她的文章中指出,公司的财务报告是令人费解的,另外,如果公司错误地预期了它的未来,那么公司的股票就可能暴跌。

在过去的20年间,一个与众不同的管理理念——"账务公开式管理"在很多成功的公司内部开始不断深化。这次运动是由一家不知名的、濒临破产的公司发起的,它就是位于密苏里州(Missouri)的斯普林菲尔德再加工公司(Springfield Remanufacturing)(也就是今天的 SRC Holdings)。SRC 公司于1983年建立,是由一群管理者和员工集体以10万美金的现金和近900万美金的债务为代价从国际收割机公司(International Harvester)公司手中购买的,它是历史上最大的杠杆式收购(leveraged buyouts)案例之一(Pfeffer, 1998; Stack 和 Burlingham, 1994)。为了改变这一局面,公司首席执行官杰克·斯塔克(Jack Stack)设计了唯一的办法,即要求每一个员工都要竭尽全力地工作。他发展了"账务公开式管理"理念,将它定为公司得以生存的根本,它建立在三个基本原则之上(Case, 1995):

1. 公司的全体员工都应该学会理解财务和绩效评价方法。所有的重要数据应当十分便捷地被使用。并且所有的员工都应该学会《财务能力101》,以便他们能够理解这些数据表达的意思。
2. 公司鼓励所有的员工都从所有者的角度思考问题,并尽自己最大的努力来改善这些数据。

3. 每个人都只有一种行动,即取得公司财务的成功。

自从 SRC 公司获得最初的成功之后,在同行业的很多公司中都发生了类似的故事。1984 年,鲍勃·弗雷(Bob Frey)和他的一个伙伴买下了 Cin-Made,这是一家小型的、低技术的集装箱制造厂,一直以来效益都很差而且劳资关系十分糟糕。在收购之后的前几个月,弗雷采用传统的、强制的管理方法来提高公司的绩效,结果导致员工们巨大的不信任、愈来愈多的不满以及一次严重的罢工。最后,弗雷认识到应当还有更好的办法。于是,他组织了近一个月的有关"公司现况"的会议,在会上他和员工们一同分析了公司的财务目标以及这些目标的具体意义,同时,他还开始推行利润分享计划。起初,尽管员工们对此持怀疑态度,但是"我们是一个整体"的观念开始逐渐深入人心。最终,员工们广泛深入地参与到公司决策的制定当中,公司的生产效率提高了两倍多,利润分享部分占到了员工年收入的三分之一还多。

"账务公开式管理"之所以能及时发挥作用,主要有以下几点原因:首先,它传递了一个清晰的信号,即管理层确实是信任员工的。其次,它为员工贡献自己的力量提供了有利的激励。员工们能够看到一个清晰的画面——他们的工作是如何影响公司的净收益以及公司的净收益是如何影响他们的。最后,这一方法为员工更好地开展工作提供了所需的信息。如果效率在下降、废品率在上升或是一种产品没有销路,员工们都会知道,然后,他们会更好地改进和解决这些问题。

7.5.2 鼓励自主和参与

提供信息是促使员工努力工作的必要条件,但却不是充分条件。除此之外,工作本身还要求向员工提供自主管理的机会、影响力以及相应的报酬。

经典的管理方法假定管理者制定决策,员工则按照他们的要求去做。这就导致员工依赖于他们的老板,而不能控制他们自己的工作内容和工作方式,他们被像孩子一样地对待,就像麦克雷戈和阿吉里斯描述的那样。越来越多的公司开始认识到,如果继续采用这种传统的方法,将会导致员工的动力、士气和生产效率的下降。于是,他们开始采用一些新的方法来改变这种局面,这些方法的基本思想都是提倡参与,即让员工有更多的机会,去影响有关他们工作内容和工作条件的决策,而且,其效果往往都是十分明显的。

一个典型的例子发生在一家玩具厂。有一组手工工人,她们都是女性,其工作的主要内容是绘制玩具娃娃(Whyte,1955)。经过工序流程重组后,一个生产过程要求每个员工从托盘上取下玩具,然后开始绘制,最后把它挂在从其身旁经过的挂钩上。尽管管理层希望这个新的设计不会遇到什么困难,但生产情况确是令人失望的,而且员工的士气也十分低落。工人们抱怨车间太热,挂钩移动得太快。

后来,工厂的领班不情愿地接受一位顾问的建议,与员工们进行了面对面的交谈。在听取了她们的抱怨之后,领班同意安装风扇。尽管他和设计这一制造流程的工程师,对此并不抱任何期望,但是,这一行为确实极大地提高了员工的士气。管理层与员工间的交流继续不断地进行,经过多次交谈之后,工人们提出一个根本性的建议,即让他们自己来控制传送带的速度。工程师强烈反对此项建议,他认为他已经认真地计算出了最适宜的速度。领班对此项建议也持怀疑态度,但他还是顶住工程师的抗议,同意按照工人的建议尝试一下。最后,工人们制定了一个复杂的生产进程,即每天刚开始工作时速度稍慢一些,一旦热身之后就开始加快速度,在午饭之前则又将速度慢下来,诸如此类。

这个无意的参与式管理,却取得了惊人的成果——员工士气高涨,产量远远超过工程师的最大估计。这些女工的收入逐渐上升,以至于超过了很多具有高技能和丰富经验的工人。但也就是因为如此，这次试验最后以不愉快而告终。由于工厂其他部门高技能员工的抗议，这些女工们的高产量和高收入变成了一个问题。为了保持协调，管理层恢复原状采用工程师最初设计的生产方式——单一固定的传送带节奏。于是，产量直线下降，士气不断低落，很多女工从工厂辞职离开。

从全球范围来看，成功地实施参与式管理的例子有很多。委内瑞拉的一家公司（Venezuelan）就是一个具有说服力的例子。从历史上来看，一个国家的卫生保健有两个相关的系统来提供：一个是向富人们提供的小范围的、高质量的、私人的卫生保健系统；一个是向所有人提供的大范围的、公共的卫生保健系统。由国家卫生部门管理的公共卫生系统处于一种长期的危机状况，它受到管理过分集权、长期的财政赤字、糟糕的卫生条件、陈旧的医疗设备以及经常性的盗窃等一系列问题的影响（Palumbo，1991）。

小范围的卫生保健提供者们发现，Ascardio公司在委内瑞拉的一部分乡村中，向心脏病患者提供保健服务（Palumbo，1991；Malave，1995）。事实上，正是由于Ascardio公司采用了参与式管理的方式，从而使他们在为患者提供高标准保健服务方面取得了巨大的成功。"Ascardio公司不仅要求掌握专业技能，除此之外还追求用团队式的决策，来取代个体独立工作，这一点通过他们的动员大会，就可以证明。参与大会的有公司的医生、技术人员、一般员工以及社区的代表（其中并没有任何人是专业的医师）。在这种每月按时举行的会议上，人们广泛地讨论着各种问题，从某位医生的低绩效到委内瑞拉总统颁布提高薪水法令的影响等等"（Malave，1995，p.16）。

有关参与式管理的研究显示，这是提高士气和生产效率最有效的方式之一（Appelbaum，Bailey，Berg，Kalleberg，2000；Blumberg，1968；Katzell，Yankelovich，1975；Levine，Tyson，1990）。最近，一个关于钢铁、服装和机械装备三个行业的系统研究发现，参与式管理与高绩效成正相关关系。在那些高绩效的工厂里工作的员工,具有更强的自信、更高的工作热情和更丰厚的收入。学者们认为,参与式管理之所以能提高生产效率,主要是通过两种途径来产生作用:一是提高员工个体的效率;二是促进整个组织的学习(Appelbaum, Bailey, Berg, Kalleberg, 2000)。

然而,当实施参与式管理时,它通常要求组织进行系统性的变革,但这往往又是组织中其他部门所不愿意的。此外,参与式管理还常常只是表现为口头上的花言巧语,而很少落实到实际问题上(Argyris,1998；Argyris,Schon,1974,1996)。培养参与式管理的努力常常由于两点原因而失败:第一,难于设计出可操作的参与式管理系统;第二,管理层的矛盾心理——他们既鼓励参与但同时又担心下属会误用这一点。在培养参与方面,管理者往往采用直线控制、自下而上的方式,而且传播混杂的信息,如"由你来制定决策,但它应该是我所希望的。做你认为正确的事情,但应确定我对此是同意的。"这些自相矛盾的话往往导致了组织的失败。

7.5.3 重新设计工作

在效率管理和科学管理的影响下,在20世纪大部分时间,许多组织一直都在试图通过把工作设计得简单化、重复化和低技术化,来排除工作中人的因素。当某种方法导致组织中的动力和热情降低时,管理层习惯性的反应就是去责备工人是不合作的。而转变这种观点,即将问题的原因归结到工作本身而不是工人本身,则经历了几十年的时间。一个关键性的事件发生在一位年轻的英国社会学家去一个煤矿进行调查的时候。

1949年,工会会员、曾担任过矿工的肯·班福斯(Ken Bamforth)又回到了他曾经工作过的位于约克郡(Yorkshire)南部的煤矿。这时,他则是作为一名塔维史托克学院(Tavistock)(位于伦敦)从事社会学研究的研究生,被鼓励回到他以前工作过的行业进行实地调研,以便报告一些有关工作组织的新的发展情况。在一个新开采的煤层,班福斯发现了一个真正有趣的变化。由于技术的进步,"短壁开采"成为可能。同时,在工会的支持下,矿坑中的矿工们建议重新组织劳动过程。代替"长壁开采"过程中每位矿工对分解的任务各自负责,现在工人们则组织了相对自主的团体进行轮换工作,并且他们只接受较少的监督管理。利用这一新的技术机遇,他们在机械化之前复兴了小团体的自主管理这一传统方式。(Sirianni,1995)

班福斯的观察报告有效地促进了"社会技术系统"方法的使用(Rice,1953;Trist,Bamforth,1951)。特里斯特和班福斯(Trist and Bamforth,1951)注意到,长壁开采法使工人们变得孤立并且破坏了传统的非正式群体,而这一群体在恶劣的矿井工作环境下会提供给工人们以有力的社会支持。他们一致认为,应当创建"混合的"工作团体,每一个工人都会在多个工作中获得交叉式的培训,进而使得每一个团体能够在工作中相对地自主。20 世纪 50 年代,他们的方法在英国没有取得什么进展,但是,当两位塔维史托克学院的研究人员(Eric Trist and Fred Emery)被实施挪威工业民主计划的恩纳尔·索斯鲁德(Einar Thorsrud)邀请到挪威后,这种模式在那里获得了巨大的推进。这一计划主要是通过工人和管理层的共同努力使得工人们能够更多地影响他们的工作。

大约同一时间在美国的研究前沿领域,弗雷德里克·赫茨伯格(Frederick Herzberg,1966)与工人们讨论他们最好的和最坏的工作经历。他发现,那些"好感觉"的经历主要有成就、承认、责任、进步和学习等,赫茨伯格把这些特征称为激励因素;那些"差感觉"的经历主要集中在公司政策、管理、监督和工作条件等方面,赫茨伯格把这些方面称为保健因素。可以看出,激励因素主要与工作本身相关,而保健因素主要与工作环境相关。因此,赫茨伯格认为,如果只是运用提供更多的收入或额外的利益、改善工作条件、沟通方式以及进行人际关系培训等方式,则不能有效地激励员工。他将这些方式称为"KITA 激励因素",即认为"从后面踢人"(a kick in the tail)是促使员工努力工作的最优方式。赫茨伯格认为,工作丰富化是有效激励的重要方法,但是,这一方法要与简单地给员工增加工作任务相区别。工作丰富化意味着赋予员工更多的自由和权力、更多的反馈和更大的挑战,这些将使得员工更加负责,并促使他们使用更多的技术。

哈克曼和他的同事(Hackman 和 Oldham,1980)通过确定重新设计工作中的三个关键因素进一步发展了赫茨伯格的思想,这三个因素是"个体需求(1)看到他们的工作是有意义的、值得做的,而且工作"整体"是可以看到的、可行的;(2)通过判断可以感觉到个体是对结果负责的;(3)能够收到有关他们工作努力的反馈,以便他们可以获得提高和进步"(Hackman, Oldham, Janson, Purdy,1987,p.320)。

在过去的几十年中,企业中有关重新设计工作的实验越来越多。在这方面,很多努力都取得了成功,其中一些甚至取得了轰动性的成果(Kopelman,1985;Lawler,1986;York, Whitsett,1989; Pfeffer,1994;Parker,Wall,1998)。特别表现在工作丰富化方面,它对于提高企业产品质量发挥了巨大的作用。这主要是因为,对于员工而言,做更为丰富的、好的工作比简单地做更多的工作,可以使个体获得更多的满足(Lawler,1986)。但是,现实中也还存在另一类情况,大多数工人都愿意重新设计工作,但还有些工人则仍喜欢原有的工作方式。哈克曼强调说,具有"高成长需求"的员工一般能够接受工作丰富化,但是那些"低成长需求"的员工则不会如此。

近年来,愈来愈多的证据已经表明,枯燥的、常规的、确定性的工作正在逐渐减少。常规性的工作通常被重新设计,或者是转变由机器和计算机来完成。但是,组织中还存在着一些关键性的障碍,它们阻碍了工作丰富化的进程,使得单调的工作还不能立即消失。这些阻碍有:第一,延续性的假设,即认为工作安排应当以技术的要求为中心、重复性的劳动使人产生效率;第二,仍然认为工人们在"X理论"的工作环境中会生产更多的产品;第三,经济因素,即由于没有足够的投入来改善工厂和机械设备等物质条件,使得工作方式很难改变。

第四种阻碍我们已经从玩具制造厂的案例中看到了,即当工作丰富化发挥作用时,它会要求组织进行根本性的系统改变。在实施工作丰富化的企业中,员工通常具有更高层次的看法和主张。他们会向组织提出更多的要求——较高的收益、新的工作机会以及为完成新任务提供的培训等等(Lawler,1986)。

7.5.4　培养自我管理的团队

从一开始,社会技术系统的观点就强调建立工作设计和团队合作间的密切关系。另一位较早倡导并具有一定影响力的学者就是伦斯·利克特(Rensis Likert),他在1961年就提出,组织结构应当是由内部相关的团队构成的,而不是表现为各个工作个体组成的等级结构。其中,每一个团队都将在自己的权力范围内高效地工作,并通过作为"联结点"的个体与其他团队相联系。大约经过了数十年的时间,这些思想才被人们所发现和领悟,但是,现在已经有越来越多的公司开始接受并使用这些思想。全食超市(Whole Foods Markets)就是这些公司中的一家。这是一家总部位于得克萨斯州的发展非常之快的连锁商店。全食超市公司在他们每年的报告中都会提到团队,"每一位在全食超市公司工作的人员都是一名团队成员。这反映了我们的经营理念——我们都是完成'提供给我们的顾客最好的产品和服务'这一使命的参与者。各个连锁店都是由自我管理的团队组成的,这些团队都应对自己的成绩负责"(Pfeffer,1998,p.76)。

每一个全食超市连锁店都是一个利润中心,由10个自我管理的团队构成。每个连锁店的各个团队领导又构成了一个团队,就像位于同一地区的连锁店的店长构成一个团队、公司的六位负责不同地区的副总经理构成一个团队那样。而且,每雇佣一位新的员工都必须经过三分之二的团队成员同意。可见,凡是较完善的组织系统都十分强调员工从别人身上学习(Pfeffer,1998)。

世界上越来越多的公司(包括康明斯发动机公司,宝洁,美国的土星公司,德国的企业软件公司 SAP,日本的松下公司和丰田公司)在尝试培养自我管理型的团队。其中,一些是在现存的条件下进行尝试的,而有些则是在一开始就设计好适于团队合作的条件下进行尝试的。

在全食公司,一个中心思想就是赋予团队一个完整的集体责任——从产品、部件到整个服务,给予他们充分的自主权和资源,并要求他们对结果负有集体责任。各个团队会定期开会讨论并决定他们的工作安排、进度以及流水生产状况。团队绩效的考核监督,由一名团队领导负责,他可以由团队内部产生也可以由团队外部产生。各个团队自行处理的权力和水平存在着差别。在一个最极端的情况下,团队可能有权决定雇佣、解雇、收入支付额度、工作方法以及管理盘点。这些决策是在计算机系统的帮助下完成的,这一系统存有有关团队成果的所有最新信息。在另外一些情况下,团队决策的范围就要狭窄许多了,主要集中在产品、质量和工作方法等方面。

另外,团队要发挥作用就必须进行充分的培训。员工需要学习一些团体技巧和较宽广的技术技能,以便每一个成员理解并能够完成各自的工作。"按技能支付工资"通常能够使团队保持并扩大自身的竞争能力。

在托皮卡的通用食品公司(General Foods)的宠物食品工厂……新雇佣的员工会被给定一个开始的工资额,然后随着他们学会新的技能,其收入会获得阶梯式的增长。每一样工作都会有对应的同等数量的额外工资,而且这些工作技能可以按照一定的顺序来学习。总而言之,按技能支付工资是一种聪明的办法。它能够提高个体的能力,但又不会带来绩效工资制度所产生的团队成员之间为竞争高收入所导致的矛盾。因为在这种制度下,人们可以获得的最高工资水平是没有限制的,也没有什么诱因会导致为了保护一位上级的地位而垄断一项技能或者拒绝向新员工提供相关的培训(Kanter,1989,pp.248~249)。

7.5.5 提倡平等

参与式管理常常被更多地看作是一种管理风格和氛围,而不是一种分享权力的方式。然而,不论是否实施参与式的管理,管理者仍然会作出关键性的决策。在决策方面,管理者做得越多,则在组织中平等分享权力就会越多地受到抵制。管理者尤其抵制组织民主(即提倡工人参与到正式组织之中的思想),因此,他们往往会从自身的管理角度来保护自己。大多数美国公司会报告他们管理中员工参与的一些形式,这其中大多数都是些方法(如设置建议箱、组织质量研讨小组),但"这些都不会从根本上改变组织中决策制定方式,以便决策制定参与者扩展到组织最基本的层次"(Ledford,1993,p.148)。普费弗(Pfeffer,1998)和莱德福(Ledford,1993)都观察到,在美国公司中很少可以见到关于员工参与技巧,更多的是看到一些证明参与式管理效力的证据。

欧洲一些国家在推进工厂民主化方面进行了更多的努力和尝试。20世纪50年代,南斯拉夫的社会主义政府建立了一个工人自主管理的正式系统。选举产生的工人委员会有权否决管理层的决策,甚至有权解雇管理人员。虽然这种系统最终导致了政治的混乱和国家的瓦解,但是,在它建立之初,南斯拉夫的经济确实取得了空前的发展(Bolman,Deal,1984)。20世纪70年代,瑞典和挪威的法律规定,员工必须参与决策。1977年,挪威通过了一项法律,反对忽视人性的、呆板的工作,并规定在挪威的公司中必须建有工作生活质量委员会(Elden,1983,1986)。斯堪的纳维亚(Scandinavian)较大型的公司都在提倡民主化和提高工作生活质量。在瑞典的卡马亚(Kalmar),沃尔沃(Volvo)汽车公司建立了世界上最早的专门设计适应团队自主管理的工厂。

巴西的制造商塞姆考公司(Semco)在实践上给我们提供了一

个组织民主化的生动事例(Killian, Perez, Siehl, 1998; Semler, 1993)。20 世纪 80 年代，里卡多·塞姆勒(Ricardo Semler)从他的父亲手上接管了这家公司并且逐渐形成了一种非正统的管理理念：

管理的关键是摆脱管理者。

按时完成工作的关键是不要戴手表。

最好的促进公司利润增长的投资是投资于公司员工。

工作的目的不是为了赚钱。工作的目的是使员工感到生活愉快，不论他是基层员工还是高层经理人员。(Ricardo Semler, Cited in Killian, Perez, and Siehl, 1998, p. 2)

在塞姆考公司，工人们选择雇佣的新员工、评价老板并且投票进行重大决策。一次，员工们以多数票击败塞姆勒，从而阻止他收购一家他个人想要兼并的公司。另一次，他们投票购买了一家塞姆勒不愿意收购的废弃工厂，并且通过工人们的努力使这家新收购的工厂取得了巨大的成功。塞姆考公司的这些尝试，在产品方面也取得了巨大的收获。该公司连续多年被评为巴西最适合工作的公司。塞姆勒不再能够看到公司需要成长的要求，但是公司却在各个方面都获得了成长，因为创造性的员工总在不断地创造新的发展机会。

组织民主化通常被理解为两种不同的情况：一种观点将其看作一种巨大的、有力的、适时的思想；另一种观点将其看作是一种不现实的、估计过高的时尚。但是，事实上我们应当将其理解为位于两者之间的某处。像几乎所有的重大组织变革一样，使组织更加民主化往往会遇到很多困难和混乱。然而，从长期的结果来看，组织会获得生产率的提高，或者仅仅是维持现状。

尽管存在大量有力的证明，但是很多管理者和工会领导仍然对这一思想持反对态度。管理者反对民主化，主要是因为害怕失去他们现有的特权，他们非常喜欢这些特权并且认为这些特权是取得成功的必要条件。工会领导们则将民主化看作是管理层的花招,它会使工人们接受这种花招从而代替工人们对工资和利益的追求。甚至有些工会领导担心,如果组织民主化导致更多的员工与管理层之间的合作,将会破坏工会组织。与此相反,还有很多开拓性的工会领导,包括美国汽车工会的欧文·布鲁斯通(Irving Bluestone),正在推动工会与管理层的更进一步的合作。

那些缺乏正式民主的组织仍然可以通过减少真实性的和象征性的身份区别来使组织变得更为平等(Pfeffer,1994,1998)。我们可以很容易地通过办公室的面积和其乘坐的豪华轿车、喷气式飞机等情况来判断个体在组织中的地位。如此相对照,那些注重投资于人的公司则往往通过用合作、平等的特征替代等级特征来强化参与式管理和重新设计工作。比如,美国汽车制造商土星公司,其公司的会议桌是圆形的。会议桌没有前端,会议的主席是根据当时讨论的主题来轮流担任的。再如,在塞姆考公司没有组织结构图、没有秘书、没有私人助理,甚至高级经理人员也要自己打印、复印信件。

如果说减少象征性的身份区别有助于民主化,那么减少真实性的身份区别则是非常重要的。一个关键性的问题就是,组织的不同层次之间存在的收入差距。20世纪80年代,彼得·德鲁克(Peter Drucker)提出,没有任何领导的收入应该超过最低员工收入的20倍,因为这种巨大的差距会破坏信任并减少工人的价值。然而,美国公司却很少关注这一点。20世纪90年代期间,富人们变得越来越富有,而穷人们则几乎没有任何改变——CEO的收入增长了571%,然而工人们扣税后的实得工资只增长了37%,这仅仅足够消除通货膨胀的影响(Anderson, Cavanagh, Hartman, Leondar-Wright, 2002; Mishel, Bernstein, Schmitt, 2001)。2001年,美国大公司CEO的平均年收入是15 500 000美元,这是普通工人收入的400倍(Byrne, Lavelle, Byrnes, Vickers, 2002)。在公司破产的前一年,安然作为支付高薪运动的先锋,其向5位高级经理人员支付总额达283 000 000美元的薪水(Ackman, 2002)。

与此相反,一些不断发展的公司,如好事多、全食公司和西南航空公司,与他们的竞争者相比,他们支付给 CEO 的薪水一直都较低。全食连锁店规定,经理的收入不能高于员工平均收入的 10 倍,以此来限制他们的薪水。2001 年,福布斯杂志将好事多公司的吉姆·辛内加尔(James Sinegal)排在美国最佳 CEO 的第二位,其主要依据就是他的收入绩效比。然而,像好事多这样的公司却是一类特例,因为他们一直以来都不断地从美国向世界其他地方发展。另外到目前为止,欧洲公司支付给高级经理人员的薪水大约只有美国公司的一半,但是经济全球化正在使得这种区别不断减少。1998 年,当戴姆勒—奔驰公司兼并克莱斯勒公司时,面临的一个主要问题就是克莱斯勒高级经理人员的收入远高于戴姆勒公司高级经理人员的收入。因此,在这种情况下德国公司高级经理人员的收入获得了普遍的提升(Ewing, Baker, Echikson, Capell, 1999)。

7.6 提倡多样性

一家好的工厂应当认真地善待每一个人,不论他是普通工人还是老板,男性或是女性,亚洲人、非洲人、拉丁美洲人或是白种人,同性恋或是异性恋。有时候他们这样做是因为他们认为这种做法是正确的。然而,多数情况下他们如此做是因为担心负面的公共宣传、法律诉讼以及迫于政府的压力。1994 年,Denny's 饭店遭受了一次公共关系危机,为了处理这次歧视性诉讼他们花费了 54 000 000 美元。类似的情况,Shoney's 饭店花费了更为昂贵的费用,共计 134 000 000 美元。两家饭店同样都是因为存在宗教信仰方面的歧视导致了这一结果(Colvin, 1999)。2000 年 11 月,在可口可乐公司也发生了类似的事件,他们因为一起美籍非洲员工的共同诉讼案花费了 192 000 000 美元(Kahn, 2001)。而 Texaco 公司,由于公司高层在一次有关种族歧视的争论中处于劣势时,公司的股市市值就减少了5亿美元(Colvin,1999)。Denny's饭店在吸取教训之后取得巨大的转变,在2001年财富杂志公布的最适宜少数民族工作的50家公司中排名居前几位。而可口可乐公司则从这一名单上滑落下来,排在59位(Esposito等,2002)。

公司提倡多样性主要是因为它可以使得公司具备更敏锐的商业感觉。近几年来,积极的社会公关行为日益增加。如果你将团队的价值贬低,认为其与个体价值无异,那么多样性只会导致企业忽视潜在顾客。在美国,就业人数中有一半多都是女性,有四分之一是亚洲人、美籍非洲人和拉丁美洲人。加利福尼亚州和新墨西哥州已经成为最早发生变化的两个州。在那里每个人都是少数民族,因为非拉美的白人不再占多数。不久之后,得克萨斯州和纽约也会加入他们的行列,随后整个美国都会如此。然而,如果你的公司忽视很多有能力的人才,那么要构建一支合适的员工队伍是非常困难的。这就是为什么美国的许多公众机构要求提倡多样性的原因之一。一个十分成功的例子就是美国军队,以科林·鲍威尔(Colin Powell)为例,他凭借个人的能力,通过领导参谋长联席会议,不断地获得提升,后来他就成为美国国务卿。

提倡多样性通常被认为是组织的中心任务和应当坚持不懈的目标。组织必须认真地将其作为日常管理中的一项任务。组织应当改变其现有的招聘方式,使更多的不同类型的人成为企业员工的招募对象;培养一种推动组织内部多样化的动力,如通过实施导师计划来帮助员工熟悉诀窍、促使他们不断进步;将经理人员的收入与员工多样化是否成功相挂钩;努力消除组织内部的潜在隔阂等等。我们还应当注意到,提倡多样性不能只停留在口头上的宣传,而且也不可能在一夜之间实现。很多组织并没有意识到这一点,但是还有很多组织已经提倡这一行为十多年了,并且取得了显著的成绩。

7.7 全面质量管理(TQM)和新联合汽车制造公司(NUMMI)

如果本章所讲述,人力资源管理策略在管理中不能被认真、热情、系统地履行的话,他们会导致实践中的失败。要想取得成功就必须有一种全面的策略并且能够长期得到很多组织的支持和赞成。全面质量管理(TQM)就是这样一种全面的策略,它能将组织和人力资源因素有效地结合起来。20 世纪 80 年代,在美国公司中就曾掀起过全面质量管理的浪潮。而当时的质量管理专家们,例如 W. 爱德华·戴明(W. Edwards Deming,1986),约瑟夫·朱兰(Joseph Juran,1989),菲利浦·克罗斯比(Philip Crosby,1989),和(Kaoru Ishikawa,1985)等,他们尽管在具体的管理方法上存在各种各样的差别,但是,他们都将员工参与管理、团队建设作为质量管理中的基本因素。哈克曼和韦格曼(1995)分析研究了质量管理理论和具体实践,将其概括为一种连贯的、独特的管理理念。而且,这一理念与现在进行的关于有效的人力资源管理研究大体上是一致的。

哈克曼和韦格曼(1995)总结了全面质量管理的四个基本假设:
1. 高质量比低质量具有更为低廉的成本。
2. 人们愿意很好地完成工作。
3. 质量问题是跨职能部门的。
4. 高层管理者应当对质量负有根本性的责任。

在实践中,许多组织在执行全面质量管理中,由于只是抓住其中的一部分观念,结果致使这一管理理念被弱化。通常认为,这是最容易也是最严重地破坏管理现状的行为。因此,当我们看到实践中很多质量管理方案不能达到其指定的目标时并不感到惊奇(Gertz 和 Baptista,1995;Port,1992),即使是像福特、摩托罗拉、施乐这些获得突出成果的公司也不能例外（Engardio, DeGeorge, 1994；Greising, 1994；Waterman, 1994）。

通过新联合汽车制造公司（NUMMI）的案例,我们可以看到TQM发挥的整合作用。NUMMI是一家由通用汽车和丰田公司利用风险投资设立的一家公司。1985年,NUMMI重开了位于加利福尼亚州弗里蒙特（Fremont）的一家陈旧的通用汽车工厂。该工厂雇佣了前几年从通用汽车公司被解雇的五百名员工。这些员工基本上都是劣迹斑斑,以前在通用汽车公司时他们十分好斗、酗酒、吸毒,甚至在流水线上打架（Holusha, 1989；Lawrence, Weckler, 1990；Lee, 1988）。但是两年后,他们的旷工率从在通用汽车时的20%下降到现在的2%,并且与其他通用汽车公司的工厂相比,他们能够以更低的劳动成本生产更高质量的汽车。NUMMI公司生产的雪佛兰牌汽车,其初次使用者满意度在所有在美国销售的汽车品牌当中排第二位,而通用汽车公司其他品牌的汽车没有一种排在前十四位。

造就这一制造奇迹的原因是什么？答案很简单,就是丰田公司,通用汽车公司的风险投资合作伙伴。在合作中,通用汽车公司提供工厂、工人和一个美国的品牌,但是汽车和生产流程都是在日本设计的。这家工厂是由丰田公司管理的,其产品中雪佛兰牌汽车和丰田牌汽车各占一半。NUMMI的成功主要建立在一种全面系统的人力资源理念基础上。在NUMMI公司,这里充分体现了平等的思想：普通员工和经理人员穿一样的制服、在相同的地方停车、在同一家自助餐厅吃饭。另外,他们组建了小型的、自主管理的团队,员工积极参与到自身工作的设计当中,并且在团队中轮流承担不同的工作。这些充分体现了NUMMI公司的座右铭,即"在这里没有管理者,没有监督者,只有团队成员。"

李（Lee, 1988）用舞蹈形象和诗描述了NUMMI公司的生产过程：

> 每一个动作都应当向芭蕾一样流畅、自然。如果一个工人不

得不笨拙地弯腰工作,那么他工作动作的对称性就会被破坏,他自己也会感觉很累。NUMMI 的教练员认为每个人都不应当感觉自己是在费力地组装汽车,如果你一手拿着九个螺钉,而另一只手拿着扳手费力地摸索,那么这个动作是笨拙的、低效的。每个人应当明白,在装配线上一个审美上的笨拙动作,同时也是一个低效率的错误动作。整个系统就像是一首纯洁的东方诗歌,它赞美生活的美丽,它赞美 10 000 株麦秆在风中一起优美地摆动。

不论是工会还是管理层都应当强调团结。如果一位员工对工会存有抱怨,那么公司的人事关系管理人员就应当与工会代表一同来讨论这个问题。人事关系管理人员将努力当场解决这一问题。如果员工们落后了,他们只需要拉一下"绳索",生产线就会停下来,他们就会获得迅速的帮助。NUMMI 公司工会主席 Kan Higashi 认为这条"绳索"是管理层与工人间相互信任的象征,"我们十分重视安装这条绳索。我们曾担心是否工人们拉'绳索'只是为了能够休息一下,但这种担心从未发生过。"1988 年,当汽车销售情况变得十分萧条时,NUMMI 公司没有解雇任何一名员工。在支付工人全额工资的情况下,NUMMI 公司将工人们送去接受有关问题解决方法和内部人际关系的培训。一位工人评论道,"在通用汽车时,如果生产线的速度减慢了,那我们中的一些人就会被解雇"(Holusha,1989)。

甚至 NUMMI 公司的工会领导布鲁斯·李(Bruce Lee)——一位全美汽车工会的官员,说到团队系统使工人们能够更多地控制他们的工作,从而进一步解放他们。这一方式"既提高了公司的产品产量和竞争力,又使工作变得更为容易"(Holusha,1989)。全美汽车工会主席欧文·比博(Owen Bieber)讲到,当他参观该工厂时,"我对这里几乎没有管理层而感到十分惊讶"(Lee,1988,pp. 232~233)。

NUMMI 公司并不是没有任何问题的天堂。一个持相反意见的工会团体抱怨公司将轻快的工作节奏等同于"压力管理"和无情的旷工处罚政策。一个工人三个月内旷工超过三次被视为一次"过错",一年中过错达到四次的员工将被解雇。但是,即使是持不同意见的人也承认公司现在的状况比以前好。大多数工人仅仅因为能够再有机会制造汽车而感到愉快。就像一位工人说的那样,"我们在这里拥有第二次机会,我们会尽全力把握好这次机会,因为很多人是没有第二次机会的"(Holusha,1989)。

通用汽车公司十分关注将 NUMMI 公司的方法移植到其他工厂。有时这种移植是有效的,如在通用汽车公司的兰辛工厂,培养自主管理的团队使其成本降低了 21%,而且产品质量获得了根本性的提高(Hampton,Norman,1987)。然而,由于一些 NUMMI 公司的管理理念不能被系统地执行,从而使这种移植往往不能在新的环境中生根发芽,"制订团队决策"成为通用汽车公司的一种时尚,但往往由于管理人员直接命令团队反而造成相反的结果(Lee,1988)。Higashi 曾在一名华尔街杂志的记者的访问中谈到,他"担心通用汽车公司的高级管理层可能对一些基本的概念都不理解"(Schlesinger,1987,p.30)。

正如 NUMMI 公司的例子所描述的,成功的人力资源应用既不像一位理想主义者希望的那样简单美妙,也不像一位保守的管理者担心的那样柔软无力。NUMMI 公司的经验就是将创造性的人力资源管理和以成本和质量为依据的严格的工作标准有机地结合起来。这种结合在近几十年中已经变得越来越普遍。

7.8 培训和组织发展

为什么有那么多组织在执行他们所赞同的、先进的人力资源管理策略时失败呢?管理者的犹豫不决和矛盾心理是一个重要原因。逐步推进这种管理行为需要投入大量资金,而许多管理者往往对是否能够收回投资存有疑虑。这些行为改变了领导与下属的关系,这种改变使很多人感到不安。另一个主要阻碍则是执行这一行为缺乏所需要的技巧和理解。在过去的数十年中,人们发展了大量的方法来使这些意图转化为现实。

7.8.1 群体干预

一个极具煽动性和影响力的例子就是"培训团队"中实行的"感受能力训练"。这种培训团队是在20世纪40年代后期被社会心理学家们偶然发现的。在一次讨论种族关系的会议上,与会人员以团队的形式进行讨论。研究人员被安排到每一个团队去做记录,到了晚上他们则向组织者汇报他们的观察结果。当与会者听说了这一主题后,都要求能够参与其中。他们对能够听到关于他们自己的事情及行为十分着迷,因为此前他们从未有机会进行这样的学习。研究人员很快意识到他们发现了一件重要的事情,并且开始推动一项关于"人际关系实验室"的更为系统的运动。其具体表现为,培训师与参与者被组合成各个小团队,共同开展工作并且在工作中不断学习。

随着培训团队的不断推广,其取代讲课这种形式成为发展人际关系能力的方法之一。由于培训团队的影响力是有限的、不系统的,培训团队中的培训人员不断地尝试新的方式、方法。如设计"冲突实验室"来模拟团队和组织单位中的冲突情景;实施"团队建设"计划来帮助团队更好地工作;进行"远景规划"(Weisbord,Janoff,1995)、建设"开放空间"(Owen,1993,1995)以及设计大型的团队促使来自不同地方的人们一起合作解决重要问题或应对重大挑战。

一个有关大型团队协调的近期案例就是有关通用电子公司的CEO 杰克·韦尔奇(Jack Welch)发动的"带来好结果"的会议。由于组织中的变革步伐过于缓慢,韦尔奇召集了一系列会议,这些会议一般都有100名到200名员工参加,主要界定和讨论"与会者认为愚蠢的、浪费时间的或者急需改变的问题"(Bunker, Alban, 1996, p.170)。这些会议通常被认为是非常成功的而且能够影响整个组织(Bunker，Alban，1996)。

7.8.2 调查反馈

20世纪40年代末期,当试验式的培训刚刚开始时,一群密执安州立大学的研究者就开始采用调查的方式来研究人力资源模式。他们主要研究动机、沟通、领导风格和组织氛围等问题。利克特(Likert)创建了密执安州调查研究中心。此外,他于1961年出版的《新型管理模式》一书已经成为论述人力资源管理的经典书籍。在书中,利克特使用大量的调研数据来说明那些更多关注员工和人际关系的"以员工为中心"的管理者比那些忽视人的问题、实施个体决策并直接指挥下属的"以工作为中心"的管理者能实现更多的产量和更高的质量。

调查研究为调查反馈铺平了道路,而调查反馈是提升组织的重要方法之一。其整个过程首先是进行关于人力资源问题的问卷调查,然后调查结果会被编制成表格并交给管理者,其结果可能是一个单位中信息流通非常的顺畅,但是决策却是在错误的地方根据错误的信息制定的。最后,在公司顾问的帮助下,工作团队成员会讨论这些结果并探索如何去提高他们的工作效率。

7.8.3 组织进化

培训团队和调查研究产生了一个关于组织进化的研究领域,它包括一系列不同的变革策略,例如团队调节和调查研究等等,这些策略都强调数据的收集、开放的沟通以及基于经验的学习,而且这些策略常常是在公司顾问或变革经理的帮助下进行的。由于这项研究开展得很早,现在组织进化已经逐步地成为了一门学科(Mirvis,1988,1990)。1965年,听说过组织进化的管理者非常少;但到了20世纪90年代,没有听说过组织进化的管理者变得非常少。很多大型的组织(特别是在美国)都经历过组织进化,如通用汽车、美国邮政总局、IBM、国内税务局(the Internal Revenue Service)、德州仪器(Texas Instruments)、Exxon 和美国海军等都拥有他们自己的经验。

7.9 结论

如果个体能够在工作中感到满意,那么组织就可以通过有效地使用个体的才能而获得利益。但如果相反的话,个体则会辞职、抵制或反抗。最后,每一个体都会受损。进步的组织主要通过实施不同的"高参与"的策略来提高人力资源管理水平,其中一类方法主要是强化个体与组织间的联系,其具体手段主要有提高收入、提供工作安全感、从内部提升人、培训员工以及分享组织的成果等等。另一类方法主要是向员工授权与使工作更有意义,其具体手段主要有提倡参与、工作丰富化、建设团队、促进民主化、平等化以及重视组织内部的多样性。值得注意的是,没有一项策略可以独自发挥作用。要想获得成功必须采用一种系统全面的策略,这一策略应当从长期人力资源管理理念出发来考虑。

第8章 人际关系与团队动力学

在顶峰公司(Hillcrest),作为第一位被提升为地区市场部门经理的女性美籍西班牙人,安妮·巴雷塔(Anne Barreta)起初有些兴奋也有些胆怯。她心里清楚自己能够胜任这份工作,同时相信也会受到很好的指导。另外,她的老板——该区域市场经理史蒂夫·卡特(Steve Carter)对她的工作也非常支持。然而,其他人对她则十分冷淡。有位同事笑着拍着她的肩膀说道:"恭喜啊!真希望我会成为有希望的候选人。"

安妮负责同一城市两个区中的一个区的工作。她的同事哈里·雷诺兹(Harry Reynolds)则负责另一个区。哈里·雷诺兹比她大二十五岁,他在顶峰公司工作已经二十多年了。很多人都说用"老男孩"来形容哈里最贴切不过。平日里他总是很温和,但是一旦有人妨碍他做事时他就会立刻火冒三丈。安妮试图与他保持积极友好的工作关系,却发现他总是傲气十足、咄咄逼人。

一天下午,当安妮、哈里和他们的下属讨论市场计划时,矛盾终于爆发了。起初,安妮和哈里只是意见有些分歧,但彼此都还很礼貌。后来,安妮的一名下属马克极力支持安妮的观点,这时哈里就开始不断地反驳他。安妮看出马克很沮丧,但令她感到吃惊的是马克后来居然愤怒地对哈里说:"如果你听别人的意见而不是一意孤行,并且在讲话前认真思考一下的话,我们就会取得很大的进展。"哈里听后非常生气,当即宣布休会,然后气冲冲地走了。

一天后哈里打电话要求安妮解雇马克,安妮努力想说服他,但哈里却固执己见。为了避免不如意的结果,安妮将这件事情告诉了他们的老板史蒂夫,史蒂夫也觉得解雇马克有些小题大做,但建议应训斥他一番,安妮对此表示同意,并将这些情况告诉了哈里。

结果,哈里听后再次大发雷霆道:"你要是还想在这个公司继续工作,就最好把那个家伙开除!"安妮冷静地告诉他,马克已经向她做了检查,然而,哈里最后还是说道:"你一定会后悔的!"

三个月后的一天,史蒂夫把安妮叫去谈话,他对安妮说:"我刚刚得知,有人传播谣言,说我提升你是因为我们有私情。"安妮听到后目瞪口呆,心里像是打翻了五味瓶——迷茫、愤怒、惊讶、羞愧、难以启齿。史蒂夫继续说道:"我知道这么做可能有些疯狂,但公司已派私人侦探去调查这件事了。当然,他们没有发现什么,所以暂时将这件事搁置在一旁。但是这件事已经产生了不良的影响。我虽然知道是谁干的,但我们没有任何证据。"

"是哈里吗?",安妮问道。

"除了他还有谁。"史蒂夫回答道。

人力资源结构主要关注于个体与组织之间的关系,但工作中人与人之间的关系也是不可忽视的。管理者要花时间通过谈话和开会等方式来进行沟通,其形式可以多种多样——可以以小组的形式交谈,也可以以委员会的形式来交谈;可以在喝咖啡时交谈,也可以在吃午餐时交谈;可以通过电话交谈,也可以通过网络交谈(Kotter,1982;Mintzberg,1973)。因此,组织中的关系对于个体的满意度和组织的有效性都具有重要的意义。

心理学理论和民间的名言警句都反映了这样一个道理,那就是人的社会需求和交际风格受其早期经历的巨大影响,这些模式很难快速地改变以适应组织的要求。汤姆森(Thompson,1967)等人认为,在官僚社会中社会机构可以很容易地改变人并使他们更好地适应工作环境,比如,学校通常训练学生守时、按时完成任务并且遵守各种规定。然而,在这个方面学校并不总是成功的。组成组织的人多数是受家庭式的、分散经营的小作坊的影响,而这种家庭式的小作坊很少生产标准化的产品。

人只是官僚组织中的一个微小的零部件。人们按其自身的嗜好、兴趣与他人进行交往,而很少考虑到组织的需求。他们会去工作,但又不会只是按部就班地完成任务。他们经常关注于个体和社会的需求,尽管这些需求与正式的规则和要求往往会有所分歧。我们常常会发现,一个项目停滞不前就是因为员工们不喜欢管理者的管理风格;一个委员会发展缓慢是因为每位成员都知道问题所在,但是,每个人都保持沉默;一个学校出现问题往往是因为学校校长浪费了许多时间,去处理那些负责纪律和家长投诉工作却胡搅蛮缠、效率低下的老师所造成的问题;而组织中持久的斗争,往往是由于两个部门领导间的摩擦造成的。例如,在第1章中我们提到的美国中央情报局与美国联邦调查局几十年的紧张关系就是由于J·埃德加·胡佛和比尔·多诺万之间的私人恩怨所导致的。

在本章一开始,我们先来看看工作中有效的和无效的人际关系的几个基本来源,我们将考察个体为什么往往会忽视在人际关系中表现出来的自我防御行为,阐述有关人际关系能力和情商的各种理论,并且解释它们如何对工作中的人际关系起到有力的推动作用。另外,我们还要探索一下了解个体风格差异重要性的方式,最后,我们将讨论群体和团队如何有效运转(无效运转)的关键问题——角色、规范、冲突和领导。

8.1 人际关系动力学

与生活中一样,在组织中与人交往,也都伴随着极大的快乐和忧伤。有3个问题常常萦绕在管理者心里:
1. 在人际交往中真正发生的是什么?
2. 为什么别人总是固执己见?
3. 我应当怎样做?

这些正是安妮·巴雷塔遇到的问题:她与哈里·雷诺兹之间到底发生了什么?真的是他在散布恶毒的谣言吗?如果是这样,那是为什么呢?她应当如何与这样一个恶毒的、难以相处的家伙交往？她能和他谈谈吗？她都有哪些选择？

有些人认为，问题是显而易见的：哈里憎恨这个年轻的、少数民族的女性与他平起平坐，尤其是当她反对解雇马克时，他的这种憎恨就变得更深了，于是哈里选择采用这种偷袭的方式来报复。这个案例与很多其他有关男性控制和侵害女性的案例相似（Collinson,1989）。在这种情况下，安妮或其他女性该怎么做呢？是忍耐，继续面对更大的问题吗？如果进行对抗，从长远来看是有益的，但是采用这种行为的女性，通常会被认为是捣乱分子（Collinson,1989）。安妮应该在哈里打倒她之前把他打倒吗？如果她这样做的话，那么可能会挑起一场没有赢家的战争。

人力资源专家们同意权术动力学（Political dynamics）的观点，但同时又提出了一些建设性的意见。阿吉里斯（1962）强调"人际交往能力"是管理者所应具备的基本技能之一。他认为管理者的有效性常常被很多因素所破坏，如过分的控制、过度的竞争、情感不和睦、无视别人的建议或者忽视自己的影响。

8.1.1 阿吉里斯和舍恩的行为理论

阿吉里斯和舍恩（1974,1996）对人际交往有效性问题进行了更进一步的研究。他们认为个体行为是由不同的个体行为理论所支配的，个体行为理论主要有解释行为和引导行为两类主要假设。阿吉里斯和舍恩对这两种理论进行了区分，一种是信奉的理论（Espoused theories），是个体在试图描述、阐释或预测自己行为时所采用的理论；另一种是实用的理论（Theories-in-use），具体指导人们究竟该做什么。实用理论是一种暗示方法或规则，它具体排列出人们应该如何行动的各种方法。

阿吉里斯和舍恩发现，这两种理论之间存在重大的分歧。管理者的自我描述通常与他们自己的行为不相关。他们一般认为自己的行为是理性的、开放的、关心他人的、民主的。但却没有认识到，他们的行为是具有竞争性、控制性和自卫性的。这种盲目性非常普遍,原因在于大多数管理者在人际交往中都采用的是一种自我保护的模式,特别是在处理令人尴尬、具有威胁的事件时,这一点表现得更为明显。阿吉里斯和舍恩把这种实用理论称为模式Ⅰ(见表8.1)。

模式Ⅰ假设。在模式Ⅰ中隐藏着这样一个核心假设,即组织是一个很危险的地方,在这里你必须学会自力更生,否则就会被别人所控制。

表8.1 实用理论模型Ⅰ

核心价值 (可控变量)	行动策略	行为结果	学习结果
制定并达到目标	单方面的设计和管理环境	你将被视作保守的、矛盾的、恐惧的、自私的	自我封闭(你将无法得知你行为的负面后果)
实现成果最大化和损失最小化	掌控与你利益相关的一切	你在人际关系中设置了防御	单循环学习(你对自己的核心价值和假设没有提出质疑)
尽可能地不产生或流露出消极的感情	单方面保护自身(避免遭受批评、不安和攻击)	你增强了防御措施(不信任他人,避免冒险,符合规范,产生敌意等)	你在私下里而非公开地检测你的假设和信仰
保持理性	单方面地保护他人免遭困扰和伤害(隐藏坏消息,阻止私人会面等)	关键性措施无法得以商讨	下意识的共谋使你们无法通过学习保护自己和他人

资料来源:改编自阿吉里斯和舍恩(1996),p.93.

1. 假设问题是由其他人引起的。哈里认为他的问题是由迈克和安妮导致的;而迈克犯上,安妮保护他。安妮从她的立场出发谴责哈里偏激、无理。这是模型Ⅰ核心部分的基本假设:"我没问题,是他(她)的错。"只要问题是他人的过失,那么需要改变的将是他人,而非自己。

2. 形成个体单方面的诊断和解决方式。哈里形成的个体诊断及解决方式是:安妮应当解雇迈克,如果安妮拒绝,哈里无疑会采取另一个更为秘密的策略,即背着安妮搞垮她。

3. 既然别人是问题所在,那就从别人开始改变。可以应用1个或多个以下3方面的基本战略:理智、客观地进行说服(表明你自己的出发点);间接进行影响(安抚、询问关键问题所在、操纵别人想法);直接批评(直接告诉别人她错在了哪里,并应该怎样改正)。哈里开始试图理性说服,后来转向了直接批评,如果史蒂夫的论断是正确的,那么哈里最终还会寻找托词或暗中破坏。

4. 如果另一个人进行反抗,或者进行防卫,这就说明另外一个人是问题所在。安妮拒绝解雇迈克,正是证明了哈里对于问题的预测,她是一个无效的惹麻烦的人。

5. 通过加强压力、保护或者批评另外一个人,作为对反抗的反应。当安妮进行反抗,哈里给了她更大的压力,安妮并没有解雇迈克却努力地想使哈里平静下来。哈里清楚地认识到安妮不会像他期望的那样去做的,最好的解决方式就是暗中破坏。

6. 如果努力没有达到效果或者不如预期的成功,你会认为是别人的错,而不会归咎于自己。哈里对安妮和迈克没有取胜,他就在背后对安妮名誉进行诋毁。殊不知,在这个过程中,他自己的名声也会受损,每个人都遭受了损失。但是,哈里也许永远不会意识到他自己错在哪里。这个事件可能会给哈里的同事们留下这样的印象,哈里是喜怒无常、不好惹、不宜相处的一个人。形成这样一个认识以后,肯定不利于哈里日后的升迁。但是,哈里可能依旧认为自己是正确的,而安妮才是错误的,因为没有人愿意面对像哈里那样暴躁的一个人。

模型Ⅱ假设。由模型Ⅰ假设所导致的结果是浪费精力,紧张的人际关系,还有决策过程中的恶性循环——所有这些都是可以

预测到的结果。在安妮当时的状况下还可以采取什么样的措施呢?作为备选,阿吉里斯和舍恩(1996)建立了模型Ⅱ:

1. 强调共同目标和相互影响。即使是在像安妮那样困难的形势下,共同目标也是存在的。安妮和哈里都期望变得更加有效,而不是互相攻击带来的破坏。有时,每个人都需要帮助并在互相帮助之中找到共同利益。为了强调共同利益,安妮可以问哈里,"我们之间最后需要什么样的关系?我们是想保持一种仇视状态吗?如果我们共同努力的话,我们是不是都会得到更好的结果呢?"

2. 坦率地交流,公开证实自己的猜测。模型Ⅱ认为安妮应通过直接与哈里交谈以证实她的猜想。她认为哈里故意造谣,但对此并不十分肯定。另一个未得证的假设是,如果她面对哈里,哈里将会撒谎。例如,安妮可以说,"哈里,有人给我和史蒂夫造谣,你所听到的谣言是怎样的,它是如何开始的?"尽管很多经理人将率直视为唐突的和冒险的,但模型Ⅱ认为安妮所得到的大于她所付出的。即使万一她没有弄清真相,她也让哈里明白了她看穿了他的把戏,并且不怕与之对抗。

3. 将辩护与调查结合起来。辩护包含与个人所想、所知、所需及所感相关的陈述。调查试图了解其他人的所想、所知、所需及所感。图8-1是一个关于辩护与调查关系的简单模型。

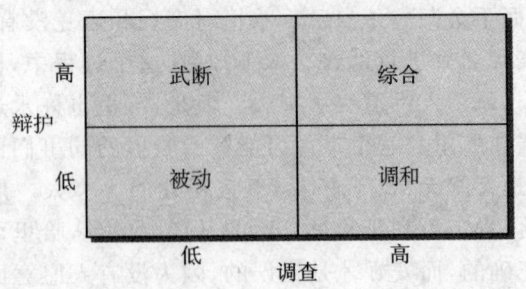

图8-1 辩护与调查

模型Ⅱ强调辩护与调查的整体性。它要求经理人坦率地表达他们的想法和感受，并且积极主动地理解他人的想法和感受。哈里关于安妮解雇迈克的要求将高辩护与低调查相结合，在表明对她的观点不感兴趣的同时告诉她自己所需。这种行为最好情况下会被视为过分自信的，最糟情况下会被视为傲慢自大的，安妮对辩护与调查的反应都很低。

模型Ⅱ建议安妮将辩护与调查结合起来，进行一次开诚布公的谈话。她可以告诉哈里自己的想法和感受，同时证实自己的猜测，并了解哈里的想法，然后从中找到解决问题的办法。这是一个困难的学习和实践过程。公开意味着冒险，因为当一个人心情复杂、不舒服、恐惧时，很难有效果。当你确信可以应对别人的反应时，事情就变得简单起来。安妮能否面对哈里在很大程度上取决于她的自信心和自身技巧。信心可以使自己达到目标。如果你告诉自己，敞开自己很危险，你不希望与难于打交道的人来往，你可能是正确的，但是一个更为乐观的估计可能会使自己达到目标。

自我保护的危害。当经理人感到不情愿时，他们将会转而进行自我保护。他们会整日批评与攻击别人，加强伪装与欺骗（Argyris 和 Schon，1978）。感觉不放心，他们会进行伪装以掩饰自己内心的不安，为了避免别人察觉，他们会在伪装之上加上托词，但这种做法往往会使自己产生更大的不确定性，增加模糊性，更不易察觉错误。结果，一个组织往往坚持每个人私下都认为是错误的目标，没有人愿意去做那个说出真相的人。谁愿意去做个坏消息的传播者呢？

结果经常是灾难性的，因为重要的信息大多数不会传达到需要信息的决策者那里。在许多事先已经精密计算却仍旧发生的飞行灾难中，当副驾驶员认为机长做出错误决定的时候，没有选择直接阻止；相反，他用隐晦的语言提示机长。在每个例子之中，机长都错过了有价值的信息。也许，副驾驶害怕惹恼上司，或者，他并不确定机长是错误的。无论如何，错误都是灾难性的，更直接的交流不会使事情变得更糟而可能拯救飞机、拯救乘客及整个机组。

一些类似的问题在众所周知的安然破产案例中有所体现。

2000年4月,安然公司仍然保持着飞快的增长速度,至少在公众眼中是这样的。当时安然的主席兼首席运营官杰弗里·K·斯基林面对摄像机热情洋溢地讲道,他坚持认为公司的企业文化将推动安然公司由世界上最大的能源交易公司变为世界上最大的公司。斯基林先生详述了安然公司的核心理念——尊重、交流、卓越和真诚,他说:"人们有责任表达不同的意见。我的意思是指,比如我在第50层办公,对下面的情况我可以说是一点也不清楚。如果你遇到什么问题那就讲出来。如果你不讲出来,这将十分不利于问题的解决"(Dewan,2002,pp. C1,C7)。

斯基林讲的话听起来不错,可是他却被他的下属称为一个黑暗的入侵者(Darth Vader)式的魔王,他制造了一个残酷竞争、恐怖的工作环境,并且对任何不符合他个人意愿的建议充耳不闻。"2001年末安然倒闭后,一位采访者——弗吉尼亚大学的教授罗伯特·F·布鲁内(Robert F. Bruner)说,斯基林'非常温和',但后来人们逐渐看清斯基林并没有像他说的那样去做"(Dewan,2002,p. C7)。

8.1.2 萨罗维和梅耶的情商理论

阿吉里斯(1962)所谓的人际交往能力源于1920年桑代克(Thorndike)对社会智力进行的定义。社会智力是指"了解人们的想法并懂得如何在人际交往中采取明智行动的能力"(p. 228)。萨罗维和梅耶对桑代克的理论进行了提升,提出了情商这一概念,并指出它包括个体对于自我和他人的意识及处理人际关系及个体情感的能力。萨罗维和梅耶发现,那些在这些能力方面得分高的个体,能够准确地察觉、理解并评价别人的情绪,从而对其所处的社会环境具有更强的应变能力并能建立有效的社会关系网络(Cherness, 2000; Salovey, Bedell, Detweiler, Mayer, 1999)。20世纪90年代早期,丹尼尔·戈尔曼(Daniel Goleman)在他的畅销书

《情商》中推广宣传了萨罗维和梅耶的理论。

管理畅销书:丹尼尔·戈尔曼,《情商》(纽约:Bantam,1995)(Daniel Goleman, *Emotional Intelligence*, (New York: Bantam, 1995))

虽然并不是丹尼尔·戈尔曼提出情商的理论,但他却使得这一理论得以推广。他的畅销书《情商》关注的重点虽然是放在孩子和教育问题上而不是工作上,但是这本书仍然吸引了无数管理人士的目光。它与作者的其他两本书被《哈佛商业评论》的文章引用2000年出版的《解开情商之谜》,与安妮·麦基(Annie Mckee)和理查德·E.博亚特兹斯(Richard E. Boyatzis)合著的于2002年出版的《领导的要旨》。这两本书重点阐释了领导与工作的情商问题。戈尔曼的基本观点是情商比智力(或智商)更为重要,它往往决定着管理者的不同绩效,对那些高层管理人员尤其如此。

在《领导的要旨》一书中,戈尔曼,麦基和博亚特兹斯(2002)把情商分为四个维度:其中两个维度是组织内部的,即自我意识和自我管理;另外两个维度是组织外部的,即社会意识和人际关系管理。自我意识包括个体的感觉和对他人的影响。自我管理从广义上包括一些积极的心理特征,包括情感的自我控制、真实性、适应能力、成就动机、主动性和乐观主义。社会意识包括移情(认同和理解别人的想法和感情)、组织意识(对人际关系网络的敏感度)和服务意识。第四个维度——人际关系管理包括激励、影响、使他人成长、促进变革、管理冲突和团队合作。

对于戈尔曼的书,批评家们提出两点质疑:(1)该书没有独到之处,只是旧理论的提升和一些简单的常识;(2)戈尔曼较好地解释了情商的重要性,但在提出提高情商的可行性建议方面做得不够。这两点批评是有一些道理的。戈尔曼从萨罗维和梅耶那里借用了情商一词,而智力有多种形式这一思想是由哈佛大学的霍华德·加德纳(Howard Gardner,1993)和耶鲁大学的罗伯特·J.斯腾伯格(Robert J. Sternberg)更早提出的。《首要的领导力》一书中提到的有关情商的分类（激励、团队合作等等），看起来像是过去十多年中有关领导的著作中的陈词滥调。尽管戈尔曼是在用一些"新瓶"装"陈酒"，但由于其独特的组织方式，这些"新瓶"仍然广受欢迎。他为人们提供了一种分析问题的思路，认为智力和社交能力对组织成功具有相对重要性，并且使用极具说服力的案例证明高智商低情商的管理者对自己以及与其工作的同事而言都是一种危险。

由于个体的人际关系是日常组织生活的中心要素，所以人际交往能力和情商是非常重要的。很多组织变革的失败不是因为管理者意图的错误和虚伪，而是因为他们不能把握实行变革的社会挑战。常见的弥补措施，如提高员工素质、流程重组和建立自我管理的团队等，常常因人际间的误解和难以沟通而陷入困境。不久前，一个制造工厂发起了一次"质量第一"运动。一位年轻的管理者被派去管理她所在工厂的质量团队。一开始，她和她的团队工作积极性都很高。可是，工厂管理者每次参加这个团队的会议，都认为他们提出的建议是不切实际的、没有可行性的。因此，团队的热情很快就消失了。那位工厂管理者认为他的职责就是四处巡视并发号施令，而这位女负责人却过于胆怯，不敢指出管理者的专断与无礼。

8.2 管理风格

阿吉里斯和舍恩的关于行为理论的著作和萨罗维和梅耶的关于情商理论的著作都强调了在忽视个体前提下影响工作有效性的共同因素。他们认为一定的理解和技能对每个人都有所帮助。研究的另一个方面主要关注个体在性格和风格上的不同。有一个经典的实验（Lewin, lippitt, White, 1939），研究者通过调查多个男孩俱乐部，来比较专制型领导、民主型领导和放任型领导。他们发现领导风格对组织的生产效率和士气有着巨大的影响力。在专制型领导下,被调查者生产效率较高但却无精打采、依赖感强并且感觉沮丧。放任型领导则会导致员工的迷茫、迷失目标。被调查者都倾向于民主型领导,因为民主型领导能创造出积极愉快的工作氛围。

随后,很多其他研究者对工作中的领导问题进行了研究(这些研究大部分被总结回顾,Stogdill,1974;Bass,1981,1990)。弗莱希曼和哈里斯(Fleishman and Harris,1962)进行了一系列的相关研究,主要集中于两个维度或两种风格:关怀(即管理者对员工的关心度和敏感度)和倡导(即管理者在多大程度上积极发挥下属的能动性)。随后有关领导三维度的研究构造了一个更为复杂的模型。领导越是关心体谅员工,员工的更新率就越低、抱怨就越少、旷工率就越低。总的说来,越是有效的主管就越倾向于高关怀和高倡导。利科特(Likert,1961)得出了类似的结论,他指出从长期来看,"以员工为中心"的管理者比那些"以工作为中心"的管理者具有更高的工作效率。

无数的理论、书籍、学术讨论会和测试都致力于帮助管理者定义他们自己和他人的人际交往风格。领导者是内向的还是外向的?他们应该是友好的助手、严肃的斗士还是客观的思考者?他们更像父母还是更像孩子?他们应该是既关心人又关心效率的超级明星,或是只关心人的"乡村俱乐部"式的管理者,或是忽视人的需要和情感而只关心任务的工作狂?(Blake,Mouton,1969)

20世纪80年代,有40年历史的梅耶-布里格斯(Myers-Briggs)类型测试成为(或曾经是)研究管理风格最为常用的工具。这个工具建立在荣格心理学原理的基础上,将管理风格分为四类:内向与外向、思考与直觉、理性与感性、观察与判断。在对这些类型进行评价打分的基础上,这种工具将管理者的风格分为16类。在梅耶-布里格斯方法中隐含着一个中心假设,就是每种管理风格都有其各自的优缺点,没有一种管理风格可以说比其他管理风格优秀。第二个关键假设是如果个体能够理解和接受自己和其他同事的风格的话,人际关系就不会那么使人迷茫、令人沮丧了。

例如,本书作者中的一位,也可能两人都是,属于 ENFP 型(即外向、直觉强、感性、善于观察)。ENFP 型的优点是待人热情、品德高尚、充满智慧、想像力丰富。但是他们讨厌规章制度和等级制度,做事难以善始善终。他们的办公桌上通常都是一团糟,喜欢无组织状态,对于细节性的问题毫无耐心并且不喜欢做计划。我们中的一位曾与一位 ISTJ 型的人(即内向、爱思考、理性、判断力强)共事,这个人严肃、不多讲话、实干、可靠。两人的任务是管理一个教育项目,但刚开始两人的关系就出现了问题。这个 ISTJ 型的管理者出席会议时带了一份详细的议程和一份可靠的记录,而她的 ENFP 型的同事则只是热情洋溢地提出了几个模糊不清的建议。在要做决定的时候,这个 ISTJ 型的管理者仔细记下了他们两人的任务,而那个 ENFP 型的管理者则只是随便在纸上潦草模糊地写下了几个要点。她将会按时去做每一项工作,而他则常常会把记录乱丢、拖延工作、只是去做他记得的事情或他认为重要的事情。对于他的无组织、无纪律性,她感到再也无法忍受,甚至在想他是不是故意在挖她的墙脚,而他却为她的一板一眼所恼火。两人的关系近乎破裂,幸亏后来他们交流了各自的梅耶-布里格斯风格,并且认识到两个人都需要另一方的不同来相互弥补。

在学院派心理学家中,梅耶-布里格斯方法并不流行,他们中大多数人更喜欢有关性格的"大五"模型,因为这一模型有更强的理论支持(Goldberg, 1992; John, 1990)。正如名字所蕴含的那样,这一模型把人的性格分为五类,其具体名字因作者的不同而不同,但一般包括外向(喜欢与人交往)、和蔼(善于与人相处)、敬业(做事井井有条、工作努力)、神经质(难以控制自己的消极情绪)以及开放(喜欢冒险和创新)。然而,若要广泛推广"大五"模型有其弊端。与梅耶-布里格斯方法相比,它的维度表现出更高的价值判断,很难说不和蔼、神经质就不如和蔼、不神经质好。此外,一些名称(如神经质)似乎更适合心理学家的口味。

尽管把管理者都变成业余心理学家存在弊端,但这样做有助于两者找到共同语言,从而更好地理解复杂多变的个体风格。如果管理者意识不到自己的风格,他通常需要从别人那里了解它。当然朋友和同事是更好的了解渠道,但利用类似于梅耶-布里格斯方法这样的测试工具也是一种不错的方式。

8.3 组织中的团队

安妮·巴雷塔的案例表明,甚至处理好两个人之间的关系也并非易事。对于管理者来说,由于他们多数时间是在团队中,所以他们面临的挑战就更大。如同在第5章中我们所提到的,团队有多种形式:有常设委员会、任务小组、项目小组、董事会、教授委员会、顾问组以及各种小团体等。无论是何种组织形式,团队工作总是存在挑战,甚至有时会令人感到沮丧。有些愤世嫉俗者诙谐但带有偏见地调侃这些组织为:"诱发出思想再悄无声息地扼杀它的死胡同。"或者"是由不恰当的人选出的不情愿地去做无用的事的一群人。"过去痛苦的经历使得许多管理者得出这样的结论:团队工作几乎都存在低效率,并且会挫伤士气。尽管如此,即使再反感团队工作的人也会经常提起至少一次的成功经历。

事实上,团队既有资产也有负债(Collins and Guetzkow, 1964; Hackman, 1989; McGrath, 1984)。团队比起个体来说,具有更多的知识储备,更广阔的视角以及时间和精力。团队工作通常能促进成员间的交流,并可提高成员对决策的接受能力。但是,团队可能会对社会压力或个体独裁的反应过激,极易陷于低效状态,或者使团队成员屈从于团队的整体目标(Maier, 1967)。

团队工作可能会令人感到愉悦,也可能会感到糟糕;可能是高效的,也可能处于停滞状态;可能给成员带来压抑感,也可能令人感到自由;可能是保守的,也可能极具创造力。但无论什么状况,团队在现代组织中都是必不可少的。团队工作能解决问题,作出决策,协作共事,信息共享,引导全员参与并调节各种分歧(Handy,1993)。随着现代组织逐步脱离等级制的合作方式,在自我管理组织、质量循环小组和由信息技术联结起来的虚拟组织中,团队的作用正变得日益重要。

团队进行两个层面的运作:第一层是外显的、有意识的,主要集中于对任务的管理;第二层隐含在过程当中,强调团队的维护和成员间的动态均衡(Bales,1970;Bion,1961;Leavitt,1978;Maier,1967;Schein,1969)。很多人仅仅看到了团队无序的一面。有见识的人则能看到更多。团队就像现代艺术,是复杂而精妙的,几个基本的维度能够使人在混杂无序中理顺其间的关系。在团队的运作过程中我们关注四个核心问题:非正式角色、非正式的规范、人际关系冲突、领导及决策的制定。

8.3.1 非正式角色

与大型组织相同,一个小规模团队中的个体与团队间的和谐是人力资源关注的焦点。组织结构强调正式角色的重要性,这一般是由职务和工作性质所决定的。在团队中这种正式角色变得非正式化或者被弱化,同时伴有更为明确的任务划分。一支团队的角色系统非常重要,对任务角色的正确划分有助于工作的完成,并且可以实现对个体资源的最佳利用。但是如果没有一系列相应的非正式角色,团队成员就会感到不满和沮丧,这将导致他们工作低效,或导致分裂。

每个工作团队都需要明确的任务角色划分,以便团队成员能各司其职。角色的划分通常都随着任务的完成而发生变动。如果能够实现人尽其才,团队的工作会更为有效。团队成员有不同的兴趣(比如有人倾向于做调查而不愿从事文字工作)、技能(有人善于书面交流,而有人善于面谈)和不同的热情度(有人对所接受的任务一丝不苟,而有人则拖泥带水)。比如把一份报告的定稿任务交给一个笔功拙劣的员工,或者让一个最不能信任的员工承担高级行政职务,这都是非常危险的。

每个团队成员都期望找到自己适合而满意的职位。以一个由三人构成的工作组为例。凯伦,工作组成员之一,在感到自己有影响力并引人注目时便会非常兴奋;而鲍勃宁愿沉默寡言和不惹人注意;特里萨则只有在感到受重视时才会参与其中。在任何新团队的运行初期,成员通常都会无意识地对其所期望的职务进行暗示。在第一次会议中,凯伦十分投入,主动、卖力地推销自己的见解;特里萨只是微笑,赞扬别人并提出问题,并表示希望所有的人都能和睦相处;鲍勃只有在别人直接对他提出问题时才会讲话,而其他时间都只是安静地观看。

如果这三个人都安于现状,一切都将会顺利发展。凯伦满意鲍勃做一名听众,而鲍勃也乐于做凯伦的倾听者;特里萨感到凯伦和鲍勃都喜欢她时就会心满意足。但是如果这时一个爱出风头的家伙——托尼(Tony)加入这个团队,就会与凯伦发生冲突,这就为团队中已有的关系埋下了隐患。现在假设又有一名新成员,苏珊,加入团队并且担负起协调成员关系的角色。如果她能继续让凯伦充分表现自己,令特里萨感到受到大家的喜爱,托尼能够感受到自己对团队起到了巨大作用,并且仍然留给鲍勃一个私人空间,所有人都会感到满足,这时团队的工作效率也会依然保持较高水平。

有的团队拥有丰富的物质资源和和谐的人际关系网,但并非每个团队都会如此幸运。这些团队在智力、技能和创造力方面都存在局限性,在其内部虽能相当融洽但也存在着潜在的冲突,他们所面临的问题是在减少负债所产生的负面影响的同时,增加资产。但是很多团队往往未能意识到这个问题,或者意识到了却有意回避,结果只会后院起火。这会困扰团队的成员并影响他们的正常发挥,而在危机凸显时,每个人都如坐针毡。

通常,问题越早解决就越利于工作的进展。一家大的顾问公司通过对"契约型组织"(这种组织是为进行新项目而建的)的组建过程加以引导,极大地提高了它的效率和士气。团队成员讨论他们所期望的职务,团队应如何运作,以及每个人应作出多少贡献。最初,很多人怀疑团队建设只是浪费时间、裨益甚微。但是事实上,在团队建设初期多花些时间,对于组织未来效率的提高大有好处。

如果缺乏这种良好的团队建设方法,将会给组织带来灾难性的后果。在第2章中我们讨论了"误击"事件,讲到美国战斗机在伊拉克上空误击了两架自己的直升机。事后的调查主要集中在驾驶员身上(因为他的错误判断使飞机被击落),同时对机载报警与控制系统没有正常工作(飞机驾驶员没有获得表明己方飞机就在附近的任何信息和警告,尽管控制人员知道这个信息)进行了调查。斯努克(Snook,2000)将这种不作为归因于弱的团队建设。尽管所有的个体都经过了严格的特训,知道各自的工作,但是作为一个工作团队却不知道该做些什么。在正式进入伊拉克以前,这个团队曾在仿真条件下进行了两项模拟任务演习,但是由于最后一刻的任务,他们仅仅完成了其中的一项。完成的这一项也是依赖过时的信息,而且团队四个主要领导中的三个当时都不在。因此,这个团队中的一些人接受了只有规定的"速成"训练一半的训练,而整个团队作为整体则从未训练过。

8.3.2 非正式团队规则

每个团队都有其赖以生存的非正式的规则——这些规则左右着整个团队的运作以及团队成员的自我管理。我们曾经在一次野营中观察相临的两个家庭。这两个家庭表面看来是十分相似的:家庭由两个成年人和一个幼小的孩子构成,他们都来自于加利福尼亚州。但是如果做进一步的观察就会发现,这两个家庭有着风格迥异的不成文的规则。A家庭奉行"做好自己的事情"。每个人都在做自己想做的事,并没有人投入更多的精力去关注其他人在做什么。他们两岁大的孩子一直在绕着露营地瞎逛,直到他摔下了一个15英尺高的筑堤。他就坐在那号啕大哭,还是一名教授在权衡过干涉别人家事务的利弊后,最终把他从里面解救了出来并送回到他的父母身边。而在那时这对夫妇似乎根本没有意识到他们的孩子刚刚还是处于危险之中。

与前面的家庭 A 恰好相反,B 家庭遵循的是一种相互依赖的高效的原则,整个家庭就像是一台处处润滑良好的机器。所有成员都在为一项共同任务而努力,每个人都扮演着他自己的角色。就像参加军事训练的军人希望快速准确地做好准备以备出发,在这个家庭中,甚至连他们三岁大的孩子都在热情高涨地完成着他目标极为明确的任务。

任何团队,包括家庭在内,都有一系列非正式的规则在指引"我们应当如何完成手头的任务"。而最终这些规则就成为了一种习惯,它们会被视为一种约定俗成的社会现实为人所接受。A 家庭的家长就十分羡慕 B 家庭,他们对有些问题百思不得其解:"他们是怎样让他们的孩子也能参与到其中的呢?我们的孩子永远都不会!"

规则形成得越早就越是有效。如何才能做到有明确的任务指引,高效地完成工作?怎样才能使工作过程更加愉快而充满乐趣,并且能够兼顾其他人?是否应该对所有的会议都充分关注,还是应该更精于变通?人们是否必须严守时间,否则就会对制度的整体造成破坏?如果某个成员未能完成他的任务,我们是应该就此否定他还是应该给他适当的鼓励让他做得更好?我们是应当用激烈的争论来解决问题,还是应该谦虚谨慎学会自制?这些问题都会从团队的规则中找到答案。

8.3.3 团队内部的人际冲突

在团队生活中,个体间的冲突极易滋生弊端。成员间的矛盾既影响整体的进步又浪费时间,轻者使人不悦,重者则会令人感到痛苦。有的团队会因小的冲突而进步,但更多的却会因此而产生目标、理念、偏好甚至信仰上的分歧。团队规模越庞大、构成越复杂,就越容易产生冲突。

一个团队如何才能克服人际冲突？模式Ⅰ中的经理更多的依赖这样两个策略:"平息纷争"(pour oil on troubled waters)和"胜者为王"(might makes right),但是这样做的结果就是事态只会沿着更糟的方向发展。"平息纷争"策略将这些冲突视为应当不惜一切代价来避免的事情:轻视它,忽略它的存在,尽量使矛盾缓和,甚至想办法掩盖。比如说,假设托尼认为这个团队需求一个领导者,而凯伦却说领导者会在团队中形成独裁。这时特里萨作为和事佬可能就会说:"我认为我们在根本上是在谈论同一个问题"或者说"我们可以以后再讨论领导者的问题。现在我们为何不试着从对方身上发现更多的优点呢?"

如果这只是暂时出现的或者并非本质性的问题,这种缓兵之计可能会奏效。在上面那种情况下,随着冲突双方对此事的态度的缓和,矛盾可能就会自行消失。但是在团队生活初期暴露出来的矛盾,在以后的时间里可能会呈现一种反复被激发的态势。如果这种缓兵之计失效,冲突再次出现,另一种应对的态度就是"胜者为王"。如果托尼意识到了他与凯伦之间的冲突,而他又采用模式Ⅰ中的思维方式,他就会有如下反应:我们的意见不统一,我的观点显然是正确的,凯伦才是问题所在。基于这一点,若要使工作能够顺利进行,就必须改变她的观点。托尼可能会想尽办法来改变凯伦的看法,他可能会尽力说服她相信他的方法才更为有效;他可能会让团队中的其他成员支持自己的观点,以此来给凯伦施压;他还可能会委婉或直接地指责她。但是,如果凯伦也认为自己是正确的,是托尼的观点存在问题,矛盾就会被激化了,而这样做的结果只会是对双方都造成伤害。

如果模式Ⅰ是一种高成本的化解冲突的方式,那么一支团队到底可以采用什么措施才能更好地解决问题？以下是几条行之有效的建议。

1. 培养技能

第8章 人际关系与团队动力学　　**199**

越来越多的组织都意识到,团队若要实现高效运作,很大程度上依赖于团队中个体对事物的理解能力及其所采取的行动的有效性,这些能力,比如倾听、交流、解决冲突以及营造和谐的氛围,都是构建一支高绩效团队所必备的因素。

2. 形成共同理念

一支团队经常会疏于花时间来统一目标和将要执行的程序,行为带有盲目性。但是随后的运作过程经常会受到这些未决事项的影响。团队生活中,充分理解并接受基本的目标和程序,是面临难以避免的压力和突发事件时,保持凝聚力的最有力的武器。

3. 发掘共同利益

在团队成员的观点不是十分统一的情况下,如何才能在整支团队中形成一种共同的理念?这个问题有助于进一步回答:"我们的凝聚力到底在哪里?如果我们对目前出现的事情都难以达成共识,我们怎么会在更广阔的领域里取得一致意见?"如果托尼和凯伦在是否需要领导者的问题上都存在分歧,他们在其他问题上会取得共识吗?可能双方都只是想把事情做得更好。发掘共同利益使对分歧的协商变得更容易。记住"很多时候共性植根于差异"(Lax 和 Sebenius,1986),对解决问题也很有帮助。凯伦希望抛头露面与鲍勃希望隐居幕后是一致的,而相反,相似(比如当凯伦和托尼都想成为领导者)却往往是矛盾产生的根源。

4. 试验

如果托尼坚持认为这支团队需求一名领导者(比如他自己),而凯伦同样坚信没有这个必要,这支团队就会陷入无休止的争论。苏珊,这支团队的社会专家,可能就会进行这样的一个试验:既然凯伦和托尼的意见相左,我们如何才能收集更多的信息以利于团队的决策?我们是否可以召集两次会议,一次由领导者来主持,而另一次没有,看看究竟会发生什么事情?

做这样的试验可以说是解决争端的一种有效的方式。它既可以打破僵局,又可以不损害任何一方的声誉或者让某一方承认失败。冲突双方可能不会妥协于任何其他的因素,但是却必须认同试验的结果。更为重要的是,在此过程中他们可能会从一个崭新的更为有效的视角去看待这个问题。

5. 怀疑自己

这是本杰明·富兰克林(Benjamin Franklin)1787年给他的即将去参加美国制宪会议的同僚们的建议:"随着年龄的增长,我经历了多次这样的事情:由于获取了更充分的信息,并经过深思熟虑,在有些问题上,甚至是十分重大的问题上,我都改变了自己的观点。所以我年龄越长,就越怀疑自己的判断,就越重视其他人的判断。"(Rossiter,1966)

团队里总会存在不同的资源、观念和观点。一支团队如果把这种多样性视为一项财富或者一种学习的资源,那么就很可能在对差异进行讨论时取得卓有成效的成果。在讨论的时候,一支由五个成员构成的团队可能会在相互学习的过程中成为五个老师,也可能会在相互抱怨的过程中成为一群乌合之众。与此同时,只要有一个人想到:"我们就一定不会犯错误吗?我们是否已经充分领会了其他成员的意图?"事情就会完全不同。

6. 将解决矛盾视为团队的整体责任

如果托尼和凯伦处于冲突状态中,团队中其他的人很可能会袖手旁观。但是每个人都搭乘的是同一辆社会列车,如果列车运行偏离了轨道,每个人都会遭受灭顶之灾。虽然凯伦和托尼之间的争执反映的是他们的个人观点,但争论的焦点却与所有团队成员息息相关。领导权问题关系到每个成员,不只涉及凯伦和托尼两个人。

8.3.4　团队中的领导和决策

所有团队最终都必须解决领导权的问题:"我们应该如何驾驭这条船,特别是在恶劣的天气条件下?"在这个问题上很多团队经常不能收放自如,时常会由于这样的问题而感到困惑:"我不能确定究竟应该朝何方努力"或者"我们讨论了一个小时却没有取得任何进展"或者"有人知道我们在讨论什么问题吗?"

领导的职责之一是帮助团队培养一种共担责任的意识,否则团队就会处于无组织状态,或者朝着与团队成员期望相悖的方向发展。尽管领导是非常重要的,但是却不能仅仅来源于一个人。单一的个人领导一般只是关注于责任及对此进行说明。而且,同一个体在不同的情况下其效率是不同的。因此,团队往往通过分担和灵活的方式,以及经常性的思考"在这种情况下谁是最适合的领导?"这一问题来更好地完成工作。卡岑巴赫和史密斯(Katzenbach&Smith,1993)发现,高绩效团队的一个关键特征就是,通过实现领导者分担具体工作、团队成员分担领导职能,来使团队成员共担责任、相互鼓励。

不论是分担的领导还是个人的领导,领导在提高组织效率和个体满意度方面都发挥着重要的作用。梅尔(Maier,1967)发现,过度控制的领导或组织基层都易于导致挫折和低效率。而优秀的领导者则对任务及其执行的过程都是非常敏感的,他们在管理这两者时能够积极地支持其他人。高效的领导能促进团队成员间的相互沟通和共担工作,然而低效的领导则只是在努力控制组织成员并传达自己的观点使他们接受。

8.4 结论

员工被雇佣主要是为了工作,但其毕竟具有自身的社会和个体需求。而且,在组织中他们会花费大量的时间与他人沟通,不论这种沟通是一对一的方式还是以团队的方式。值得注意的是,个体的满意度和组织的效率在很大程度上与组织内部的人际关系状况密切相关。

个体的社交技巧和能力是在工作中形成良好人际关系的重要因素。阿吉里斯和舍恩认为,每当组织中的人际关系不能很好地推动工作时,它就会起相反的作用。采用实用理论(行为模式)的人强调保护自我与控制他人。阿吉里斯和舍恩发展了一种可选择的有效模式,这一模式强调相互依存和不断学习。萨罗维和梅耶,同戈尔曼一样强调情商的重要性,情商具体包括对自我和他人的意识以及处理个体情感和人际关系的能力。

人们经常谴责团队浪费时间且效果不明显,但是实际上团队是可以同时实现满意和高效的。在任何一个案例中,没有实现这两点的组织是不会有效运转的。管理者需要明白,团队常常在两个层面发挥作用——任务及其执行过程。如果团队追求较高的效率,那么必须针对这两个层面进行有效的管理。在这个执行过程中,团队必须进行有效管理的主要方面包括非正式角色、团队规范、人际关系冲突和领导。

第四篇 权术视角

默想一下"权术"(politics)这个词,你心里会想到什么?所有的权术行为都是积极的或者是消极的么?答案可能是否定的。

虽然来自不同的政党,但是最近两位总统比尔·克林顿和乔治·布什都被人们指责为善用权术。批评者们指出,他们的行为总是出于自身利益和政治压力,而不是为了公共利益。权术和政治家向来为人们所蔑视,被认为是无法消除的罪恶。在组织当中,像"他们在玩弄权术"或者"那都不过是权术"这些话,通常都是一种批评性的。

有一种偏激的观点认为,权术会严重影响个体和组织的效率。从本书的权术视角来看,权术只不过是在资源稀缺、利益不同的背景下,制定决策和分配资源的一种现实的过程。这种观点把权术置于决策的核心地位。

在第9章中,我们介绍了权术框架所包含的要素。在第9章的开头,我们首先以"挑战者号"宇宙飞船的悲剧事件为背景,考察了其背后隐藏的系统动力因素。我们提出权术视角的关键性假设,并且讲述了权力、冲突与伦理这些基本问题。

第10章"作为权术家的管理者"考察了权术的富有积极意义的一面,内容是围绕一个有成效的组织权术家所应具备的基本技能而组织在一起的。这些技能包括:制定议程(setting agenda),规划权术范围(mapping the political terrain),构建网络(networking),建立联盟(building coalitions),以及谈判(negotiating)。我们还讨论了进行道德评判的四条原则:相互性(mutuality),通用性

(generality)，开放性(openness)，人道主义(caring)。在遇到那些棘手的权术问题时，这四条原则可以为你提供伦理层面上的基本指导。

  第11章从个体层面上升到组织层面。组织既是权术斗争的舞台，也是权术活动的活跃的参与者或表演者。作为权术斗争的舞台，组织应当承担的一项重要责任，就是制定游戏规则。作为参与者或表演者，对于处于控制之中的人来说，组织是实现议程(the broad agendas)的强有力的工具。在结尾部分，我们讨论了组织与社会的相对权力。巨头公司将会接管整个世界么？在生产方向上，其他机构会引导或限制它们的行动么？

第 9 章 权力、冲突与合作

2003 年 2 月 1 日凌晨,在顺利成功地完成其太空行动之后,美国的"哥伦比亚号"航天飞机正在返回地球。就在这时候,它出事了。大约有半分钟的时间,舱内充满了各种报警信号——表示大规模系统故障的警报在鸣叫,指示灯在闪烁。在最终爆炸之前,整个飞船摇摇晃晃失去了控制,船舱和机组人员全被炸飞了(Schwartz and Wald,2003; Wald,2003)。

航天飞机的主管方,美国国家宇航局(the National Aeronautics and Space Administration, NASA)立即开始发表马后炮式的评论,并且开始注意安全问题。这令人们想起了 17 年前的一次航天灾难,人们不禁开始质疑航天安全问题。

1986 年 1 月 28 日,太阳刚刚升起,在佛罗里达州(Florida)卡纳维拉尔角(Cape Canaveral),虽然天空晴朗,却非常寒冷。这里的天气与新罕布什尔(New Hampshire)非常接近,克里斯塔·麦考利夫(Christa McAuliffe)曾经是那里的一位中学教师。当机组人员检查"挑战者号"航天飞机时,冰面印入他们的眼帘。前一天晚上,温度骤然下降到华氏 24 度(零下 4 ℃),创下了历史纪录。铲冰小组把所有能除掉的冰都除掉了,气温逐渐回升,但是直到上午 8 点 30 分,天气仍然有些寒冷。当"挑战者号"的七名机组人员登上机舱时,他们还说到过这些冰。麦考利夫是第一位探索太空的教师,当她进入机舱时,有位机械师还递给她一个苹果,她微笑地对他说,先保留起来,等她回来之后再送给她。上午 11 点 38 分,"挑战者号"起飞。1 分钟后,推进火箭发生爆炸。当飞船爆炸时,数百万人通过屏幕看到了这恐怖的一幕。

在发射的前一天晚上,美国国家宇航局与莫顿聚硫橡胶公司

(the Morton Thiokol Corporation)曾经召开了一个紧急电话会议。莫顿公司是挑战者号航天飞机的固体燃料火箭发动机承包商。在电话会议上,聚硫橡胶公司的工程师要求上级和美国国家宇航局推迟发射,他们害怕——在寒冷的天气中,合成的橡胶垫圈会失效,无法密封好发动机的连接处。如果垫圈失效,发动机会爆炸,这是一个非常简单的常识性问题:在寒冷的温度下,橡胶会失去弹性。例如,皮球冻僵了,就无法再弹起来了。同样道理,橡胶垫圈冻僵了,就无法起到密封作用了。工程师们强烈建议,等天气暖和之后再发射。他们试图提交了一份有说服力的工程学解释,但是他们的报告是非常匆忙地拼凑起来的,那些数据似乎有些模糊(Vaughan,1995)。与此同时,公司领导和美国国家宇航局都面临着发射航天飞机的巨大压力:

13年前,经过一个艰苦的谈判过程,莫顿聚硫橡胶公司赢得了唯一的固体燃料火箭推进器合同,这份合同利润丰厚。一些有经验的观察家发现,其中包含着肮脏的权术(政治)交易。在确定承包商的时候,位于犹他州(Utah)博里汉姆市(Brigham City)的、规模相对较小的聚硫橡胶化学公司(Thiokol Chemical Company)施加了政治影响力。参议院航空与空间科学委员会(the Senate Aeronautics and Space Science Committee)的新任主席、民主党议员(Democratic Senator)弗兰克·莫斯(Frank Moss)和美国国家宇航局新任局长詹姆斯·弗莱彻(James Fletcher)博士,都是犹他州紧密交织的政治体系的内部人士。但是,1985年夏天,莫顿公司的垄断地位开始受到挑战。为了纠正火箭推进器设计上的缺陷,就要推迟火箭的发射。公司的高层管理人员害怕:如果拖的时间太长的话,他们会失去这份十亿美元的合同。(McConnell,1987,p.7)

与此同时,美国国家宇航局的管理者们也面临一些压力。当初,为了赢得国会对空间计划的支持,美国国家宇航局做出承诺,航天飞机将成为一辆空间货车,它所赚取的运输费用将弥补其成本支出。这个盈利方案基于一项雄心勃勃的计划:1984 年飞行 12 次,1985 年飞行 14 次,1986 年飞行 17 次。美国国家宇航局的实际飞行情况并没有达到预想的目标——1984 年仅发射了 5 次,1985 年仅发射了 8 次,当初的承诺越来越让人怀疑。每次飞行大约需要花费纳税人 1 亿美元,国家宇航局需要从国会那里申请大笔资金,但是前景却十分暗淡。在美国政府预算赤字不断攀升的情况下,国家宇航局的可信度受到了前所未有的挑战。

当莫顿的工程师建议推迟第二天的发射时,出现了紧张的气氛。来自国家宇航局官员的回复是迅速而又直接的,一位官员说,他被这个建议"吓坏"了;另一位官员说:"我的天呐。莫顿公司,你想让我们什么时候发射? 明年四月么?"(McConnell, 1987, p.196)莫顿公司要求举行秘密的小组会议,高级管理人员们聚集在一起匆忙地讨论了一下,然后就做出了决定:不同意工程师们的建议,支持按期发射。国家宇航局接受了这一建议,第二天上午准时发射。O 型垫圈当即就失效了,航天飞机失事了(Bell and Esch, 1987; Jensen, 1995; McConnell, 1987; Marx, Stubbart, Traub, and Cavanaugh, 1987; Vaughan, 1990, 1995)。

看到权术活动对决策过程的干扰,令人异常恼怒。涉及这种人命关天的技术问题时,更是如此。通过指责个体的自私和短视行为,也许可以解释"挑战者号"的失事原因。但是,要想正确认识或者避免这样的灾难,那样的解释并没有太大的帮助。就像我们在第 2 章中看到的"友好攻击的案例"(美国的战斗机错误地击落了自己的两架直升机),个体错误发生在权力链的下游。决策者们把他们引导到了悬崖边上,等到发现的时候为时已晚。事故发生与挑战者号事件一样,在这个案例当中,关键性的决策人物都是有经验的,受过良好训练的,且非常有智慧的人。如果我们再去找更优秀的人,我们能找到么? 即使我们找到更优秀的人,我们也无法保证,他们不受工作中的权术所诱惑。

按照传统的结构观点,组织是由高层所设定的目标和政策所引导的。在挑战者号事件当中,确实存在着相互冲突的目标。白宫和国会持有的是一类观点;NASA的官员们持有的是另一类观点。在权术的沼泽中,逐渐滋生出许多目标。

人力资源的视角强调,障碍主要来自人与组织的不协调,或者是由于有缺陷的人际关系和群体关系。虽然第8章中模型Ⅰ已经揭示了此类弊病,但是人力资源视角掩盖了权力的作用,正是权术为冲突和权力提供了发挥的舞台。

挑战者号事件是一个极端的悲惨事件,但是这说明权术关系在组织生活中是普遍存在的。权术视角并没有从自私、短视或能力不足这些个体特征的角度来指责权术行为。实际上,从权术视角来看,相互依赖的关系、多样化的利益、资源的稀缺以及权术关系,不可避免地会滋生权术活动,具体的权术活动者是谁并不重要。永远地消除组织中权术活动,是非常幼稚和浪漫的想法,但是,管理者能够学会理解和管理权术关系。

本章的目的是解释权术影响为什么会普遍存在,它们为什么不会消失,以及如何能够更好地理解和管理权术活动。首先,我们描述了权术视角的基本假设,并且解释了在挑战者号事件当中,它们是如何发挥作用的。接下来,我们把组织看作是联合体(coalition),而不是层级组织。联合是运用权力的工具,因此,我们就转而讨论权力。我们将权力与职权(authority)进行了对比,并且探讨了职权(其目的是为了使工作处于可控制的状态之下)与派系(partisan)(其目的是通过影响整个系统来获得自己所需要的东西)之间的斗争。我们还描述了权力的多种来源。最后,我们讨论了一个关于组织权术的核心问题:权术活动不可避免地会破坏基本原则和道德么?

9.1 关于权术的假设

权术视角把组织看作是活生生的、令人惊叹的权术舞台,不同个体和群体的利益都交织在这个舞台上。这种观点总结了五项假设前提：

1. 组织是由不同个体和利益群体组成的联合体(coalition)。
2. 在价值观、信仰、信息、利益以及对现实的认识等方面，组织成员之间存在着持续的差异(enduring difference)。
3. 最重要的决策包括稀缺资源(scarce resourses)的分配——谁能得到这些资源。
4. 稀缺的资源和持续的差异使得冲突(conflict)成为组织动力学的焦点，使得权力(power)成为最重要的资源。
5. 目标与决策的产生要经过不同利益相关者之间的讨价还价(bargaining)、谈判(negotiation)，甚至运用欺骗手段谋取利益(jockeying for position)。

以上五项假设在挑战者号事件当中，都表现出来了：

1. 组织是联合体。NASA并不是负责航天飞机计划的唯一部门，它只是复杂联合体中的一员。这个联合体包括承包商、国会、白宫、军方和媒体，甚至还有美国公众。让我们来思考一下，为什么克里斯塔·麦考利夫(Christa McAuliffe)参加了这次飞行计划。她从事的社会科学教师职业，与这次任务关系不大。但是，美国公众已经厌烦了飞船上的白人男性宇航员。人们的兴趣对于NASA和国会来说是有利的；它可以赢得公众对飞船计划的支持。麦考利夫参与飞船计划，对于媒体来说是非常有吸引力的。三年前，作为第一位女性宇航员，萨利·赖德(Sally Ride)的参与引起了人们极大的热情。现在，让一位普通公民——特别是一位教师——搭乘飞船，可以引发民众更多的想像，这是具有象征意义的，克里斯塔·麦考利夫代表着全体美国人民，大家都跟她一起飞上了太空。

2. 联合体成员之间存在着永久的差异。NASA渴望得到资金支持，这与公众对低税收的追求是相冲突的。宇航员关心的是安全，NASA和承包商则希望按原计划完成飞行任务，他们之间也存在着冲突。

3. 重要的决策都要涉及稀缺资源的分配。在挑战者号发射的前夜，各方在一起相互斗争，以平衡各自面对的相互冲突的压力。从里根总统到普通公民，每个人都在等待着第一位教师遨游太空。想要提高安全系数，就要付出更多的代价。这不仅仅是金钱的问题，对于莫顿公司（Morton Thiokol）和 NASA 来说，有可能导致来自关键部门的支持力度的下降。

4. 稀缺的资源和持续的差异使得冲突成为焦点，使得权力成为最重要的资源。在发射前夜的远程电视会议上，一开始，承包商就与 NASA 发生了争吵。当莫顿公司的管理者感觉到 NASA 的失望和沮丧时，他们提出要召开紧急秘密会议，这就转变成为莫顿公司工程师与管理者之间的紧张冲突。工程师的主要权力来源是他们的专业优势，但是，他们无法提供一个充分的、有说服力的说法。管理者们不顾反对意见，利用他们的职权建议如期发射航天飞机。

5. 目标和决策的制定要经过不同利益相关者之间的讨价还价和谈判，甚至采取欺骗的手段。在权力联盟的帮助下，经过政治上的讨价还价，莫顿公司赢得了火箭发动机这笔业务。好几个月以来，莫顿公司的工程师们曾经试图提高管理者对助推器连结问题的关注。但是，承认某个问题之后，除了花费可观的时间和金钱之外，还有可能损害莫顿公司的信誉，一份金额巨大、利润可观的合同安危未定。

权术视角的假设大致描述出了权力的来源。由于成员之间的相互依赖性而产生了联合；成员之间是相互需要的，即使他们只有部分利益是相同的。持续差异的假设意味着：与同质化条件相比，在多样化条件下，权术活动更为明显，更为突出。当所有的人都拥有相同的价值观、相同的信仰和相同的文化，那么就很容易达到一致与和谐。

资源稀缺的概念认为，在困难时期，权术活动会更加明显、更加活跃。例如,在经济和人口增长的波峰和波谷,中学和大学也会经历富有期和饥饿期。当资金和生源都充足的时候(就像20世纪60年代和90年代),学校行政领导的主要精力集中在建设新设施和启动新规划的决策上。相反,当资源枯竭时,各种冲突就会像蘑菇一样生长出来,学校行政领导通常要屈从于他们既无法理解也无法控制的各种权术力量。

另一个关键的权术问题是权力——权力的分配与运用。在组织当中,权力是完成工作的基本条件。普费弗(Pfeffer,1992,p.30)把权力定义为"潜在的能力,它能够影响他人的行为,改变事件的进程,克服阻力,让人们完成原本无法完成的事情"。拉斯(Russ,1994,p.38)则认为权力是"人们实现愿望和达到目标"的能力。社会科学家们非常强调权力与依赖性之间的紧密关系:如果A拥有某种东西是B所希望得到的,那么A就具备某种优势。在组织生活当中,个体和群体之间都是相互依赖的;他们需要从其他人那里获得自己需要的东西,而且权力关系是多向的。从权术的视角来看,权力是"社会存在的一种日常机制"(Crozier and Friedberg,1977,p.32)。

权术视角的最后一个前提强调目标不是由高层制定的,而是在各方关键成员之间的谈判和互动过程中产生的。

9.2 作为联合体的组织

把组织看作是一个联合体,而不是一个金字塔,这将对许多传统的观点产生质疑。学者和管理者们都曾经认为,组织通常拥有或者是应当拥有由权力高层制定的明确而连续的目标。在一个企业当中,由所有者或者高层管理者们制定增长和盈利之类的目标。政府部门的目标由立法机构和选举产生的官员们来制定。权术视角对此类观点提出质疑。它强调组织是由不同利益主体组成的联合体,不同的个体和群体分别拥有各自的目标和资源,他们与其他参与者进行谈判,以影响目标和决策。关于目标,西尔特(Cyert)和马奇(March)清楚地阐述了结构观点和权术观点的差异:

> 在传统的会计制度中,我们把工资支付看作是"成本",并且要从"利润"中扣除。这种理解是否有些过于武断?在企业设立之初,我们通常会说,现在有一名经理人,由他来募集资本并招聘员工。为什么我们会这么说呢?……这种不对称的认识,已经严重地影响了人们对组织目标的理解。我们常常会说,一家经营性企业的目标是实现利润最大化;而不会说,企业的目标是追求看门人工资的最大化。这样,关于企业目标的认识,就更加混乱了。(1963,p.30)

西尔特和马奇是这么描述的:琼斯(Jones)是位看门人,福特(Ford)是位领班,科恩·彼德斯(Cohen-Peters)是公司总裁,他们都是科恩-彼德斯公司这个巨大联合体的成员。他们都对资源有需求,而且每个人都会讨价还价,以争取到尽可能多的资源。与琼斯和福特相比,科恩·彼德斯更具有权威;但是,她没有权力决定所有人的目标。她的影响力取决于她可以运用的权力。她要想有更大的影响力,那么,她就必须能够比琼斯和福特或者其他成员动用更多的权力。

如果私营部门的权术压力是可见的话,那么,在公共部门中,权术活动则表现的更加突出。正如我们所看到的,在挑战者号事件中,公共机构是在众多支持者的支持下开展工作的,这些支持者都有各自的需求,并追求这些目标的实现,其结果就是目标的多元化,而且许多目标是相互冲突的。例如,在 20 世纪 90 年代初,法国国家航空公司——法国航空公司(Air French)发现自己处于艰难的境地:在监管放松的时代,企业的生存取决于成本的削减,但是,实力强大的工会坚决斗争,保护员工的工资和工作。法国航空公司的目标是为乘客提供服务,还是保护员工的利益,或者是减轻法国纳税人的负担?这些都是。因为,乘客、员工、管理者、政府官员、纳税人以及更多的其他人都已经参加到法国航空公司这个联合体之中。外部人也是这个联合体的一部分么？是的，如果他们能够影响这家公司的目标和决定，他们就是，不管他们是否从法国航空公司得到报酬。

来自组织研究领域的第 2 号伟大启示：理查德·M·西尔特，詹姆斯·G·马奇：《公司行为理论》(Richard M. Cyert and James G. March, A Behavioral Theory of the Firm (Upper Saddle River, N.J.: Prentice Hall, 1963))。

这是一部具有 40 年历史的著作。其作者是两位大学教授。他们是卡内基-梅隆大学(Carnegie-Mellon)的同事：一位是经济学家理查德·M·西尔特，一位是政治学家詹姆斯·G·马奇。西尔特和马奇明确指出，他们的基本目的就是根据对现实决策活动的理解，开发出关于组织决策的预见性理论。传统经济学把企业看作是一元实体，其唯一目标是实现利润最大化。他们反对这种观点。西尔特和马奇把组织看作是由不同个体和小团体组成的联合体。这种观点包含了权术视角的一个核心观念：目标是由联合体成员之间相互讨价还价而产生的。西尔特和马奇还认为，补偿性报酬(side payments)是关键的，因为，各种偏好是不可能完全一致的，并非每项决策都可以满足所有人的需要。一个联合体要想生存，就必须提供足够的补偿性报酬，以留住那些关键的成员。这是不太容易的，因为资源是有限的，像金钱、时间、信息和决策能力。

在研究决策时，西尔特和马奇开发了四个"关系概念"及所包含的规则，企业可以运用这些规则实施决策管理：

1. 冲突的象征性解决。组织不是要解决冲突，而是把问题分解开，交给不同的单位(部门)来解决。各单位在局部理性的基础上制定决策(例如，营销人员按照他们认为最合适的方式开展营销活动)。决策从来都不可能完全一致，关键是要足以维持联合体的正常运转。

2. 不确定性的回避。组织采用一系列简单的机制——标准化操作程序、组织和产业习惯,以及合同,使自己能在信息似乎是明确的情况下运行。

3. 随机性的搜索。组织在提出问题的同时,也在寻找解决办法,通常会采用最早可获得的解决办法。

4. 组织学习。随着时间的推移,通过调整目标和追求,改变它们所重视的和忽略的,变革调查规则,组织不断向前发展。

9.3 权力与决策

联合体之所以能够组建是因为各类成员拥有共同的利益,而且他们认为团结起来可以比单干实现更多的利益。为了实现他们的目标,他们需要权力。权力可以从多种角度来认识。结构学派的理论家们通常强调权威,权威是做出强制性决策的法定特权。管理者们制定理性的决策(最理想的是与目标一致的决策),指导下属的具体行动以确保决策的实施,并且检查下属是否很好地执行了决策。相反,人力资源理论家不太重视权力,但是,他们通常提倡授权的思想(Bennis and Nanus,1985;Block,1987)。与结构主义者不同,他们非常重视权威的局限性。权威是一种不对称的影响力资源,它通常会妨碍组织追求和个人追求的整合。如果A能够影响B,但是B无法影响A,那么这种关系将更有利于满足A的目标和追求。人力资源理论家倾向于关注那些能够密切关系、促进合作的影响力,他们认为,参与、开放与合作将使权力问题不再成为"问题"。

权术视角认为,权威只是权力的众多形式之一。它认识到了个人(群体)需求的重要性,但是,它同时强调,资源的稀缺和偏好的不同,会导致目标的相互冲突。让我们来看一个权术冲突的案例。某个大学的研究生们希望大学能够变得更加民主,与此同时,教职员工们则坚持加强控制、严格标准。人力资源理论家们可能会问:两类群体的需要和观点分别是什么?两类群体如何能够开展积极的对话,了解彼此的需要,发现存在的分歧,并找出令双方满意的解决办法?结构分析将会关注,如何制定正确的决策,这个决策要基于正确的分析,或者能够有比较理想的结果。权术学派的理论家们很有可能会认为,利益的分歧是生活中永远会存在的事实,他们对于寻找一种较理想的解决方案并不乐观。这样,问题就转变为:各个群体如何清楚地表明自己的偏好,并动用权力来得到它所需要的?这种观点认为,权力并不必然是件坏事:"我们必须停止用否定的词汇来描述权力:(例如)它排斥……它压制……事实上,权力是具有生产性的;权力制造现实"(Foucault,1975,p.12)。

9.3.1 权威与反对党

上文提到例子说明了研究生与教职工在冲突中的角色。教授是权威(authority),他们的角色赋予了他们决策权,可以要求学生执行他们的决定。学生属于反对党(partisans),他们想自下而上地影响决策层。盖姆森(Gamson,1968)是这样描述这种关系的:"权威们是影响力的接受者或者是被影响的对象,他们也是社会控制的代理人或发起人。反对党的角色则恰恰相反,他们是影响力的代理人或发起人,他们是社会控制的对象和接受者"(p.76)。

在一个家庭中,父母的角色是权威,孩子的角色是反对党。父母制定关于睡觉时间、看电视以及玩玩具等各方面的强制性决策,实施社会性控制,孩子是父母决策的接受者。反过来,孩子也会努力对决策制定者施加影响,他们会要求推迟上床睡觉的时间,或者是为他们所想要东西找出合理的理由。当父母的一方拒绝孩子的要求时,孩子会去争取另一方,以分裂权威。孩子们会(与他们的兄弟姐妹,祖父母,等等)组成联合体,以提高他们的谈判地位。

对于正式职位上的每一个人来说,社会控制都是必要的。因为,它是权威的基础。官员们只有具备控制力,才能保证反对党尊敬或害怕他们,才能保持他们的权威性。如果反对党的反对过于强烈而无法控制时,权威就要崩溃。这个过程可能是非常迅速的,就像1989年发生的东欧剧变。

9.3.2 权力的来源

即使反对党缺乏权威,但是他们也会有其他权力来源。许多社会科学家(Baldridge, 1971; French and Raven, 1959; Kanter, 1977; Pfeffer, 1981, 1992; Russ, 1994)都努力识别权力的各种源泉。他们的选择包括:

1. 职位权力(权威)(position power, authority)。职位通常对应着某种层次的正式权威;教授给学生打分,法官判决责任归属。职位权利广泛存在,它可以帮助找到好单位和好工作,实权部门低级成员的权力也很大。

2. 信息与专长(information and expertise)。权力会集中到拥有信息和专长的那些地方。在消费品行业当中,权力会集中到营销专家手中;在精英组成的大学中,权力会集中在教职工手中;在交响乐团当中,权力会集中到明星演员身上。

3. 对奖赏的控制(control of rewards)。如果具有分配职务、资金或者其他奖赏的能力,就具备了权力。20世纪90年代,许多国家因为丑闻而引发政府更迭。但是,法国和意大利政府因为控制着奖励、公共服务及其他支付项目,而继续保持着他们的权力。

4. 强制性权力(Coercive power)。强制性权力取决于约束、限制、干涉或惩罚的能力。工会的能力在于罢工,学生的能力在于静坐,这些都是强制性权力的例子。甚至信息也是可以被强制使用的。20世纪70年代初,学生民主协会(Students for a Democratic Society, SDS)在斯坦福大学里搞了一场大破坏。他们把教职工的工资清单偷出来并公布于众。把这样一份保密的清单公布于众,揭露了教职工之间的巨大收入差距,这一行为支持了SDS为争取权力而采取的其他措施。

5. 联盟与网络(alliances and networks)。在一个组织中,要

想完成一些事情，就需要借助于由多个个体和群体组成的复杂网络。朋友与支持者之间共事是比较容易的。科特（Kotter，1982）发现，成功与不成功的高级管理人员之间有一个关键性的差异，即是否注意建立和培养与朋友和支持者之间的联系。如果管理者在建立网络上花费的时间比较少，那么在做事时就会遇到较大的困难。

6. 参与和控制议程（access and control of agendas）。参与决策过程，是网络和联盟的副产品。组织和权术体系通常是允许某些群体参与，而拒绝其他群体参与。在做决策的时候，占有一席之地的那部分人的利益就能够得到充分的体现，而没有参与决策的那些人的利益通常会被扭曲或忽视（Likes，1974；Brown，1986）。

7. 模式设计：控制目标和象征符号（framing：control of meaning and symbols）。"确立观察问题和决策的模式，通常相当于决策的最终结果"（Pfeffer，1992，p.203）。精英分子和鼓动家就具有这方面的超凡能力，他们能够描绘目标、编撰故事，影响人们的价值认同、信仰和价值观。从积极的方面来看，这有助于树立目标、激发希望。从消极的方面来看，精英分子有可能让人们接受和支持那些并不代表其最佳利益的事物（Brown，1986）。这可能是一种非常微妙和不起眼的权力形式：如果没有这种权力的人接受了拥有这种权力的人的观点，那么，公开的冲突和权力斗争就有可能消失（Brown，1986；Frost，1985；Gaventa，1980）。

8. 个人权力（Personal power）。如果个体具有超凡魅力、充沛精力、权术技能、表达天赋，或者是能够描绘一幅美好的愿景，那么他就拥有独立于其他资源的权力。

由于权力可以有多元化的来源，因此，权威做出强制性决策的能力就受到限制。如果他们仅仅依靠职务权力，他们有可能会遭遇阻力，甚至可能会被那些善于运用多种权力的人所控制。科特（Kotter，1985）认为，管理职务必然伴随着固有的"权力鸿沟"，因为仅仅拥有职务权力并不足以完成工作，上述的各种权力来源有助于弥补这种鸿沟。

决策者的权力也取决于委托人的影响力和满意度。如果一个组织每年都创造新的利润纪录,那么这个组织很少会受到抱怨者的围攻,也很少需要变化。但是,正如许多公司总裁所知道的,如果第一季度效益不好,那么就会引发来自董事会成员、股东和金融分析师的电话和书面声讨。在20世纪90年代末的繁荣时期,"每个人"都从股市上获得了财富,拥有个人魅力的CEO成了公众心目中的英雄,像通用电器的杰克·韦尔奇(Jack Welch)等。但是,在新世纪的头几年中,经济、市场和企业进入萧条期,那些英雄的形象也开始淡化。2002年,当原公司给予韦尔奇的巨额退休金被公布于众之后,韦尔奇发现自己陷入了深深的尴尬之中。同年,由于美国的董事会成员对股价不满意,法国的董事会成员对梅西尔狂妄的"美式"领导风格比较担心,他们联合起来把梅西尔(Messier)解雇了。

有位大学校长曾经沮丧地说,他的主要工作似乎就是"为学生解决性问题,为教师解决停车问题,为男性校友提供足球运动"。这些话有些开玩笑的意思,但是它反映了一个重要的事实:校长的权力更主要地在于不重要的领域——那些没有多少人关心的领域。不重要的区域有可能迅速地扩张或收缩,这主要取决于组织是否能够从大多数委托人的角度出发来解决这些问题。

9.3.3 权力的分配:高限制系统和低限制系统

组织和社会的一个重要差异在于权力是如何分配的。奥尔德弗(Alderfer,1979)和布朗(Brown,1983)划分了高限制系统和低限制系统。在高限制系统中,权力高度集中,所有的事情都受到严格控制。在低限制系统中,权力是分散的,系统的控制非常松散。高限制系统严格控制权术行为;低限制系统则鼓励权术行为和权力斗争。在严格控制的系统中,权力高度集中,权术活动通常会被迫转移到地下。

9.4 组织中的冲突

权术视角有一个基本前提,即在资源稀缺和多元化利益的共同作用下,必然会产生冲突,这就像日夜更替一样确定无疑。与其他观点不同,权术观点并不认为权术是能够并且应该消灭的。特别是结构观点认为,权术是影响效率的问题之一。等级组织中的冲突,有可能导致基层员工漠视或者反抗管理层的指挥。主要派系群体之间的冲突,有可能妨碍领导功能的发挥。正是因为这样的原因,结构观点提倡要明确地界定组织中的指挥链。权威的一个基本功能就是解决冲突,如果两个个体或部门无法达成一致,高层的权威应根据计划和目标来明确责任并做出最终决策。

从权术的观点来看,冲突不一定意味着出现了问题或偏差。众所周知,组织的资源是稀缺的,无法充分地满足各方的需要。基层的职位是那么得多,而高层的职位又是那么得少。如果某个群体控制了决策过程,那么其他群体必然会受到排挤。个体之间会为了工作、头衔和荣誉而竞争,部门之间会为了资源和权力而竞争,不同利益集团为了争取政策支持而竞争。冲突是天然存在的,是不可避免的。

权术视角的焦点不在于如何解决冲突(结构视角和人力资源视角通常希望达到这样的目标),而在于战略和策略。如果冲突是不可避免的,那么问题就转变为,如何最有效地利用它。冲突与成本一样有它的益处:"一个安静和谐的组织很有可能也是一个缺乏激情、缺乏创造力、缺乏柔性、行动和反应迟缓的组织。冲突对现状提出挑战,同时也激发组织的兴趣和好奇心。冲突有助于提出新的思想和方法来解决问题,有助于鼓励创新"(Heffron,1989,p.185)。一个组织有可能经历很多冲突,也有可能只经历很少的冲突(Brown,1983;Heffron,1989;Jehn,1995)。根据现实情况,有可能需要人为介入来增加冲突或减少冲突。比冲突数量多少更为重要的是,如何进行冲突管理。从挑战者号事件可以看出,无效的冲突管理可能导致争斗和破坏性的权术斗争。但是,有效地进行冲突管理可以激发创造力和创新精神,这能够使一个组织更加具有活力,更加具有适应性,更加具有效率(Kotter,1985)。

冲突最有可能发生在群体或单位之间的边界或交界处。横向冲突发生在部门或事业部之间的界面上;纵向冲突发生在不同层次之间。在价值观、传统、信仰和生活方式各不相同的群体之间会产生文化方面的冲突。社会上的文化冲突通常会延伸到工作场所中来,例如,性别、种族及其他方面的差异有可能导致紧张的关系。但是,组织也有可能产生其自有的文化冲突,管理者的文化不同于蓝领工人的文化。在晋升的过程中,员工们需要根据新角色的要求进行文化调整。

管理者和组织都面临着认识和管理界面冲突的挑战。与其他冲突形式一样,它可能是积极的,也可能是消极的。在不同利益群体共存的权术领域中,单位管理者或者社团代表最重要的任务之一就是成为一名具有说服能力和影响力的辩护人。他们需要具备谈判技能,组建联盟,建立稳固的联系,使其所在群体能够继续前进。

9.5 道德困境:成功的权术学

充满权力、冲突、自利以及权术斗争的世界,就一定是充满竞争的场所吗? 弱肉强食是唯一的法则吗? 难道它永远是充满肮脏和野蛮吗? 难道价值观和道德与此无关吗? 2001—2002 年间的公司道德丑闻再次印证了这种猜测:市场竞争根本不讲道德。看下面这个例子:

Covenant 公司(Covenant Corporation)进行了大裁员,有 600 人被解雇。此后不久,公司 CEO 花费了 100 万美元,在家庭日(Family Day)这一天把全体员工召集在一起。有 14 000 多人参加了这次盛大的宴会。宴会上有小丑,有运动明星,有杂货铺,有豆子袋①,有套环游戏,足球比赛,计算机比赛,掷骰子,还有迷宫等。事后,在他写给下属员工的(Fellow Employees)信中,这位 CEO 说:"我认为家庭日充分说明了,什么是公司的员工之家。那就是,只要我们团结协作,完成我们着手做的工作,我们就可以共同分享它的回报"。(Jackall,1988,p.37)

杰克考(Jackall)补充说:"聪明而有雄心的管理者拒绝使用团结之类的陈词滥调,虽然这些话可以激发人们热情。管理者应当寻找掩藏在幸福快乐的公司生活背后的不可避免的利益冲突"(p.37)。表面之下的世界,充满了派系与联盟,统治与屈服,冲突与自利,以及"道德困境"。向上发展,不可避免地要为了争夺稀少的职位而展开竞争。理想的神话告诉我们,自由公平的竞争能够确保优秀者胜出,至少从长期来看是这样。

但是,对管理工作的绩效进行评价,充满了不确定性。这种评价可以有许多种标准,有些标准只能进行主观上的评价(特别是由老板和上级来进行评价)。把个人绩效与集体绩效区分开,或者是剔除个人绩效中的众多外部因素,通常是非常困难的。另外,由谁来进行评价也是非常重要的。在 2001 年加利福尼亚电力市场出现危机时,安然公司那些聪明的、具有创造性的交易商们,采取了"矮子当道"(Get Shorty)和"肥人一族"(Fat Boy)的技巧牟取暴利。虽然他们的做法增加了公司的利润,但是,他们的做法值得称赞吗?聚硫橡胶公司的工程师们为了阻止挑战者号发射而斗争。他们是应当因为坚持和诚信而受到积极评价,还是应当因为没有能够提出令人信服的证据而受到指责?其中一些工程师向公众提出他们的批评意见,他们的行为是证明了他们的勇气,还是证明了他们的背叛?揭发内幕的人通常会受到媒体的称赞,但是会受到老板的惩罚或开除。《时代》杂志的"2002 年年度人物奖"授予了

---

① 豆子袋,装满干豆的小袋,在游戏时用于投掷。

三位揭发雇主单位黑幕的女性,她们的雇主分别是安然公司、世通公司和 FBI。

管理者们通常都知道,成功与个人的"信誉"有关。这种信誉来源于按照正确的社会和权术规则做事。权术正确性的定义反映了植根于组织模式和结构的权力策略形式(Frost, 1986)。成功和晋升主导着许多管理者注意力(Dalton, 1959; Jackall, 1988; Ritti and Funkhouser, 1982),因此,组织和个体需要开发建设性的和积极的方式来控制权术斗争。问题不在于组织是否存在权术活动,而在于他们会产生何种形式的权术活动。杰克的观点非常悲观:

在官僚体制下,所有权与控制权是分离的,社会独立性与职业是分离的,本质与外表是分离的,行动与责任是分离的,义务与过错是分离的,语言与含义是分离的,真理与现实是分离的。最重要的是,在根本上,它打破了工作意义与谋生手段之间的传统联系。在官僚体制世界中,一个人的成功,不再取决于无法预测的上帝,而是取决于反复无常的上级和市场;一个人为了获得经济的救助,而甘于服从于新的上帝——也就是他的老板以及非人市场的迫切需要。(Jackall, 1988, pp. 1991~1992)

这幅图画并不美丽,但是它很真实。具有积极意义的权术活动是有可能的,但也是不容易的。在下一章中,我们考察一些方式,使得管理者能够成为具有建设意义的权术家。

9.6 结论

传统的观点认为,组织是由合法的权威创立和控制的。他们设定目标,设计结构,雇佣并管理员工,确保组织对正确目标的追求。权术观点设计了一个完全不同的世界,权威拥有职位权力,但是他们必须与其他竞争者争夺更多的权力形式。竞争者有他们自己的信仰、价值观和利益。他们努力获取各种权力形式,在组织稀缺的资源中争取到自己的份额。

从权术视角来看，目标、结构和政策都是通过主要利益群体之间的讨价还价和谈判过程而制定出来的。有时候，法定权威就是联合体中的主导者；在所有者兼任高管人员的小型创业企业中，通常可能是这种情况。但是，大型企业通常为高管人员所控制，而不是由股东或董事会所控制。政府机构通常是由长期任职的公务员所控制，而不是由最高政治领导所控制。在学校里面，主导群体可能是教师联合体，而不是学校董事会或督察。在所有这些情况下，理性主义者感觉到，议程的制定是由错误的人群来做出的。但是，权术观点认为，权力的运用是持续竞争的有机组成部分，那些能够得到权力并能够有效利用权力的人，将成为成功者。

没人能够保证，那些获得权力的人能够明智地或公正地运用其权力。但是，权力和权术的负面效应和破坏性是不可避免的。具有建设意义的权术活动也是有可能的——事实上，如果我们要建立起公正而且有效的制度和社会，那么具有建设意义的权术是必然有可能发生的。

第10章 作为权术家的管理者

比尔·盖茨(Bill Gates)生逢其时,20世纪80年代初期,IBM新生产的个人计算机正在寻找合适的操作系统。当时,盖茨也没操作系统,但是,他的合作伙伴保罗·艾伦(Paul Allen)知道有人设计了这样的操作系统。盖茨用75 000美元购买了QDOS(Quick and Dirty Operating System)操作系统20世纪的使用权。盖茨将名字改为DOS之后,将其卖给了IBM公司。但是,他非常精明地保留了授权他人使用的权利。很快,DOS就成为世界上大多数个人电脑的主要操作系统,盖茨开始了迈入世界首富行列的征程(Manes and Andrews, 1994; Zachary, 1994)。

视窗(Windows)操作系统是在DOS系统上运行的图形界面,它引发了微软帝国又一次巨大的飞跃。但是,到了20世纪80年代末,盖茨遇到了一个问题。他和所有的人都知道,DOS系统已经陈旧了,而且无法满足现有个人电脑和未来个人电脑的需要。数百万的PC用户正上演着一个高科技版本的《等待戈多》(*Waiting for Godot*)。

解决方案被寄托在OS/2的身上。这套操作系统由微软和IBM联合开发。这是一次关系非常紧张的合作,IBM的人认为,微软人就是没有纪律约束的少年。微软人则嘲笑"蓝色巨人"是一个毫无希望的、具有官僚气息的制造商(Manes and Andrews, 1994, p.425)。盖茨对OS/2生命力的怀疑程度日渐增加。他最终决心开发一种新的操作系统,他把它称作Windows NT,盖茨把戴夫·卡特勒(Dave Cutler)从数字设备公司(Digital Equipment, DEC)挖了过来,让他来领导这项开发工作。戴夫·卡特勒是一个聪明而又脾气暴躁的人。卡特勒曾经领导过VMS操作系统的开发。许多年以来,这套系统帮助 DEC 公司主导着整个微机产业,因此卡特勒被喻为是布莱船长①(Captain Bligh)和亚哈船长②(Captain Ahab)的复合体(Zachary,1993)。盖茨承认,卡特勒的名气是因为他的编码,而不是因为他的个性(Zachary,1993, p. A1)。

工作正常启动了。但是,卡特勒坚持要保持一个小规模的团队,他们只负责操作系统的核心部分。盖茨已经开始意识到可能出现的灾难,但是,如果按照当初的承诺,向卡特勒下订单的话,无异于要求毕加索(Picasso)重做一幅画。盖茨立刻恢复平静,只是轻描淡写地向保罗·马里兹(Paul Maritz)做了说明。马里兹出生于南非,在选择软件作为其终身职业之前,他曾经在开普敦(Cape Town)学习过数学和经济学。在英特尔公司(Intel)工作了 5 年之后,马里兹于 1986 年加入微软,担任 OS/2 项目的领导。公司以非正式的方式委任他监管 Windows NT 项目。没有人把这件事告诉卡特勒。卡特勒非常固执地拒绝为马里兹工作,在作为卡特勒下级的 12 年里,马里兹一直很受冷淡:

就 NT 的相关事务,马里兹与卡特勒定期进行会晤。马里兹发现自己总是受到粗暴地对待。如果马里兹真诚地向卡特勒建议"我们应当……"时,卡特勒总是会打断他:"我们!我们是谁?你是指你和你口袋里的鼠标吗?"马里兹总是不断地遇到这样的反驳。他总是避免不被卡特勒拖入争吵之中。事实上,他希望,随着

---

① 译者注:1787 年 11 月 23 日,威廉·布莱(William Bligh)船长从英国的朴次茅斯(porstmouth)港出发,到波利尼西亚群岛的大溪地采树种。由于布莱船长要求严苛,船员们又和大溪地的女孩产生感情,加上回程时为了要照顾 1 025 棵的面包树,船上的淡水严重不足,船长严苛的限制船员的饮水。1789 年 5 月 28 日,大副带领 12 名船员夺船反叛。

② 译者注:亚哈船长是小说《白鲸》(Moby Dick)中的一位主人公。他是一艘捕鲸船的船长。他曾在一次捕鲸任务当中失去一条腿,从此之后憎恨曾经伤害过他的白鲸摩比·迪克(Moby-Dick)。在强烈的复仇心态驱使下,亚哈把杀死白鲸视为自己毕生的夙愿,他也间接地影响了其他船员。但是亚哈最终仍是死于白鲸之手。

现有体制的弊端的逐步显现,卡特勒能够主动地承担更多的责任(Zachary,1994,p.76)。

马里兹总是设法怂恿卡特勒主动迎接挑战,20世纪90年代初期,他询问卡特勒,是否有可能在11月的计算机分销商展览COMDEX会议①上展示一下NT系统的整体情况。卡特勒钻进了这个圈套。马里兹知道,这样的努力将会暴露NT系统的不足(Zachary,1994)。由于NT系统太落后,占据空间太大,运行速度太慢,导致盖茨大发雷霆。马里兹的耐心最终得到了回报,他被提升为整个操作系统部的主管:"通过这次提升,马里兹拥有了领导卡特勒和整个NT项目的正式的和实质性的权威。即使如此,他仍然避免发生冲突。他宁愿耐心等待,直到卡特勒能够认识到马里兹观点的正确性。逐渐地,卡特勒及其小组成员把马里兹看作是权威,而不是敌人。一位卡特勒的忠实副手曾经这样说:'他对这个项目是重要的。''每一次他都更加深入一些,慢慢地他把自己的想法揉进了项目之中。最后,非常明显,是他在导演这部戏。'"(p.204)

挑战者号的悲剧(见第9章)令人不寒而栗。这个教训告诉人们,权术压力会导致重大决策的扭曲。同样,像安然和世通这些企业的破产表明,如果高管人员不受约束地追求个人利益,会导致巨型企业的崩溃。许多人认为,将管理与权术分开,是一种解决办法。但是,只要权术的基本条件存在,这种想法就是不现实的。由于差异的持续存在,对于重要性和真实性就会有多种多样的解释。资源是稀缺的,那么在分配资源时就要严格决策。依赖性意味着,人们彼此之间无法忽视;他们需要其他人的帮助、支持和资源。在这样的条件下,试图消除权术,只会把差异掩藏起来,它们迟早会

---

① 译者注:COMDEX是全球最具权威的IT展览之一,展览内容覆盖全面的IT技术,包括信息化产品,软件应用平台,组网,电子商务和数字媒体。其IT新产品展示数量及媒体广泛报道的程度,为其他同类展览所无法比拟。

以其他形式爆发出来。我们试图找一个具有积极形象的权术家，保罗·马里兹是一个很好的例子。

科特(Kotter,1985)认为，许多管理者要么很天真无知，要么愤世嫉俗。天真无知的管理者戴着玫瑰色的眼镜观察整个世界。他们认为，大多数人是友好的、善良的、值得信任的。愤世嫉俗的管理者则持相反的观点：每个人都是自私的，权术活动无处不在，"先取后予"是最佳生存策略。两种态度都是不正确的："组织的卓越……需要一种复杂的社会技能：无论有多少障碍，都能够激励人们并且实现重要目标的领导技能；无论有多少力量要分裂我们，都能够在有意义的目标下把人们团结起来的技能；能够使我们的企业和公共机构不至于沦落入充满权术斗争的平庸之列的技能。"(p.11)

组织需要"慈善型的权术家"，他们能够在天真无邪与愤世嫉俗之间保持平衡："在天真无邪的黄线之外，在愤世嫉俗的鳄鱼池畔，有一条狭窄的小路。这条小路灯光昏暗，很难发现，即使找到之后，也很难长期停留。拥有此种技能的人，以及坚持走这条路的耐心，可以通过各种方式服务于我们。我们需要更多这样的人。"(Kotter, 1985, p. xi)

在这个资源稀缺、多样化和冲突并存的世界中，精明的管理者必须明确方向，巩固基础，并学会如何处理敌友之间的关系。在本章中，我们首先列出了作为权术家的管理者所应当具备的四项基本技能。然后，我们再讨论道德问题，这是组织权术的软肋。既讲权术，又把事情做好，这可能吗？我们讨论了四种具有指导意义的价值观，以指导我们的伦理选择：相互关系（公平性 mutuality，是否每个人都遵循相同的游戏规则？）；普遍适用性（genetality，如果每个人都这么做是否合适？）；开放性（openness，我们是否置于公众的监督之下？）；以及讲究人道（caring，我们是否考虑了我们之外的人）。

10.1 权术技能

作为权术家的管理者通常使用四种技能：议程安排（agenda setting）（Kanter，1983；Kotter，1988；Pfeffer，1992；Smith，1988），设定权术范围（Pfeffer，1992；Pichault，1993），建立网络与联盟（Kanter，1983；Kotter，1982，1985，1988；Pfeffer，1992；Smith，1988），以及讨价还价与谈判（Bellow and Moulton，1978；Fisher and Ury，1981；Lax and Sebenius，1986）。

10.1.1 议程安排

从结构上来看，议程包括设定的目标及安排好的一系列活动。从权术的角度来理解，议程是利益和场景的安排。沃伦·本尼斯（Warren Bennis，1989）是一位大学校长，他对自己作为大学校长的经历进行了反思，他得出了这样的观察结论："当我知道我需要什么的时候，我是最有影响力的，这一点令我感到吃惊。"（p.20）坎特（Kanter）对美国企业内部创业者的研究（1983），科特（Kotter）对有影响力领导者的分析（1998），以及史密斯（Smith）对有影响力的美国总统的考察（1998），都得出了相同的结论：有影响力的权术型领导活动的第一步，就是设定好一个议程。

在识别内外部冲突性因素的基础上，有影响力的领导者通常会制定一项"变革的议程"。这项议程通常包括两个重要的要素：能够平衡各主要集团长期利益的愿景（Vision）和达到愿景目标的战略（a strategy for achieving the vision）（Kotter，1988）。这项议程既要承认主要利益相关者所关心的问题，同时也要告诉他们变革的方向是什么。坎特（Kanter，1983）和普费弗（Pfeffer，1992）强调了收集信息与开发愿景之间的密切关系。普费弗列出了权术的关键特征，其中就包括"灵敏性（sensitivity）"——知道其他人是如何思考的，知道他们所关心的。这样你就可以根据他们所关心的事情来制定你的议程:"许多人认为,权术家都是玩弄手段的人,也就是说,我们只能部分相信他们。但是,要想做一名成功的权术家,你需要知道玩弄哪一只手,怎么玩弄"(Pfeffer,1992,p.172)。

坎特(Kanter,1983)又补充说:"创业者在收集信息的同时也是在'播种'——播撒下思想的种子并让它成长、开花,让它开始在整个系统中蓬勃发展,赢得包括创新者在内的众多资源的支持"(p.218)。这就是保罗·马里兹所采用的方法。他避开戴夫·卡特勒的锋芒和凌辱,他集中精力收集信息,建立关系,并制定计划。他很快就得出结论,NT项目处于混乱状态,卡特勒承担了太多的责任。但是,马里兹的战略非常巧妙地与其目标保持一致:"马里兹避免让卡特勒长期受到批评,他反对更换卡特勒的决定,没有强求卡特勒做出服从的表示。"(Zachary,1994,pp.281~282)

有愿景而没有战略,仍然会是一片混乱。一项战略必须能够认识到促进和妨碍计划的各种主要因素,史密斯(1988,p.333)用这一点解释了美国总统的任期:

在庞大的美国政府系统中,总统最重要的任务和权力就是阐述国家的目标:制定整个国家的运行程序。在美国政治的最高层,在所有的大型博弈中,这场斗争是首先必须争取胜利的。每一任总统的领导能力及任期内的政绩,都取决于他是否赢得了整个国家的关注,以及对两到三个优势群体的影响力。从历史的角度来看,事物的演变似乎拥有永恒的规律。但是,政治现实本质上是一种混沌状态:它没有自发的运行程序。秩序必须是外力强加的。

运行程序从来都不是精心准备好的。一个人的职位越高,其工作难度越大。他需要透过喧闹的表象,在混乱中寻找秩序。与伍迪·艾伦(Woody Allen)的名言相反,成功不仅仅需要"露面"。罗纳德·里根(Ronald Reagan)在担任总统的第一年内,取得了非凡的成功。他制定了经典的战略,赢得了斗争。"第一印象是非常重要的,对于新任总统来说,快速敏捷的开始,对于建立领导形象是非常关键的。他要向国人表明,他将给人们的生活带来变化。头一百天是最重要的测试期,在这十几个星期里,政治团体和公众要对新总统进行评价。他们要看看,这位总统是否积极,是否有权威,是否值得信任,是否果断"(Smith,1998,p.334)。

里根开始时只提出了愿景,而没有提出战略。里根并不是天生的管理者或战略家,但是他拥有某些非凡的能力,他能够用概括的、形象的语言来描述复杂的问题。里根的工作人员曾经对前四任总统的头一百天进行了认真的研究。他们发现,有速度、有重点地推进是非常重要的。除了竞争力问题以外,他们把焦点集中在两个方面:削减税赋和压缩联邦预算。他们发现了大卫·斯托克曼(David Stockman)这个秘密武器,大卫·斯托克曼是里根政府内阁中唯一真正了解联邦预算过程的人。里根及其核心参谋人员的"财政知识非常贫乏",斯托克曼承认曾经对此感到惊讶(Smith,1988,p.354)。按照史密斯的说法,"斯托克曼之所以能够高人一筹有两个原因:他熟悉财政活动的程序并且掌握着已经准备好了的法定蓝本;他知道权力的作用。当一位密歇根州议员构建了共和党和民主党之间的联系网络时,斯托克曼知道该如何运用权力了(Smith,1988,p.351)"。里根和他的参谋们有他们的愿景;斯托克曼提供战略导向。

10.1.2 分析权术网络

不知道哪里掩埋着爆炸物而贸然闯进雷区,是有勇无谋的表现。但是,管理者常常会在不经意之间犯这样的错误。他们经常在对权术网络缺乏充分了解的情况,冒失地提出一项新的建议。皮查特(Pichauklt,1993)建议,营造一个权术网络需要经过四个步骤:
1. 确定非正式的沟通渠道。
2. 识别实施权术影响的主要代理人。

3. 分析进行内外部动员的可能性。
4. 预计其他人可能采取的战略。

皮查特介绍了比利时一个大型政府机构实施有计划变革的案例。这家机构计划用完全自动化的、无纸化的电脑网络,取代陈旧的、手工记录方式。但是,新系统的支持者并不真正理解现有的流程是如何运行的,他们也没有考虑到核心中层管理者和一线官僚们的利益和权力。技术的采用有助于方便数据获取,这将显著地提高工作效率,这似乎是非常明白的道理。事实上,一线的官僚们几乎不使用这些数据。在90%的情况下,他们都是按照标准程序来处理工作的;遇到其他情况时,他们会向上级咨询。他们的询问在部分情况下可以获得"正确"的回答。即使安装了这种新技术,一线官僚们也有可能忽略它或者不用它,有位顾问对这种权力场做出了解释。此后,机构内部爆发了一场新的斗争:顽固不化的技术人员坚持认为,他们的方案是正确的;而高级管理者则认为应当采取更为符合实际的方式进行改革,这两派最终相互妥协了。

有一种简单的划分权术形势图的方法:建立一个两维的坐标图,在图上标明活动者(谁参加竞争)、权力(每位活动者有多大的权势)以及利益(每位活动者希望得到什么)。图10-1和图10-2分别是两张设想的关于这家比利时机构的权术形势图。图10-1是新技术支持者(技术派)眼中的权术形势图。在他们看来,这套新系统不会受到什么激烈的反对,而且他们得到了所有人的高度支持;形势表明,他们可以容易且迅速地取胜。图10-2是一张客观的形势图(从客观分析者的角度来看应当是这样),这张图与图10-1非常不同。阻力是比较大的,反对者也是比较有影响力的。根据这种形势预测表明,改革将会是充满激烈冲突的过程。虽然不太令人满意,但是第二种形势图包含了一条重要的信息:要想取得成功,就必须付出相当大的努力,促使现有各派势力之间的合作。在下面两部分内容中,将讨论作为权术家的管理者所应当具备的第三、第四项关键技能,以及运用这些技能的战略。

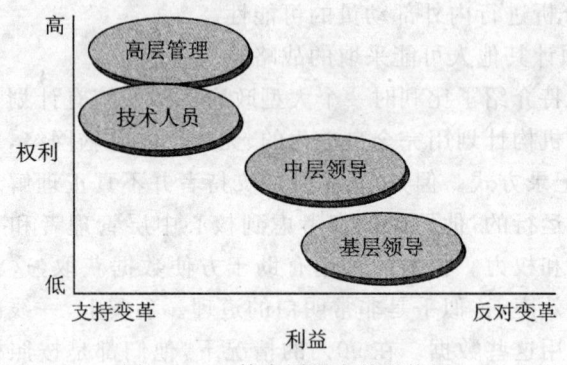

图 10-1 技术派眼中的形势图

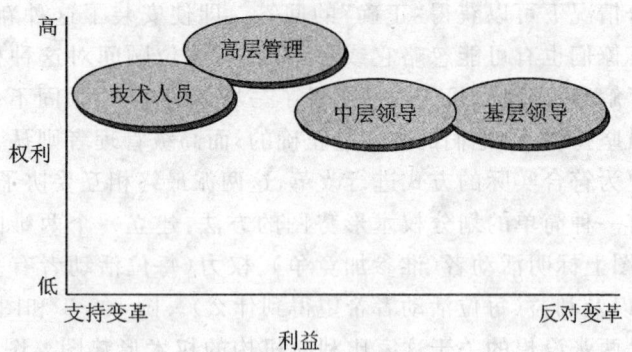

图 10-2 真实的形势图

10.1.3 构建网络和联盟

尽管莫顿聚硫橡胶公司(Morton Thiokol)和美国国家宇航局的工程技术人员都认识到橡胶垫圈的问题,但是挑战者号灾难还是发生了。长期以来,他们努力争取能够得到上级的关注。大多数情况下,是通过备忘录的形式。在事件发生前的 6 个月,莫顿聚硫橡胶公司的一位工程师罗杰·博伊斯乔里(Roger Boisjoly)记录下这样的文字:"橡胶垫圈失效的结果将是一场最严重的灾难——生命的损失"(Bell and Esch,1987,p.45)。两个月以后,另一位莫顿聚硫橡胶公司的工程师签署了一份备忘录:"小心!密封小组常常被每一种可能的方法所影响"(p.45)。这份公开的备忘录详细记录了来自公司其他部门的阻力。递交给上司的备忘录有时候是有效的,但是,它通常只会成为不懂权术的证明。科特(Kotter,1985)建议,实施权术影响需要经过四个基本步骤:

1. 识别各种相关关系(知道你需要领导的对象);

2. 分析谁会反对你,为什么要反对你,反对程度如何(知道领导权所面临的挑战在哪里);

3. 无论何时何地,都要尽可能地发展与潜在反对者的关系,以利于沟通、影响或谈判;

4. 如果前三步都失败了,那么,就要认真地选择和实施更加含蓄或者更为强烈的手段。

这些步骤充分强调发展一个充分的权力基础的重要性。人们在职务晋升获得权威的同时,其依赖性也增加了,因为成功总是要依靠许多人的合作(Kotter,1985,1988)。如果人们是被命令去做事,那么他们很少会竭尽全力和充分合作。只有当他们认为权威人物是值得信赖的、胜任的和明智的,他们才会接受指导。

建立网络和联合体的第一项任务,就是判断一下你需要谁的帮助。第一项任务就是发展关系,确保在你需要的时候他们能够帮助你。当中层管理者想要实施变革的时候,他们首先会争取上级的支持(Kanter,1983)。然后,他们就要开始"宣传"或"鼓动"工作:他们将逐个与同事、相关部门的管理者、利益相关者、潜在的合作者甚至顾客(有时候会包括)接近,与他们进行一对一的会谈,给予他们影响这个项目的机会,让他们赋予创新者最好的机会。要单独地在他们的领域内与他们会面,这是非常重要的。其基本原则就是,要让每个人都感觉到他对于这个项目的成功是最重要的(p.223)。

一旦你培养起了支持者,你就可以进一步达成交易:做出回报的承诺,以赢得对方的资源和支持。这需要建立在一定的资源基础之上,要能够得到上级管理人员的批准和授权(Kanter,1983)。坎特发现,要想得到"可靠的支持",最普遍的成功路线是寻找关键的高级管理人员,并且撰写一份精美的正式报告来赢得他们的支持。最好的报告既要考虑现实问题,也要考虑权术问题。高级管理人员通常关心两个问题:这是个好想法吗?我的支持者会做出什么样的反应?如果革新者得到了上一级管理者的支持,他们就可以与其上级建立联合体,并且开始制定项目实施的具体计划(Kanter,1983)。

道理是非常简单的:作为管理者,你需要朋友和支持者帮助你做事。要想得到他们的支持,你需要培养关系。在这种情况下,极端的理性主义和浪漫主义只会适得其反。如果你做的事情是正确的,那么你为什么还要运用权术来使人们接受它呢?莫里哀(Molière)的《愤世嫉俗者》(*The Misanthrope*)是一部伟大的法国戏剧,故事的主角严格地拒绝所有具有破坏性的权术行为。莫里哀400年前得出的结论仍然有它的价值:厌恶权术而不讨厌权术者是不太可能的,大多数管理者每天都会面临不确定性、多样化和资源稀缺这些情况。因此,无论喜欢与否,权术行为都是不可避免的。

忽略或者误导这些权术行为是要付出代价的。史密斯(Smith,1988)报道了一个相关的案例。托马斯·怀曼(Thomas Wyman)是CBS电视网络的董事会主席,1983年,他到华盛顿去游说美国司法部长(Attorney General)埃德温·米斯(Edwin Meese)。由于白宫临时有紧急事务,米斯不得不取消此次会见。怀曼被安排到克雷格·富勒(Craig Fuller)的办公室里。克雷格·富勒是米斯的一名高级参谋:

"我知道一些关于这个问题的情况,"富勒建议说,"可能你会愿意跟我讨论这个问题。"

怀曼拒绝了富勒建议。他没有认识富勒的真实角色,只是把他当作是普通的工作人员。

"不用了。我可以等等,等会儿跟米斯交谈。"怀曼说。

差不多近一个小时,怀曼一直坐在富勒的办公室里翻杂志,根本没有试着与富勒交谈。富勒一直在几英尺外的办公桌上工作。

最后,米斯匆忙地冲进富勒的办公室。他充满了歉意,他没有时间跟怀曼交谈了。他询问说:"你跟富勒谈了么?"

怀曼摇摇头。

米斯说:"你应当跟富勒谈谈,在这个问题上,他是非常重要的。他比我们任何人都了解得更多,他正在为总统撰写包含正反两方面意见的备忘录,你可以告诉他你们的观点。"(Smith,1998,pp. xviii～xix)

怀曼错过了一个重要的机会,因为他没有验证谁是真正有权力的人。

10.1.4 讨价还价和谈判

我们通常会把讨价还价与商业、立法和劳资关系等活动联系起来。从权术的观点来看,讨价还价是所有决策活动的中心。如果两个或多个团体拥有共同的利益,而与其他团体的利益有冲突,这时候就需要通过谈判来达成协议。劳动者与管理层可以达成这样的协议:企业既要赚钱,也要为员工提供良好的工作。但是,他们不会同意对工资和利润进行平衡。莫顿聚硫橡胶公司的工程师和高层管理者们在成功实施发射计划方面拥有共同的利益,但是,在如何进行技术和权术的公平交易方面,他们之间存在着严重的冲突。

谈判的根本困境是在"创造价值"和"索取价值"之间进行抉择:

价值创造者认为,成功的谈判首先必须具有创造性和合作性。相对于没有协议的情况,所达成的协议应当能够带给各方相当可观的收益。有些人认为,要用双赢谈判取代非赢即输的谈判。除了信息分享和诚实沟通之外,创造价值的动力还需要具有灵活性,而且可以从技术和态度的多样化中受益。各方都将谈判视作在解决一个共同的问题;他们能够组织在一起集思广益,共同提出具有创造性的解决办法。

另一方面,价值索取者则认为这种想法是天真的、愚蠢的。对于他们来说,谈判是艰苦而又困难的讨价还价过程。谈判的目的就是让对方相信,基于双方的各自期望,你所付出的要远远超出他的付出;而且,你还拥有充分的时间可以等待,而他时间期限已经非常紧迫。要想在谈判中取"胜",而打"败"另一方,你必须采取如下策略。开始的时候,你必须提出一个非常高的要价,然后再逐步退让。你要夸大自己因为妥协而放弃的价值,同时,你贬低对方因为妥协而放弃的价值。你要善于掩藏信息,在口头上,你要始终声称,你所坚持的原则是为了有个良好的结果。只有在达成非常满意的协议时,你再做出接受的承诺。你要表明,如果协商不通,你就会等着与其他人谈判。(Las and Sebenius,1986,pp. 30~32)

最著名的双赢谈判方式是由费希尔和尤里(Fisher and Ury, 1981)在《达成一致》(Getting to Yes)一书中提出来的。他们认为,人们通常进行的是"定位式谈判(positional bargaining)":在谈判之前,他们已经锁定了目标和立场;在谈判过程中,他们不愿意做出让步而无法达成协议。费希尔和尤里认为,这种谈判方式是低效率的,谈判双方会失去达成双赢协议的机会。他们建议了一种新的谈判模式:围绕四项战略开展"原则性谈判(principled bargaining)"。

第一项战略是将人和问题区分开来。谈判的压力和紧张很容易升级为暴怒和人身攻击。其结果是,谈判的一方常常希望不惜代价打败对方或伤害对方。所有的谈判都涉及客观事物和人际关系两个方面,明智的谈判者将会"人性化地对待谈判对手,而在具体问题上坚持原则"。马里兹应对锋芒逼人的卡特勒,充分展示了这一原则。即使卡特勒不停地欺负和侮辱他,马里兹也没有被搞得心烦意乱,而是坚持以工作为中心,把工作做好!

　　第二项经验性的方法是以利益而不是以立场为中心。如果你陷入某个特定立场之中,你可能会忽略掉达到目标的其他方法。1978年解决以色列和埃及问题的《戴维营条约》(*Camp David treaty*)就是一个例子。在进行关于划定两国边界线的谈判时,双方的谈判陷入了僵局。以色列想保留西奈(Sinai)地区部分土地,埃及则想全部收回。除非双方能够理解到对方的潜在利益,否则不可能达成任何解决方案。以色列关心的是安全:不希望在边境上看到埃及的坦克。埃及关心的是国家主权:从法老王(Pharaohs)时代开始,西奈就一直是埃及的一部分。最后双方达成这样的计划:以色列将整个西奈归还埃及,同时将西奈大部分地区都设置为非军事区(Fisher and Ury, 1981),这一解决方案带来了持久的和平。

　　费希尔和尤里的第三项建议是创造出符合共同利益的选择方案,寻找能够给双方带来利益的新的可能性。谈判各方通常会固守最初选择的方案,而不会去寻找其他方案。努力提出更多的选择方案,将会增加做出更佳决策的机会。马里兹在对付卡特勒时就认识到了这一点,他没有去威胁卡特勒,而是没有恶意地询问:"12月的时候你能提交一份关于COMDEX的进展备忘录么?"这是对双方都有益的一种新选择。

　　费希尔和尤里的第四项战略是坚持客观的标准——在本质上和程序上都非常公平的标准。当学校董事会和教师工会就工资增加幅度问题而发生争执时,他们可以寻找一些客观的标准,例如通货膨胀率或其他地区采用的工资标准。有这样一个关于程序公平的经典案例:两姐妹因为无法公平地进行蛋糕的分配而陷入僵局;她们协商后决定,由一方负责将蛋糕切成两半,然后由另一方优先选择自己想要的那份蛋糕。

　　费希尔和尤里把主要的注意力集中在创造价值方面——为双方寻求更好的解决方案。他们忽视了索取价值的问题,但是,在许多案例中，精明的价值索取者都比较成功。1980年，在实际获得QDOS操作系统产权前的24小时，比尔·盖茨已经把它授权给IBM公司使用。与此同时，微软公司没有向QDOS的所有者西雅图计算机公司（Seattle Computer）的蒂姆·佩特森（Tim Paterson）提及此事：他们购买他的操作系统是为了转卖给IBM公司。他们从蒂姆·佩特森那里的购买价格是5万美元，而卖给IBM的价格是8万美元。这个价格并不算高，但是，微软公司非常聪明，他们保留了向其他公司授权使用的权利。那时候，IBM是一头大象，微软还只是一只小跳蚤。除了盖茨之外几乎没有人能够预见到，人们会购买IBM以外的公司所制造的IBM计算机。但是，新型的个人电脑非常成功，IBM无法满足市场的需求。一年之内，微软授权50家公司使用其MS-DOS操作系统，而且公司数量还在不断增加（Mendelson and Korin, n. d.）。旁观者可能会感到困惑，在20年后司法部的反托拉斯诉讼当中，为什么微软那么盛气凌人、毫不畏惧。他们可能不知道，盖茨长期以来就是一个顽强的价值索取者。

关于价值索取的经典论述是谢林（Schelling）于1960年撰写的短文《冲突的战略》（The Strategy of Conflict）。他关注的重点是如何制造出令人相信的威胁。举个例子：假如我想买你的房子，我愿意支付25万美元。我应当如何让你相信，我只愿意支付20万美元。根据人们的一般常识，如果我非常富有，我不应当表现出来。我想让你相信20万美元是我所能够承受的最高价。但是，如果你认为我非常富有，那么你就不会把我的威胁当回事。常理告诉我们，如果我的活动相当自由，那么我可能非常富有。但是如果我能让你相信我的报价是受限制的，那么我也能够得到一个合适的价格。比如我告诉你，我是在替一个顽固购买者进行谈判，即使房子的实际价值超过20万美元，他也只支付20万美元。这些案例表明，谈判者虽然拥有资源和自由，但是他能够让对方接受相反的事实，那么这种情况就对他有利。价值索取者的谈判过程如下：

第10章 作为权术家的管理者

1. 谈判是一场包含不同动机的博弈。谈判的双方都想达成一个共同的协议,但是他们拥有不同的利益和偏好(IBM 和微软都希望达成有关操作系统的交易,但是 IBM 仅以 8 万美元就购买下该操作系统的使用权,IBM 的谈判方会认为自己就像是从孩子那里偷糖吃。与此同时,盖茨已经在梦想着,将会有数百万台的电脑使用他们的操作系统。)。

2. 谈判是一个互动决策的过程。每一方的行动都会影响另一方的行为。每一方都希望能够预测到另一方的行为,都希望能够限制对方的反应能力(IBM 正在加速推进其个人电脑的上市,所面临的主要挑战就是确保个人电脑拥有相配套的操作系统。)。

3. 如果谈判方 A 对 B 的控制能力越强,A 的权力就越大(微软只是在西雅图计算机公司和 IBM 之间充当中间人的角色,但是微软并没有让那两家公司了解真相)。

4. 谈判活动包括聪明地运用谈判手段,而不是使用制裁手段。谈判方可以使用武力、罢工或终止谈判等方式实施威胁,但在大多数情况下,他们不愿意承担实施威胁的成本。

5. 让对方相信你真的可能制造威胁,这一点是非常重要的。只有对手相信你的威胁才会奏效。无法令人相信的威胁,只会降低你的谈判地位,打乱谈判过程。

6. 恰当地估计威胁的程度也是非常关键的。如果我的威胁程度不够,那么我有可能会处于弱势地位。如果我的威胁程度过高,你可能不会相信我,从而有可能终止谈判,或者增加你的威胁条件。

创造价值和索取价值都是谈判过程所固有的。管理者应当如何平衡这两种策略呢?至少有两个问题是非常重要的:"实现双赢的机会有多大?"和"我今后是否还要跟这些人一起共事?"。如果一项协议可以使每个人从中受益,那么,毫无疑问应当强调价值的创造。如果你将来还要与这些人一起工作,那么使用价值索取战略将是有风险的。这会令他们发怒并且失去对你的信任。如果管理者得到了专制和自利的名声,那么,他要想为了今后的成功而建立网络联系和联合体,就需要经过艰难的过程。

阿克塞尔罗德(Axelrod,1980)发现了一种有条件的开放战略。如果谈判者需要长期合作,那么这种战略将是最有效的。这种战略以开放和合作的行为开始,如果对方以友好的方式回应,那么就要继续坚持这种战略。但是,如果对方持一种敌意,那么谈判者应当继续以友好的方式做回应,直到对手采取合作的态度。这实际上是充满友好和宽容的谈判——以其人之道还治其人之身。阿克塞尔罗德的研究表明,这种有条件的开放战略通常比较有效。

还要考虑的最后一个问题是道德问题。谈判者常常会故意表达不真实的信息——虽然撒谎普遍被指责为是不道德的行为(Bok,1978)。这就引发了一个意义深远的难题:对于作为权术家的管理者来说,什么样的行动才符合道德和正义标准?

10.2 道德与权术

布洛克(Block,1987)、伯恩(Burns,1978)、拉克斯和西本纽斯(Lax and Sebenius,1986)探讨了谈判和组织权术活动中的道德问题。布洛克的观点认为,个体通过理解向自身授权:"正如我们所知,组织权术活动过程是排斥人们承担责任的,我们通过寻找积极的权术途径来向自己授权,积极的权术活动和消极的权术活动之间的界限,是一根我们必须经过的钢丝绳。"(Block,1987,p. xiii)

布洛克认为,官僚体制的运转常常使个体感觉到自己是那么的脆弱、无助和没有权力。如果我们把太多的权力赋予组织或其他人,我们害怕这些权力会被滥用。因此,我们采取多种战略来保护我们自己。为了避免这种两难境地,管理者应当支持那些能够促进授权的组织结构、制度和程序,他们还必须向自己授权。

布洛克认为,管理者首先应当建立一个"伟大的理想"——一个整个部门都愿为之付出的、有意义的、有价值的愿景,然后他们需要通过谈判达成协议和建立委托关系,确保他们的愿景能够得到支持。布洛克认为,跟对手打交道和与朋友交往有很大的不同,对手既是最难对付的人,同时也是最有意思的人。向对手施加压力通常是没有效果的;"让他们放任自由"是一种比较好的策略。如何放任自由,布洛克提出了四个步骤:(1)告诉他们你的愿景;(2)表明你对他们的立场的充分理解;(3)明确你对这个问题的贡献;然后,(4)告诉他们,如果寻求不到帮助,你计划怎么做。

如果冲突源于个人对自身利益的错误理解的话,这样的策略可能是有效的。但是,在资源稀缺和差异持续存在的情况下,把问题公开只会适得其反。这有可能导致冲突更加公开、更加暴露,却不大有希望找到解决方案。布洛克认为"在阳光下面,组织内部的斗争会失去其影响力"(1987,p. 148),但是,权术理论对这种假设提出了质疑。

伯恩(Burns,1978)从大量的案例中提炼出了积极权术的概念,这些案例是丰富而又复杂的,包括富兰克林·罗斯福(Franklin Roosevelt)和阿道夫·希特勒(Adolph Hitler),甘地(Gandhi)和毛泽东(Mao),伍德罗·威尔逊(Woodrow Wilson)和圣女贞德(Joan of Arc)。他主要围绕领导层来考察权力和冲突,发现企业道德植根于文化和道德多样化的世界。于是,他开始转向关注马斯洛的激励理论(Maslow,1954)和科尔伯格的道德理论(Kohlberg,1973)。他借鉴了马斯洛需求层次理论的思想,认为有道德的领导者必然会产生高层次的需求。

从科尔伯格那里,他吸收了道德判断阶段论的思想。最低层次是"前常规层次"(preconventional level)。在这个层次上,道德判断主要基于所能感知的结果:如果你得到奖赏,那么你的行为是正确的;如果你受到惩罚,那么你的行为就是错误的。在中间层次上,即"常规层次"(conventional level),道德的判断要遵循权威的意见和已建立的规则。在最高层次上,即"后常规层次"(postconventional level),道德判断基于通用原则:为最大多数的人创造最大的福利,或者是遵循普遍的和综合性的道德原则。

伯恩(Burns,1978)在马斯洛和科尔伯格的理论基础上建立了积极权术的观点:

> 如果领导者想要有效地动员和鼓舞他们的支持者,那么,领导者必须是全面的人,能够充分地运用其思考能力和感受能力。他们既是教育者,也是领导者。他们面对的主要问题不是追求狭隘的自我利益的实现,他们要深化对人们需求的认识并扩展满足这些需要的方式;要改善更大范围内的社会环境。对于教育者和领导者来说,他们有这个责任,也有这个影响力。教育型的领导和控制型的领导是有区别的。不论其实际职务是什么,"教师"对待学生既不能是强制性的,也不能是机械性的,而应当是作为寻求真理和实现共同目标的合作者。教师要帮助学生建立道德价值观,但他们不是把自己的道德观强加给学生,而是为他们提供需要进行道德抉择的场景,鼓励他们提出冲突性的观点并展开讨论。教师努力帮助学生提升道德分析的水平,使其达到道德判断的更高层次(pp.448~449)。

根据伯恩的观点,当个体为了得到较高层次的激励且达到较高的道德水平时,积极的权术行为就产生了。拉克斯和西本纽斯(Lax and Sebenius,1986)认为道德问题是无法回避的,他们设计了一些问题,可以帮助管理者判断他们的行为是否符合道德:

1. 你所遵循的原则是否为大家所普遍理解和接受?(例如打扑克的时候,下大注迷惑对手是游戏规则所允许的)。

2. 在讨论你的行为时,或者为你的行为辩护时,你是否能够坦然接受?(你是否希望你的同事和朋友知道你的行为?你的配偶、孩子或父母呢?如果你的行为被公布在当地报纸的第一版上,你是否能够坦然接受?)

3. 你是否希望别人以同样的方式对待你?你是否希望别人以同样的方式对待你的家庭成员?

4. 你是否希望每个人都按照你的行为方式做事?做事的后

果是否能够为社会所接受？（如果由你来设计一个组织，你是否希望人们按照那种方式做事？你是否会教育你的孩子按这种方式做事？）

5. 这些选择是否建立在坚实的道德基础之上？

虽然这些问题并没有构建出一个综合性的道德框架，但是他们包含了道德判断的四项重要原则。它们是指导性的价值观——或者说是行为指南，不是告诉人们该做什么样的事，而是告诉人们做事的正确方式。它们无法确保行为的正确性，但是它们可以在很大程度上降低道德风险。事实表明，无论我们在哪里发现组织丑闻，都会看到这些价值观通常被忽视了。

1. 相互性（mutuality）。游戏的各方是否对游戏规则有着相同的理解？当安然公司的肯·莱（Ken Lay）及其他人偷偷抛售股票的时候，他还在向股票分析师和员工们称赞自己公司的股票。世通公司（WorldCom）在账面上将其经营费用转换成资本投资，非法地提高了公司的利润水平。这使得其竞争对手的经营业绩看起来相对比较差，制造了相当大的迷惑。AT&T公司和斯普林特公司（Sprint）感受到了来自分析师和股东们的极大关注。它们非常困惑：我们做错什么了？为什么我们达不到他们的绩效水平？

2. 通用性（generality）。某项具体行动所坚持的道德行为准则，是否可以适用于所有的同类情形？世通公司违反基本的会计准则以夸大其经营成果。他们秘密地违反会计准则的行为，显然是无法推广的行为。

3. 公开性（openness）。我们是否愿意把我们想法和决策公布于众？许多年以前，奥利弗·温德尔·霍姆斯（Oliver Wendell Holmes）法官发现"阳光是最好的杀毒剂"。在2001—2002年间发生的公司丑闻事件当中，普遍存在着向其他人掩盖事实的情况。安然公司的账本非常令人费解，如果有人提出质疑，例如《财富》杂志的记者贝瑟尼·麦克莱恩（Bethany McLean），安然会表现出敌意。安然公司操纵加利福尼亚能源危机的行为必须秘密进行，有一种手段就是在加利福尼亚地区制造电力拥塞的"现象"。然后，州政府向安然公司支付费用，要求公司调动电力以缓解拥塞现象。但是，实际上，安然公司根本没有调动电力，也没有缓解任何拥塞现象(Oppel, 2002, p.1)。

4. 人道主义(caring)。这种行为是否体现了对其他人法定权力的关心？为了维持股价，安然公司限制其员工在市场低迷时期出售手中的公司股票。安然公司把高管人员的利益置于其他人的利益之上，这只是众多案例中的一个。

21世纪初的公司丑闻并不是史无前例：每次经济繁荣之后都会有一些可以预见的迹象。例如，20世纪90年代出了一个伊凡·博斯凯(Ivan Boesky)，爆发了一场存款贷款危机，另一轮公司丑闻可以追溯到20世纪70年代。20世纪30年代，纽约股票交易所的主席被投入监狱(Labaton, 2002)。巨大的私利和巨额资金，肯定会产生巨大的诱惑。高层管理者很少考虑或谈论管理和领导的道德因素。波特(Porter, 1989)曾经谈论到此类交谈的缺乏："在一次讨论会上，有来自9家公司的17名高管人员。我们知道，在我们这个社会当中，道德宣教的个人化，产生了深深的道德孤独感和道德缺失；共同语言的缺乏妨碍了人们谈论和理解他们所面对的道德问题。由于存在着不在公共场所谈论精神问题的禁忌，就会导致人体的孤立。这种孤立会使人们失去勇气，使人们失去坚持不懈的精神。"(p.2)

如果我们抛弃道德宣讲，让管理者孤独地面对道德问题，那么我们就会引发野蛮的权术行为。在这个世俗世界当中，一个组织不可能把一套狭隘的道德框架强加给它的员工。但是，正如我们在第19章中所讨论的，企业应该而且能够树立一种道德姿态。企业可以使他们的价值观更加明确，使员工对自己的工作负责，使员工产生对道德对话的需求。缺乏道德框架和道德对话的积极权术行为，就像农业离开了阳光和水分。

10.3 结论

问题不在于组织是否有权术行为,而在于组织拥有哪种类型的权术行为。权术活动可能是肮脏的和破坏性的,但是,权术也可能成为实现崇高目标的工具。组织的变革和效力取决于管理者的权术技能,积极的权术者能够认识和理解权术的本质。他们知道应当如何改革一项计划,如何规划权术范围,如何建立支持网络,以及如何与同盟者和对手谈判。在这个过程中,他们遇到了现实与道德的困境:什么时候应当采用公开的、合作的策略,什么时候选择一个更加具有对抗性的方法。他们必须考虑合作的潜力,长期关系的重要性,以及他们自己的价值观和道德准则——这是最重要的。

第 11 章 作为权术竞技场和权术中介的组织

要想成为《时代》杂志的封面人物是件很不容易的事情,但是罗斯·约翰逊(Ross Johnson)做到了。布赖恩·伯勒(Bryan Burrough)和约翰·希利亚尔(John Helyar)在《大门里的野蛮人》(*Barbarian at the Gate*)一书中对此做出了解释。约翰逊的职业生涯开始于20世纪60年代。他在加拿大通用电气公司(GE)担任过一系列的中层管理职务。到32岁的时候,他平均每年能够挣到14 000美元。晚上,他出去兼职授课,还可以再多赚些钱。因为遭受了挫折,所以他离开了GE,到别处去寻找财富。他的魅力,他的幽默感,以及他的感召力,使他能够继续发展。20世纪60年代中期,在找了几个工作之后,他就职于纽约的标准品牌公司(Standard Brands),这是一家生产消费品的企业。他分管公司的国际经营业务。但是,约翰逊在豪华轿车和娱乐方面的奢侈消费,很快就使他和老板发生了冲突。赫里·韦格尔(Henry Weigl)是这家公司的总裁,他是一个非常吝啬的独裁者。在他的领导下,公司连续20年保持利润增长。他非常引以为自豪。他实在无法忍受约翰逊的铺张浪费,决定解雇他。约翰逊的权术智慧扭转了他的个人命运:"约翰逊为这场斗争进行了准备。有一位为韦格尔网络人才的猎头,变成了双重代理人,他也向约翰逊报告。有好几个周末,都有许多人者造访约翰逊家。他们共同完成一份报告,说韦格尔的吝啬方式正在逐渐扼杀标准品牌公司"(Burrough and Helyar,1990,p.19)。

约翰逊知道韦格尔正在准备与他当面摊牌,于是,他和董事会中的朋友们联合在一起。就在召开这次董事会前两周,有一位备受大家欢迎的高级管理人员逝世了。这件不幸的事情,恰恰给约翰逊带来了意想不到的帮助。许多人都指责说,他的逝世很大程度上要归咎于韦格尔刻薄的管理方式。在董事会会议上,韦格尔列出了一份长长的清单,以证明约翰逊挥霍无度的费用开支。约翰逊承认自己的开支有些过度,并且提出他将辞职。董事会召开了秘密的预备会议,他们把韦格尔明升暗降,并且任命约翰逊来掌管公司。约翰逊接受任命,但是提出一个条件:韦格尔必须搬出总部大楼。

约翰逊辞退了许多高级管理人员,却把他的朋友提升到高层。同时,他还进行了一系列的高额消费:购买公司直升机,申请乡村俱乐部会员资格,购买公司公寓,并且与体育明星签订了慷慨的合约。经过四年的平淡经营,食品巨头纳贝斯克公司(Nabisco)的董事会主席鲍勃·谢伯勒(Bob Schaeberle)突然打来电话,想谈谈合并事宜。这笔交易在两天之内就完成了:19亿美元的股票置换——这是1981年的一桩大交易。

每个人都知道谁将掌管这个公司:纳贝斯克公司的实力更强大一些。但是,人们低估了罗斯·约翰逊。谢伯勒是合并后新公司的董事会主席兼首席执行官(CEO),约翰逊担任总裁兼首席运营官(COO)。

在文件上,谢伯勒仍然是纳贝斯克公司的最高长官。但是,约翰逊发现,他很容易开展工作。他们的办公室挨在一起,约翰逊不用花多少时间就可以奉迎他的老板。他坚持不懈地奉承谢伯勒。在所有的会议上,他都顺从地称谢伯勒为"主席先生"。约翰逊还向佩斯大学(Pace University)捐赠了25万美元,在会计学领域设立了罗伯特·M·谢伯勒冠名教授席位。佩斯大学在一次宴会上宣布了这一决定,谢伯勒在接受这份荣誉的同时,也感到很惊讶。他询问:"谁来支付这笔费用呢?"当然是公司来支付了。

约翰逊缓慢而自信地开始扩充他的控制力,削弱谢伯勒的势力范围。

纳贝斯克公司那些有经验的高级管理人员,一个一个地为约翰逊的人所取代……三年后,在公司高层24位管理人员当中,有21位是原标准品牌公司的人。纳贝斯克公司的管理人员在无形之中被替换,以至于谢伯勒根本没有意识到发生了什么事情。开会的时候,他还会说:"我很高兴看到在座的都是年轻人"。(Burrough and Helyar,1990,p.33~35)

约翰逊以很高的价格卖掉了纳贝斯克公司一些效益不好的经营单位,这给谢伯勒留下了很好的印象。约翰逊凭借自己的魅力,向潜在的购买者传递这样信息:在这些经营领域,他们能够比纳贝斯克公司经营得更好。他曾经打赢了一场"小甜饼之战"。虽然在堪萨斯市(Kansas City)受到了福利托-雷公司(Frito-Lay)和宝洁公司(Procter & Gamble)的攻击,但是,他还是卖掉了纳贝斯克公司的小甜饼业务。终于,几年之后谢伯勒把CEO的位子让给了约翰逊,为了表示感谢,约翰逊用谢伯勒的名字来命名公司新的研究机构。

掌权之后,约翰逊的旧习又暴露出来了。他的兴趣在于跟名人打交道,而不在公司的经营上。1985年,他接到了泰里·威尔逊(Tylee Wilson)的电话,他是R.J.雷诺兹公司(R.J.Reynolds)的首席执行官。这家总部位于温斯顿-塞勒姆市(Winston-Salem)的烟草巨头有合并的意向。雷诺兹公司的盈利主要依赖于传统的烟草业务,威尔逊希望寻找一位合作伙伴,帮助他们改变这种状况。约翰逊坚持的要价超出了威尔逊的预期,但是,交易最终还是达成了:雷诺兹被迫用49亿美元收购了纳贝斯克公司。

不只一位朋友警告威尔逊,要当心约翰逊这个人。威尔逊没有特别在意这种危险:这是他的公司,他是老板。但是,威尔逊缺乏约翰逊那种逢迎讨好的技能,与董事会的关系逐渐疏远。威尔逊未经董事会允许,就动用巨额资金开发一种无烟的香烟。当董事会知道此事之后,冲突终于爆发了,暴躁的脾气使威尔逊受到了攻击。约翰逊则继续依靠他在标准品牌公司采取的战略:他告诉几位朋友说,他要离开公司了,因为公司只有一个 CEO 的位置。几周之后,当得知董事会大多数成员都希望威尔逊离开公司时,威尔逊感到万分吃惊,最终,他接受了几百万元的退休金,离开了这家公司。

约翰逊现在掌管的业务,每年有超过 10 亿美元的利润,这些钱,他怎么花也花不完。他试着要花掉这些钱:在亚特兰大建了一个新总部;组建了公司直升机编队,被人们称之为雷诺兹公司空军(RJR Air Force);支付高管人员和运动员的巨额指导费和装备费用(高尔夫明星杰克·尼克劳斯(Jack Nicklaus)一年的费用是 100万美元)。约翰逊享受着他的生活,直到 1987 年 10 月,在股市崩溃时,RJR 纳贝斯克公司的股票价值损失了三分之一,他做出了一个狂热的决定,启动公司管理层杠杆收购计划(leveraged buyout,LBO)。

LBO 的基本思想是寻找在一家价值被低估的公司,借钱全额收购其股份,对它进行重组或分解,然后再将它卖掉以盈利。这是一项高风险的事业,借钱搞投资意味着巨额利润或者高额损失,利息负担会与日俱增。如果一家公司宣布要进行 LBO,这家公司本身也将面临很大的风险;任何人都有理由抬高要价。在这种情况下,任何人都会想到亨利·克拉维斯(Henry Kravis):"克拉维斯和他的秘密企业 KKR 在五年前还不为人知。20 世纪 80 年代,经过融资收购的浪潮之后,他和他的公司发达起来,KKR 公司控制的业务从电池到超市都有,它名列美国 10 大公司之列。目前,它拥有 450 亿美元的收购能力,克拉维斯毫无疑问是华尔街上的购并之王,他可以动用的基金超过了巴基斯坦或希腊的国民生产总值。他的影响力超过了金融史上的任何人。"(Burrough and Helyar,1990,p.130)

如果有人能够与 RJR 纳贝斯克公司竞争,那就是克拉维斯了。在宣布 LBO 之前,约翰逊多次屈尊与克拉维斯会面交谈,向他征求意见。约翰逊不想公开自己的真正意图,但是他希望克拉维斯能够不介入。他设想的交易规模太大了：170亿美元——这是历史上最大金额 LBO 的三倍。而且，克拉维斯大多数情况下是从事善意的交易。约翰逊并没有意识到，他已经惹恼了一位非常危险的竞争对手，当克拉维斯知道这笔交易之后，他非常恼怒："我不相信这是真的。""我给他们提供了这种收购思路。他竟然不跟我们见面。"(Burrough and Helyar, 1990, p. 191)

接下来发生了商业史上历时6周的最大规模的竞争，巨大的联合体正在形成。约翰逊委托希尔逊·莱曼·赫顿公司（Shearson Lehman Hutton）的兼并部门负责这项融资收购业务。希尔逊公司是美国运通公司（American Express）的经纪事业部。它为约翰逊提供他所需要的资金和LBO专家，高管人员和董事会成员都是由约翰逊带来的。但是，处于同一个团队中的人，其利益也不一定统一。约翰逊坚持要组建LBO历史上最为臃肿的管理机构，希尔逊公司不愿意继续下去，因为约翰逊只是他们参与这笔交易的入场券而已。最终，当这份高利润协议的细节公布在《纽约时报》上之后，严重破坏了约翰逊和董事会之间的关系。他将再也看不到这份协议了。

数百万美元的费用流到了银行家、律师和经纪人的手中，华尔街上各个主要参与者都从这笔交易中分了一杯羹。在这场交易中，你可以看到人间百态：混乱的秩序，激烈的冲突，成堆的打印纸，无眠的夜晚，威胁与欺骗，聪明的计谋，以及幼稚的错误。自私、幻想和憎恨常常使交易过程脱离正轨，这场交易以疯狂的价格战达到了顶点。当硝烟散尽后，亨利·克拉维斯和KKR集团稍胜一筹取得了胜利，他们以250亿美元的价格收购了 RJR 纳贝斯克公司。这是一场付出极大牺牲而取得胜利的战斗。RJR 纳贝斯克公司的经营一直没有达到预想的状态，在不盈利的状态下，KKR花了几年时间才从中脱身。

RJR 纳贝斯克公司的故事说明了组织中权术斗争的两个方面：组织既是竞技场又是代理人。作为竞技场，组织中充满了不同利益群体之间无休止的斗争。作为媒介,组织是控制者达到目标的有力工具。罗斯·约翰逊对内部权术的运用简直是达到了极至,他赢了每一场斗争——直到他发现自己正以新手的身份与LBO大师斗争。

从权术观点来看,没有永远的胜利;"痛苦之后就是永远的幸福",这只是童话里的故事。在现实世界当中,今天的胜利者很快就会成为明天的失败者,或者相反。变革与稳定是相互矛盾的:组织不断地在变革,也从来没有变革。命运总是在跟人开玩笑,今天的成功者可能就是明天的失败者。但是,在所有的比赛当中,尽管选手不断变换、有来有去,但是竞争一直在继续。

本章首先考察作为权术竞技场的组织,然后再考察作为权术中介的组织。把组织看作是权术竞技场是对组织进行重构的一种方式,例如从权术的观点来看,组织设计不是对组织目标的理性表达,而是争夺索取权的权术体现。在我们研究作为权术竞技场的组织时,我们考察了组织变革的权术因素,比较了自上而下的组织变革和自下而上的组织变革。作为权术的中介,组织处于复杂的生态系统(组织相互依赖的网络)之中。我们解释了几种生态系统——企业、公共政策、企业/政府和社会。最后,我们考察了组织权力的阴暗面,我们特别关注了大型跨国组织。对于世界来说,大型跨国组织代表着一种逐步增加的风险,它们的影响力已经超出了所有人的控制力。

11.1 作为竞技场的组织

作为竞技场,组织内部充满了斗争。竞技场包括竞争规则、竞争者以及争夺的目标这些要素。从这种观点来看,每个组织都充满了权术斗争。让我们来思考一下,影响和改变组织结构的过程,建立在结构观点基础上的大多数理论都认为,最佳的组织设计应当能够有效地实现组织的目标和战略。普费弗(Pfeffer,1978)提出了一个非常明确的权术概念:"因为组织是一种联合体,所以不同的参与者拥有不同的利益和偏好。关键的问题不在于应当如何进行组织设计以实现效力最大化,而在于组织将服务于谁的偏好和利益……对学生有利的组织设计,有可能对管理者不利;对消费者有利的行为,可能对股东不利;对组织的评价取决于评价者的偏好和立场。"(p.223)

即使不同群体之间拥有冲突的偏好,他们也存在着共同的利益,从而有可能避免持续地产生破坏性的冲突。因此,他们会协商讨论权力和资源的分配方式,这些安排会反映在组织设计当中。组织结构是"特定时间里的解决方案,它包含着对控制权的争夺,它也要服从于组织生存的必须约束条件"(Pfeffer,1978,p.224)。

约翰逊将 RJR 的总部从温斯顿-塞勒姆市搬到了亚特兰大, RJR 总部在温斯顿-塞勒姆市的历史已经有近一个世纪了,他的这一决策备受争议。雷诺兹公司是温斯顿-塞勒姆市的核心企业,它赢得了众多市民的支持,它们中的许多人都是公司的股东。但是,约翰逊及核心管理人员认为,这个位于烟草区中心的小城市,过于枯燥和乡土化了。他们迁移到亚特兰大的行为缺乏足够的商业理由,这一行为并没有受到 RJR 董事会的欢迎,反而使得约翰逊成为温斯顿-塞勒姆市最憎恨的人。然而,约翰逊主导着这个联合体,他可以按照他的愿望行事。

11.1.1 自下而上的权术活动

在美国,工会的出现以及民权运动的兴起,都是自下而上变革的例证。在这两种情况下,变革的推动力都对传统模式进行了意义深远的瓦解。工会是在工业革命、城市化进程加快以及家庭农场衰落的背景下发展起来的;随着黑人的大规模职业转移和地理迁移,民权运动开始兴起。在这两种情况下,变化的条件瓦解了旧体制,强化了被剥削群体的不满。两种运动代表了一种经典的革命模式:期望上升期之后,随之而来的是大范围的失望。

两类运动的最初诱因都是来自基层群众的运动和组织——工会和民权组织的产生。精英分子严厉地指责此类群众活动的合法性,并实施了强制性的阻挠策略。在许多情况下,为了与工会斗争,雇主使用了包括法律诉讼和暴力在内的各种手段。民权运动,特别是在其发展初期,曾经遭到白人的暴力压迫。面对紧张的对立关系,新组织起来的群体开始参与政策制定,他们为了在法律中体现自身权力而斗争。运动有可能会失败,从而陷入低谷,而反对势力更加强大。这两类运动都曾经遭受过重大的挫折,但是,这也会激发起他们生存和成长的动力。与许多自下而上的变革相比较,他们是相对比较成功的。大多数努力都失败了;即使是成功的运动,大多数也只是促成了适当的改革。在美国和其他地方,工会运动仍然在发展;但是,随着竞争的全球化,世界经济向服务经济的转变,以及蓝领工作的减少,近几十年以来,工会的力量已经明显减弱了。自下而上的权术活动存在着一些困难,这些困难让人们相信,你必须在高层发动变革,才能达到目的。但是,研究表明,自上而下的变革也有许多失败的。下面我们将对此进行讨论。

11.1.2 高层控制的权术障碍

迪尔和纳特(Deal and Nutt,1980),对当地学校的一项改革进行了有启迪意义的间接分析。当地政府受联邦基金的资助,要为教育的综合改革制定出实验性的计划。争取和实施这些项目包括以下步骤:

1. 主要官员得知有机会争取到政府的基金资助。

2. 一小群行政官员集中在一起,提出了一个要某些方面改进教育计划的建议书(这个过程通常非常匆忙。因为时间紧迫,没有几个人参与计划的讨论)。

3. 当基金申请得到批准之后,主要官员充满骄傲和热情地宣布,该地区在全国性竞争中取得了胜利,争取到相当可观的资金,来支持一项令人兴奋的新项目,以改善教学工作。

4. 当教师们得知,官员们承诺采用新的教学方法,却没有征求他们的意见,他们感到非常吃惊。面对这项好消息,教师们的反应却是抵制、批评和愤怒;官员们也感到非常吃惊。

5. 夹在教师和基金组织之间,官员们把教师的抵制行为解释为面对变革所表现出来的防御心理和不情愿心理。

6. 新的方案变成了一场权术斗争,与有形的教育变革相比,产生了更多的不和谐、不信任和冲突。

迪尔和纳特所研究的这项计划代表了在环境适宜情况下实施自上而下变革的实践。该地区并非处于危机之中,变革项目还得到了基金资助,得到了联邦政府的支持。但是,这项创新计划在全体成员中间引发了激烈的权术斗争。在许多场合下,官员们发现他们处于劣势地位,在这项方案的五年资助周期内,只有一位教育厅长坚持到了最后。

在大多数情况下,官员们从不希望发生权术斗争。他们自信,所提出的方案将是积极的、有效的,对每个人都是有利的。提出变革方案,期望其他人能够执行他们的建议,他们忽略了其中的风险。最终的结果是,他们遇到了冲突,而没有得到预期的称赞。

为了实现自上而下的变革,相同的模式总是重复出现。主要高管人员、沮丧的管理者、充满期望的研究团队以及高高在上的管理咨询师们启动的无数变革,最终都以失败告终。只要有正确的思想(通常是提出者这样认为)和法定的权力,就可以确保方案的成功。这种假设是最常见的错误,这种假设忽略了低层人员——中低层职位上的团伙和群体——的权力。他们会设计出创造性的和疯狂的方式,来抵制、转移、破坏或者挫败变革的努力。

11.2 作为权术代理人的组织

组织是内部权术活动的竞技场,它们也是更大的竞技场或"生态系统"中的权术中介(Moore,1993)。由于组织需要从环境中获

第11章 作为权术竞技场和权术中介的组织

取生存所需要的资源,因此它们必然要陷入到与各类外部委托人之间的复杂关系之中,这些外部委托人的期望或需求必须得到满足,他们常常发表相互冲突的声音,这使得组织管理者的工作面临极大的困难(Hoskisson,Hitt,Johnson,and Grossman,2002)。在这种情形下,作为权术活动者的组织,在许多方面与作为权术家的管理者是相近的。组织也必须制定一个规划,分析和规划其生存环境,管理与盟友和对手之间的关系,并开展有效的谈判。

组织的许多重要委托人是其他组织。青蛙、昆虫和睡莲在沼泽地中共同进化,各类组织也在相同的环境中共同发展。穆尔(Moore,1993)分析了个人电脑业的两个产业系统,一个是由苹果电脑公司主导,一个是由IBM公司主导。在IBM进入个人电脑业之前,苹果电脑公司主导的产业系统控制着整个行业。但是,IBM主导的产业系统很快就在世界范围内超过了苹果电脑公司。IBM拥有巨大的产业吸引力,其个人电脑业务具有开放式的结构,吸引了众多新公司成群结队地加入到该领域之中。有些公司与IBM展开正面竞争,例如,康柏和戴尔这些硬件公司,微软和莲花这些软件公司。其他公司与IBM公司之间的关系就像是蜜蜂与鲜花之间的关系,各个公司之间相互提供一种必不可少的服务。一种协作共生的组合通常是命运注定的,在IBM的产业系统中,当微软控制了操作系统,英特尔控制了微处理器,两家公司就越来越密不可分了。软件越复杂,就要求微处理器的运行速度越快,因此,这两家公司会鼓励彼此的发展。刚开始,这两家公司是服务于IBM公司,最后,它们反而占据了主导地位,形成了"Wintel"[①]产业系统。产业术语变迁反映了权力的转移,曾几何时,这个产业被称作IBM的地盘,IBM在广告中自豪地声称"百分之百的IBM产品",现在,这个产业已经简称为"Windows PCs"(Windows 个人

---

① Wintel 是指 Windows & Intel 的简称,意指个人电脑的体系结构由 Windows 和 Intel 的 CPU 组成。

电脑)。

那些催生内部权术活动的因素,同样会导致系统内部或系统之间的权术活动。所有的组织都有其狭隘的利益,都会为了争夺稀缺的资源而展开竞争。RJR 纳贝斯克公司引发的收购价格战形成了一个暂时的生态系统,这一系统可以解释复杂性的许多方面,众多的个体、群体和组织都参与到这个系统之中,RJR 纳贝斯克公司是这场竞争的大赢家。但是,它在大部分时间里只是旁观者,约翰逊和希尔逊公司的同盟者追求的是他们的个人利益,而不是公司的利益。财务的代价是巨大的,但是,竞争却总是由权力、声誉和个人憎恶所驱动的。每个人都想取胜,你可能反败为胜,也可能反胜为败。

组织的生态系统可能有多种形式或规模,有些系统的规模比较小,是区域性的;有些系统的规模非常大,非常复杂(例如全球汽车业)。我们考察了几种典型的生态系统,来解释其中涉及的权术活动。

11.2.1 企业生态系统

通用汽车公司由比利·杜兰特(Billy Durant)创立于 1906 年。20 世纪 20 年代,艾尔弗雷德·斯隆(Alfred Sloan)再造了通用汽车公司,使之成为世界上最大的工业企业。通用汽车成为汽车产业生态系统的领军企业,在半个多世纪中,它一直是汽车产业中的重要企业,目前,其资源和实力依然非常强大。2001 年,GM 的销售收入大约是 1 770 亿美元,实现利润 6.01 亿美元。但是,在 20 世纪 70 年代到 80 年代,GM 的地位受到了国外强大竞争对手的挑战,环境的变化充分表明,GM 已经成为一个行动缓慢、反应迟钝的巨兽。GM 公司努力争取消费者购买他们公司的汽车,1992 年,财务报告显示,公司亏损 235 亿美元。"这是那时规模最大的赤字,甚至可以吞食掉《财富》500 强中的一家公司"(Loomis,1993,p.41)。GM 的规模和财务实力使公司还有巨大的缓冲余地;如果是一家规模小一些的公司,可能就无法承受 GM 所面临的营销和管理问题。但是,历史表明,即使是大公司也有疲软的时候。

与 GM 相反,通用电气公司(General Electric,GE)在 20 世纪 80 年代则是蓬勃发展。GE 的成功源于,公司对环境变化的快速适应能力。第二次世界大战之后的头二十年中,GE 运行结构由工程师们所控制,他们建立了一套有效的生产系统,认为消费者需求什么样的汽车,就生产什么样的汽车,这几乎就是传统等级结构的翻版。二十世纪后期,面对激烈的全球竞争,这种模式很有可能面临一场灾难,但是,GE 在那个时代取得了巨大的成功。与此同时,整个世界(美国以外)的产业能力已经崩溃,曾经被压抑的消费需求吞食着 GE 公司生产的任何产品。

1981 年,杰克·韦尔奇(Jack Welch)成为 GE 的 CEO。凭借战后的工程实力,GE 已经取得了相当大的发展。韦尔奇认为,只有剧烈的变革才能阻止这家公司走向衰落,他开始着手建立一种强调质量、创业精神和公正的企业文化。他做出了一项决策,只在 GE 占据主导地位的市场上开展业务;他坚持要求,GE 的各项业务都必须保持在该行业的第一、第二位。韦尔奇认为,如果不在行业内数一数二,那么"我们就要调整这些业务,或者出售它,或者关闭它"(Morris,1995,p. 90),他对 GE 的业务结构进行了大幅调整,出售了大约三分之一的业务,把资源转移到更有前途的发展机会上。4 年之内,GE 的员工人数从 40 多万减少到 33 万,韦尔奇因为实施了裁员计划,而被赋予"中子杰克"(Nuetron Jack)的绰号。这颗炸弹虽然清理了员工,却丝毫没有损伤整个建筑(Bartlett and Elderkin,1991)。韦尔奇不是没有错误;他的一些投资项目也是失败的,而且 GE 还曾经一度陷入道德丑闻之中(Paré,1994)。但是,利润的增长使 GE 成为一家非常具有盈利能力的公司,GE 的市场价值从 1982 年的 216 亿美元增加到 1992 年的 739 亿美元,2002 年更是达到了 3 000 多亿美元。1982 年,IBM 公司的市值是 GE 的两倍；十年之后，两家公司的地位逆转了过来(Lommis,1993,p.37)。

11.2.2　公共政策生态系统

在公共部门当中，政策的竞技场实际上是围绕政府的每项活动而建立起来的。航空运输公司、飞机制造商、乘客、立法机构和监管机构都是商业航空生态系统的积极参与者，几十年以来，美国的联邦航空管理局（the Federal Aviation Administration,FAA）一直是一个麻烦缠身的关键角色。它一直承受着多样化的目标：保证航空安全，促进航空业的健康发展，促进航空业成本的下降。如果监管存在着疏忽，那么就有可能让那些存在安全隐患的飞机继续飞行。1981 年，联邦航空管理局曾经宣布了一项为期 10 年总费用 100 亿美元的航空现代化计划，截止到 20 世纪 90 年代末，已经花费了几十亿美元。在简·加维（Jane Garvey）的领导下，事情有了改善。根据任命，在 1997 至 2002 年这五年间，她将领导这个机构。她引入了绩效工资制度，改善了管理制度，改善了 FAA 与航空控制部门的关系，她因此而受到广泛的赞赏。但是，这个机构仍然存在着一些缺陷，例如薄弱的财务体系和缺乏生气的官僚体制（Cahlink,2002）。2001 年 9 月 11 日恐怖袭击事件之后，由于没有及时严格要求航空公司和工作人员加强乘客和行李的检查，FAA 受到了激烈的批评。

教育也是对复杂的政策生态系统的解释。近些年以来，美国教育界进行了一场激烈的辩论：如果允许家长和学生自主选择学校，将有助于公办学校的改善和提高，例如允许家庭把孩子送到私立学校。支持者认为，父母可以选择适合他们孩子需要的学校，而且竞争对于学校具有激励效果。但是，学校董事会和管理者们几乎普遍反对这种想法。问题的双方都组建联合体，双方都去游说州议会和国家议会，这场辩论仍然在继续。

11.2.3 企业政府生态系统

政府和企业必然会在跨部门的生态系统中共同发展。佩罗(Perrow,1986)讨论过这样一个例子：这个系统由制药公司、医生和政府组成。对制药公司利润威胁最大的是那些没有品牌的药品，这些药品的售价远远低于有品牌的同类药品。在美国，行业协会这个跨组织的联合体，成功地游说许多州的立法机构通过立法，禁止销售无品牌的药品。他们在表面称这是为了保护消费者的利益，药品行业还说服美国医疗协会(America Medical Association,AMA)允许他们在协会杂志上给品牌药品做广告。消费者通常是根据医生开出的药方来买药，因此，制药公司希望医生在开药时使用品牌名称而不是化学名称。随着政策的转变，AMA 的广告收入在七年之内增长了三倍，那些制药企业则增强了各自品牌的地位(Perrow,1986)。

最近，由于有影响力的新参与者的出现——有管理的健康护理提供者，这个生态系统再次发生变化。健康维护组织(HMOs)凭借其日益强大的影响力，督促医生们开那些比较便宜的无品牌药品。为了给消费者节约成本，有几个州要求药剂师，在医生开出品牌药品时，要给消费者提供无品牌的同类药品。

制药企业对权术的关注一点也不特别："企业狂热地寻找竞争优势的源泉。政府政策就是其中的一种资源，它决定着商业规则；市场结构(制造进入障碍，通过监管、补贴和税收政策)；允许提供的产品和服务；以及政府提供补贴和直接采购的市场规模。因此，得到政策制定者的支持，是企业最重要的政治目标"(Schuler, Rehbein and Cramer, 2002, p.659)。

舒勒(Schuler)和他的同事们发现，擅长运用权术的企业可以使用广泛的战略来影响政府。联邦快递公司的实践可以阐明这种可能性。在第 7 章中，我们曾经提到，这家公司管理员工的复杂方法，联邦快递公司可以非常灵活地管理公司的权术环境，《纽约时代》把其描述为"首都最强大的、最成功的游说企业之一"(Lewis, 1996, p. 17)。联邦快递的CEO弗雷德·史密斯(Fed Smith)"常常在华盛顿呆很长时间,他被认为是联邦快递公司的首席说客。1977年,史密斯先生说服议会,允许他这家刚成立的小公司使用喷气机来运送货物,而不是使用受限制的小型飞机。以这一政策为分水岭,联邦快递公司逐步占据主导地位,业务收入达到了103亿美元(p. 30)。"

联邦快递的政治活动委员会在全国排在前十位,为数百位议会候选人提供了慷慨的资助。在公司的董事会里,还为著名的前国会领导人装点门面,这些人均来自两大政党。公司的直升机常常在全国各地接送各类官员,所有这些慷慨付出,都得到了很好的回报。1996年10月,联邦快递公司希望在1923年颁布的一部监管铁路快递的法律中添加两个单词。为了完成这项修改工作,参议院把会期延长了许多天,有位参议员说:"他们活动的广度和深度真令我吃惊"(Lewis, 1996, p. 17)。

企业与政治的联合在世界各地都有:

日本企业与政治之间的交互关联,是无可争辩的事实。有一位著名的财经记者指出:"现在,如果你不动用政治力量,你根本无法在日本发展业务——这是基本原则。"企业界人士为政客们提供资金,政客为企业界人士提供信息。如果你想开办一家百货商场、宾馆或滑雪场,你需要得到许可和批准,需要当地政治人物的合作。如果能够提前几年知道某个地区即将开发的信息,那将是非常有用的,因为那时的土地价格还很低(Downer, 1994, p. 299)。

11.2.4 社会生态系统

在一个更大的范围内,我们可以观察到社会这个生态系统:这是一个庞大的生态系统,企业、政府和公众共同参与其中,共同进化。在这个竞技场上,组织与社会之间的权力关系是一个关键问题。所有的组织都拥有权力。大型组织拥有的权力也更多:"在全世界规模最大的100个经济体当中,51个是公司,只有49个是国家。沃尔玛公司要比以色列、波兰或希腊的经济规模还要大;三菱公司(Mitusbishi)比印度尼西亚的经济规模大;通用汽车公司比丹麦的经济规模大。如果政府无法制定规则,那么谁能制定呢?公司可以吗?但是,他们是运动员,谁来担任裁判呢?"(Longworth, 1996, p. 4)

许多组织学者(包括 Korten, 1995; Perrow, 1986; and Stern and Barley, 1996)都强调一种观点:无论是谁,只要控制了一家数十亿美元的组织,他就必然拥有巨大的权力:

世界上那些规模巨大的企业控制着活跃的宣传机器,他们通过宣传使我们相信:消费主义是达到快乐的途径;政府对市场的过度控制会导致我们福利的下降;经济全球化既是一种历史必然趋势,也是人类社会的一种福利改进。事实上,所有这些宣传活动都是为了证明贪婪欲望的合理性,为了掩饰各种活动的真实情况。人类制度的全球转移运动是一个复杂的、有资金资助的和人为干预的过程,一小撮精英分子们积极干预这个过程,而他们却因为有钱而生活在远离其他人群的虚幻世界中,这些力量把企业和金融机构改造成了市场专政的工具。这种控制力量像癌症一样在这个星球上扩散,它不断地在整个地球上拓展生存空间,破坏现有的生活,引发人口迁移,掩饰着民主制度的弱点,并且让人们不知足地追求金钱以支持生活(Korten, 1995, p. 12)。

复杂的消费品企业是否能够创造和控制消费者的口味呢?它们是否只是对社会力量所创造的需求给予反应呢?科滕这些学者认为优势在于企业这一方,但是普费弗和萨兰西克(1978)则是从另外的角度来看待这个问题。就拿"营销观念"来说吧:

管理学中的营销概念基于这样的前提:从长期来看,所有的企业都是由人们(市场)的需求孕育而生的,当市场需要它们时,它们就能够生存下去;当市场不需要它们的时候,它们就会死去。简而言之,对于各类产品和服务来说,是市场创造、影响和定义它们的需要。毫无疑问,许多管理者都认为,他们能够设计产品和服务,能够创造需求。营销观念否定了这种假设,事实上,营销观念强调的是,营销的创造性体现在发现、定义和满足人们的欲望、需求或日常生活所需要的东西(Marshall,1984,p.1)。

这种观点的支持者认为,即使是最成功的营销家也有可能遇到像埃德赛尔牌汽车(Edsels)这样的产品——经过铺天盖地的宣传之后产品上市了,巨大的营销预算使得产品有了暂时的起伏,然后就像石沉大海一样悄无声息了。

来自组织研究领域的第 1 号伟大启示:杰弗里·普费弗,杰拉尔德·萨兰西克,《组织的外部控制》(Jeffrey Pfeffer and Gerald Salancik, *The External Control of Organizations* (New York: Harper & Row, 1978)。

普费弗和萨兰西克的这本出版于 1978 年的著作,一直没有重新印刷。在学术领域之外,已经很少有人知道这本著作,但是学者们都非常喜欢它。根据被引用率排名,这本书排在第一位。正如书名所表明的,本书的主要观点是,组织是环境的创造物,而不是环境的创造者。用作者的话来说:"本书的这个观点否定了组织自主性的概念。组织不是追求自身的、自我指导和自主的行动者。本书认为,面对各种约束和外部控制,组织是受他人控制的,不断地为了争取自主权而斗争(p.257)"。这两位作者追随了西尔特和马奇(Cyert and March)的观点。他们把组织看作是联合体,它们既是"实施影响力和控制力的市场(p.259)",也是需要与众多的外部委托人进行谈判的主体。

普费弗和萨兰西克非常强调这一点:组织依赖于它们所处的环境,它们需要从环境中得到生存所必需的投入要素。管理层的大量工作就是去理解那些关键的外部委托人的需要,并做出反应。因为,这些人的支持对于组织的生存来说是至关重要的。来自两方面的挑战,使得这项工作变得比较困难:

1. 组织对环境的理解通常是不真实的或者是不完整的(因为

组织所采用的信息,只是它们能够获得的或者是能够解释的);

2. 组织要面对众多的委托人,而这些委托人的需求通常是不一致的;

在不得已的情况下,组织必须服从。但是组织也在寻找各种途径,通过增加环境的可预测性和适宜性,提高组织的自主性。它们会通过合并来获得更强大的市场控制力,通过组建联合体(联盟,合资企业)来拥有更强大的影响力,或者寻求政府的帮助(例如争取补贴或关税保护)。但是,这也存在着两难困境:当委托人对部分环境产生较大影响力的同时,也在某种程度上侵蚀了组织的自主权。

普费弗和萨兰西克描述了管理者的三种角色:两种权术角色和一种象征角色。第一种角色是反应式角色(responsive role),管理者为了服从环境的压力而调整组织的活动。第二种角色是自主式角色(discretionary role),管理者寻找各种途径来调整组织与环境的关系。第三种角色是象征式角色(symbolic role),它来自强调管理者重要性的各种神话之中。举例来说,更换管理者是制造变革表象的途径,组织根本不需要改变什么(在接下来的两章中将讨论这一思想)。

大型跨国公司的影响力如何?有人认为,它们的实力是那么强大,以至于它们可以自己制定法律;还有人认为,在东道国,它们经济活动要受到当地政府态度、群众需求以及文化的影响。从社会生态学的角度来考虑,两种答案在某种程度上都是正确的,生态系统以及其中的竞争者们起伏不定。权力关系从来不是静止的,即使最有权力的组织也不能保证它能够不朽。随着新世纪的到来,20世纪初美国最大的25家公司,除了一家公司之外,都已经掉出前25名,有的甚至已经消失了。唯一的幸存者是谁?通用电气公司。

在20世纪的大部分时间里,随着公司的成长壮大,控制权从所有者和股东转向管理层。只要公司经营良好,利益相关者就能够保持对管理层的信任,而不会提出任何问题。管理者们要对股东和市场负责,这种责任神话只是在表面上为人们所接受。但是,当经济周期进入衰退期的时候,这种自信会受打击以至粉碎,这种情况会定期地出现。1929年经济大危机之后曾经出现过这种情况,20世纪70年代和80年代也都出现过。《商业周刊》曾经指出:"无论从哪方面衡量,企业管理者们正在遭遇美国经济前所未有的衰退期。至少在10年之内,美国人的生活水平会持续下降,美国在世界经济中的份额会不断萎缩,面对来自国外的竞争美国产品将节节败退。因此,管理者的主导地位将在今天受到前所未有的挑战"(Nussbaum and Dobrzynski, 1987, pp. 102~103)。

20世纪90年代,被团团围困的管理者终于开始解脱了。对美国经济衰退的担心达到了顶点,生产率和利润开始回升,股东的收益和CEO的薪酬达到了前所未有的高度。美国再次与像杰克·韦尔奇那样英雄的CEO进入热恋期。这种情形助长了"具有传染性的贪婪"气候,它将会导致巨大的、痛苦的后遗症。大量的高管人员犯罪和财务丑闻使得股市动荡不安,公司领导者失去了公众的信任,权力和财富集中在自私的、腐化的精英分子手中,这一点受到了激烈的批评。企业越大越好的观点受到了抨击:"当今世界,巨型公司占据着主导地位。但是,有才华的人不愿意在巨型公司中工作,消费者们也不愿意与它们开展业务,而且华尔街也不愿意向它们投资"(Hommonds, 2002, p. 78)。

在全球范围内,关于公司权力的争夺仍将继续。大型跨国公司拥有巨大的权力,但是,它们也必须应付其他实力竞争者的需求,包括政府、工会、投资者和消费者。尤希姆(Useem, 1996)认为,美国企业的调整,如重组、破产、缩小规模等等,都是由于来自机构投资者的压力,拥有数百万或数十亿的资金的大型养老金和信托基金公司通常具有发言权(也就是可以施加影响力和压力),因为它们的生存很不容易。出售通用电气公司的几百股股票是容易的,但是,要卖掉几十万股股票则是比较困难的。毫无疑问,高级管理人员感受到了来自投资机构的压力。在安然公司和世通公司,要求每季度都实现较好盈利的外部压力,导致最终的财务报告制造出了虚假的利润。

巴伯(Barber,1995)看到了"圣战运动"(Jihad)与"全球化运动"(McWorld)之间的紧张关系。在可以预见的未来,这种关系将影响到世界的局势。在这里,圣战运动是宗教狂热主义的缩略语,它是指对自己所在种族和宗教群体的强烈认同。全球化运动代表着全球化的资本主义,它可以用逐渐主导整个世界的品牌来代表。巴伯看到了两种力量之间的紧张关系所具有的潜在破坏性:

圣战运动和全球化运动分别朝着不同的方向努力。一种运动是由狭隘的仇恨所驱动的,另一种运动是由日益普遍化的市场所驱动的;一种运动是坚持在内部再生出区域和种族的界限,另一种运动使得国界更具有渗透性。但是,圣战运动和全球化运动也有其共性:它们均向独立国家开战,从而破坏该国的民主现状,它们的共同思路是不关心公民的自由。圣战运动打造出基于排他性和仇恨的血缘社会,这类社会抹杀民主,而追求残暴的家长式作风或者是完全统一的宗教主义。全球化运动打造出基于消费和利润的全球市场。除非我们能够找到同时应对圣战运动和全球化运动的选择方案,否则的话,我们已经站在起点上的新纪元——后共产主义时代,后工业化时代,后民族主义时代,很有可能就是后民主主义时代(Barber,1995,pp.68)。

在这个不和谐的地球村当中,这是最大的权术斗争。

11.3 结论

组织既是内部权术活动的舞台,也是组织制定计划、获取资源和实施战略的权术中介。作为竞技场,组织内部充满了竞争。组织为不同利益群体之间的相互竞争提供了场所。竞技场的本质及其建立的规则决定着竞争的秩序,谁能够参与组织,组织追求何种利益。从这种观点来看,所有的组织活动在本质上都充满了权术。

作为中介,组织扮演着工具的角色。组织是非常有力的工具,组织的控制者借助这种工具达到自身目的。但是,组织也不可避免地要依赖周围的环境,从中获得所需要的支持和资源。在包括众多组织的商业系统或政治系统中,各类组织在其中生存、竞争乃至共同发展,各自追求自身利益并寻找自身的定位。像自然界一样,生态系统内部和生态系统之间的关系,有时候充满着激烈的竞争,有时候则是共同合作和相互依存。

有一个非常重要而又充满争议的问题,那就是组织与社会之间的相对权力。在人类社会历史上,巨型跨国公司达到了前所未有的规模,控制着前所未有的资源。有些批评人士认为,跨国公司的发展将逐渐控制和扭曲整个社会。比较乐观的观察人员认为,组织在根本上要依赖于变化和动荡的环境。从长期来看,跨国公司只有适应于更强大的社会力量,才能保持其影响力。

第五篇　象　征　视　角

当看到下面这些词语时,你会联想到什么？
- 美国国旗(American flag)
- 纳粹(Nazi)
- 通用汽车公司(General Motors)
- 黛安娜王妃(Princess Diana)
- 独立宣言(Declaration of Independence)
- 基地组织(Al-Qaeda)
- 麦当劳(McDonald's)
- 珍珠港(Pearl Harbor)
- 巴黎(Paris)

看到这些词语,你可能会产生某种情感上的反应,甚至是某种本能的反应。这些词语都是特指某个特定的人、团体、地点或事件,但它们也都具有象征意义。象征符号包含着强烈的智慧与情感信息;它们表达着人们的思想和感情。

象征视角主要关注人们如何理解他们所处的混乱且模糊不清的世界。价值、信仰和信念是它所关注的中心。意义并不是事先给定的,我们必须去创造它,比如有很多人都对美国国旗有一种崇敬之情,但也有一些人会把它烧掉。美国国旗对这两个团体都有强烈的象征意义,但他们却从中发现了截然不同的意义。符号是我们所处的价值体系或文化中的基本单位。我们生活在文化之中,就像鱼儿生活在水里一样。鱼儿总是当河水枯竭的时候才感觉到水的重要性。我们也总是忽略象征视角。

第 12 章用了许多例子来说明，什么是文化以及为什么文化非常重要。然后，阐述了象征在社会生活中所采用的具体形式，包括神话、愿景、故事、英雄人物、仪式和庆典。

第 13 章引入了一种戏剧观点。在这一章中，我们把组织比作是戏剧公司——它们通过表演观众喜欢的戏剧来取悦于观众。我们借此解释了组织中的一些活动和过程——比如评价和战略计划。在组织中，预期目标很少能够实现。但是，因为这些目标突出了观众希望听到的重要信息，所以，它们仍然引人注目地存在着。

在第 14 章中，我们把这些符号概念运用于团队动力学。我们列举了一个非常成功的计算机开发团队，其成功的主要原因在于文化的、精神的方面。该团队采用了创新的仪式、幽默、游戏、专用语言、庆典以及其他象征符号形式，把一个多样化的、难以驾驭的小组，组织成为一个活跃的成功团队。

第 12 章　组织文化与象征符号

2002 年,哈雷-戴维森(Harley-Davidson)公司庆祝它的百年诞辰,庆祝活动持续了 14 个月,包括在墨西哥城、悉尼、东京、巴塞罗那和慕尼黑等地举办的活动。在一次大型的娱乐表演中,一百万摩托车手涌入位于密尔沃基的公司总部,以展示他们的摩托车,并且尽享哈雷-戴维森的独特的文化,对哈雷摩托车爱好者(HOGs, Harley Omwer's Groups)来说,拥有哈雷就是一种生活方式。

尽管哈雷摩托车的骑手中什么样的人都有,但他们都有共同的特征:对他们的哈雷具有狂热的忠诚精神,这是一种无法表达清楚的感情,他们穿着哈雷 T 恤,上面写着"哈雷-戴维森——如果我必须解释,你一定不会理解"……有一件事可以肯定,这种难以置信的品牌忠诚是情感性的,它基于一种不仅仅包括友谊、个人主义、自由骑车的感觉及拥有一种成为传奇产品的自豪感,而且包括美国国旗和其他美国符号、鹰(也是哈雷的标志)的联想模式。在马路上,哈雷骑手常常会帮助另一位遇到困难的人——即便一个是文身的摩托车手,而另一个是衣冠整齐的银行经理(Reid, 1989, p.5)。

哈雷-戴维森仅仅是一个关于象征如何深入到组织内部的例子。2001 年 9 月 11 日之后,在遭受最严重的恐怖主义袭击之后,美国人开始用象征来解决善后问题:到处都飘扬着国旗;建立了许多临时纪念碑,以纪念受害者和那些献出自己生命的警察和消防队员的英雄事迹;在电视上播放国会成员在美国国会大厦的台阶上集体吟唱"愿上帝保佑美国"的情景;全国上下的人们,都正式或非正式地加入到具有治疗功效的庆典聚会,尤其是在发生悲剧的时候或取得胜利的时候,我们都能欣然接受象征性符号所体现的精神魔力。

在日益复杂的世界中,有很多问题一直困扰着我们。在世贸大厦(Twin Towers)惨剧之后,人们问的最频繁的问题就是"为什么?",不仅仅是那些活下来的消防队员、警察及其他人在问,那些失去亲人的人也在问。可是找不到满意的答案,只有信念和希望才能让人们相信:他们能够从悲剧中走出来。

象征视角试图解释并阐明价值与信念的基本问题,正是价值与信念使得象征变得如此有意义,它描述了与传统的理性、确定性和线性的规则极为不同的世界。

象征视角从许多学科中吸收了观点,形成了它的概念体系,这些学科包括组织理论与社会学(Selznick,1957;Blumer,1969;Clark,1975;Corwin,1976;March & Olsen,1976;Meyer & Rowan,1978;Weick,1976;Davis,1976;Hofstede,1984)和政治学(Dittmer;1977;Edelman,1971)。弗洛伊德(Freud)和荣格(Jung)主要运用符号概念来理解人类的心灵。人类学家传统上关注象征以及它们在人类文化和生活中的地位(Ortner,1973)。乔瑟夫·坎伯(Joseph Campbell)的书《神话的力量》(*The Power of Myth*)被拍摄成一部被广泛收看的电视专题片。

12.1 象征视角的假设

象征视角从多种来源吸取观点并且提炼出几个核心假设:

- 最重要的不是发生了什么,而是它有什么意义。
- 活动和意义之间没有多大的联系,由于不同的人对其经历的解释不同,所以事件可能拥有多种意义。
- 面对广泛存在的不确定性和模糊性,人们创造了一些符号来减少混乱、增加可预测性、寻找方向并且确定希望和信念所在。
- 许多事件和过程所要表达的东西比其所产生的结果更重要。它们形成了包含有世俗、神话、英雄人物、仪式、庆典和故事的丰富多彩的文化画面,这些符号帮助人们在他们的个人及工作生活中寻找目标和热情。

- 文化是围绕共同的价值观和信仰来提高组织凝聚力和团结人们的粘合剂。

象征视角认为,生活不是线性的,它充满了偶然性。组织的功能就像是复杂的、不断变化的随机弹球机一样。决策、角色、计划及问题不停地在一个拥有弹性的不断变化的垫子、各种障碍和陷阱的迷宫中相互撞击。向彼得·德鲁克(Peter Drucker)的《有效的管理者》寻求帮助的管理者,可能比研究路易斯·卡洛(Lewis Carroll)的《镜中世界》的管理者干得更好。但是,所有这些混乱的表象,都拥有深层次的象征意义。近几年来,人们开始广泛认同象征在公司生活中的重要地位。

我们从这一章开始分析象征视角。象征包含并体现了一个组织的文化:信仰、价值观、实践以及人为创造的东西等相互交织的模式,这些象征符号帮助其成员确定,他们是谁以及他们应当怎样做事,相应地,我们首先把组织看作是独特的文化或部落。然后,通过描述文化在两个公司——沃尔沃汽车法国分公司(Volvo France)和大陆航空公司(Continental Airlines)的作用,再次强调符号象征的重要性。接下来,我们接着讨论各种形式的符号象征:神话、愿景、价值观、英雄人物、故事、传说、仪式和庆典、隐喻、幽默、游戏,所有这些都是组织文化的基本要素。

12.2 作为文化的组织

什么是文化?它在组织中的作用怎样?这都是人们激烈争论的问题。有些人争论说,组织是有文化的,其他人则坚持认为组织就是文化。沙因(Schein)(1992,p.12)给文化做出了一个更为正式的定义:"一个群体为解决外部适应和内部融合问题时,所学习到的一系列共享的基本假定所构成的模式,这种模式运行得很好,以至于被认为是有效的。因此,就被作为观察、思考、感受这些问题的正确方法,教授给新成员"。迪尔(Deal)和肯尼迪(Kennedy)(1982,p.4)则给出更简洁的定义:"文化是我们做各种事情的方法"。文化既是一个产品又是一个过程。作为一个产品,它包含了许多前人的集体智慧;作为一个过程,在新成员学习旧方法并且最终成为老师的过程中,文化不断地被更新、被创造。

关于文化和领导的关系有两种相反的观点。是领导影响文化,还是文化影响领导?象征型领导更多倾向于授权还是集权?具有强势文化的组织,是不是比那些依靠政策与规则的组织更出色?是成功培育了具有凝聚力的文化,还是有其他方法?

经过一段时间,每个组织都会发展出自己独特的信仰、价值观和模式,其中一些是无意识的或想当然的,它们反映在神话、童话、故事、仪式、庆典及其他象征形式中。理解象征作用的管理者,更容易理解并影响他们的组织。从象征观点看,价值是人类的基本需要。那些理解象征的形式与活动并鼓励运用它们的管理者,有助于形成一个有效的组织——只要组织文化与市场的挑战相一致。

诺茨罗姆(Nordstrom)百货商店是一个例子,它说明了文化在工作中的作用。消费者热情地赞美它对高质量服务的没有争辩、不问问题的承诺:"不用原来的方式提供服务,而是用从来没有的方式提供服务"(Spector 和 McCarthy,1995,p.1)。公司创建者约翰·诺茨罗姆(John Nordstrom)是一位瑞典的移民,他在美国周游一圈并在阿拉斯加淘金,仅作了短暂的停留之后,就定居在西雅图。他和鞋匠卡尔·威林(Carl Wallin)开了一家鞋店,诺茨罗姆的儿子们埃尔默(Elmer)、埃弗雷特(Everett)和劳埃德(Lloyd)后来也加入了该企业。他们集体为公司确定了一条永恒的哲理:消费者永远都是对的。诺茨罗姆的下一代在同历史保持紧密联系的同时,进一步发展了他们的事业。

公司依赖有经验的经过文化熏陶的老员工指导新来的员工,

如何用诺茨罗姆的方式向消费者提供服务。新来的员工总是先在销售部门工作,在最基本的地方学习公司的传统:"当我们做得最好时,我们前端人员是代理商,因为他们控制着业务。在竞争中,我们的一线有店员,其后有代理商"(Spector 和 McCarthy,1995, p.106)。

诺茨罗姆在顾客服务方面的独特承诺体现在许多传奇人物的故事中:

• 在位于西雅图的诺茨罗姆商店里,有位顾客喜欢上一个深紫红色的打折休闲裤,可惜适合她穿的号码已经卖完了。销售人员从部门领导那里拿了点现金,穿过大街从竞争对手那里以全价买了一件这种裤子,并且以诺茨罗姆的打折价格卖给这位顾客(Spector and McCarthy,1995,p.26)。

• 有位顾客无意中把她的飞机票落在了诺茨罗姆的柜台上,销售人员马上给航空公司打电话,但是没能联系上。于是,她就坐了一辆出租车赶到飞机场给顾客亲自送去(p.125)。

• 尽管诺茨罗姆从未卖过轮胎,但还是有一位员工欣然开出了一套汽车轮胎的退款单。1975年,诺茨罗姆曾经从阿拉斯加州(Alaska)的北方贸易公司(Northern Commercial)购买了三家商店。由于顾客曾经从北方贸易公司购买过轮胎,所以诺茨罗姆同意他们退货(p.27)。

诺茨罗姆对顾客服务的承诺,通过整个商店内的仪式得到强化。诺茨罗姆的新员工,在进入公司的时候,就开始接触公司的价值观。他们会收到一张写有"诺茨罗姆员工手册"的8英寸长、5英寸宽的卡片,上面写着:

欢迎来到诺茨罗姆。

非常高兴你成为我们公司中的一员,我们的首要目标是向顾客提供优质的服务。

把你的个人目标和专业目标定得高一些,我们相信你有能力达到目标。

诺茨罗姆规则：

规则1：在任何情况下都要充分运用你的良好判断力

没有其他规则了。(pp.15~16)

在员工会议上，诺茨罗姆的销售经理比较并讨论销售技巧，演练如何处理消费者遇到的问题。定期的庆典强化了公司推行的价值观，从公司早期开始，诺茨罗姆的家族就主持夏季野餐和圣诞舞会。最近，许多事件又创造了庆祝消费者服务的场合："我们都疯狂地显身手，商店每个月的庆典就是一次动员会议，在会议上念消费者的感谢信，并表彰积极的成果，同时，伙伴们大声叫喊以相互庆祝。在内部会议上，也会读那些对诺茨罗姆抱怨服务的信件(省略掉被攻击的销售人员的名字)"。(pp.120,129)

在销售人员的动员大会上，地区经理要求所有的参会者都大声说出自己这一年的销售目标，他会公布在一张大表上，然后地区经理公布他自己给每个人定的目标。人们对那些目标低于地区经理设定目标的人喝倒彩，对那些目标高于地区经理设定目标的人则致以热情的欢呼(Spector和McCarthy,1995)。

竞争、合作、消费者服务的良好平衡，使诺茨罗姆经营良好。在一个以"诺茨罗姆信条"为题的布道中，一位加利福尼亚的牧师"赞扬零售商正在执行着比我们有时在教堂做的更始终如一、更有责任的原则"。(p.21)

12.3 组织的象征符号

通过组织的象征符号，可以清楚地揭示并传播组织的文化。麦当劳连锁店的统一，不仅依靠复杂的控制系统，还依靠金色拱门、核心价值观、雷·克罗克的传说等该组织特有的象征符号。几乎不受结构约束的哈佛大学教授，却被历史上固定的教学仪式、长期形成的学术评估方式以及哈佛的神话与神秘而严格限制。

最近几年，人们开始普遍认识到象征符号在企业发展中的重要作用。科特(Kotter)和郝斯克特(Heskett)的《企业文化与经营业绩》(1992)、柯林斯(Collins)和波拉斯(Porras)的《基业常青》(1994)都用长期的数据证明了组织象征符号与经营绩效之间的联系。其中有一个例子说的是高让·卡斯德特(Coren Carstedt)在20世纪80年代接管沃尔沃汽车法国分公司的故事。接管沃尔沃对于卡斯德特来说是一个巨大的挑战,沃尔沃公司希望把在法国的销售额翻一番,即达到每年销售20 000辆汽车。但是,事实上,当其他进口车的市场份额不断增加的时候,沃尔沃的销售额却下降了。更麻烦的是,员工总是找各种借口来证明业绩差的合理性:"他们说,这些产品太旧、太笨重、太乏味,价格太高而且所有汽车的后轮都太僵硬(在法国这种汽车并不流行),为了安全需要牺牲太多的业绩,送货迟缓,而且承诺的新车型总是上市太晚。人们一次又一次地对卡斯德特说,'这是法国'。法国是一个拉丁国家,充满热情而且容易激动,而沃尔沃汽车则是一个理智的汽车,是斯堪的纳维亚人在漫长冬夜中思考的东西"。(Hampden-Turner,1992,pp.156～157)

然而,卡斯德特拒绝借口,他决定改变这种沉闷的局面。他的做法给那些理解象征符号与文化作用的人指明了希望。首先他认真地倾听:他召开了9次地区会议,共有沃尔沃公司的150名法国经销商参加了这些会议。大家都围坐在桌旁,卡斯德特让这些经销商说出自己的看法:"我想知道你们认为该怎么办,沃尔沃公司怎样做才能帮助你们销售更多的汽车,请告诉我在哪些地方我们做得不好,你们想从我们这儿得到什么帮助?我保证如果我能做到我一定去做(Hampden-Turner,1992,p.158)。卡斯德特和以前的CEO的做法完全不同,他的直爽、开门见山的风格很快使他有了一个昵称:北风。

卡斯德特接下来主要利用价值观、仪式、庆典和幽默等各种形式来表明,他在倾听各方意见并且愿意做出巨大变革,他画了一幅颠倒的传统指挥链卡通画,他这样描述:"顾客就是国王,经销商是国王的臣民,我们的——我的、沃尔沃法国分公司的以及总部的——工作是保证每个经销商得到他所需要的帮助"。(Hampden-Turner,1992,p.159)

他邀请经销商和他们的配偶去参加巴黎附近的一个会议。会议的开始是一个幽默的电影:"沃尔沃在哪儿?"在电影情节中,法国市民正在回答有关沃尔沃汽车与经销商的问题。他们耸肩的样子和漠不关心的表情说明他在说:"我不知道"。接下来,通过广播告诉现场的人,在法国某地一个漂亮的展览室里正在展出富豪公司的新车型。当经销商要求告诉地点时,卡斯德特揭开了他身后的帷幕,就在那儿! 在现场就有一个展览室! 这件事告诉经销商,一点小小的创造就可以产生不同的效果。

接着,卡斯德特带领这些经销商到瑞典去旅行,他想让他们亲身体验一下汽车背后的文化:"我们80%的销售力量都来自内部,即帮助经销商增加对沃尔沃汽车的认同感,以汽车质量为自豪,并且明白他们自己的服务也是其中不可分割的一部分"(Hampden-Turner,1992,p.161)。这个小组乘专机到哥德堡(Gothenburg),在那儿他们参观了工厂,访问了管理者。后来,卡斯德特说:"我们每年都在总裁和高级管理人员面前表彰我们最好的经销商"(p.162)。第二天,小组乘火车穿越乡村,他们会见了沃尔沃公司的工人,游览了古老的斯德哥尔摩,在穿着传统服装的瑞典音乐家和民间歌唱家的斯堪地那维亚集会上举办义卖会,在那儿,"他们喝史纳普斯酒(Schnapps),戴头盔,用手吃饭,扔垃圾"。(p.162)

结束时,卡斯德特用法语作了一个演讲:

两年来,我一直在向你们解释,沃尔沃公司拥有某种特殊的东西:我们的价值体系与价值观对成功非常重要。为了更好地理解沃尔沃,懂得一些瑞典的知识是有帮助的,所以我们请你们亲自来看看我们的湖泊、森林、树木、房屋。现在我们来到了瑞典的中心,我们就站在诺贝尔(Nobel)颁奖前举行宴会的房间,你们的面前就是诺贝尔的菜单,它让你们记得:在这里,荣耀授予那些最伟大的

成就与品质,而你们也正是其中的一部分。(Hampden-Turner,1992,p.162)

回到法国后,卡斯德特对各种借口和辩护进行了宣战。为了让人们知道他们过去的情况与未来的状况之间的区别,他设计了两个生动的形象:一个是由四个手指头组成的四方形,每个手指头都在指别人的错误;第二个是四只紧紧相握的相互支持的手。一个小女孩被舒服地系在沃尔沃汽车后座上的图示广告,强调了汽车的安全性能,标题上写着:"你们需要保护未来,尤其是当未来就在你后面的时候。"沃尔沃广告那年成为法国最好的汽车广告。卡斯德特的这些工作非常有效,在接下来的4年里,沃尔沃汽车的销售与市场份额都双倍增长。

来自组织研究领域的伟大启示第 7 号:吉尔特·霍夫斯泰德:《文化的重要性:工作价值观的国际差异》(Geert Hofstede, *Culture's Consequences*: *International Differences in Work-Related Values*, Newbury Park, Calif.: Sage, 1984)。

吉尔特·霍夫斯泰德最先研究民族文化对工作场所的影响。他把文化定义为"一个群体的成员赖以区别于另一个群体成员的共同思维方式"(p.21),他主要阐述与工作相关的价值观。

吉尔特·霍夫斯泰德书中的主要内容是以美国的大型跨国公司为对象所做的员工问卷调查,他大约收集了40个国家(地区)20种语言的117 000份调查问卷。数据是在两个阶段中收集的,一个是1968年,另一个是1972年。吉尔特·霍夫斯泰德接着研究了导致不同国家管理者之间差异的变量,他最终选择了民族文化的4个维度:

1. 权力差距:衡量老板与下属的权力不平等的程度。权力差距大的国家和地区(如菲律宾、墨西哥、委内瑞拉)在老板与下属之间存在更多的专制关系;权力差距小的国家和地区(包括丹麦、以色列、奥地利)倾向于采用更民主以及分权的模式。

2. 不确定性规避:不确定性和模糊性带来的舒适或不舒适的

程度。高不确定性规避国家和地区(希腊、葡萄牙、比利时和日本)倾向于充分利用结构、规则及专家来保持控制;低不确定性规避国家和地区(中国香港、丹麦、瑞典及新加坡)则不大强调结构,也更容易容忍冒险。

3. 个人主义:个人主义与集体主义(小组、组织或社会)的重要程度。个人主义严重的国家和地区(美国、澳大利亚、英国和加拿大)重视自治、自己满足自己需要的个人;个人主义程度低的国家和地区(秘鲁、巴基斯坦、哥伦比亚、委内瑞拉)强调个人与集体之间的相互忠诚。

4. 男子气概-女子气概:男子气概程度高的国家和地区(日本、奥地利、委内瑞拉、意大利),男人会感觉到职业成功的压力更大;只有少数女人处在较高的职位,工作压力较大。在男子气概低的国家(如丹麦、挪威、芬兰、瑞典)则正好相反。

霍夫斯泰德认为关于有效管理的理论和实践不可避免地和文化相联系。大多数管理理论都是产生于美国,美国在文化上与那些讲英语或其他具有日耳曼根源的北欧语言的国家相似,但与大多数亚洲国家(还有那些讲从拉丁语演变而来的语言的国家)截然不同。对霍夫斯泰德来说,管理者与学者常常认为,在他们文化中起作用的东西在任何地方都会起作用,这种假设非常可怕。

霍夫斯泰德也阐述了民族文化与组织文化之间的关系。他注意到共同的文化是组织的有力的形式,认为当国家文化在整个公司范围内都广泛接受时,跨国公司就很容易发展。如果管理者,尤其是那些母国文化之外国家来的管理者,成为双文化的,他的管理才会行之有效。在霍夫斯泰德看来,许多到国外工作的美国管理者,特别是那些居住在美国,保持世外桃源似的单独的语言与单独的文化的管理者往往会遇到管理上的"水土不适"。

吉尔特·霍夫斯泰德的研究在几个方面有缺陷。他的例子只是来自于美国公司而没有其他国家和地区(中国、俄国、大多数非洲与东欧国家);他的数据比较早,距今已经有30年了。但是,还没有其他的关于民族文化对组织的影响的研究具有如此大的影响力。

大陆航空公司的 CEO 戈登·贝休恩(Gordon Bethune)把曾经被认为是美国最差的航空公司转变为一家成功的公司。在这个过程中,他表现出了非常出色的天分。1994 年,该航空公司在准时服务方面是最差的,寄错包裹的问题非常严重,客户的抱怨最多,在航班定位和超员方面也做得很差,公司失去了很多业务,以至于贝休恩制定改革计划的会议都被称作是"最后的晚餐"。

贝休恩很快制定了一系列使公司走向新方向的象征活动:

- 他打开总裁办公室的门,原来这些门都是关着的,而且只能用身份证才能进去,现在把这些限制都取消了。
- 他在总裁办公室里用食物和饮料随时招待所有的员工,他亲自带他们参观自己的办公室,打开小屋的门表示前任 CEO 弗兰克·罗伦佐(Frank Lorenzo)确实走了。
- 在每次管理会议上,他都坐在不同的椅子上。
- 他把写满规则和制度的旧员工手册都收集起来,当着许多员工的面在停车场把它们烧毁。
- 他命令绘图部门用全新的绘画主题,重新装饰本公司的飞机。当生产经理抱怨期限太短时,贝休恩告诉他们,"我家有一副伯莱塔(Beretta)自动手枪,配有 15 发子弹的弹夹。如果你们在 7 月 1 日之前没有装饰好这些飞机时,我会来这儿开枪射击。你们非常优秀,我也很喜欢你们,但你们一定要画完那些飞机,否则我会把你们各组的最后一名都杀死。"
- 他邀请了 100 名航空公司的最佳顾客和他们的配偶去他家吃晚餐,并且为他们在 1974 年以前忍受的糟糕服务表示抱歉。
- 他用隐喻来说明文化凝聚力的原理。贝休恩举了一个手表的例子,他要求每个部分都一起工作。
- 他用真实的奖金支持无形的价值观。比如,信任是一个核心的价值观,这意味着任何时候都必须准时。当大陆航空公司航班的准时率达到 71% 时,每个员工都会得到 65 美元奖金;当公司在所有的航空公司中准时率最高时,每个员工会得到 100 美元奖金。但是奖金的真正价值是在那些如何分配奖金的故事中所体现出来的,即员工为自己购买点东西或款待一下他们的孩子们。

所有这些努力使大陆航空公司在 1996 和 1997 年因为消费者满意而获得了最佳质量金奖(J. D. Power Award)。1997 年,公司又获得该年度的 1996 航班荣誉奖;同样重要的是,公司从 1995 年开始赢利并且在以后的 5 年里一直都盈利。2002 年,公司在《财富》杂志的几个 A 排行榜上都处于显著位置:"最令人尊敬的全球航空公司"中的第 2 名,"最令人尊敬的全球公司"中的第 13 名,"100 家美国最好的公司"中的第 42 名。

卡斯德特在沃尔沃公司的策略与贝休恩在大陆航空公司的策略只是运用象征符号在混乱中寻找意义、在杂乱中寻找清晰、在神秘中寻找可预测性的两个例子。在接下来的内容中,我们用更多的例子来说明其他的象征以及象征活动。不同的象征形式在组织中起不同的文化作用,神话、愿景、价值观使人们能深入理解组织的目标及其决心,英雄人物作为活的榜样通过他们的语言与行为表明在组织中什么是最神圣的,一些叙事体形式如童话与故事给出解释、协调矛盾、解决两难问题(Cohen,1969)。象征活动——比如仪式与庆典——在困惑中为人们指明方向(Ortner,1973),隐喻、幽默和游戏使人们放松并使员工提升到一个更高层次。

12.3.1 神话、愿景和价值观

在意识最深处起作用的神话是故事之后的故事(Campbell,1988),它们解释、它们表达、它们保持团体和使组织具有凝聚力,它们把事物合法化,它们交流无意识的愿望和冲突,它们调解矛盾,它们是把现在融于过去的叙事体(Cohen,1969)。所有的组织都依靠神话或者具有不同力量和强度的英雄故事(Clark,1975),神话支持差异化的要求,它把工作单位变成一个令人尊敬的机构

和一种无所不包的生活方式。

神话常常产生于企业初创时期。例如,创建西南航空公司的最初设想,是在得克萨斯州圣安东尼奥(San Antonio)的一个酒吧里提出的。他们设想要联结三个城市:达拉斯(Dallas)、休斯敦(Houston)和圣安东尼奥。正如传说所描述的那样,其中一位创建者罗林·金(Rollin King)对他的合伙人赫伯·凯勒赫(Herb Kelleher)(后来成了西南航空公司的 CEO)说,"赫伯,我们办个航空公司吧。"凯勒赫回答道,"罗林,你太了不起了!让我们一起干吧!"(Freiberg,1998,p.15)。在这家新航空公司的发展过程中,它遇到了来自现有航空公司的巨大阻力。经过 4 年激烈的法庭争吵之后,这家新公司终于诞生了。1971 年,得克萨斯州最高法院做出了有利于西南航空公司的判决,终于,它的飞机可以起飞了。地方行政长官仍可能利用一个低级法院的判决来延迟航班运行,而这更加坚定了凯勒赫的决心(Freiberg,1998,p.21)。西南航空公司神话般的坚定与古怪,塑造了其独特的文化:"正是这些使航空公司在早期生存下来的精神与坚定的意志使西南航空公司今天成为一个成功的公司"(Freiberg,1998,p.14)。

神话确定组织的价值观,价值观界定了一个组织的身份,规定了组织为实现自身目标所尊崇或承诺的品质。价值观不同于目标,它是无形的,它界定了一个企业的基本特征,使之区别于其他企业。从会议室到工厂,价值观创造了认同感,并且使人感到与众不同。当组织试图在目标或其他正式文件中表述其价值观时,它们常常会失去其内在的价值。

西南航空公司从来没有将价值观正式编入文件中,但是,公司的自由象征,即广告牌和旗帜,表达了公司的明确目标:将自由赋予公司的每个人而不仅仅是精英人物;公司将持久快乐地坚持这样做。相反,明尼苏达州伊代纳(Edina)学区的一位女教育主管自杀之后,教职员工、家长和学生由此共同提炼出了正式的共享价值观:"我们关心,我们分享,我们勇敢。"美国海军陆战队(Marine

Corps)的价值观浓缩为一个简单的短语就是"永远忠诚",它不仅仅是一句口号,它是每一位军人所秉持的真实情感,而且它会不断地被新兵们所继承发扬:"价值观影响着海军陆战队的每一位军人,海军陆战队是美国军队中规模最小的队伍,但是它在许多方面也是最有意思的。它拥有最丰富的文化:形式主义,孤独超然,精英主义,这些都在他们自己的历史和行为方式中留下了深深的烙印。"(Ricks,1997,p. 15)

愿景把组织的核心价值观或使命感转变为未来可能实现的形象,它是一个存在于神话和价值观之中的、为大家所共同接受的梦想般的未来可能性。例如,马丁·路德·金(Martin Luther King)的"我有一个梦想"演说,对根植于白人建国者脑海中的美国种族关系,描绘了一个新的未来。

愿景在现代组织中非常重要,在柯林斯和波拉斯的著作《基业常青》中,他们介绍了美国许多愿景型的公司。作者说:"愿景型公司的本质在于,把它的核心价值观念和它独特的前进动力融入组织的构造之中"(Collins 和 Porras, p. 201)。正是在消除"疼痛与疾病"使命以及为"医生、护士、医院、母亲以及其他用我们产品的人"服务的使命的激励下,在发现有几瓶药被污染之后,强生公司不惜付出巨大代价,果断决策,将所有上市的羟苯基乙酰胺药品全部收回。3M公司则有这样一条原则,"不能扼杀任何一个新的产品理念"。那是因为有人故步自封,反对开发透明化时,公司提出的一项原则。多年以后,这条原则为"即时贴"的开发铺平了道路,"即时贴"也是源于一项失败的设想。抽象的愿景提供了一种具体的理念,这种理念将历史事件和核心哲学观与未来事件联系在一起。一个共享的愿景应当以精神、决心和热情的方式渗透在组织之中。

很难说清这些无形的思想之间,如神话、价值观、愿景,有什么微妙的区别。事实上,这些思想常常相互交强在一起。例如,在大量网络公司处于困难之中时,易趣取得了极大的成功。在易趣,神话、价值观、愿景相互影响,即使在经济不景气的时候也取得了良好的成绩。易趣的成功在很大程度上要归功于它的创建者皮耶·欧米迪亚(Pierre Omidyar),他想到了完全竞争市场,在那儿,买方买东西的机会平等,卖者可以自由进入市场,供给和需求决定价格。但是,欧米迪亚的愿景超越了经济交换,而达到了市场的另一个优势:合作。欧米迪亚想让易趣既是一个真正的商业企业,又是一个有责任的集体。这个愿景促成了易趣的核心价值观:商业和合作,"像别人对待你一样对待别人。当发生争论时,要让利于人。"

在易趣有很多神话和传说。据说,欧米迪亚建立网站的最初动因,源于和他未婚妻在一起吃晚饭时的想法。她向他抱怨说,他们从波士顿(Boston)来到硅谷(Silicon Valley)之后,她再也不能与糖果自动售货机的收集者进行联系了。他决定通过建立网站解决她的问题,于是就有了这个新的公司。事实真的是这样吗?不一定。这个故事是玛丽·卢·松(Mary Lou Song)策划的,目的是借助媒体扩大易趣的影响,她说,"没有人想听一个要创建完全竞争市场的30岁天才说话。他们只是想听到,他这样做是为了他的未婚妻。"这个神话流传下来了,因为神话比真实还要真实。

12.3.2 英雄人物

在安然和其他公司的 CEO 丑闻之后,《商业周刊》(Byrnes, Byrne, Edards & Lee, 2002)刊出了六位"优秀"CEO 的简介。他们不像李·艾科卡(Lee Iacocca)或杰克·韦尔奇(Jack Welch)一样是媒体炒作的对象,也不像肯·莱(Ken Lay)、伯尼·埃伯斯(Bernie Ebbers)或丹尼斯·科茨洛夫斯基一样是贪婪公司的象征,他们是实实在在的领导者,他们创建的公司经得起时间的考验,生产出了优质的产品和服务。

同样重要的是,这六位公司领导塑造了他们希望灌输给其他人的公司价值观。高露洁棕榄公司(Colgate Palmolive)的一名经理人员鲁本·马克(Ruben Mark)非常有个性,他拒绝对商业周刊上的故事作评价,因为他觉得向媒体说这些,对公司的运营几乎不起作用;还有一位是好事多(Costco)的经理人员詹姆斯·辛格尔(James Sinegal),他则以看不起公司的福利而自豪。他用自己的电话,亲自陪客人到他自己简陋的办公室——没有卫生间、没有墙、用了20年的家具。辛格尔这样评价自己的吝啬:"我们是低成本的经营者,但如果我们假装我们不穷,那就有点作假了"(Byrnes,Byrne,Edards,和 Lee,2002)。

这6位管理者在某种程度上似乎都清楚他们作为文化英雄的作用,他们是活的榜样,是人类的圣像,他们的语言和行为都说明并强化了重要的核心价值观。家居货栈(Home Depot)的伯尼·马库斯(Bernie Marcus)特别强调这些健康的文化英雄的作用。"人们在关注这些有头衔的领导者,看他们如何生活,他们想知道这些领导是否在做空洞的说教。如果你是一个自私的家伙,那么很快就会暴露,无论你有多少动听的话都会暴露"(Roush,1999,p.139)。

家具货栈还意识到文化英雄并不集中在高层,他们无所不在,这些平凡的人在做着不平凡的事。家具货栈为这些英雄人物举行仪式并纪念他们。他们中间有:

- 在加利福尼亚(California)商店的一位打扫卫生间、清洗地板的智力迟缓的工人。
- 为孩子们开发了一种彩色书的员工。
- 在高层会议上脱光衣服,以抗议过度的成本削减措施的管理者。
- 一位亲自用个人信用卡到竞争对手那儿购买商品的员工,目的是在第二天满足家具货栈顾客的需要。

这种自上而下的对英雄人物文化作用的认可,有助于使家具货栈在1995年到1999年成为《财富》杂志的最令人羡慕的公司。

然而,有一些英雄事迹人们是看不到的。几年来,西南航空公司每年都在"心目中的英雄颁奖仪式"上表彰幕后员工的贡献,主要是奖励那些为西南航空公司独特文化和成功业绩做出巨大贡献的幕后小组。在颁奖之后的一年里,西南航空公司在飞机的机身上打印上该小组的名字,宣传他们的贡献。一曲专门为这个场合演唱的歌曲,表达了西南航空公司非常重视英雄人物——即使是那些常常被忽略的人物:

英雄无处不在,
你为他人的生活做出了特殊的贡献,
没有给你奖励,世界也不知道你的名字,
但在西南航空公司看来,你就是英雄。

最近,世贸大厦的惨剧,使所有的美国人都想到了英雄人物在激发人们激情方面起的重要作用,尤其是纽约的警察和消防队员打动了人们的心。这些勇敢的人不惜牺牲自己的生命去抢救别人,结果,其中有些人也牺牲了:

- 有位警官刚刚向总部提交了退休申请书,但听到消息后马上赶到现场看他能做些什么,他牺牲了。
- 有位消防队员正在新泽西州(New Jersey)打高尔夫球,听到发生了灾难,他马上离开俱乐部去执行任务,他也牺牲了。

类似这样的牺牲再一次表明:面对国家最惨重的人间悲剧时,这些美国人的精神和决心。

每天,在人们决心帮助顾客或为自己的集体服务时,都会发生不太激动人心的英雄行为。比如,家具货栈就有很多自愿牺牲个人时间去帮助有需要的顾客装修房间或做一些家务事的员工的故事。产品是家具货栈生产的,但劳动却来自于这些被公司的价值观激励的员工的心。《新闻周刊》定期都有一个"每日英雄"的专栏,来宣传平凡人所做的不平凡的事。

我们会记住英雄人物的事迹,当遇到不确定性或压力时,我们就会回忆这些例子。关押在越南北部监狱里的美国战俘,讲述了许多关于兰斯·斯詹(Lance Sijan)上尉、詹姆士·斯托克迪尔

(James Stockdale)和布德·戴(Bud Day)上校的故事。这些人勇敢地忍受被捕的折磨与痛苦,拒绝向越共告密,"这些秘密的监狱交流网络有助于帮助人们树立最终战胜敌人的决心"(McConnell,1986,p.30)。在波斯尼亚(Bosnian)冲突中,美国空军部队战斗飞行员斯科特·奥格拉迪(Scott O'Grady)所受的严峻考验广为流传。在敌人的领空被击中之后,为了生存下来,奥格拉迪想起了斯詹的故事,"他的活下来并获得自由的坚强意志对我所认识的飞行员都是一个激励"(O'Grady,1997,p.67)。尽管这些例子都来自令人极其伤心的战争中,但它们表明榜样是如何影响我们的日常决策和行为的。我们都从老师、父母和其他人身上汲取教训,他们的例子就是我们在个人生活与工作中作选择的指导原则。

12.3.3 故事与童话

乔·B·怀亚特(Joe B. Wyatt)曾经是范德比尔特(Vanderbilt)大学的校长,现在是名誉校长。有一次,他在学校的开学典礼上,给几百名教授与职员讲话。怀亚特通过许多事实阐述大学的状况,并且授予退休教授职位。在演讲结束时,他讲了这样一个故事:

我想给你们讲一个关于得克萨斯州奥斯汀(Austin)一位给小学二年级学生上课教师的故事,她叫罗伯塔·怀特(Roberta Wright)。在她的学生当中,有一个小女孩每天都从教室偷东西,怀特女士给小女孩的妈妈打了电话并且进行了一次家长会面。她把这件事情告诉这位母亲,并且告诉她不能再让小女孩偷东西了。母亲沉默了一会儿说:"噢,怀特小姐,你不知道,每天下午我回到家里,就让我模拟仍然在学校的样子,她自己则装扮成你的样子"。

怀亚特停顿了一会儿,眼睛在人群中扫来扫去,然后他总结道:"女士们,先生们,这不仅仅发生在二年级。"他这是让每个人都思考一下,教育那神圣的一面,即大学的核心价值观念,这个故事有力地传达了他的意思。

与神话传说一样,故事对小孩来说更为有趣或更具有道德指导意义。它会给所有年龄的人以安慰、支持、指导,并给他们带来希望。它们使内部冲突和矛盾外部化(Bettelheim,1977)。故事有时也成为一无所有的人们的最后依靠——(像教授讲"战争故事"起的是娱乐作用而不是传达真理或智慧)然而故事也生动而可信地传达信息、价值观、神话(Mitroff & Kilmann,1975),它们使价值观成为永恒,使英雄人物的历史英雄事迹流传下来。洛佩兹(B. Lopez)用诗描述了故事在人类经历中的作用:

仅记住这一件事,

人们讲故事是一种关心他们自己的方式。

如果你听到了故事,珍惜它们。

当别人需要故事时,学着讲给他们听。

有时人们为了生存更需要故事而不是食物。

这就是我们为什么要让每个人都记住故事。

这是人们关心他们自己的方式。

(Lopez,1998)

故事常常在篝火旁或家庭团聚时讲述,不仅如此,故事在人类经历中还起更广泛的作用。阿姆斯特朗国际公司(Armstrong International)的 CEO 大卫·阿姆斯特朗(David Armstrong)在他的著作《用故事管理》(Managing by Storying Around)(1992)中写道,在历史上,耶稣(Jesus)、佛(Buddha)、穆罕默德(Mohammed)以及其他人的教义起过重要的作用。在现代组织中,故事仍然扮演同样重要的角色。"规则,无论是在政策手册中还是在指示牌上,都带有胁迫性,但故事中的寓意则常常是有趣的、灌输性的。通过讲故事,人们可清楚地明确公司相信什么,需要做什么"(Armstrong,p.6)。对阿姆斯特朗来说,讲故事是简单的、不费时的、可记忆的、而且可以用图表证明的做事方法(pp.7~8):

- 继承公司传统
- 培训员工

- 授权
- 认可成绩
- 扩大影响
- 有趣味性
- 招聘和雇佣合适的员工
- 销售
- 培养好的管理者

有效的组织有很多好故事,这些故事通常是讲述公司英雄的事迹和传奇。比如万豪酒店(Marriott Hotels)的创建者 J. W. 万豪(J. W. Marriott, Sr.)几年前去世了,但人们仍然感到他还活着。关于他对消费者服务的坚定承诺的故事讲了又讲,他的格言"关心你的员工,那么他们就会关心你的顾客",至今对万豪的哲学观仍然很重要。据说,万豪会亲自会晤每一个新酒店的总经理,并带领经理参观他的财产,他会指出每一个折断的树枝、人行道上的小石子、不太引人注意的蜘蛛网。旅行结束的时候,这位新总经理就会有一大堆事情要做,更重要的是,这个总经理上了一堂难忘的课程——关于在万豪什么是最重要的。

另一个故事是关于托马斯·富利斯特(Thomas Frist, Sr.)的,他是美国连锁医院集团(Hospital Corporation of America)(HCA)的创建者之一。当公司董事会召开会议讨论财务细节与战略问题时,富利斯特就在会议室坐着。会议快结束时,他会站起来,念一些在医院接受过治疗的病人的来信,他这样做的目的是,让公司的高层管理着一直记得公司的首要目标是什么。

并不是所有的故事都是关于公司创建者或主管的,丽兹-卡尔顿酒店(Ritz-Carlton)以向全世界的客人提供独特、高级的服务而著称。事无巨细,只要顾客提出要求,员工的普遍反映就是"很乐意为您效劳"。有一位匆忙的顾客乘坐出租车赶去机场,把手提箱忘在了过道上,门卫拿起手提箱,赶快打车奔向机场把手提箱送给焦急的顾客。过后,门卫并没有被解雇,反而永久地成为公司传奇的一部分——公司承诺的活生生的例子(Deal 和 Jenkins, 1994)。

故事是传播公司神话的关键中介,他们建立并使传统永久地在正式的会议或非正式的咖啡厅里不断地被传颂或美化。它们向内部人与外部人,传达了组织的价值观与认同感,因此建立了信心和支持。针对人们对新阅读计划的批评,一位学校的行政人员讲了几个孩子通过阅读而迅速提高阅读能力的故事。故事很快在社区中传开了。因为故事带来了很多信心和支持,考分已经成了一个不相关的因素了。故事可以使优秀的计划成功,也可以使模糊计划失败。如果阅读分数下降,一些很快成功的故事可能会组织人们,仔细考察这个计划的真实的有效性。

12.3.4 仪式

在世界各地,无论是在家还是在工作单位,仪式使我们的日常生活具有结构和意义。"我们天天都拥有这种迷人的时刻——吃早餐时、看报纸时、和朋友一起吃午饭时或一边喝酒一边观赏日落时、或睡觉前说'晚安,睡个好觉……'时。日常生活中的神圣时刻,单纯生活中的庄严"(Fulghum, 1995, p.3)。

日出日落,月亮高挂,细雨纷纷,繁星点点。

从第一次呼吸——"啊",到最后一次呼吸——"噢",

其间,有无数时刻——

做饭的那刻

带着狗散步的那刻。(p.254)

人类既创造了个人的仪式,也创造了集体的仪式,那些使生活具有意义的仪式成为生命之舞。傅刚(Fulghum)写道:"当我们自由前进时遇到不可理解的事情时,仪式以我们为中心。仪式模式与神圣的习惯之间的矛盾是坚强的基石,为我们的生活提供了一个稳定的动力"(p.261)。如果一个人曾经体验过失去仪式的空虚,他就会明显感到仪式的作用。当罗马天主教教堂把礼拜仪式的语言从拉丁语变成本国语时,一些天主教徒感到了失去弥撒信仰的严重失落。相反,在2001年和2002年,美国的天主教教堂经历了表面上无休止的牧师性丑闻时,许多受到打击的普通教徒开始接受大众的仪式以求得心安和安全。

历史上,各个时期的文化都依靠仪式和庆典,从而使事物有序、清晰而且可预测——尤其是面对那些太复杂、神秘或随机控制的问题或两难问题时。祈雨舞蹈、丰收庆祝、每年的会议都在提高收成或扩大市场份额这些重要但不可预测的时候祈求超自然的帮助。通过一年一度的集会来更新旧的联系并复兴深层次的集体承诺。"会议中心是世俗宗教的大会堂"(Fulghum,1995,p.96)。

入会仪式指导新成员成为集体中的一员,"新成员"从他们加入一个小组或组织时就遇到了强烈的象征问题。

任何小组的新成员遇到的第一个问题就是进入"精神小屋"——了解基本的组织秘密,这关键的一步是转变典礼。这或多或少都是对个人的肯定:即组织原有成员已经接受了他。而且,和部落中一样,简单的到达青春期是不够的,必须有一个相应的考验和合适的仪式来标志这件事,到了青春期你要杀一只狮子并被割礼,在跳舞或别的什么活动之后,你就变成一个大人并明白一些秘密。"小屋"是一个保持现状与秩序的好处象征或中介(Ritti and Funkhouser,1982,p.3)。

现代的方便设施如中央供热系统、冲水厕所、奴佛卡因(Novocain,一种局部麻醉剂)等使我们远离早期的不舒适和不确定性,我们早已不再相信早期的类似"小屋"等旧制度的迷信,但让我们再看一下成为美国参议院一个新成员的经历。

保罗·桑格斯(Paul Tsongas)在1979年1月参加了参议院能源委员会的第一次会议。当时,桑格斯刚刚结束了与爱德华(Edward Brook)参议员的一场广为人知的竞赛,所以,几个星期以来,华盛顿的报纸上每天都登有他的名字。作为一名新成员,他安静地坐在桌子的最边上。当主席亨利·杰克逊(Henry Jackson)欢迎来到新国会的每个人,并对包括"桑格斯"参议员在内的新成员致以问候的时候,他专心地听着。当桑格斯因为刚来对一些事情感到不安时,杰克逊总是给他恰到好处的帮助。(Weatherford,1985,pp.32~33)。

亨利·杰克逊不是一个幼稚的爱开玩笑的人;他是一个懂事的、有影响的、被广泛尊敬的老参议员,他只是简单地在一次仪式中欢迎桑格斯进入"小屋"。女人也不允许进入参议院的入会仪式:

早期女性牺牲者之一是一个严肃的女权主义者,进入国会不久她适时地通过大胆地修改国防部长爱德华·赫伯特(Edward Hebert)的军队法案。当修改只获得一票时,她大声地对年老的委员会主席说:"我知道我的修改提案失败的唯一原因是,我是一个女人。"赫伯特回答说,"如果你利用你身体而不是你的嘴吧,你可能会得到更多的选票"(Weatherford,1985,p.35)。

最后的对话看起来尖锐而具有攻击性,但它的多种意义和各种解释恰好能让我们了解象征体系的实质。一个轶事在一次多层次的交易中可能会失去一些作用,我们来分析一下几种可能的解释。

一个解释特别强调古老的性别之间的斗争。女性代表提出了性别歧视的问题;赫伯特则以攻击性的性评议来回应她。

这场对话也可以看作是新成员改革组织的一场经典谈判。新成员带来新的思想和观点,他们是进化与改革的代表。原有的成员则代表稳定的实力与过去的智慧,他们希望传统的价值观和做法能够延续。如果新来者完全屈服于历史传统,组织就有无效和衰败的危险;如果老员工不能适当地指导新来的员工,组织就会出现混乱。

如果我们把交易看作是一个入会仪式,我们的重点在于新员工与老员工之间的冲突。这场交换与桑格斯参议员的经历很相似。交易是入会仪式的普遍特征,无论时间、地点、或性别有什么差别:老员工告诉新员工怎样做事及谁是负责人。任何具有凝聚力和自我意识的家庭、小组或社团都几乎不会让新的员工自由地进入。那些不同的人怀疑甚至恐吓现存价值观、规范、模式,其进入成本更高。性别、种族、民族、宗教不同的人是不能成为组织或小组的成员的,除非他们可以进入内室。这种入会可能非常痛苦并且会引起新来者的伤心和质疑:"我参加这个小组需要付出多大的代价?对新文化的调整与牺牲自己的价值观和身份之间的界限在哪儿?为什么我必须容忍那些我认为不对或不公平的价值观与行为?"只有那些弱势文化团体可以没有限制地接纳新来者;文化越强,新来者的"你是不同的,和我们任何一个都不同。"的感觉越强烈。这种入会仪式,在验证新来者成为一个成员的能力的同时,也强化了现存的文化。希拉里·克林顿(Hillary Rodham Clinton)是来自纽约的一个民主党议员,2003年年初,她和来自俄克拉何马州(Oklahoma)的共和党人尼克斯(Sen. Don Nickles)提交的失业法案获得通过,并成为美国参议院的一名全职人员。这个影响尤其深刻,因为尼克斯曾经是弹劾她丈夫前总统比尔·克林顿(Pre. Bill Clinton)的领导人之一。

入会仪式是仪式中的一种重要形式。入会仪式可以使一个群体更加团结;也可以将企业的传统和价值观灌输给员工,鼓励他们去实现企业的目标。当文化影响十分强烈的时候,这甚至意味着牺牲——冒着生命的危险。从那些爬上世贸中心大楼楼梯上去救人的消防队员的眼睛里,所有的美国人都能看到决心:即使明知道他们可能会牺牲,但他们毅然向前。他们坚强的勇气与紧密的友谊,与许多类似的生活场景一样被得到强化。

仪式也用于准备登上战机、马上要执行危险任务的飞行员:

对我来说,如果没有战斗飞行员仪式,就没有战斗飞行员。这些仪式的目标是建立一种甘冒牺牲生命风险的文化,并让人们沉浸于其中。普通的美国人发现很难理解这种让一个人自愿穿过密集的炮火,这是因为普通的美国人还没有接受战斗飞行员的文化(Broughton,1988,p.131)。

第12章 组织文化与象征符号

凯文·里德(Kevin Reed)上校是一位F-16战斗机的飞行员,他最近描述了空军部队的各种礼拜仪式(Reed,2001)。有些仪式是表彰成绩的。当希占(Sijan)机长接受荣誉奖章时,美国总统参加了仪式:

在一个大房间里,男人穿着令人印象深刻的制服以及昂贵的外套,女人(穿着制服)表情严肃地静静地站在那儿,肃穆的场景令人压抑。福特总统离开了讲坛:一群高级官员笔挺地站在他的旁边,递上装有奖章的核桃木盒。整个仪式显得庄严、隆重(McConnell,1986,pp.245~246)。

另一些仪式则温和、悲伤。空军部队最神圣的仪式是死亡通知。一旦确认了一个人死亡,一个3人军官小组将被派往其最亲近的亲属的家中。军衔最高的军官宣布:"空军总司令表示他最深切的同情。"一位空军军医在旁边时刻准备着,还有一位牧师负责提供精神安慰。这种通知仪式只是安慰仪式的第一步(Reed,2001,p.10)。

还有许多有趣的仪式,但即使是这样的仪式也有严肃的一面:一个星期五的晚上,在基地军官俱乐部,4个海军陆战队A-6攻击机飞行员参加了一个拥挤的空军军官聚会。其中一位海军陆战队人员把他的帽子放在酒吧,讨些钱买饮料。酒吧招待拉响了铃,并喊到:"酒吧里的帽子"!这自动地意味着犯规者买了一些饮料。根据在场人数,这位海军陆战队成员计算他的可能因违反礼节损失几百美元。他拒绝支付,一位空军上校走向他并问他是否真正打算违反这个传统。当这位成员肯定地回答时,上校命令基地守卫拘押了他。其他人逃走并将此事汇报给领导,然而领导(出去后)很快他就回来了,并怯懦地问:"每人都喝了什么?"

仪式也影响着最重要的关系。在飞行团体中,飞行员与地面工作人员之间的关系是一种最重要的关系。在起飞前的仪式当中,所有权从只关心地面上飞机的人手中转移至驾驶飞机的人员手中:

地面庆典是一个我们熟悉的仪式,它表明飞机将交到飞行员手中。机械师必须保证它的飞机已准备好,能够安全飞行;出发命令强化了我们的团队工作方式;该仪式是飞行员生命安全的保证,也使我们为自己的职业而感到骄傲。

1. 第一个敬礼是礼貌的问候,表明飞机机械师与飞行员之间的尊敬。

2. 握手使这种问候更进一步,是机械师与飞行员之间的个人的联系。

3. 在飞行员检查飞机之后的第二个敬礼表明飞机现在由飞行员负责。

4. 竖起大拇指是一种身体语言,希望飞行员飞好。(R. Mola,引自 Reed,2001,p. 5)。

许多仪式把参与者紧密联系在一起,使他们服从于服务的传统与价值观。同样,每个部门的凝聚力文化也都是如此。

12.3.5 庆典

仪式与庆典之间的差别很微妙:庆典是更宏大、更精致但不太频繁的仪式;仪式虽然也有意义,但更为简单,属于日常行为。一名管理人员一生可能只结一次婚,但在每天早晨的相同时间都要看报纸、吃早餐、喝咖啡。在日本有一个报告对庆典和仪式都作了描写:

自从1964年起,庞大的西武(Seibu)房地产和运输公司的传奇社长小津安二郎(Yasujiro Tsutsumi)死后的每天晚上一直都是这样:两个雇员彻夜守候在他的墓旁。在这个拥有日本六分之一的房地产、大部分酒店、风景名胜和铁路的公司,总是有许多这样的自愿者。新年那天,天气通常很寒冷,但到黎明时刻,守夜的人扩大到500或600名高层管理人员——董事、副总裁、总裁——都按照公司和头衔排列,职位最高的在最前面。一辆豪华轿车送来了小津安二郎的三儿子小津庆昭,他是家族企业的领导,也是日本最富的人。当庆昭走到他父亲的墓前时,黄铜制的大钟正好敲响六下。他拍两下手,深深地鞠一躬,说:"新年快乐。父亲,新年快乐。"然后他开始对大家做一个简短而又严厉的讲话。每年讲话的基本主题都差不多:去年很艰难,今年会更艰难,如果你表现不好,那你就可能到酒店洗碗。最后,他用米酒向父亲敬了酒就离开了(Downer,1994)。

庆典记录着我们生活的特殊时刻。洗礼、成人礼(bar mitzvahs)、毕业典礼、婚礼以及每年的纪念日,都在重要的转折点上指明其意义与精神上的联系。庆典有四个主要的功能:适应社会需要、保持平衡、恢复信心和勇气、向外部的利益相关者传达信息。以玫琳凯化妆品公司(Mary Kay Cosmetic)为例,每年有几千人参加公司的专家讨论会,听玛丽·凯(Mary Kay)讲话,为星级销售员取得的成绩而鼓掌,从那些通过电话销售代替空想的人们那儿听故事并庆祝他们。庆典把新成员介绍进家族内并在会议结束后帮助保持玫琳凯家族统一。庆典创造了一个特殊的场面,使外部人尤其是消费者都能感受到公司的文化。"大黄蜂"标志彰显了"你能做到"的公司精神,此时失败退却了,障碍消失了。大黄蜂是一种空气动力学专家认为不应该能飞的生物,很明显,它并没有意识到自身的局限性,无论怎样,它就是要飞。

在美国国会,庆典几乎是每天的日常程序:

庆典要求在象征符号意义丰富的特殊背景下才能发挥最佳的作用,如座位安排,尤其是着装形式、各种各样的仪式装备,例如旗帜和面具,这些东西在立法过程中全部散布在国会大厅内。仪式语言的特殊用法真正体现国会庆典时的特征,由于词语非常神圣,常常需要采用特殊的演讲形式……来分辨正常人的交往和与类似神或当权者一类特殊人的交往。在美国国会,禁止用个人名字或特定的代名词,在那儿我以及你都不合适,而且立法者也不能直接直呼其名,如"爱德华·肯尼迪(Edward Kennedy)""泰德"或更正式的"肯尼迪参议员",类似"我想问你……"的简单句子变成了"总统先生,得克萨斯州的参议员想要问加利福尼亚的参议员……"(Weatherford,1985,pp.189~190)。

庆典也是国家其他重要事件的见证。在美国,候选人之间的政治竞选,尽管其结果还不确定,但是仍然要进行详细的电视转播。在接下来的几个月内,候选人重复着那些陈词滥调,并相互给对方起绰号,在每个选举年都有这种集会。选举看起来与戏剧不相关,选举总统的过程仍然是一个庆典,它具有社会感,它是一种不一致热情的表达,它为市民演出了生动的戏剧,它给了成百万的人民一种参与感,它让候选人再一次向公众对最重要的问题作出承诺并提出解决办法,它强调了普通的社会联系以及接受无论哪个候选人成功都要接受的承诺(Edelman.1977)。

仪式与庆典在商业中也同样重要。仪式从一个人向其他人或从一个组织向其环境传达意义,有些组织事件,例如退休晚餐、欢迎新来员工的演讲很明显都是庆典性质的。但还有一些发生在胜利或转折点时刻,纪念土星第一辆汽车展出时的庆典是一个盛大场合:

我永远不会忘记那一天,我完全被每一个人的骄傲和自信所感染。在那激动人心的时刻,鼓掌声、口哨声、笑声、喊声震耳欲聋,响彻整个走道,但我不认为每个人都有所准备。当汽车缓缓地驶入(最后的质量检测地),里奇(Roger)和欧文(Owen)笑着招手,后面跟着工厂里每一个团队成员。当里奇走出汽车,挥动双拳并大喊"我们成功了!"整个房间都被淹没了……每个人都泪眼朦胧(OToole,1996,p.43)。

苦乐交织的转折时期也常常采用庆典。当菲尔·康迪特(Phil Condit)接管波音公司时,他邀请了一些高层管理人员去他家共进晚餐。这些人聚集在篝火周围讲述波音公司的故事,康迪特要求他们把不好的故事讲出来,然后把它们抛进火中。这种庆典方法可以排除公司过去的负面影响(Deal和Key,1998)。

充满感情的事件可以提供秩序、意义并把组织或社会连接在一起。如果能恰当地运用价值观和神话,仪式可以激起人们的想像力并强化信仰。否则,它们就可能成为人们厌恶或逃避的冷漠空洞的形式。仪式和庆典可以促进创造性、改变意义,它们也可以巩固现状、阻止适应与学习,与其他符号一样,它们也是双刃剑。

12.3.6 比喻、幽默、游戏

比喻、幽默、游戏形象地说明了符号重要的"类比"功能。它们是抓住那些过于复杂、神秘或直接处理比较危险的问题的间接方法。比喻使陌生变得熟悉,使熟悉变得陌生。它们有助于我们捕捉那些普通语言可能忽视的微妙话题。让我们看一下管理者们的比喻,这是管理者被要求对他们的组织的现状和未进行比喻时提出的:

现在的样子	它可能成为的样子
迷宫	运转良好的轮子
湿面条	橡树
相互竞争的部落集合体	交响乐队
混乱的场面	冠军队
无人能够拼在一起的拼图板	运转良好的机器
城市贫民窟	乌托邦
马群	棒球队
发狂的牛群	驶向同一港口的船队
1998年的旧汽车	本田 CIVIC 牌车

比喻把复杂的问题压缩成一些可理解的形象,从而影响我们的态度、评价和行为。把大学看作是工厂的大学领导与把大学看作是手工业行会或购物中心的大学校长制定的政策一定不同,把自己看作是医生的顾问与把自己看作是销售人员或跳祈雨舞的演员的顾问也一定不同。

凡(Fine,1996)提出,比喻也是确定并判断一个人的职业身份的过程的中心环节。他发现饭店厨师用四种比喻来描述他们的身份及工作：专家(类似律师或医生)，艺术家(类似画家或建筑家)，商人(类似总裁或企业家)，工人(类似体力工人)。每一个形象都对这个职业进行了描述，厨师们根据时间和情况运用它们。

幽默起着重要的"类比"功能。汉苏特(Hansot,1979)认为，要问为什么人们在组织中运用幽默，不如问为什么他们如此严肃。她认为幽默有很多重要作用：它有助于整合、表达怀疑态度、促进灵活性和适应性、说明情况。尽管它一直就是一种常用方法，但幽默也可以社会化，包括影响别人。它可以促进团结，有助于面对面解决问题。最重要的，它是一种阐明和打破结构的方法，表明任何关于形势的单一定义都是武断的。

在许多工作环境下，游戏与幽默的作用截然不同。游戏是人们不工作的时候做的事情。在管理者的谈话中，游戏常用来表明抱负，比喻竞争与奋斗("在他们的游戏中，我们已经打败他们"；"把球传给他"；"球现在在他那边")而不是休闲和娱乐的意思(Bateson,1972；Goffman,1974)。但是如果把游戏看作是一种思维状态，任何活动都是有趣的。游戏放松了开发新方法的规则，它鼓励试验、柔性、适应性。马奇(March,1976)提出了组织中游戏的几个指导原则：

1. 视目标为假说。
2. 视直觉为真实。
3. 视伪装(hypocrisy)为转变。
4. 视记忆为敌人。
5. 视实践为理论。

12.4 结论

与强调理性和客观的传统观点不同，象征视角强调现代组织的群体性。它关注组织现象中的复杂性和模糊性，并且关注象征符号、策划组织事件和活动意义的运用，神话、价值观、愿景能够增强凝聚力、使目标更加清晰以及在混乱与神秘中指明方向。英雄人物是人们羡慕与追求的模范,故事传递价值观并且是交流的强有力的模式,仪式与庆典是在成功或灾难时采取的行动,比喻、幽默、游戏摆脱了僵硬的事实和逻辑,它们能够激发人们重新进行选择。考克斯(Cox)的《愚人庆典》(1969,p.13)总结了符号在现代生活中的重要性:"昨天和今天的联系依赖于物质的、感情的、人类生活的各种象征符号——英雄故事、戏剧、庆祝。如果没有节日和想像,人类根本不可能成为历史性的人。"

第 13 章 组织是一个舞台

戏剧是某种活动和现实的反映。观众对戏剧好坏的判断,总是基于他们对待自身经历和能力的理解。观众在观看戏剧时,他们只把自己当作是"观众",他们只是演出的见证者而不是其参与者,而且,在戏剧中,演员和他们所扮演的角色之间也是有区别的——剧中的人物可能会在舞台上死了,但演员还会活着向大家鞠躬。最后,戏剧还是基于这样一种认识:演出是把想当然的事情转化为值得称赞的表象,以这种方式再现现实。(Mangham 和 Overington,1987,p.49)

象征视角把组织看作是一台戏,把组织的活动看作是向内部与外部观众表演的戏剧。美国海军北极星导弹系统的成功故事,就是一个很有趣的例子。当时,这个北极星项目被认为是高效政府的一个模范项目,其特殊贡献之一就在于运用了多种现代管理技术如 PERT 图、项目计划与预算系统,这些技术具体体现在几种结构形式中:专家小组、技术部、管理会议、特殊项目办公室。在北极星导弹系统成功——按时并在预算范围内进行生产之后,分析师认为独特的管理方法是该项目成功的一个主要因素。负责该项目的海军上将获得了一块奖牌,以表彰他把现代管理技术引入美国海军。顺便提一下,PERT 方法由来访的英国专家组推荐给这位海军上将。

后来萨波斯基(Sapolsky,1972)对该项目取得的成就,做出了一个更为形象的解释。他认为,在这个项目中,管理创新虽然非常显著。但是,管理创新与取得的成绩仅仅是稍微有点联系;专家的工作与该项目的其他方面联系松散;技术部制定出的计划与图表常常被忽视;管理会议则被当作是指责表现差劲的执行者的场所或激发热情的动员大会；特殊项目办公室则仅仅是一个任务布置的场所；客座的重要人物所画令人印象深刻的图表只能使人们高兴，与项目的实际进展并没有关系。从英国海军来的专家组在参观中已经估计到这些不足，但是他们仍然向自己的海军领导推荐了类似的方法(Sapolsky,1972)。

采用现代管理技术的目的并不是达到事先制定的理性目标，而是要促成一种神话。该神话使项目看起来合法，并使它不受批评者的攻击。北极星神话使国防事业得到进一步发展，并使人们能保持高昂的激情与自信心。北极星项目表明，戏剧在吸引内部与外部观众的注意力与欣赏力方面有它的优点："像炼金术士那样，把令人眩晕的计算机、亮丽的图表、讲话麻利的公共关系职员综合起来，给特殊项目办公室提供了一个有效的管理系统。该管理系统并不关注系统各个部分是否有用，甚至不关注这些部分是否存在。它只关注在特定的时期内，有一部分人相信这些系统是有用的"(Sapolsky,1972,p.129)。

象征视角把结构与过程看作是世俗的戏剧——表达我们的恐惧、快乐和期望的戏剧。戏剧能引发共鸣、激发热情，它可以减少不确定性、排除混乱。它为理解现在和更美好的明天，提供了一个共同的基础。制度理论家描述了戏剧在组织中的角色，我们在本章的开始讨论他们的观点。然后，把组织结构看作是一部戏，并且把组织的许多过程，即会议、计划、评价、集体谈判、权力的运用也看作是戏剧。

13.1 制度理论

制度理论专家把北极星的案例引申到现代组织的日常工作之中："在技术性组织中，制定合理计划是对一种生产活动模式进行重新安排与重新整合的前奏。在制度化组织中，制定理性计划意味着对现实进行戏剧化处理，人们认为计划是他们的终结——证明我们是把另一个问题置于理性控制之下的仁慈科学工作者(Meyer 和 Rowan,1983a,p.126)。

迪马吉欧(DiMaggio)和鲍威尔(Powell)认为,在特定领域内的组织更担心的是革新如何出现而不是担心创新能否改善业绩:"新做法的价值超过了任务的技术要求……当创新普及时,更重要的是获得合法性而不是改善业绩"(p.142)。斯涛和爱普斯坦(Staw and Epstein,2000)用经验数据证明,即使并没有完全得到执行,现代管理技术也突出了公司的合法性,提高了 CEO 的薪酬。虽然经营业绩没有改善,但是创新的感知力以及管理质量提升了。

制度理论的组织戏剧观,是管理文献最新的研究成果。长期以来,人们一直认为组织是一个保护技术核心不受外界影响的封闭系统,职能影响结构的形成,环境是原材料的来源以及最终产品的市场。组织的本质是采用高效的生产手段和内部控制,实现良好的经营业绩。合理的工具,如预测、储备、调节需求与供给以及成长(目的是为了对周围环境有更大的影响力),缓冲了外部的动荡和生产的不确定性。

组织研究领域的最伟大的发现第 3 号:保罗·迪马吉欧和华特·鲍威尔,Paul J. DiMaggio and Walter Powell,"The Iron Cage Revisited:Institutional Isomorphism and Collective Rationality in Organizational Fields," *American Sociological Review*, Apr. 1983,48,147~160.

组织领域学者的第三个重大发现是一篇由保罗·迪马吉欧和华特·鲍威尔撰写的文章,作者的观点与我们把组织看作戏剧的观点类似。保罗·迪马吉欧和华特·鲍威尔用制度同构这个词,来指代组织变得更像组织的过程,尤其是当它们属于同一个"组织系"时。作者把组织系定义为一系列的组织,这些组织"构成了多种机构的生态圈:主要的供应商、原材料与产品的消费者、法制机构及其他生产相似服务或产品的组织"(p.148)。这类似于第 11 章讨论的组织生态系统的概念。以公立学校为例:它们彼此相似但与其他大多数组织都不同,它们有相似的建筑物、教室、课程、工作时间安排、体育馆、家长-教师组织等等。结构视角是从应该使结构与目标、任务、技术相一致的角度,来解释这种相似性。保罗·迪马吉欧和华特·鲍威尔则反驳说,之所以出现制度同构,与效果和效率几乎没什么联系。

他们描述了制度同构的三种类型:强制性制度同构、模仿性制度同构、规范性制度同构。不同的组织在面对外部压力与要求时会变得越来越相似,这叫强制性同构。比如在商学院研究生院的MBA项目,都会有类似的招生要求和课程设置。这是因为大多数MBA项目是由采用同一标准的同一机构授权的。当一个组织只是模仿另一个组织时叫模仿性同构,比如有一定声誉的大学采纳了从哈佛和耶鲁大学引进的一整套新生要求。保罗·迪马吉欧和华特·鲍威尔指出,在目标模糊不清、技术不确定时很可能进行这种模仿。面对不确定性,难以证明某一种方法比另一种方法更好时,通过模仿可以节约时间并可能获得合法性。

保罗·迪马吉欧和华特·鲍威尔的第三种制度同构类型是规范性同构。当专家(律师、医生、工程师、教师)从培训中获得相同的观点、价值观以及相同的标准时,会发生这种同构。保罗·迪马吉欧和华特·鲍威尔认为,经过专业培训的个人会变得越来越多,结果也就会越来越有影响。越来越多来自合格商学院的MBA管理者,不管走到哪儿都会带去相同的价值观、信仰以及实践。从商学院来的最新观点,可能会产生好的结果,也可能不会。但是,因为最近产生的专家信任它们,所以它们仍然传播得很快。

保罗·迪马吉欧和华特·鲍威尔认为制度同构最主要的好处是改善了组织的形象,而不是改善了它的产品和服务:"每一个制度同构过程都声称提高了组织的内部效率,然而并没有证据能够表明它们能够提高组织的内部效率。在这种条件下,组织能够达到某种程度的有效性,原因常常是因为与相同领域内的其他组织相类似而已。这种相似性能够使组织与其他组织的交易更加容

易,能够吸引职业人员。而且组织会被认为是合法的和有声誉的。(p.153)

制度理论专家给出了一个不太合乎情理的戏剧化形象。组织,尤其是那些目标模糊、技术薄弱的组织,无法使自己不受外部事件与压力的影响,它们的环境从来都不是被动或中立的,这些组织总是受到更大的社会、政治、经济趋势的影响。对这些组织而言,关键是要获得合法性以及获得众多利益相关者的支持,为此组织必须反映现行的信仰与期望。为大多数人所信奉的神话就会影响结构。正确的表象,而不是高生产率,是衡量效率的普遍手段。

技术复杂的组织把主要的注意力集中在生产过程上;模糊程度和不确定程度高的组织则不再关注技术过程,而是策划着为内部与外部的观众演戏(Meyer 和 Rowan,1983a)。制定决策与其说是一种理性行为,不如说是一种仪式(March 和 Olsen,1976)。评估的目的不仅仅是估计业绩(Dornbusch 和 Scott,1975),事件影响领导更甚于领导影响事件(Edelman,1977)。与实际工作无关的结构,就好像现行社会神话的一个戏剧性的、庆典性的描写(Meyer 和 Rowan,1983b)。

这是否只是一种没有实实在在结果的活动?这种想法对大部分组织工作的作用提出了怀疑。是否这些异端会导致大规模的批评,削弱组织的信心——影响员工的信念与士气?象征视角的观点提供了一个更合理的解释。制度化的结构、活动、事件成为组织戏中富有表情的组成部分,它们创造了愉悦的戏剧、明确了意义、描述了组织本身。吉尔特在巴厘岛(Balinese)剧中观察到相同的现象。在那儿,"精心设计与剪辑,辛勤展出的法庭文化的仪式……不仅仅是政治的装饰,而且是它的本质"。(Mangham&Overington,1987,p.39)

正如萨波斯基,迪马吉欧和鲍威尔,斯涛和爱普斯坦的研究表明的:好的戏剧告诉人们这儿一切都好,决策和计划都是精心制定的,针对出现的问题保证有新的解决办法,复杂的评价与控制制度可以确保人人负责。所有这些表面工作，都给人造成了一种值得信赖与支持的、管理良好的、合法组织的形象。在产出模糊、成功难以衡量的部门中，恰当的表演尤其关键。但好的戏剧在高技术组织中也起作用，美国的股价波动就是一个例子，当组织宣布采用目前流行的改进措施时，股价常常随着这些新闻而走高。在第4章曾讲到一个例子，即当灰狗巴士(Greyhound Lines)的管理层宣布削减开支、开始进行企业再造时，它的股价马上就上升了，尽管这个变革最终是以失败而告终的。如果外部的利益相关者怀疑现行的行为是否合理时，组织就会承诺进行改进，并上演一场称为"变革"的熟悉的戏剧。如果消费者抱怨质量，企业就提出建立"全面质量管理系统"，承诺更严格的质量标准。危机使人们重新选择领导者，而新领导继而会承诺进行大型变革。

13.2 戏剧似的组织结构

结构视角把工作场所描述成借助许多横向和纵向手段，对相互依赖角色与部门进行协调的网络。结构模式与目标一致，而且由目标、技术、环境所决定(Lawrence 和 Lorsch,1967；Perrow,1979；Woodward,1970)。相反，象征视角的观点则把结构看作是舞台的设计：对空间、灯光、道具、服装的安排使戏剧更加生动可信。

结构的戏剧化作用之一是反映并传达现行的社会价值观和神话。在许多学校、教堂、人事部门以及心理保健公司，目标都是多维并且是难以理解的，技术未被开发，手段与结果之间的联系很难理解，效果很难判断。取得合法地位，要求形象符合社会的期望，背景和服装要适当：教堂应该有一个建筑物、宗教用品、穿着适宜的牧师；诊所应该有检查室、穿制服的护士、在墙上显眼的地方挂着医生的行医执照。

梅尔和罗温(Meyer and Rowan,1978)认为，公立学校的结构在很大程度上是象征性的。除非学校对三个问题给出能够得到普遍接受的答案,否则它很难获得公众的支持,这三个问题是:课程是否合适(比如,3年级的数学、世界历史)？教师是否合格？它看起来是否像一个学校(有教室、体育馆、图书馆、在学校正门有一面旗)？

对高等教育机构的评价包括以下因素:学校历史、校园的大小及美丽程度、图书馆的藏书量、教师与学生比例、在名牌大学获得博士学位的教授数量等。凯门斯(Kamens,1977)提出,专科学校或大学的主要任务是把初学者教育成为拥有特殊能力或技能的毕业生。这种转变的价值必须与重要的利益相关者进行磋商,这是通过教育项目的质量和严密的且由结构的典型特征或机构的表象来认可的。

在凯门斯看来,正确的结构安排取决于这个机构是否优秀,以及它是否把毕业生安排到特定的社会或企业集团中。常春藤联盟学校,如哈佛、耶鲁、普林斯顿大学,都因为他们培养出了社会中的精英人物而闻名遐迩。每一种类型的机构都支持自己的神话并以戏剧的方式表现着自己的结构,主要的考虑是选择正确的演员、写一个合适的剧本、设置合适的舞台。比如,非常优秀的学校会展示其选择空间大,建设有吸引力的居住校园,宣传最佳的师生比例,开发一套统一的核心课程而限制过分专业化的倾向。

如果一个机构或其环境发生了变化,这时就需要改编戏剧。新的观众要求对演员、剧本、背景做一些调整。由于合法性与价值主要存在于与现行神话一致的典型结构特征中,组织会改变其表象来适应社会期望的变化。直到20世纪30年代,美国的常春藤联盟大学仍然基本上是贵族的进修学校,大学入学的条件主要是看财富或教养而不是看天赋。当大萧条改变了富人们的身份之后,原先的办法才变得无法执行。这些大学修改了招生政策,开始招收学习优秀的学生,而不论其经济背景如何(Delbanco,1996)。

大部分正式组织的结构是因为要解决现有的"问题"而建立

的。合法的组织有一个由现代问题与两难选择构成的"现代"的表象,例如,全面质量管理或企业再造,成为有进取心的公司的荣誉象征,项目与顾问就会像干燥森林中蔓延的火一样到处都是。法律授权学校有为有特殊需要的孩子提供教育的义务,所以学校雇用了一些专家,这些专家的作用非常重要,但学校的老师却几乎看不见或不理解。为了改变人们对大学陈旧管理方法的批评,大学采用了复杂的控制系统,虽然能给出精美的打印资料,但几乎没有什么实际作用。法律机关通过了职业安全法,工厂制定了安全规范,然而没有能够引起人们的注意。新的结构反映法律或社会期望并代表对合法性和观众的支持,比如,一个没有确定行动计划的组织会引起广泛关注与猜测。不一致导致了问题,接着是批评和检查。任命一名反种族歧视官员比改变根植于人们头脑中的种族观念容易得多,尽管如此,由于这种行动是可见的,它表明政府的立场有所改变。从20世纪90年代中期开始,要求种族平等的行动在美国越来越受到挑战。如果公众热情消退或最高法院推翻这项法案,一些制度改进可以有序进行。

政府机构处理现有的矛盾或冲突,目的是向我们保证事情是可以控制的(Edelman,1977)。在美国,托运人与铁路之间的冲突导致了州际商务委员会(Interstate Commerce Commission)的建立;劳动者与管理者之间的冲突导致了国家劳工关系委员会(National Labor Relations Board)的产生;消费者与生产者之间的冲突导致了食品与药品监督管理局的产生,对污染的关注又导致建立了国家环境保护总局(Environmental Protection Agency);2001年9月11日的事件导致了国土安全部的创建。实际上,这些机构主要起政治与象征作用:"国会同意设立这样的机构代表一种象征性的控制;它代表我们的信念:提前计划、统一行动。但这些机构对它们要控制的组织没有正式的权力,只用很少的资金刺激这些现存的组织相互合作(Scott,1983,p.126)。

在行政上,监管机构常常被监管客体所牵制,主要的药品公司远比公众更能影响药品安全监督局的决策,联邦政府不断地因为航空公司的"懒惰"受到批评,2002年证券交易委员会没能阻止安然和泰科公司(Tyco)的欺诈行为,因而遭到严厉批评。

实际上,政府机构使精英的价值合法化,从而精英们可以向公众保证他们会极尽所能地保护其利益,并从国会中争取更多的预算资金。他们缓解了紧张气氛并减少了不确定性,增加了公众的自信和安全感。只有在危机中,他们真正的表现才会出现问题(Edelman,1977),然后通过有关改革确保能够揪出破坏者并施以惩罚,使局势处于可控之下,从而防止危机发生。

13.3 戏剧似的组织流程

行政管理过程通过正式会议、评价体系、会计制度、管理信息系统以及劳工谈判来协调工作。技术过程生产产品和服务,工厂的工人把产品由部件装配成最终产品。教授作讲座以传授知识和智慧,医生诊断病情并进行治疗,社会工作者写案例报告来确认社会问题并进行解决。

人们在这些工作过程中花费了很多时间,为了证明他们的劳动是有价值的,他们需要相信他们的工作可以产生预期的结果。但是,即使是最好的目标也未必能导致预期的结果,会议不一定能够制定决策或解决问题,然而会议往往会导致更多的会议,计划则通常会生产出人们很少看或几乎不用的文件,即没有确切的结果。尽管如此,活动仍然在戏剧演出中起着关键作用,它们为自我表达提供机会,为诉说苦衷提供论坛,为进行新的谈判提供剧本和舞台。下面,我们要以会议、计划、业绩评估、集体讨价还价、权力为背景仔细地分析这些功能。

13.3.1 会议

马奇(March)和奥尔森(Olsen)(1976)很早就把会议比作是

"垃圾桶"。众所周知,组织包括三个方面:管理者寻找消磨时间和精力的方法,围绕问题寻找答案,拿着解决方案寻找问题。会议包括三个要素:人、问题、解决方案。结果取决于一个复杂的通常也是无意中发现的各种因素之间的相互关系:谁参加会议?他们有什么问题、担心以及需要?什么样的解决办法或建议是可行的?垃圾桶动力学尤其适合于处理那些充满感情的、有明显象征意义的技术问题。关于使命的对话,比关于成本会计的对话,更能够容易吸引到更多样的问题和解决办法。重组(Olsen,1976b),选择一个新行政管理者(Olsen,1976a),以及针对废除种族隔离的冲突(Weiner,1976),是戏剧演出的一个很好的机会。会议的结果不一定都是理性的结论、可信的计划、明显的进步,但是它们作为象征性的舞台,可以防止个人与组织的瓦解。有些参与者会逐渐明白他们在集体剧中的角色,并得到一个展示的机会,其他人不断地寻求工作的兴奋点。发现问题得到关注而且美好的未来即将到来,观众们会有很好的感觉。

13.3.2 计划

人们认为没有计划的组织是被动的、短视的、没有舵手的组织。所以,计划是任何一个有声望的组织必定期举行的仪式,以维持其合法性。计划是组织骄傲的荣誉象征,战略计划使组织的地位变得更高。明茨伯格的具有洞察力的书《战略计划的兴起与衰落》(1994)通过了一系列的调查以及轶事证据,对战略计划从分析到目标、到行为以及到结果的线性关系进行了分析。许多管理者都在一定程度上认识到它的一些缺点,虽然他们仍然要制定战略计划。"最近,我采访了三个公司的管理者,过去一年里他们制定了哪些决定?如果不是因为公司计划,所有的人都很难看到这些决策。因为在每个计划上都标着"秘密"或"保密",我问他们,如果其竞争对手获得这些计划,他们能否从中获得某些好处。他们都很尴尬地说竞争者不会获得任何好处,尽管这些管理者都是公司战略计划的绝对支持者。"(Russell Ackoff,摘自 Mintzberg,1994,p.98)。

几乎达不到预期目标的活动,可能是因为它在组织戏剧中扮演着重要角色。奎因曾经说过:"许多计划都好像祈雨舞,它对之后的天气没有影响,但是那些安排这些活动的人认为是有影响的。而且,对我而言,许多与公司计划相关的建议和知识都是在改善舞蹈,而不是天气"(摘自 Mintzberg,1994,p.98)。

科恩(Cohen)和马奇(March)(1974)列举了大学中计划的四种象征性职能,但这些同样能适应于其他组织:

1. 计划是象征。学术性组织几乎没有几项评估绩效的客观证据。它们没有可比的利润或销售指标。怎么办?没有人知道。计划是一切正常的信号。它也表明正在着手进行改善。一个衰落中的机构宣布它有一个重生计划。如果一个学校没有核反应堆,没有经济系,没有足球队,那么它就会宣传要拥有一个,它的名声马上就会上升。一所正走下坡路的中学或大学通过"研究自我"制定出一个雄心勃勃的战略计划,这个计划能够使学校重新焕发生机。

2. 计划变为游戏。尤其在那些目标与技术都不清晰的组织中,计划便成为意志的考验。如果一个部门非常需要一项新的计划,它必须通过大量的计划证明其支出是合理的。如果一位行政总管不想同意某件事但又没有理由时,她可以通过要求一份计划来验证。好处更多地来自于过程而不是结果。

3. 计划成为借口。制定计划要求讨论,并可能引起新的利益调整与承诺。互动偶然也会产生积极的结果,但它几乎不能产生正确的预测。对未来的讨论改进了今天应该做些什么不同事情的观点。当人、政治或政策产生变化时,关于来年的预测性结论很容易发生变化。

4. 计划成为广告。通常被称为计划的东西更像一份投资指南,它企图说服私人和公共捐赠机构对大学进行捐赠,计划书通常配有穿着亮丽服装的美人照片以及官方的正式评价等等。

科恩和马奇(1974)向大学校长询问,他们如何理解计划与决策之间的联系,校长们的回答可以分为四类:

"是的,我们有计划。它用于资本项目决策和地理位置选择决策。"

"是的,我们有计划。这就是一份,它是由前任校长制定的,我们现在正在制定一项新的计划。"

"不,我们没有。我们应该有一个,我们正在制定一份。"

"我想这儿有一份计划。琼斯小姐,我们有没有10年综合计划的备份?"

"关于城市校区的大规模计划项目的研究"(Edelfson, Johnson, and Stromquist, 1997)提供了另一个显示计划重要性的例子。一项由联邦基金支持的5年规划引起相当一部分该校区的专家与市民对未来10年发展的关注。最终,没有任何决策出现重大变化。但它确实有好处:他给参与者提供了交流机会,它是探讨许多问题和方案的一个论坛,如果这些问题在别的地方出现的话,可能更麻烦。它使该地区成为一个模范城区,最终它使该城区人们重新相信民主、创意的价值以及现代计划技术的有效性。

13.3.3 评估

评估个人、部门及项目的业绩或生产率是一项主要任务。评估需要花费时间、精力、金钱,其结果往往是在一个大型的庆典大会上作一份冗长的报告。大学通常会召集专家委员会或者团队来评估各个学院和各个部门。政府需要评估项目的有效性;只要发生一件重大的事情,社会服务机构就会进行调查研究或审计。尽管如此,几乎没有什么建议,结果总是消失在人们的脑海中或行政管理者的文件柜里。

从另一个角度看,评估又保证了一个负责的、认真的、管理良好的形象。广泛运用这种方法在很大程度上是因为象征性原因,评估得出了许多数据,帮助我们相信努力正在起作用;它表明组织非常重视目标、关心业绩并希望改善现状;评估过程可以使参与者分享观点、获得被大家认可的机会;评估结果帮助人们重新看待旧的实践,摆脱平凡,建立新的信仰(Rallis,1980)。评估即使很少运用于制定决策,仍然是权术斗争中的一个武器(Weiss,1980)。

在公共组织中,弗登和韦纳认为:"评估只是一种仪式,它的目的是缓和人们的焦虑、树立政府理性、有效、负责的形象。

评价过程常常采用高层次舞台剧的形式。他们雇佣有威望的评估人员,公开评估过程,参与者穿着正式的服装。评估人员询问深入的问题、对方回答问题,结果常常很戏剧化,尤其是当人们都喜欢这个结果时。相反,对于负面的结果则常常用空洞的语言表达,没有人会认真对待,解决问题的企图在仪式结束后便消失了。

评估人员也会偶尔地通过得出一份批评的报告,戏剧便成为对双方都有害的悲剧。在美国,一个关于公共教育的广泛的报告(Coleman,1966)提出假说,即学校并不重要,报告以及随后的争论都削弱了公众对学校的信任,同时也引起了关于社会科学在评价体系中的角色成熟度的问题。

13.3.4 集体谈判

在集体谈判中,劳动者与管理者通过协商以把不同的利益体现在一个可行的合约中。该过程使两个利益主体相互较量:工会希望改善工作条件,管理者则力图降低成本,为股东提供最大的利润。谈判小组在公共舞台谈判并遵循一个广为人知的说法,"谈判者必须像对手、代表或专家那样做事,表明他们与队友或委托人的利益相一致,愿意克服困难,达到委托人的目标。在公共舞台上,充满了愤怒与敌对,对抗、代表、控制等仪式产生了冲突。同时,有很多相对立的谈判者之间默契的机制,例如发出信号、讨论(Friedman,1994,pp.86~87)。

在表面上,谈判过程看起来像权术竞赛,权力决定着稀缺资源的分配(见第 11 章)。在深层次上,谈判是在一个根据中观众要求的小心进行戏剧仪式,与剧本脱节的风险很高。"一位年轻的管理者主管一家企业,他想要消除管理者与劳动者之间的争吵和冲突,他进行了公司的工资结构研究,然后在谈判中给出他的要价,他告诉工会代表他做了些什么而且给出比对方期望还高的价格,吃惊的工会代表严厉地斥责他削弱了集体的谈判能力,并且在他的报价之上又多要了 5 美分"(Blum,1961,pp.63~64)。

弗里德曼(Friedman)在他的集体收益谈判(强调合作和双赢结果而不是强调冲突)的研究中也记载着类似的问题。一位大失所望的参与者在一次失败的集体收益谈判过程中抱怨说"这次谈判令我们伤心,我们非常友好,每个人都讨论。然而,在最后几个小时,有人不守规则,也许我们本应敲桌子(Friedman,1994,p.216)。

在戏剧中,脱离剧本的演员损害了其他演员的能力,谈判剧的设计是为了使双方都确信,结果是经过英勇斗争取得的。如果演得好,该戏剧传达了信息,即两个对手争夺激烈,一直坚持自己认为是正确的(Blum,1961;Friedman,1994)。它模糊了这个现实,即演员总是事先知道戏剧是怎样结束的。

13.3.5 权力

人们常常认为权力是个人或系统拥有的真实属性——能够把握、能运用、能再次分配。但权力又具有内在的模糊性。我们很难判断,权力是什么、谁拥有权力、怎样获得权力。有时候,想要知道在什么时候运用权力,则更加困难。只要人们认为你有权力,那么你就有权力。

权力常常归属于特定的行为。虽然我们实际观察到的行为与个人想要获取某种东西的能力之间并不存在显著的关系,但人们总是认为那些能说的人、某个委员会的成员或行动快捷的人常常被认为更有权力,即使这种关系其至可能是负相关的。受到挫折的人可能会说得很多,不高兴的人可能会搞政治阴谋或假装没有丝毫影响(Enderud,1976)。

权力常常是归属于特定的个人或小组,并由他们对观察到的结果负责:如果失业情况改善,现任行政官员会接受荣誉;如果公司的利润增加,人们会称赞主管;当事情变得好转时,如果开始一项计划,它就意味着成功。领导的神话把因果关系归因于位于高处的个人,无论事情是变好还是变坏,我们都喜欢让某人承担责任。科恩和马奇(1974)这样说大学校长:

大学校长与他们的下属谈判对权力的理解,结果是在最近几年的校园问题中,一些大学校长试图强调校长控制的局限性;在取得显而易见的成功的时候,他们设法获得他们对事件承担责任的认可。这可能导致流行的印象:有利时期的校长强有力,不利时期的校长软弱无力。外部人倾向于夸张校长的权力,那些在校长的帮助下试图完成一些事情的人(教育改革者)倾向于低估校长的权力或校长的意愿(pp.198～199)。

正如埃德尔曼(Edelman)(1977)所说:"领导者领导、下属追随,组织就正常。当这种逻辑普及时,它可能会误导。成功的领导有相信领导的追随者,信任鼓励人们把积极的事件与领导行为相联系。乔治·盖洛普(George Gallup)曾经评论到:"人们容易根据人的目标、根据他想要做什么来判断人,而不必要根据他已经完成了什么或他的成功程度来判断他"(p.73)。

人们常常通过处世风格与技巧来判断领导。戏剧的演出强调了与领导联系的特征——如强有力、责任感、勇气及庄重——都属于领导形象,尽管对领导人与众不同的假设常常会造成误导。科恩和马奇(1974)把大学校长比作滑雪车司机:他做的主要判断,他的技术,他的运气可能使他与他的乘客有些区别。结果是他的责任很重,但他是否可能犯过失杀人罪或是否因为英雄事迹而获得奖牌在很大程度上不在他的控制范围(p.203)。

和其他过程一样,领导的权力更像一种表面现象而不是实际行为。当领导确实与众不同时,他通过丰富和更新戏剧——建立新的神话改变信仰,培育忠诚。2001年9月11日后当乔治·W·布什站在纽约城的世贸原址上,他把一位消防队员拉到自己的身旁,群众欢呼,"我们听不到你在说什么"。他回应到,"噢,我可以听见你们,世界可以听见你们,那些英雄会很快听到我们"。在适当的场合用适当的语言加强了美国的信心:即总统有能力和决心对恐怖主义进行复仇。

13.4 结论

按照象征视角的观点,人们主要根据表面现象来判断组织的运行情况。正确的象征提供了一个正式的舞台,专门给那些观众表演他们想看的戏剧。戏剧再一次强调、培育了对组织目标的信念并且培育了忠诚。那些几乎不协调活动与过程的结构以及那些几乎很少达到宣称目标的过程,仍然有重要的象征性功能,它们在内部发挥着粘合剂的作用。它们帮助参与者处理问题、寻找意义、执行职能。在外部,它们给人们提供了信任和希望的基础。

象征视角观点的引入并阐述了一些过去很少用于组织分析的概念。这些概念重新定义了组织的动力,并且在组织的管理和变革中有重大的应用意义。在历史上,管理和组织理论都关注工具问题。我们看到了问题并且试图制定和执行解决办法,然后我们会问:"我们完成了什么?"答案常常是"什么也没有。"或者"没有多少"。我们发现自己不停地重复古老的格言:事情变化越大,它们越是相同。这样的信息是令人大失所望。它产生了一种无助的感觉,以及事情从来不会变得更好这样一种观念。

象征视角的观点听起来更像是有希望的注释。出于种种原因,我们决定对组织进行重构。我们可能厌烦、沮丧或试图改变观念。所以,我们把准备一部新戏称之为"变革"。在该剧的结尾,我们问三个问题:

1. 这部戏表达了些什么?

2. 这部戏吸引了谁?
3. 谁取得了合法地位?

答案常常是令人鼓舞的,戏剧允许我们针对问题解决矛盾。旧的冲突、新鲜的血液、借来的专家和重大问题都吸引到舞台上了,在那儿,他们可以联合产生新的神话与信念,于是变革成为令人激动的、令人鼓舞的并且重要的。这个信息使人充满信心:希望总是存在的;世界总是不同的;每一天都是令人兴奋和富有意义的。如果不是这样,就改变象征,改编戏剧,发展新的神话——或舞蹈。

第 14 章　组织文化的实践

在管理学文献中,有很多关于改善团队作业的对策和理论。但是,这些对策和理论常常忽视了小组或团队之所以优秀的根本原因。万事达集团(Visa)的前任 CEO 狄伊·哈克(Dee Hock)指出了问题的关键:"在小组作业中,集体努力所取得的成绩远远大于个人能力的总和,在交响乐团、芭蕾舞、戏剧、体育运动甚至在商业中都是如此。人们承认事实确实如此,但却无法解释原因。这是一个谜:没有努力、培训、合作,团队就不可能达到这种结果,但是,仅仅有努力、培训与合作也很难达到"(引自 Schlesinger, Eccles, Gabarro, 1983, p. 173)。

谁能够想到明尼苏达双子队(Minnesota twins)或阿纳海姆天使队(Anaheim Angels)能够在 2002 年取得美国职业棒球大联赛的最后决赛资格?在强化训练时,这两个团队几乎快被取消参赛资格了,谁也没有料到他们能在后期决赛中取胜。

谁会想到大卫·帕加德(David Packard)和威廉·休利特(William Hewlett)或者那些康柏公司的创建者们能够把公司经营得非常出色,最后却都兼并为一家?

是不是飞行员以外的所有人都认为,英国皇家空军部队能够把希特勒的德国空军阻止在岛国之外?正如温思顿·丘吉尔(Winston Churchill)后来所作的评论:"他们拯救了英国。"

难道这些出色的业绩仅仅是一个谜——发生时虽然美丽,却又像加利福尼亚州的下一次地震一样无法预测和控制?我们在这一章要对一个团队进行分析。我们拥有关于这个团队的充分信息,该团队确实非常卓越,这个故事可以让我们揭示出流程、精神、魔力等象征符号的根源。特雷西·基德尔(Tracy Kidder)在《新机器的灵魂》(1981)中,叙述了通用数据公司(Data General)的一个工程师小组,在20世纪70年代用最短的时间制造了一种新型计算机的故事。尽管资源稀缺,支持有限,但"鹰"(Eagle)项目小组比通用数据公司其他部门的表现都出色。他们制造出了一种崭新的、流行的机器。虽然他们生产的机器现在已经过时了,但他们的经验与教训却依然有效。

14.1 "鹰"小组成功的原因

"鹰"小组为什么会成功?许多工程师小组——或教育者小组、医生小组、管理团队或毕业生——在项目开始时期望都很高,但最终却都失败了。是"鹰"小组的成员都特别聪明么?他们确实都有熟练的技能,但是在通用数据公司的其他项目组当中,每个人也都很聪明。是不是小组中的成员总是彬彬有礼?恰好相反,正如一位工程师所说:"没有人鼓励或赞美过别人"(Kidder,1981,p.179)。相反,该小组经历了他们称作是蘑菇管理的阶段"置于阴暗的角落,浇上一堆大粪,观察它们成长"(p.109)。大约一年的时间里,小组成员根本顾不上考虑自己的身体状况、家庭甚至职业,"我确实非常累,脑子里一片混乱,这项任务真是糟糕,但我确实很开心"(p.119)。

也许他们工作只是为了钱?小组成员明确地说,他们并不为钱工作,他们也不为名分工作。该小组并没有得到正式的认可,也没有官方的奖励,在完成项目之后不久就悄悄地解散了,小组中的大多数成员都默默地转到了通用数据公司的其他部门或转到其他公司。在后来成功的思科系统公司(Cisco System),情况也是如此。鲍尔森(Paulson)(2001)年总结说"每个人都希望成为成功组织中的一员,这种愿望激励着他们拼命地工作"(p.187)。

或许小组的结构可以解释成功的原因?成员们是不是在追求清晰而值得赞美的目标?该小组的领导汤姆·韦斯特(Tom

West)指出:"并不是所有值得一做的事都值得认真去做。"他这样解释他的座右铭,"如果有捷径可走,虽然不那么堂而皇之,但是可以确保成功,那么不妨试一试"(Kidder,1981,p.119)。是不是该小组的职责与相互之间的联系都特别清楚并且能顺利协调呢?基德尔(Kidder)认为,小组中并不存在各种具体的组织结构图和规章制度。该小组的一位工程师坦率地说"这里的一整套管理结构——要是让哈佛商学院的人看到了,他们准会恶心得连肠子都吐出来"(p.116)。

难道他们是为了争得政治权力?或许成员工作的动机是为了获得更大的权力而不是金钱:"这里有一种我无法完全理解的东西,其中部分是一种原始的权力体验,我工作是因为我成功"(p.179)。该小组鼓励成员通过非正式方式解决问题:"如果你无法从与你同级的某部门管理者那儿获得你所需要的资源,就去找他的上司——那是解决问题的办法"。(pp.109~191)小组成员之间有时也会发生直接的对抗:"有一天派克(Peck)被激怒了,他对那个工程师说,'你真是一个无赖',领导要求派克向对方道歉,派克走向工程师,装作很胆小的样子,说'我非常遗憾你是一个无赖'"。(p.224)

该小组远远超过公司中其他小组:"只要在通用数据公司干过一段时间,你就会明白这个道理……一切只有经过争取才能获得。如果你不主动,那么你将一事无成"(p.111)。小组成员之间也相互竞争,"荧光屏上的战争"就是一个例子。有一天,"微处理器"分组的领导卡尔·埃森(Carl Alsing)吃完午饭回来发现,他的所有文档都是空的:文件名还在那儿,但里面的文件全都没有了,他花了一个小时的时间才找到这些藏在别处的文档。埃森建立了一个加密文件,激将团队成员:"这儿有色情小说,如果你们有本事能把它取出来,那么你就可以看个够"。(p.107)

我们现在开始分析这个小组成功的秘密。荧光屏上的战争——以及小组成员中的其他交流——不仅仅为了争夺权力,它们是一种游戏,可以让人们放松、加强联系,有助于塑造一种特殊的小组精神。共同分享具有凝聚力的文化,而不是一个清晰的结构,是该小组成功的看不见的真正原因。

14.2 领导原则

从"鹰"小组的经验中,我们可以得出象征视角的几个重要原则,这些原则同样适用于所有的小组或团队:
- 成为小组一员的方式很重要。
- 多样化有利于团队的竞争优势。
- 以身作则,而不是强行命令,可以促进小组团结。
- 专用语言有助于增强凝聚力和责任心。
- 故事所蕴涵的历史和价值观,可以强化小组的一致性。
- 幽默与游戏可以减少冲突,鼓励创造性。
- 利用仪式与庆典激发热情、强调价值观。
- 非正式文化参与者做出重大贡献。
- 灵魂是成功的秘诀

14.2.1 成为一名成员

加入某个团队不仅仅是一个理性的选择,它还是以某种特殊形式的仪式作为标志的双向选择。在"鹰"项目小组中,成为一名成员的过程叫"就职宣誓"。当埃森招聘新成员时,他这样要求组员:在没有工具、也可能没有"合适资源"的情况下,他们自愿去爬珠穆朗玛峰以赶上团队中其他爬山的同伴。当新成员声明他们无论如何也要去爬山时,埃森告诉他们必须等到确定他们是否足够优秀之后才可以去。当所有这一切都完成之后,埃森这样总结道:"这有点招募敢死队员的味道,你必死无疑,但要死得光彩照人"(Kidder,1981,p.66)。

通过这样一种就职宣誓仪式,一名工程师就成了专业小组的

第14章 组织文化的实践 **321**

一部分,他们愿意不顾家庭、疏远朋友、甚至牺牲健康去完成不可能完成的任务。这是一个神圣的宣言:"我自愿从事这项工作,我将为此奉献全部身心"。(p.63)

14.2.2 多样化是一种竞争优势

尽管该小组的所有成员都是工程师,但每个工程师都有独特的技术与风格。小组领导韦斯特是能干的技术检修员,而且,他冷漠而不易接近,是"黑暗王子"。该小组的结构设计师史蒂夫·华莱士(Steve Wallach)非常聪明、总有自己的独立见解。基德尔(Kidder)(1982,p.75)写道,史蒂夫·华莱士在接受韦斯特邀请他加入他们小组之前,他曾经和通用数据公司的总裁艾德森·德·卡斯特罗(Edson de Castro)谈过:

"那么好吧!"华莱士说,"你想要的,到底是什么鬼东西?"

"我想要一个32位'Eclipse'",德·卡斯特罗告诉他。

"你可要说话算数。我们要是搞出来了,你保证不行使否决权?你会不会撇下我们不管呢?"

"我要的就是这个,32位'Eclipse'"。德·卡斯特罗再次叮嘱他:"32位的'Eclipse'"。

华莱士就宣誓加入了该小组,他对文学、故事和诗歌的热爱为设计新机器的技术结构提供了文学理念。埃森是小组的微编码专家,热情、平易近人,不像韦斯特冷漠而拒人于千里之外。他领导"微处理器"分组(一个策划新机器的年轻工程师分组),与埃森相对应,兰萨拉(Ed Rasala)领导"硬件分组"(小组的硬件设计团队)。埃森富有创造性,而兰萨拉则是一名机修工,他意志坚定、思想活跃、勇于冒险又非常细心:"我可能不是世界上最精干的设计师,不是什么计算机巨人,但是我有一股坚持到底的牛劲"(p.142)。

小组规定,高级工程师的专业必须多样化。比如,一位工程师可能是富有创造性的天才,他喜欢提出一个难懂的想法并试图让它起作用,而另一个工艺师却喜欢修理东西,他会不知疲倦地工作直至最后攻破难关。韦斯特从高层干预团队,是小组的"恶魔"。华莱士进行了原始的设计,埃森和"微处理器"分组发明了"一种对机器发号施令的计算机程序语言"(p.60)。兰萨拉和"硬件分组"们则负责搞硬件并进行电路设计。可以想像,这些多样化的个人和小组中一定会存在冲突,有效利用这种情况可以激励各部分组成一个工作团队。

14.2.3 以身作则,而不是强行命令

华莱士的设计为"鹰"小组自治的个人以及小组提供了很好的协调方式。小组虽然有很多规则,但他们很少关注。大家都认为CEO德·卡斯特罗是一个遥远的神,他从来不在那儿,但大家都能感到他的存在。该小组的官方领导者韦斯特几乎很少参与实际工作,在实验室也几乎见不到他。然而,一月份的某个星期天的早晨,当大家都在休息的时候,一位"硬件小组"成员恰巧路过实验室时,他看见韦斯特正坐在一个试验样机的前面。接下来的第二个星期天,韦斯特没到实验室,而且从那之后人们也难得在那儿看到他的身影。有很长一段时间,他对亲自动手的想法甚至连提也不提了。

韦斯特的工作主要是为工程师提出要解决的问题,并且使平淡的事情变得特殊起来。他创造了一系列的"局部战争",所以他可以激励他的下属竭尽全力。他有一种在日常的生活中寻找浪漫的天赋,小组的其他领导成员也像德·卡斯特罗和韦斯特一样创造模糊、鼓励创新并且通过以身作则而领导。正是微妙且模糊的信号,而不是真实而明确的指导原则或决策,使得小组联系在一起并引导他们完成共同的目标。

14.2.4 专用语言

每个小组在自己的环境内都有独特的语言、短语和比喻。专用语言既反映小组的文化又对小组文化的形成有影响。共同的语言使小组成员更容易交流,误解最少。比如,对"鹰"小组的成员来

说,"杂牌电脑"(kludge)是指不太好的解决办法——正如用胶带纸把带有电线的机器绑在一起,"谣言"(Canard)是指任何错误的东西,"原理"(Fundamental)是指聪明想法的源泉,"实际地"一般是幻想的开端,"给我来一次内存清除"的意思是"对我说出你的真实想法","堆栈溢出"意思是工程师的记忆太满了(我的存储器已经溢出了,"堆栈很深"表明阴暗想法。"鹰"是该项目的名称,而"硬件"和"微处理器"是分组的名称,两台模型计算机分别叫伍德斯多克和特列可西。

共同的语言可以把小组的成员联系在一起,成为成员的明显特征。它也可以把小组分开,强化他们各自的价值观和信仰。当别人问到"鹰"小组总部时,韦斯特这样评论,"这儿简直就是一个临时搭建的牲畜栏,这儿所发生的事情,好像和现实世界并没有关系"。韦斯特解释道"因为使用的语言不同"(Kidder,1982,p.50)。

14.2.5 故事带来历史、价值观,并强化了小组的一致性

在业绩良好的组织或小组中,故事可以使传统保留下来,并且为日常生活提供示范,因此小组的传统得以流传并加强了"鹰"小组领导的虽少但有力的影响。韦斯特的"麻烦制造者"和"兴奋"的名声就是通过20世纪70年代中期的计算机大战的故事流传下来的。埃森说韦斯特总是有准备而来,勇敢地发表反对意见,而且他确信他知道如何度过目前小组面临的困难。另外,韦斯特也具有优秀权术家所具有的能力,他知道该如何制定计划,如何建立同盟以及如何与潜在的支持者或反对者进行谈判。当他的脑海中有了具体想法时,他会首先上楼与高层经理人员打个招呼,然后他找一个时间告诉大家他们老板喜欢这个主意:"他们说,'啊,你的想法听起来,只不过是在月食上再加上个口袋'。汤姆笑着说,'怕是没那么简单,我们要重新设计,让它快的像风驰电掣一般'。他告诉他们'我们必须在4月份之前完成'"(p.44)。

有关坚持不懈、不盲从权威以及创造性的故事激励着他们超

越自己,给"鹰"项目小组的传说增加新的故事。比如,当小组即将结束时,一个检修的问题影响了整个项目进程。工程师吉姆·沃尔斯(Jim Veres)为了找出毛病在哪儿,日日夜夜地工作。有一天早晨,"硬件"分组成员赫尔·伯格(Ken Holberger)早早地开车去上班,路上一边开车一边还在不停地想项目是否可以完成。当他进入实验室时,眼前的情景使他大吃一惊"地上摊了一大堆纸,要是把这些纸都拉直,能在屋子里绕好几圈。如果用来印美国历史的话,这些纸足够用来详尽无疑地描写从南北战争至今的全部事件。"沃尔斯就坐在这一片混乱当中检查计算机,他回过头来对赫尔·伯格说,"我找到了"(Kidder,1981,p.207)。

14.2.6 幽默与游戏

小组常常一心一意地认真工作,而不做与工作不直接相关的事,认真代替了虔诚,成为最重要的品质,有效的团队会平衡认真与游戏、幽默。外科团队、飞机机组人员以及其他的一些小组明白了,开玩笑是创造性思想和团队精神的重要来源。幽默可以释放紧张,不仅有助于处理突发的意外事故,也有助于解决日常生活中的问题。

"鹰"项目中成员之间的游戏,是小组工作的重要组成部分。当埃森想让"微处理器"分组成员学会熟练操作"特列克西"时,他编了一个游戏。当小组成员报到之后,他让每个人都动脑筋,用"特列可西"的汇编语言设计一个程序,这个程序必须能够取出并复制储存在计算机内的一份加密文件。这些人为了完成这项任务,在机器旁各自想办法,并得到满意感——埃森一直以幽默的方式给他们挑毛病。当他们最终找到文件时,他们将得到"拒绝进入"的问候。通过这个游戏,组员们学会了操作计算机,组织成一个团队,并且学着去适应新的技术环境。他们也明白了,他们爱玩的领导很注重创新。

当团队竭力完成艰巨的任务时,幽默贯穿始终,幽默常常是小组的一部分。

埃森把椅子拖到计算机终端前并在键盘上敲了几个字母——这几个字母组成一条简短的暗语,沟通了他与"特列克西"(为团队订购的机器),"我们已经把'特列克西'人格化到了一种可笑的地步,"他说。

他在键盘上敲到"谁"。

深蓝色的荧光屏不假思索地作出回答:

"卡尔。"

"在哪儿?"埃森接着打。

"在路上,还能在哪儿!"

"怎么样?"

荧光屏上显示"错误"字样。

"噢,对了。我给忘了,"埃森边说边重新敲入"请问怎么样"?

"我们正想了解你怎么样了,这得由你自己说。"

埃森似乎对这个答案很满意,继续敲到"什么时候?"

"就他妈现在",机器回答。

"为什么?"埃森问。

"因为我们喜欢卡尔。"(pp.90~91)

发明新机器花了一年半的时间,"鹰"小组的工程师们把游戏和幽默作为休闲、激励、启智及振奋精神的来源。

14.2.7 仪式与庆典

仪式和庆典是表达思想感情的场合,作为日常生活中的一些小插曲,他们是揭示并定义行为的特殊形式。表面上发生的事情并不像在现行的行为之下的深层次原因那么重要,尽管专心工作的工程师很少有时间作一些非理性的事,但"鹰"小组很重视象征活动的重要性,领导从开始就鼓励仪式和庆典。

有一个例子说的是,"硬件"分组的领导兰萨拉制定了一个规则,要求每天早晨都必须根据报告修改所有的线路板,这项工作可以使本小组成员通过正式渠道进行协调,更重要的是,每天的修改是非正式交流、开玩笑、理解整体的一个机会。工程师们不喜欢日常的程序,所以兰萨拉要求每个星期修改一次——在星期六,他自己总是以身作则。

"鹰"小组的领导定期见面,但他们的会议更为关注的是象征性的问题而不是实质性的问题。"我们可能在这些问题上有些问题。"韦斯特可能会说,他指的是一些目前的问题。华莱士,或兰萨拉,或埃森就可能接茬:"你是说你本人就会陷入困境,是吗?汤姆。"今天是星期五,他们很快就会回家放松了,但这时,他们几乎忘了明天他们还必须回来上班(Kidder,1981,p.132)。星期五的下午是传统上放松的时候,这个传统对这个常常整个星期都在工作甚至周末还要加班的小组非常重要。韦斯特总是让任何想和他聊天的人都能找到他,每天回家之前,韦斯特都会把门打开,靠在椅子上,款待任一个来访者。

除了重复这些仪式之外,韦斯特小组还定期举行庆典以提高士气,强化共同使命感。在项目结束时,埃森又组织了一次庆典以激发人们积蓄力量、最后冲刺。这些庆典活动强调创造性、辛勤工作、小组作业。对这些团队来说,一个最好的借口是参加埃森和微编码组织的微编码小组荣誉成员奖,"硬件分组不甘落后,他们设立了PAL——伙伴奖,下班后,他们在当地的"Cain Ridge 酒店"举行了颁奖仪式(p.250)。奖状上写着:

荣誉伙伴奖

鉴于你为 32 位"Eclipse"硬件的开发做出了不寻常的贡献,谨对你表示感谢并祝贺你获得这一崇高的荣誉。

相同的价值观在循环不断的庆祝事件上一次又一次地得到强调:"查克·荷兰(Chuck Holland)(埃森的主要下属分组负责人)把自己的特殊津贴给了微编码团队的成员,称为特殊压力奖。"这个奖状看起来很像学位证书:一个是给了尼尔·佛思(Neal Firth),他赶在硬件工程师之前给我们提供了一台计算机;另一个给了蓓蒂·沙那罕(Betty Shanaha),因为其能够容忍许多怪异的年轻人;把微编码小组荣誉成员奖发给每一个可能的候选人,微编码团队又给吉姆·盖尔(Jim Guyer)颁发了"夜猫子"奖(Kidder, 1981, p. 250)。

14.2.8 非正式文化参与者的贡献

埃森是团队的主要组织者,他也是"鹰"小组的鼓动者,而且和每个人都是好朋友。

当埃森还是一个大学生时,有一段时间他想做一名心理学家。他现在承担了这个角色,尽管他追踪这个团队的技术进步,在项目早期,查克·荷兰曾经抱怨过:"埃森是个难伺候的经理,他成天走来走去,指手画脚,让你干这干那。"但是,荷兰也承认,"他的优点就是你可以随时找他聊,他比其他领导更平易近人"(Kidder, 1981, p. 105)。

每一个小组或组织都有一个"男牧师"或"女牧师",他们负责小组的精神需要。这些人以非正式的方式,听取抱怨,给予祝福,保持传统,主张庆典,并且调解最严重的矛盾。埃森做所有这些事情,就像部落的牧师一样,是主观意图的解释者。

韦斯特曾经警告过埃森好几次:"如果你与你的下属混得太熟,埃森,那你就是在玩火自焚。"但韦斯特并不干预,而且他很快就不再提起这件事了。

有一天晚上,当埃森与韦斯特单独在韦斯特的办公室的时候,埃森说,"汤姆,人们认为你是个恶魔,你甚至从来都不跟他们打招呼。"

韦斯特笑了,他回答说:"在这点上你做得很好,埃森"(Kidder, 1981, pp. 109~110)。

该小组的秘书露丝玛丽·希尔(Rosemarie Seale)的责任也超越正式边界,但执行得很好。如果说埃森是牧师,那么她就是管家,她承担了所有的日常琐事——接电话、准备文件、做预算计划。

她总是很乐意解决那些每天发生的小事,并承担"鹰"小组成员的角色。当新成员进入组织时,是露丝玛丽·希尔为他们找桌子和铅笔。当支票不见了,她会把它们找回来,并交给失主,她说她喜欢这个工作,因为她感到她做的事情很重要。

在任何一个小组中,非正式参与者的网络有利于处理正式渠道之外的人事问题。在"鹰"项目组中,在正式的指挥之外,对大家的努力进行鼓励、欣赏,使得项目能够正常进行。

14.2.9 灵魂是成功的秘诀

"鹰"小组的象征方面是它成功的真正原因。它的精神,或者说是文化创造了新的机器:"98%的激动人心时刻都来自于知道你自己设计的东西有效而且会按照你所预期的方式起作用,如果是这样,那么你的那份工作就在机器中"(Kidder,1981,p.273)。"鹰"小组的所有成员都把自己的一部分投入新的机器,个人的努力加上被一种鼓励每个人都需要做一些重要的事构成了某种许诺。这种许诺通过宣誓就职并且用共同的多样性、例外的领导、共同的语言、故事、仪式、庆典、游戏、幽默而保持并突出。这个字的最佳意义是:"鹰"项目小组是一个团队,个体成员的努力被一种有凝聚力的文化连接在一起,象征因素是小组成功的关键。

"鹰"小组的经验并不特殊,在对高绩效小组进行延伸研究之后,Vaill(Vaill,1982)总结说他所研究的每个小组都有一种精神,这些小组的成员不断地"感到这种精神",这是一种对工作的意义和价值很重要的感情。

现在,越来越多的团队和组织意识到,文化、灵魂、精神是高绩效的源泉。在越南战争之后,美国空军部队开始重新强调传统并重建文化,"凝聚力是战争的一个原则"被加到这些价值观上。Warrior 项目带来了英雄人物——活着的和死亡的——作为一个的明显的例子,它们重新组织并强化了仪式。比如,美国空军举办了一个"reblue-ing"的庆典来强化传统的价值观。

无数的其他组织都采取了类似的措施。面对激烈的外部竞争和利润分割,福特公司在20世纪80年代就决定建立以"质量第一"为准则的文化。产品范围包括从缝衣针到宇宙卫星大约25000种产品的三菱公司(Lifson和Takagi,1981,p,11)为新员工精心举办了一场新人庆典,来强化一种强调专业、合作、创业精神的公司文化。简·卡尔仲(Jan Carlzon)围绕以下格律,即顾客与北欧航空公司(SAS)员工的每次见面都是一个"关键时刻"及SAS"飞行的是人,而不是飞机",再次振兴了北欧航空公司的文化。澳拜客牛排店(Outback Steakhouse)的"没有规则,只有正确"的承诺,使公司相对于其竞争者具有显著的差异化优势,向员工灌输创造一种欢快的、舒适的、愉悦的、有趣气氛的主题,使得饭店在一个到处是失败的行业中获得了巨大的成功(Taylor,Ramaya and Puia,1999)。

14.3 结论

象征视角对建立团队就是指找适当的人并且设计一个恰当的结构的传统看法提出了质疑。高绩效的关键在于精神,如果我们不玩游戏、不举行仪式和庆典、不制造神话,那么我们可能是毁坏而不是促进团队的工作。许多特征表明,现代组织由于意义和信念危机而处于生死存亡的关键时刻。管理者想知道,在人才流动率高、资源紧缺、人们担心失去工作的时候,如何建立团队精神,这些问题很重要,但它们本身又限制了管理者的想像力,并使他们从深层次的信念和目标问题转移注意力。管理者不可避免地要对预算和利润负责,他们必须对个人的需要、法律的要求、经济的压力作出反应。但是,如果他们意识到团队建设本质上是精神任务时,他们可以完成更深层次、更持久的功能,它既是在内部寻找精神又是用共同的信念和文化创造相互信任的过程,当团队发现了它们的精髓时,就会取得高绩效。

第六篇　改善领导能力的实践

到目前为止,我们已经着重论述了每种变革视角的独特性质。但是,在混沌、复杂的现实世界中,我们所遇到的问题很少是那种非常明确的、单一视角的问题。本书的这一部分将重点关注领导者在运用多视角方法时所面临的挑战。

在第 15 章中,考察了日常管理活动的显著特征,脆弱的、循规蹈矩的陈规旧序与疯狂的、动态反应的现实形成了鲜明的对比。由于看问题的角度不同,像战略规划、决策制定和冲突等日常活动和流程,会体现出不同的意义。我们用一个案例来说明,当参与者看问题的角度不同时,就会产生误解和不协调。最后,我们整理了关于有效组织和高级管理者的研究,以考察这些研究成果与重构视角体系的一致性。

在第 16 章中,考察了这样一个案例:一位中层管理者,在他接受新工作的第一天,遇到了一个意想不到的危机。在这种风险很高的情况下,第一种视角既能够提供有效的也能够提供无效的行动方案。

在第 17 章中,讨论了关于领导能力的理论和实践。我们从两位著名管理者的案例开始。其中的一个人比另一个人更为成功。我们考察了领导能力的理念,回顾了关于有效领导者特征的研究。在讨论了一些通用的领导能力模型之后,揭示了每一种重构视角如何提供关于领导者和领导能力的独特映像。

在第 18 章中,转向领导者长期面临的一项挑战:创造变革。我们考察了每一种视角对于变革的认识:变革中会遇到哪些障碍,如何成功地实施变革。然后,我们将各个视角的理论与约翰·科特(John Kotter)开发的变革阶段模型结合起来。将二者联合起来,可以为变革提供有效的指导。

在第 19 章中,重点关注道德和精神。我们首先对安然公司事件进行了深入的探讨(扩展了贯穿全书的案例处理方法)。我们认为,安然公司拥有大批聪明的、有进取心的员工,但是,它缺少智慧和精神。因此,我们考察了道德问题,不同的视角提供了不同的道德行为准则。

在第 20 章中,提供了一个综合性的案例。我们把镜头对准了一位新任职的校长,记录了他在这所混乱的城市高中所度过的最初几周。案例显示,包括不同视角的重构体系可以提供更为全面综合的问题诊断,可以提供更有希望成功的发展规划。

最后,我们在后记中总结了本书的基本要旨,并且强调了本书对于开发未来领导者的重要意义。

第 15 章 整合不同视角以确保重构实践的有效性

没有人能够预测到纽约市长鲁道夫·朱利安尼（Rudolph Giuliani）会在 2001 年 9 月 11 日那天遭遇什么？在半岛酒店的早餐会议上，一位助理告诉他，一架飞机撞上了世贸中心双子座中的一座。他直接赶到现场，并且目击了双子座第二座所遭受的致命一击。此时，人们才明白，这是有预谋的恐怖主义袭击。朱利安尼立即担任这一事件的指挥者，建立了一个联络中心，与现场的救援队、政府官员和白宫进行联系。这些行动与这位市长理性的、负责的和有效控制的形象是一致的。很快，无法预计的事情发生了——双子座倒塌了，上千人消失了，弯曲的钢筋、混凝土和废墟堆积如山。这是史无前例的人间悲剧，对这座城市产生了巨大的伤害。

事后，美国公众发现，朱利安尼有所改变。他成为一个敏锐的、感性的、富有同情心的领导者。他无处不在的身影成为一种对纽约人乃至美国人的激励。但是，市长先生不认同自身个性改变的说法："我所经历的任何事情都没有 911 事件给我产生的影响更大。但是，如果认为我在那一天变成了另一个人——911 之前的鲁迪（Rudy，鲁道夫的昵称）在 911 之后变成了另一个鲁迪——这是不正确的。我就是我，我必须尽我所能来应对整个职业生涯中的所有挑战，所以，我已经做好了应对 911 事件的准备……在任何情况下，你都不能变得束手无策这就是均衡。"（Giuliani and Kurson, pp. x, xiii）

当环境发生改变时，朱利安尼发现自己充分利用了各个方面的认知和行为技能——从先前经验中获得的教训。市长和他的团队成员面对的是急剧改变了的环境,这要求在综合不同视角的基础上重构一个新的平衡。例如,象征性的视角在朱利安尼的领导艺术中一直很重要,但在911之后变得更加占据主导作用。同时,朱利安尼一直孜孜以求的权术行为退居相对次要的地位。

对于管理和领导活动而言,根据新环境进行重新校准,并从不同视角出发加以平衡,是非常重要的。本章考虑的就是视角组合的问题。你应当如何选择一个视角?面对某种情形,你该如何整合利用多种视角?我们首先要重新回顾管理者们所面对的混乱世界。然后,我们研究如果人们接受不同的视角,会发生什么事情。我们会利用一些问题和指南来鼓励大家思考,在某个特定的环境下,最有可能采取哪一种视角。最后,我们通过考察关于有效管理者和组织的文献,来研究主导当前理论的是哪些视角。

15.1 管理者所理解的生活

在绝大多数神话中,管理者都被描绘为理性的男人或女人,他们对下属的活动实施计划、组织、协调和控制。在各类期刊、图书和商学院中,现代管理者的工作速描都是这样:拥有沉稳的性格,组织纪律性很强,整洁的办公桌,身着职业套装,使用着复杂的信息系统。这些"超级管理者们"制定和实施长期战略,设计出可以预见和有效的成果。这是一幅清晰有序、合乎情理的景象。遗憾的是,事实并非如此。

如果你想看看管理者们到底是如何工作的,这儿还有另一幅图景(Carlson, 1951; Kotter, 1982; Mintzberg, 1973; Luthans, 1988)。那是一种乱糟糟的生活,管理者们需要从一种环境迅速转移到另一种环境,在每一种环境下都面临众多挑战。在观察高级管理者工作的数月里,科特(1982)极少看到他们做出决策。决策通常来自于随意的、充满争论的谈话、会议和备忘录之中。信息系统可以对上个月或去年所发生的事情进行详细记录。但是,它不能够回答这样一个更为重要的问题:明天将发生什么?为了决定下一步该怎么做,管理者们大多数情况下都是凭借感觉来做出决定。就像朱利安尼一样,他们从以往的经验中得出灵感和判断。由于事务繁忙以至于没有时间进行思考或阅读,他们的大部分信息都是通过开会或打电话等口头方式获得的。他们是善于激辩的大师,是当代的和事佬,是公司的掌舵者。

如何将管理者的实际工作和英雄般的想像协调起来呢?"每当我将这一疯狂的模式讲述给执行官们时",哈罗德·莱维特(Harold Leavitt)说:"不管他们属于哪个管理层次,不管他们来自哪个国家,他们的反映总是既有些失望,又有些认同。他们会不情愿地、不好意思地承认这些描述是准确的,但是,他们不喜欢听到这样的说法。如果他们是真正优秀的管理者,他们似乎可以感觉到,他们有条不紊地开展各项工作,办公桌是干净的,他们的工厂可以像梅塞德斯汽车(Mercedes)的发动机一样平稳运转。"(1996,p.294)人们相信管理者应该是理性的,他们能够统揽全局,但是,他们自己却变得非常困惑、不知所措。人们认为,他们能够有效地行使计划和组织职能,但是,他们发现自己总是疲于应付,总是勉强能够赶上事情的发展。他们希望能够解决问题和制定决策。但是,问题总是不明确的,选择又总是模糊不清的。控制只是一种幻想,理性也不过是事后诸葛亮。

15.2 跨越不同视角:组织的多面性

组织中的众多事情可以用许许多多方式来解释。表15.1考察了四种视角的类似过程。如表所示,任何一个事件都可以以几种不同的方式来进行观察,也都可以服务于不同的目的。例如,计划可以制定出明确的目标。但是,这同时也制造了显现冲突的舞台,并演变成为一个重新谈判的机会。

当不同个体通过各自的视角来观察同一事件时,由于多面性的存在，就会导致混乱和冲突。有一次，有位医院主管召集会议以做一个重要的决定。首席技师把这次会议作为表达自身感受并建立关系的机会，护士部主任希望从医师手里获得权利，药剂部主任把它看作推动医院采取不同药物治疗方法的机会。会议因此变得嘈杂混乱，就像一群乐师在各自弹各自的曲调。

表 15.1 组织过程的四种不同理解

过程	结构视角	人力资源视角	权术视角	象征视角
战略规划	制定战略以明确目标和协调资源	凝聚起来，提高参与程度	展现冲突和重新分配权力的舞台	显示责任的仪式，制造象征性符号，讨论符号的含义
制定决策	产生正确决策的理性顺序	提高责任感的开放式流程	赢得或行使权力的机会	确立价值观的仪式，强化关系的机会
组织重建	重新安排职位和责任以适应环境和任务的需要	保持人员需求和正式岗位之间的平衡	重新分配权力并形成新的联合体	保持负责任和具有适应性的形象；通过谈判建立新的社会秩序
评估	决定奖惩和控制绩效的方式	帮助个人成长和发展的过程	行使权力的机会	在戏剧中偶尔扮演的一个角色
解决冲突	依靠权威来解决冲突，维持组织的目标	让个体直接面对冲突，以此来发展关系	通过谈判、强迫或者操纵其他人以增强权力量而获胜	开发共享的价值观，并且利用冲突来进行价值的谈判
目标设定	保证组织向正确的方向前进	保证人们积极参与并且进行开放式沟通	为个人和群体提出自身利益要求提供了机会	开发象征性的符号和共享的价值观

第15章 整合不同视角以确保重构实践的有效性

续表

过程	结构视角	人力资源视角	权术视角	象征视角
沟通	传递事实和信息	交流信息、需求和情感	影响或操纵其他人	讲故事
会议	制定决策的正式场合	参与、分享情感的非正式场合	获得关键点的竞争性场合	进行庆祝和改变文化的神圣场合
激励	经济物质激励	发展和自我实现	威胁、操纵和引诱	象征和庆典

在下面这个经典案例中,我们可以看到,当每个人从自己独特的视角来看世界时,所产生的矛盾和混乱。

医生挑战命令,拒不调离海岛

在美国缅因州维那黑文岛(Vinalhaven,一个以渔业为主的海岛社区)上,1 200名常住居民和国家卫生部(NHSC)之间爆发了一场激烈的冲突。格雷戈里·奥凯弗(Gregory Okeefe)医生成为这场冲突的焦点。奥凯弗在岛上从事医疗工作,他的工资由NHSC支付。NHSC要把他提升到位于马里兰州的洛克维尔市(Rockville)的管理岗位上来。

奥凯弗医生不想离开,他的病人们也不愿意让他离开。岛民们的态度令NHSC的高级官员们很惊讶,岛民甚至争取到维廉·科恩(William Cohen)和美国卫生及公共服务部秘书长玛格丽特·哈科勒(Margaret Heckler)的帮助,以便将奥凯弗医生留在当地。

海岛工作并没有带给他任何声誉和魅力,使他留恋不舍。他驾驶着镇上唯一一辆救护车,通常每星期有两次要通过紧急渡轮、海岸保卫快艇、私人飞机甚至于捕虾人的小船将重病人送到岸上医院去。由此看来,真正吸引他的是岛上居民对其医疗工作的迫切需要。

很明显,NHSC没有屈服于这些阻力,而且坚持奥凯弗医生要么被提升,要么辞职。愤怒的岛民们举行了抗议活动,这令NHSC的高级官员们非常震惊。抗议不仅引起了全国媒体的广泛关注,而且引起了缅因州国会代表团的调查。NHSC表示,可能不会将奥凯弗医生调离海岛。这从机构的角度而言,他现在能够支持一个医生的医疗活动。

科恩将自己形容为"一个由于缺乏反应能力而遭受挫折的基层官僚"。但是,对于NHSC来说,奥凯弗医生是在一个拥有1600多名医生的组织中的一名基层医生,他被派到一个偏远的极度需要医疗服务的社区。因此,他有胆量对上级主管的命令提出挑战。

公共卫生部发言人雪莉·巴斯(Shirley Barth),在星期四的一个电话采访中说:"这就像是一个想留在迈尔斯堡的士兵,跑到电视台声称,国防部想把他调离是一种妄想。"(Goodman,1983,p.1)

NHSC的官员们没有将眼光超越结构视角;虽然他们有任务要去做,而且有完成任务的战略。在他们看来,奥凯弗的拒绝是不合理的。但是,奥凯弗是从人力资源的视角来看问题的。他认为自己的工作是有意义的,他对自己的工作感到满意,而且岛上的居民们也需要他。对参议员科恩来说,这是个权术事件,能否容忍少数下级官员由于无意之中的滥用权力而伤害他的选民?对于维那黑文岛勇敢的居民来说,奥凯弗是神话中的英雄形象:"如果他能睡上二十个小时,他会很幸运,但是他通常早早在那儿微笑着工作。"岛民们传颂着奥凯弗的故事,他谦虚、能干、仁爱、敬业、机智、自信并且体贴。

由于各方都从不同的角度来看问题,那么混乱和冲突就是不可避免的。NHSC的官员们不能够理解和承认理解问题的其他视角,仅仅从某一个视角来看待问题会增加执行的成本。无论某些人的行为看起来如何荒谬,都值得去问问你和他们是否看见了问题的对立面。这有助于理解他们的视角,即使他们的观点可能看起来是不合适的。他们的视角——而不是你的——决定着他们的行为。

15.3 因地制宜地选择组织重构的视角

在特定的时间及特定的形势下，某一个观点可能比其他观点更有助于解决问题。在战略选择的十字路口上，理性的过程关注的焦点是，如何收集和分析真正符合需要的信息。在其他情况下，建立承诺或者奠定权力基础可能更为关键。在面临巨大压力的时候，就如AT&T剥离地区运营公司后的情形，决策过程有可能变成给人以安慰和支持的一种神圣形式。选择一种视角，或者理解其他人的观点，需要将分析、感觉和艺术全都统一起来。表15.2列出了能够方便分析和激发灵感的问题。它同时建议，在某种情况下采取哪一种视角更为有效。

表15.2 如何选择组织重构的视角

问 题	如果是	如果不是
个人的承诺和动机对于成功是否很重要？	人力资源；象征性	结构性；权术性
决策的技术质量是否很重要？	结构性	人力资源；权术性；象征性
模糊性和不确定性是否很强？	权术性；象征性	结构性；人力资源
冲突和资源稀缺是否很明显？	权术性；象征性	结构性；人力资源
你是否是自下而上推动某项工作？	权术性；象征性	结构性；人力资源

个人的承诺和动机对于成功是否很重要？尽管个人承诺、精力和技术是有效落实的关键所在，但是，任何时候都要考虑到人力

资源和象征性视角。比如，如果没有老师的支持，学校的新课程设置肯定会失败。鼓励参与和自我管理团队等人力资源管理方法，或者通过象征性方法将创新与教师所珍爱的价值观和声誉联系起来等象征性方法，都有助于得到更多的支付。

决策的技术质量是否很重要？当一个好的决策需要技术上的修正，结构视角所强调的理性和逻辑程序就是很关键的。如果决策必须为大部分组织成员所接受，那么人力资源、权术或者象征性的问题就更加突出。在 R. J. 雷诺兹（R. J. Reynolds）杠杆收购的故事中（第11章），竞标人并不想真正收购，但是，最后却支付了比 RJR 的实际价值高得多的钱完成收购。在这场竞争中，大部分的精力被投入到数据的收集和分析之中，以此来判断公司的价值，难道决策的技术质量一直就不重要吗？是的，特别是在关于分配稀缺资源的决策制定过程中。例如，有一个学院在选择新闻发言人的争论之中耗费了3个月的时间：教员们推举了一位著名学者，学生们推举了一位电影明星，校长则更愿意请一位两个集团都能接受的人。但是，他找不到能够证明某项选择比其他选择更优越的技术标准。

模糊性和不确定性是否很强？如果目标是清晰的，技术是很好理解的，行为是可以合理预期的，那么，就有可能采用结构和人力资源视角。随着模糊程度增加，权术性和象征性视角就变得更加相关了。权术视角希望人们理性地追求个人利益，但是个人之间、群体之间的竞争常常变得混乱和嘈杂，要求权术的介入。当环境的复杂程度、不确定性或神秘性比较高的时候，无法进行理性的或权术性的分析，在这种情况下，象征性的视角将象征看作是寻找秩序、意义和"真理"的一种途径。在 R. J. 雷诺兹的案例里，最关键的模糊性在于，其他投标人究竟在干什么以及这意味着什么。每个人都在密切关注着这场竞争。即使是最微弱的信号，人们也要解释一番。在游戏的最后关键时刻，亨利·克拉维斯（Henry Kravis）暗示他可能退出。为了使得这种暗示可信，在开标日期之前,他到科罗拉多州(Colorado)过了一个大周末。竞争对手获得了这一信号并且开始传播:"亨利不会参加投标"。按照西尔森团队中一名成员的说法,这是"我们致命的错误。"

冲突和资源稀缺是否很明显？在倡导合作的环境下,人力资源逻辑最适用,例如在盈利的、不断发展的公司中或者是在高度统一的学校里。但是,当冲突激烈和资源稀缺时,冲突、权力和自我利益就会突现出来。在雷诺兹竞标战的情形下,复杂的权术战略对于成功来说是至关重要的。在其他案例中,富有经验的领导者可能会发现,拱形的象征帮助原本敌对的双方超越他们的不同己见而在一起工作。例如,20 世纪 80 年代早期,由于牧师和技术工人的罢工,耶鲁大学陷入瘫痪的状态。包括耶鲁大学的校长吉迈帝(A. Bartlett Giamatti)在内,没有人知道该如何解决纠纷。这时,菲尔·多纳休(Phil Donahue)邀请双方在他的电视节目中辩论,工会成员代表他们那一方,吉迈帝代表管理者一方。观众非常活跃,大声表达自己的观点,但是非常偏激。在节目快结束的时候,吉迈帝讲述了一个关于他父亲的故事。他父亲是一位意大利移民,他被邻近的大学所接纳,而这所大学就是耶鲁。他的父亲负担不起学费,但是,耶鲁有这样的核心价值观"能力是进入的门槛,需求是支持的来源"。这个故事和共享价值的祈祷,填平了不同意见的人们之间的沟壑。因为符号在每一种文化和每一个社会阶层中发挥着作用,所以象征视角在某些情况下可能会适用。

结构视角适用于处于期中阶段的情况。结构对可行的选择施以限制,反过来又意味着适度稀缺的情况。极度匮乏会助长冲突以至超出了现存权威系统所可控的范围。

你是否是自下而上推动某项工作？重组首先是那些当权者的选择。如果采用人力资源的方式来加以改善,例如培训、丰富工作内容和鼓励参与,只有获得高层的支持才能成功。相比较而言,权术视角更适合于自下而上的改变。因为各个派别——自下而上推动变革的代理机构——很少有正式的影响力,他们必须要找到权力的其他基础。自下而上的变革通常也会使用象征性行为来吸引别人对他们事业的关注，使他们的对手们感到难堪。911的恐怖主义者完全可以选择美国其他许许多多的目标作为袭击的对象，之所以选择世界贸易大楼和五角大楼，是因为它们的象征性意义。

在决定进行重构或者如何因地制宜做出反应时，表15.2所给出的回答不能够取代判断和直觉。但是，他们可以指导和扩大这一过程。我们再思考一下海伦·德马科（Helen Demaro）的案例（第2章）。她的老板保罗·奥斯本（Paul Osborne）制定了计划，想进行一项重大变革。尽管德马科认为这项计划是一个错误，但是，她觉得不能直接反对他的老板。她应该做些什么？不仅她缺少对奥斯本计划的信仰，而且担心找不到他能够接受的解决方法。这种情况下，信仰和动机是很重要的。这张图表提示我们，人力资源视角是值得考虑的，尽管德马科没有这样做。根据她的判断，计划的技术质量是最关键的。但是，她相信，奥斯本听不进去关于技术的争议。

模糊性在这个案例中起着重要作用。尽管技术性问题已经相当地清晰，如何影响奥斯本这一难题仍然悬而未决。作为她的关键战略，德马科内心承认在使用戏剧化的形式中象征性系统的重要性（研究并非研究，一份技术报告仅仅起着粉饰作用）。综上所述，表15.2表明德马科的情况与权术视角相吻合：资源稀缺，冲突较大，她试图自下而上地影响他的老板。这一逻辑指向权术和象征性视角。她可以按照表中的指导流程去做。

面对每一种情况，不能机械地根据表15.2中的问题而采取正确的行动。在某些案例中，分析可能会把你引向一个熟悉的视角。如果原有的视角已经显现出不足之处，那么，尽管重新构建后它也许仍然适用，但是，你也许能找到一个更令人兴奋的、创造性的新思维来解决现有问题。那时，你会面临其他问题：如何与那些视角不同的人沟通你的发现。

15.4 有效的管理者和组织

综合运用不同视角的能力真的能帮助管理者破解事件的原委并决定采取何种对策吗？如果真是这样，又如何组合这些视角并运用到每一天的实践中去呢？我们将考察几项研究。首先，我们看一看关于优秀组织的三个有影响力的报告：《追求卓越》(In Search of Excellence)(Peters and Waterman, 1982)，《基业长青》(Built to Last)(Collins and Porras, 1944)和《从优秀到伟大》(From Good to Great)(Collins, 2001)。然后，我们将评论关于管理工作的三项研究成果：《总经理》(Kotter, 1982)，《公共政策管理》(Lynn, 1987)和《真正的管理者》(Luthans, Yodgetts, and Rosenkrantz)。最后，我们再看一看关于管理者视角的最新研究成果。

15.4.1 卓越的组织

彼德斯和沃特曼的畅销书《追求卓越》(1982)研究了这样一个问题，"那些高绩效的公司有什么共同特征？"他们对分布在六个主要行业的60多家大公司进行了研究：高技术领域（例如数字设备公司和IBM公司），消费产品领域（柯达公司和宝洁公司），制造业领域（3M公司，卡特皮勒公司），服务业领域（麦当劳公司，德尔塔航空公司），项目管理领域（波音公司，柏克德），自然资源领域（施乐公司，杜邦公司）。选择这些公司的依据是客观的绩效指标（例如，长期的成长能力和盈利能力）和知识渊博的观察者的判断。

柯林斯和鲍瑞斯(Collins and Porras, 1994)对他们称之为"梦幻"的公司进行了一个相似的研究，但是，他们试图突破彼德斯和沃特曼研究中的两个方法的局限性。柯林斯和鲍瑞斯建立了研究的一个参照组（彼德斯和沃特曼的研究没有这一点），每一个优秀的公司都相应地选择了同一行业的、成立时间基本相近的参照公司。他们的对比组包括花旗银行和大通曼哈顿银行(Chase Manhattan),通用电气和西屋电气公司(Westinghouse),索尼和健伍(Kenwood),惠普和德州仪器(Texas Instruments),默克(Merck)和辉瑞(Pfizer)。为了强调得到长期性的结果,柯林斯和鲍瑞斯把他们的研究对象限定为成立至少 50 周年以上的公司,持续辉煌达到几十年以上的公司。

后来,柯林斯(2001)自己还使用了他与鲍瑞斯共同提出的类似比较方法,但是他的目标集中于成功的另一原则:他没有研究那些已经成功多年的组织,他选择了一组从中型规模突破性地跳跃成为超级航母的大公司,并且将他们与那些仍然保持原状的类似公司进行比较。

这三项研究发现了这些卓越公司共有的七个或八个关键特征,如表 15.3 所示。这三项研究在某些方面有相似性,在某些方面又具有鲜明的个性。这三项研究表明,卓越的公司总是设法包容矛盾。它们既有松散的结构又保持着紧凑的联系,即有严格的纪律性又富有创新精神。彼德斯和沃特曼所说的"存有己见,按律行动"和柯林斯与鲍瑞斯所说的"努力尝试,保证运行"都指出,勇于冒险和不断实践是学习和避免陷入理论分析泥沼的一种有效方法。所有这些研究都强调了一个共同的核心特征:确保公司行驶在正常的轨道上,坚持自己的目标,明确哪些是不应该做的。

表 15.3 卓越/愿景型公司的特征

视角	彼德斯和沃特曼(1982)	柯林斯与鲍瑞斯(1994)	柯林斯(2001)
结构视角	自治和创新精神;存有己见,按律行动;结构简单,人员精简	建立生产时间观念,不仅是为了告知时间;努力尝试,保证运行	面对残酷的现实;"刺猬理念"(世界最优,经济的发动机);技术加速器;"飞轮"而不是"周而复始的循环圈"

续表

视角	彼德斯和沃特曼(1982)	柯林斯与鲍瑞斯(1994)	柯林斯(2001)
人力资源视角	贴近客户；依靠员工提高产出	内生成长的管理	"第5层次管理能力"；首先是谁，然后是做什么
权术视角			
象征视角	持续，价值驱动；松紧结合的特性；坚持自己的目标	宏伟的、细分的、大胆的目标；崇拜式的文化；永远没有最好；保存核心，激励进程；不仅仅追求利润	永远不要失去忠诚；刺猬理念（深深地充满激情）；纪律性强的文化

其中有两项研究强调了他们没有发现的一件事：魅力型的、比生命更长久的领导能力。柯林斯与鲍瑞斯(1994)和柯林斯(2001)都发现，领导者们通常都是公司内部产生的，他们工作的中心更多的是建立在他们的组织体系之上而不是个人威望之上。柯林斯的"第5层次"的领导者受到驱动，但是他们是谦恭的，非常有纪律性的和努力工作的，他们会把成功归因于他们的合作者们而不是他们自己。

如表15.3所示，三项研究都形成了三视角的模型。没有一项卓越的特征是关于权术视角的，难道有效的组织能够消除权术因素？或者是作者们忽略了某些因素？通过界定，他们的样本都集中于长期保持成长和盈利纪录的公司。一个失败的团队和一个获胜的团队相比，其内部暗斗和诽谤一般更显著易见。在相对大量的资源中，由于富裕的资源可以用来收买对立的利益集团，所以权术活动不太明显。而且，我们还可以回顾一下，一种强势的企业文化可以增强同质性并减少多样性。统一的企业文化可以减少冲突和权术斗争——或者使他们容易进行管理。

即使是在成功的企业里,权力和斗争很有可能比这些报告中所说的更为重要。随便问几个管理者:"什么因素促使了你们组织的成功?"他们很少会谈到联合、冲突或者职位争夺。即使存在着权术活动,通常也是以秘密方式进行的——那是只有内部人知道的秘密,不会公布于众。如果我们将关注的重点从有效的组织转向有效的管理者,我们就会发现另外一番景象。

15.4.2 高效率的高级管理者

科特(1982)对15家企业的总经理(GMs)进行了深入的研究。他的样本包括"在企业中处于承担多方面责任的职位上的个体"(p.2);每个人管理着至少拥有几百名员工的组织。林恩(Lynn, 1987)分析了美国政府非正式顾问团的5名管理者,这些被政府任命的人对一个主要的联邦机构负责。卢森斯、尤吉特和罗森克兰茨(Luthans,Yodgetts & Rosenkrantz,1988)对此进行了研究,他们研究样本中的管理者比科特和林恩样本中的多,但是这些管理者不如后者的优秀。这个样本中有大约450名管理者,分别处于不同的管理层次。他们考察了管理者的日常活动,以及这些活动又是如何同企业的成功和效率联系起来的。表15.4列出了这些研究所强调的作为高效率的高级管理者的主要特征。

表 15.4 管理者工作的挑战

视角	科特(1982)	林恩(1987)	卢森斯、尤吉特和罗森克兰茨(1988)
结构视角	处于庞大的、复杂的系列活动的顶层;在不确定的情况下制定目标和政策	理解发布的政策	沟通*(文书工作,交流日常信息);传统的管理(计划,目标设定和控制)
人力资源视角	动员、协调和控制有众多下属组成的不同工作组	将个人魅力发挥到极致	人力资源管理*(动员、管理冲突、分配职员等)

续表

视角	科特(1982)	林恩(1987)	卢森斯、尤吉特和罗森克兰茨(1988)
权术视角	在分配稀缺资源方面达到"微妙的平衡";得到上司的支持;得到同事和机构内其他成员的支持	充分利用所有机会取得战略性的收获	网络**(权术和外部人相互作用)
象征视角	制定可信的战略前提;确定并关注于核心工作,使员工的工作富有意义		

注:* 管理者的"高效率"由他们的下属判断
　** "成功的"管理者(比平级的人获得更快的提升达到更高的位置)

科特和林恩都描述了大量复杂的、充满不确定性的工作,这些工作必须依赖网络系统内其他人的工作,他们的支持和能力对于管理者的工作开展非常关键。两人的研究都集中于三项基本的挑战:安排日程表,建立一个网络,并且利用这个网络完成任务。林恩的研究结果和科特的观察相一致:"作为这些要求的结果,典型的总经理面临着两个主要的障碍,指出应该做什么以及如何去做。"(Kotter,1982,p.122)

科特和林恩都强调了高级管理者工作中的权术范围。林恩描绘了管理者需要有一套重要的权术技能,通晓人情世故,"建立法定的支持,谈判,明确位置和利益的改变"(1987,p.248)。科特的模型将所有因素归入四种视角;林恩则将它们归入除象征视角以外的其他三个视角。

一幅不同的图景在卢森斯、尤吉特和罗森克兰茨的研究中浮现出来。在他们的样本中,中层和基层的管理者要花费大约三分之二的时间用于结构性工作中(日常的沟通和传统的管理职能,例如计划和控制),大约五分之一的时间用于"人力资源管理"(与人相关的工作,如动员、惩戒、培训和职员分配),大约五分之一的时间用于"构建网络系统"(权术性工作,例如参加社交活动,进行权术活动,和外部单位取得联系)。结果表明,与科特和林恩所研究的高级管理者们相比,中层管理者只有少量的时间用于复杂性的工作,大部分时间用于日常性的工作。

卢森斯、尤吉特和罗森克兰茨将"高效率的"管理者和"成功的"管理者区分开来,他们发现每一组管理者使用的时间不相同。高效率的标准是(1)单位绩效的数量和质量;(2)下属对上司的满意程度。成功则被定义为每年获得的提升——个人升职的速度有多快。

"效率"最高的管理者把大量的时间用于沟通和人力资源管理,只花费极少的时间用于人际关系的处理。但是,网络关系的建立是个人获得提升的唯一极度相关的活动。"成功的"管理者大约花费一半的时间用于发展人际关系,大约 10% 的时间用于人力资源管理。乍一看,这似乎证实了愤世嫉俗者的猜测:职业生涯的提升更多的是与权术相关,而不是绩效。更有可能的是,结果证明绩效是由别人来证明的。下属对上司的评价主要依靠单位内部原则——有效的沟通和友善待人;另一方面,老板关注的是,管理者处理好各种外部关系,这当然也包括上司。研究者发现,在他们样本中,10% 左右是在成功和效率上都做得很好的管理者,在处理内部和外部关系上拥有较为平衡的方法。事实上,他们是多视角的管理者。

通过比较这六项研究,我们可以发现其中的相同点和不同点。所有的研究都同样强调了结构视角和人力资源视角方面的考虑。在优秀组织的研究中,没有看到权术方面的观点;在关于个体管理者的所有研究中,权术视角都很突出。对于科特的公司高管和林恩的政府委任者来说,权术都是一样的重要。相反,象征视角和企业文化在优秀组织的研究中更加突出。由于不同的原因,每项研究都忽略了某种视角。在评价某种视角在改善组织方面的功效时,首先应当问一下,是否忽略了什么。被忽略的视角也许就是导致努力失败的原因。

15.4.3　管理者的视角偏好

最近几年,有关管理者认知方式的一系列新研究,在视角选择如何影响管理能力的效率方面已经取得了许多成果。波尔曼与迪尔(Bolman&Deal,1991,1992a,1992b)及波尔曼和格兰内尔(Bolman&Granell,1999)研究了大量商业领域的管理者和教育领域的行政管理人员。他们发现,采用多视角的能力与效率是一致相关的。管理者的效率与结构视角有着特别的关联,而象征视角和权术视角是领导者效率的首要决定因素。

本斯蒙(Bensimon,1989,1990)对大学校长进行了研究,她发现,采用多视角方法的校长比那些封闭于单一视角的校长们更具效率。在她的研究中,超过三分之一的大学校长仅仅采用一个视角,只有四分之一采用两个以上视角来解决问题。采用单一视角的校长们通常缺少经验,主要依赖结构视角或人力资源视角。仅仅依赖结构视角的校长很容易被认为是无效率的领导者。海默威克斯、赫尔曼与尤可韦可兹·科格兰3人(Heimovics, Herman, & Jurkiewicz Coughlin,1993)对非盈利部门的首席主管的研究,也得到了相同的结论;威派博格(Wimpelberg,1987)在对18名学校校长的研究中也得到了相近结果。他在研究中,分别选择了9所高效率的和低效率的学校。低效率学校的校长们基本上完全依赖于结构视角,而高效率学校的校长们则采用多视角。当问及招聘老师这一问题时,低效率学校的校长们谈到的是标准的程序(如何公布职位空缺,中心办公室如何选送一名应聘者来面试)。而高效率学校的校长们则强调"使用多视角"来得到所需的教师。

本斯蒙发现,校长们认为他们使用的视角比他们同事观察到的要多。他们很有可能会高估他们在人力资源视角和象征视角中的作用。波尔曼与迪尔(1991)也表达了这一观点。只有一半的校长,认为自己是具有象征意义的领导者,这也是其他人眼中的领导者。

尽管在许多管理者的意识中,组织权术的印象很淡漠,但是,权术意识对于某些工作的成功来说是一项至关重要的因素。海默威克斯、赫尔曼与尤可韦可兹·科格兰3人(1993,1995)通过对非营利组织的首席行政主管的研究得到这一结论。道科特(Doktor,1993)在对肯塔基州的家庭服务组织的理事研究中同样得出这一结论。

15.5 结论

在人们的印象当中,管理者拥有强有力的控制能力和干净利落的理性思维。但是,实际上,他们身处于一个复杂的充满矛盾和不确定的混乱世界之中,与这种印象几乎没有什么联系。他们需要多种视角才能够生存。他们需要明白,任何事件或者过程可以服务于多重目的,参与者经常在不同的视角内运作。他们需要一个分析图,帮助他们根据特定场合的需要,选择最容易且最有帮助的视角。激励、技术限制、不确定性、稀缺、冲突以及个体是自上而下还是自下而上开展工作,这些因素是所有重要变量中必不可少的。

最近的研究发现,高效率的领导者和高效率的组织依赖于多重视角。对高效率企业的研究、对高级管理者的研究和公共事业行政管理者的研究都表明,要建立一个复杂系统的整体图景,必须站在多视角的框架上。

第16章 组织重构的实践:机会与风险

假如你是辛迪·马歇尔(Cindy Marshall),在你履行新职务的第一天,你正走向你的办公室。你的公司把你调到堪萨斯州(Kansas),负责管理客户服务部门。对你而言,这是一次大大的升迁,你的收入和相应的责任都大大增加。你知道,自己正面临一个巨大的挑战。你管理的将是一个以服务拖沓、不规范而著称的部门。高层管理部门将主要的指责都指向你的前任比尔·霍华德(Bill Howard),他被认为是一个过于独裁和顽固的人。霍华德将被调到其他工作岗位,但是,公司要求他多留一周时间,以帮助你了解新情况。一个潜在的不利之处是,你大部分新的下属都是他招聘雇佣的,许多员工可能仍然忠实于他。

当你到达办公室时,部门秘书苏珊·邦德(Susan Bond)冷若冰霜地向你问候。当你走进你的新办公室时,你看见霍华德坐在办公桌后面同其他三名职员正在交谈。你打了一声招呼,他却回答说:"难道秘书没有告诉你,我们正在开会吗?你是否在外面等一等,我1个小时后可以见你。"

如果你是辛迪·马歇尔,你会怎么做?

你处在尴尬的焦点上,观众们迫切期待着你的反应。如果你认为自己遭受了威胁或打击——我们大部分人都会这么认为,在感情的影响下你可能会抗拒或逃离。你的回击行为会导致冲突升级,这是很危险的,它有可能导致两败俱伤的结果。但是,退缩或者逃跑会表明你太情绪化或者不够坚强。

这是一个关于管理者噩梦的经典案例:一个完全意想不到的情况,可能会威胁到你的进程,使之处于失控状态。霍华德精心设计的欢迎式,旨在将你远远抛出轨道,使你陷入进退维谷的困境。

男人对女人有史以来的傲慢和尊严在这里回响（同我们在第 8 章 Amme Barreta 的案例相似）。不管是有意或无意，霍华德的反映似乎是精心构思的，他想以此使这位年轻的女同事感到仓皇失措，这增加了他获胜的机会。作为马歇尔，你会感到陷入困境并且无助，或者你会做出一些鲁莽和让人后悔的事情。不论你采取以上哪一种方式，他都赢了，而你却输了。

不同的视角可以提供其他一系列可能的回答，可以从众多视角中选出适合具体情况的优选方案。这里究竟会发生什么？你有什么样的选择？这种情况下需要什么样的剧本？你将如何重新解释这一场景，从而创造一个更令人印象深刻的情节？在困难的情况下，重构是一种强有力的工具，在对抗和退缩之外，还可以提供更多的可能性。

作为马歇尔，首要的问题是，当场回答霍华德，还是赢得时间以后再说。如果你不知道自己该应该怎么回答，或者你担心立即回答可能会使事情更糟糕而不是更好，那么用些时间"走到阳台"——努力超脱出目前的纷争，过一段时间，你会获得一个更好的视角，建立一套可行的战略。当然，如果能够当场做出有效的反应，那是一种更好的选择。

每一种视角都有其可能性，都可以转变成各种方案。但是，它们也可能被错误地运用或滥用。能否成功，取决于人们在特定场景下处理问题的技能和艺术。这一章我们描述了马歇尔可能做出的各种有效和无效反应，通过四个方面显示每一视角都能产生有效的或无效的反应。最后我们总结了重构的权力和风险，并强调了外部人和新加入者实施重构的重要性。

16.1 结构视角

你也许会感到奇怪，结构视角在处理一个直接的个人冲突中能有什么作用。但是，表 16.1 展示的结构性情节可以用来产生不

第 16 章 组织重构的实践:机会与风险

同的反应。

表 16.1 从结构视角出发的场景

> 在一个关于结构的场景中,管理者和领导者扮演角色的基本作用是阐明目标,关注结构与环境之间的关系,以及建立一个职责明确、满足需要的结构。没有一个有效的结构,人们就不清楚他们应该做什么,结果必然导致混乱、失败和冲突。在高效率的组织内,每个人都清楚他们相关的责任和贡献。政策、联络和指挥链都非常明确并且被广泛接受。拥有合适的结构——人们能够理解和接受的结构——组织就可以实现目标,个体可以在这幅图景里看到他们的作用。
>
> 管理者的主要工作集中于任务、事实和逻辑,而不是个性和感情。许多人的问题源于结构的错误,而不是个人受到限制或能力问题。结构性的领导者不是严厉的独裁者,他也不能通过发布命令解决每一个问题(尽管那有时候是合适的)。相反,领导者应努力设计和完成适合于环境的过程或结构。

下面是一个例子:

霍华德:难道秘书没有告诉你我们正在开会吗?你是否在外面等一等,我 1 个小时后可以见你。

马歇尔:从今天早上九点开始我被任命为这间办公室的管理者,现在这是我的办公室,你正坐在我的办公桌后面,你给我立即让出办公桌,否则,我会告知总部你不服从命令。

霍华德:我被要求在这多留一个星期来帮助你理清思路,坦率地说,我怀疑你是否为这工作做好了准备,但是你看起来不需要任何帮助。

马歇尔:我重复一遍,现在我是这办公室的主人。同时我还提醒你,总部安排你在这呆一星期是为了辅助我,希望你明白这一安排。如果你不明白,我会递交一封有关你的文件,表明你缺乏合作精神。现在,(坚定地)我想要回我的办公桌。

霍华德:嗯,我们正在讨论重要的办公事宜。但是,既然这位公主不喜欢工作而对发号施令更感兴趣,乔,那我们就把会议挪到下面你的办公室里去。好好享受你的办公桌吧!

在这一交锋中,辛迪把重点放在了她的正式权力和一系列命令。通过调用她的上级和她的法定权威,她在交锋中获胜,霍华德败下阵来。但是,这是有代价的,她的风险在于,她的新下属们在这样激烈的冲突战中一定会非常尴尬。这会导致她和他们之间产生一种长期的紧张关系。他们可能认为,他们的新上司专横、处处防人。这同样会授人以口实,证实了关于女性管理者的那句老话:"挑剔,易怒,集权"(Kanter,1977,p.189)。

还存在结构视角的其他选择,这里是马歇尔可能如何回应的另一个例子。

霍华德:难道秘书没有告诉你我们正在开会吗?你是否在外面等一等,我1个小时后可以见你。

马歇尔:她没有说,而且我也不想打搅您重要的工作。但是无论如何我们也需要设定工作的优先次序,制定出一天的日程安排。比尔,你是否制定了一个关于我和你如何交接这一工作的计划?

霍华德:等我处理了这些紧急事情后,我们再谈。

马歇尔:紧急事情正是我作为这里的新管理者急需了解的事情。你们在讨论什么事情?

霍华德:当新的管理者还没有为工作做好准备的时候,如何保证工作的正常运转。

马歇尔:好,我有很多要学,但是我认为我已经准备好了。在你的帮助下,我认为我们可以有一个平稳而高效的过渡期。你们继续你们的会议,我坐下来旁听如何?然后,比尔,你和我可以协商制定如何交接的计划安排。以后,我会安排和每一位管理者的会见,听听每一人的进度汇报。我希望从你们每个人那儿听到关于你们主要的客户服务目标,你们如何评价达到目标的进程。现在,让我听听在我来之前你们正在讨论什么?

这一次,马歇尔仍然非常清楚和坚定地树立了自己的权威,但是,她没有表现出上一次那样的鲁莽和专制。她强调了设定工作优先次序的重要性,问霍华德是否有制定了高效的过渡期工作计划。她强调了自己要介入会议并给自己安排了一个临时旁观者的角色。她不顾霍华德的挑衅,始终以工作任务为中心。为了保证交锋在理性的层次上并描绘出过渡计划的大概框架,她尽可能避免冲突升级或者使冲突潜伏下来。同时,她向新下属们传递了她已经做好准备的信号:她是有组织有系统的,知道自己应该做什么。当她说她希望听到他们自己的个人目标和进程时,她传递了另一个信号,她期望他们跟着自己一起做。

16.2 人力资源视角

表 16.2 从人力资源视角出发的场景

> 关注人力资源的领导者认为,人是组织的中心。如果人觉得组织能够满足他们的需求,帮助他们实现个人目标,人就会对组织负责任,对组织忠诚。独裁的、麻木不仁的行政管理者或者不能够有效地沟通,或者不关心自己的员工,他们不是高效率的领导者。关注人力资源的领导者既为组织的利益而工作,也为组织成员的利益而工作,他努力为二者的共同利益而服务。
>
> 领导者的工作是支持和授权,支持表现为不同方式:关心员工,倾听他们的抱负和目标,热情且真诚地与员工沟通。领导者通过参与和透明的机制进行授权,确保员工们有工作所需的相应自主权和资源。

从人力资源视角上看,倾听和反馈是很重要的,但是有时候有人会处理不当。

霍华德:难道秘书没有告诉你我们正在开会吗?你是否在外面等一等,我1个小时后可以见你。

马歇尔:啊,太糟糕了! 她没有。打搅你们的会议我感到非常抱歉,希望没有冒犯在座的各位,我认为从一开始就建立良好的工作关系非常重要,我在旁边等一等,你们有什么事情需要我做?有谁需要来杯咖啡吗?

霍华德:不需要。我们开完了会就会通知你的。

马歇尔:好的,你们开会吧。1个小时后见。

在表达自己的友好和宽容时,马歇尔的表现不像一名管理者,而像一名女招待。她摆平了冲突,但是,她的下属们可能会认为他们的新上司软弱可欺。其实,她可以借此拉近与员工的距离:

霍华德:难道秘书没有告诉你我们正在开会吗?你是否在外面等一等,我1个小时后可以见你。

马歇尔:非常抱歉现在打扰你们。但是,我非常希望从现在就开始,我需要你们的帮助。(她环顾一周,做了自我介绍,并和她的新员工们一一握手。霍华德静静地皱着眉头。)既然我将要管理这个部门,比尔,可以花几分钟时间谈谈在过渡期里我们如何合作吗?

霍华德:你现在还不是这里的管理者。我被要求多留一周来帮助你开始工作——坦率地说,我怀疑你是否为这里的工作做好了准备。

马歇尔:我理解你的担心,比尔,我知道你对于这个部门的成功非常关切。如果我是你,也许会担心是否我正把我的婴儿交给一个不会看管孩子的人。但是,如果我没有准备好,我是不会出现在这儿的。我希望你的经验能够尽可能地帮助我,时间紧迫,我们还是开始你们刚才的讨论,或者首先用一些时间讨论我们如何能够开始合作?

霍华德:我们有一些需要完成的工作。

马歇尔:那好,作为管理者,我通常愿意相信最接近实际工作的人的判断。我坐在这儿等你们完成手头的工作,然后我们再开始讨论从现在开始我们该如何前进。

这里,马歇尔的理智没有被霍华德搅乱,她表现的冷静、愉快。她承认了霍华德的观点,避免了一场纷争。当他说她还没有做好工作准备时,她既拒绝和他争论,也没有以牙还牙。取而代之的是,她对他的忧虑表示感激,但是她沉着地表达了自己的自信并集中精力如何推动各项工作。她表现出了一名人力资源领导者的重要技能:将辩护和质询巧妙结合起来的能力。她仔细聆听了霍华德的话,但是,她平静地坚持自己的立场。她在请求他帮助的同时,还表现了自己能够做好工作的信心。当霍华德说他们有事情要处理时,她巧妙地为我所用,做出机智的反应。她表达了部分自己的处世哲学——她愿意想信她的员工们的判断——作为观察者的角度,从而为自己赢得了一个机会去了解她的员工和他们手头的工作。通过重新构建情景,她和霍华德不再冲突,同时向其他人表明了自己希望成为以人为本的领导者。

16.3 权术视角

表 16.3 从权术视角出发的场景

> 权术型领导者认为,管理者必须认清权术现实,了解如何处理冲突。任何组织内外都有不同的利益群体。每一个群体都有自己的代表来争夺稀缺的资源。资源从来就不可能满足所有群体的要求,所以通常总是存在着稀缺。
>
> 领导者的工作是认清主要的支持者,与他们建立联系,尽可能有效地管理冲突。总之,领导者需要建立一个权力基础,小心地使用权力。他们不可能让每个利益群体都得到他们所需要的东西,但是,他们可以创造一个平台。在这个平台上,不同的利益群体可以协商彼此之间的差异,相互之间达成一个合理的妥协。他们同样需要了解每个人都有什么共同之处。在大敌当前之际,内部人还在相互争头必然会导致浪费。任何一个组织如果没有在内部达成一致,就有可能被外部人击破。

有些管理者认为管理上的权术方法就是胁迫和操纵。这有时

候是对的,但是风险很高。这里有一个例子:

霍华德:难道秘书没有告诉你我们正在开会吗?你能否在外面等一等,我1个小时后可以见你。

马歇尔:你下一步的工作也许就是要把你的秘书培训好。无论如何,我不能坐在走廊上浪费时间。在座的每一个人都知道我为什么来这儿,比尔,你只有一个选择,和我合作;或者失去这家公司对你的任何信任。

霍华德:如果我不比你有经验,我就不会被要求继续留在这儿。但是如果你认为自己已经准备好了,我猜想你是不会需要我的任何帮助了。

马歇尔:据我所知,这个部门在你的领导下已经在走下坡路,我现在的工作就是要扭转它。如果你想回家,现在就可以走了——你知道它在哪儿。但是,如果你还算聪明的话,你就应该留在这里帮助我。副董事长要求我汇报过渡期的情况,如果我告诉他你很合作,你的境况会好很多。

当欺凌弱小的人得到了相应的惩罚时,影迷们总是非常愉快,狠狠地踢那些人一脚也令人欣慰,在语言上回击也可以达到同样的效果。在这次交锋中,马歇尔要使人相信她是强硬的,甚至危险的,但是这种强制性的策略并非长远之际。由于她的手段强硬,她很可能赢得这场纠纷,但是她会失去整场战事。她使得霍华德更加敌对,她的攻击可能得罪了他,也可能吓坏了她的新下属。即使他们不喜欢霍华德,他们也会认为马歇尔既傲慢自大,又冷酷无情,也许已经产生的权术副作用将会很难消除。

成熟的权术领导者会避免赤裸裸地运用权力,他会找一些潜在对手喜欢的方法来代替。

霍华德:难道秘书没有告诉你我们正在开会吗?你是否在外面等一等,我1个小时后可以见你。

马歇尔:(愉快地)比尔,如果你没有什么异议的话,我不想讨论这一问题,我希望现在开始工作。我希望这个部门能够取得优秀的成绩,我想这也是我们共同期待的。同时,我也希望管理好这个过渡时期,比尔,这样有利于你的职业生涯,同时也有利于在座各位的职业生涯。

霍华德:如果在我的职业生涯里需要你的建议,我会向你请教的。

马歇尔:好的,但是副董事长已经要求我向他汇报我在这儿的工作情况,我希望能告诉他这儿的每个人都在尽力帮助我做好工作。这也是你希望的,是吗?

霍华德:我比你更早认识副董事长,我自己会和他去谈。

马歇尔:这我知道,比尔,副董事长已经告诉我了。事实上,我刚刚从他的办公室过来。如果你愿意,我们现在就可以一起去见他。

霍华德:嗯,不,恐怕现在没必要。

马歇尔:好,那就让我们继续工作吧。你是想继续讨论你们的问题呢,或者是就如何有效开展合作达成一些协议?

在这个采取权术型反应的情景中,马歇尔既直截了当又非常讲究外交策略。她只轻轻一击就粉碎了霍华德明显的托词(我不想讨论这一问题)。她直接讲到了霍华德和他的下属们都很关心的职业生涯。她问他是否愿意和自己一起去和副董事长谈,轻易地打消了他的故作高姿态。很明显,她对自己的权术地位满怀信心,直到她的虚张声势的对手失去了支持的基础。

注意一点,在两种权术情景中,马歇尔都使用了她的权力资源。在第一个情景中,她用它来羞辱霍华德。在第二个情景中,她的处理方法缓和了许多,她保留自己的权术资本,自己解决问题同时又给霍华德留下足够的余地,这就接近于一个双赢的,而不是一赢一输的结果。

16.4 象征视角

表16.4 从象征视角出发的场景

> 采用象征视角管理的领导者相信,在领导者的眼里,最重要的部分就是鼓舞士气——提供一些他们可以信仰的东西。在一个特殊的地方,当他们认为自己确实很重要时,他们都会对工作感到兴奋并对这个地方负起责任。高效率的象征型管理者热衷于使组织成为这种地方并以这种激情感染其他人。他们使用生动的、有形的象征符号使人们兴奋起来,赋予组织强烈的使命感;他们是有形的、精力旺盛的;他们创造口号,讲述故事,召集会议,给予奖励,出现在意想不到的地方,采取敲边鼓的方式进行管理。
>
> 象征型领导者对组织的历史和文化很敏感,他们充分利用组织的传统和价值观,把它们作为建立一个富有凝聚力和意义的企业文化基石;他们清楚地描绘出组织的美好前景,反映出组织独一无二的能力和任务。

乍一看,辛迪·马歇尔和比尔·霍华德的相遇可能被看作是采取象征型处理方法的一个糟糕的候选案例。无效率的努力会产生令人尴尬的结果,使得这位可能是象征型的领导者看起来很愚蠢。

霍华德:难道秘书没有告诉你我们正在开会吗?你是否在外面等一等,我1个小时后可以见你。

马歇尔:很好,你们都在努力工作,这证明我们都在为争取客户服务部门的优异成绩而尽自己的责任。实际上,我已经做了一些工作,这里,我已经为你们每个人准备了一份报告,"客户永远是第一位的。"这看起来很宏大,但传达了我们部门应该有的精神。你们继续开会,我可以利用这段时间和某些员工谈谈他们对本部门的设想(她走出了办公室)。

霍华德:(对留下的员工)你们相信吗?我告诉你们,他们已经雇用了一位赋闲的军校学生来代替我。也许你们不相信我,但是你们要用自己的眼睛看看她究竟干什么。

马歇尔的象征型方向可能是正确的。但是象征符号只有在符合当事人和具体环境时才起作用。作为一个部门文化的新进入者,她需要高度注意她的观众。无意义的象征符号只会产生敌对情绪,空洞的象征性事件会产生事与愿违的恶果。

相反,一位技能高超的象征型领导者明白,富有挑战和压力的环境正是阐明价值、建立使命感的极好机会。马歇尔表现了如何用一个正确的象征型方法来应对霍华德的生硬态度。

霍华德:难道秘书没有告诉你我们正在开会吗?你是否在外面等一等,我1个小时后可以见你。

马歇尔:(笑笑)也许这是本部门传统的开始仪式,比尔,让我问你一个问题,如果我们的一个客户刚刚走进门,你会让他在外面等上1个小时吗?

霍华德:如果他像你一样讨价还价,无疑一样。

马歇尔:你手头上的工作真的比客户反馈更重要吗?

霍华德:他们并不是你这样的客户,你才来这里5分钟。

马歇尔:是的,但是我已经在这个公司任职很长时间,我清楚地知道将客户放在第一位的重要性。

霍华德:看看,你不知道首要的事情在这个部门如何运作的,在你处理一些客户的责问之前,你应该多少了解一些我们是如何处理问题的。

马歇尔:你们有很多值得我学习的优点,我希望现在就可以开始。比如我现在很想知道,我们如何可以使这个部门变成这样一个地方:当一个人走进来时,他或她感到这里的人关心别人、富有责任心、真心地希望能够帮助别人。我希望这是真的,不管是任何人进来——不管他是员工还是客户,或者仅仅是迷路的人无意中撞进了办公室都能有这种感受。这不是我几分钟以前准备说的,但是我敢肯定,我们可以想出很多办法来改变目前的状况,这和你想像中的应有部门是否相符?

请注意马歇尔如何改变了话题。她没有忙于和霍华德的个人冲突,而是集中于部门的核心价值。她带来了"客户第一"的理念,但是避免了将这一价值理念作为外来的东西加入。取而代之的是,她把这一理念建立在房间内每一个人的刚刚共享的经验上:她进来时受到接待的方式。类似许多成功的象征型领导者,她调整到日常生活中常常表述的企业价值观和企业文化的暗示中去。她表达了自己的处世哲学,同时她还向霍华德和她的新员工提出了问题。如果她能够利用这个组织的历史来重新燃起对客户服务的责任,那么她就已经有了一个好的开端。

16.5　组织重构的收益与风险

霍华德—马歇尔事件中双方的表演揭示了重构的作用和风险。不同的视角可以激发想像,产生新的观点和选择,这些都是非常有用的。但是,每个视角既有它的优势也有其局限性,可能被运用得很好也可能很糟糕。

辛迪·马歇尔案例显示,如何使用视角作为剧本或者剧情说明来指导利益攸关环境下的行为。通过改变我们的剧本,我们可以改变在这种环境下如何表现,做些什么,以改变观众对我们的看法。在日常工作中,我们可以创造变革的机会。几乎没有人能够拥有专业演员的表演技术和多才多艺,但是,我们可以通过选择另一个剧本来改变我们所做的工作。自出生以来,我们就已经在学习如何去行动。例如,男人和女人们在同性和异性的相会中明显会采用不同的剧本;学生们在同教授交谈时谨慎、有规有矩,在同他们的朋友交谈时则会变得充满活力、亲密无间;和上司在一起的时候表现得礼貌而恭敬的管理者,也许和下属在一起的时候则是态度粗暴、独断专行,晚上回到家却变成了和孩子们一起快乐嬉戏玩耍的父亲;心地温和的邻居在他的公司的市场份额受到威胁时会变成一个冷漠无情的竞争者。不管有意识还是无意识,我们都会分析我们所处的环境和我们在环境中的角色,然后才决定按照角色的特征要求来行事。但是,重要的是我们要问问自己,这种剧情是不是我们所希望的。如果不是,我们应该认识到我们有选择角色特征和诠释剧本的自由。

组织重构的核心就是从多种有利的视角来考察同一情形。当事情没有做好或者无法开展工作时,有效的领导者应调整所依赖的视角。组织重构指出了新选择所带来的前景,但是这并不能保证每一个新战略一定会成功。每一视角都拥有独一无二的优势,但是每一视角都有着自己的盲点和缺点。

结构视角忽略了任务、过程、政策和组织机构图这样理性事物之外的东西。结构型思维不会高估权威的权力,而会低估权力的权威。过度依赖结构假设以及仅仅强调理性,反而会导致对人性、权术和文化的非理性忽视,而这些因素对于组织的高效率运行是非常关键的。

人力资源视角的追随者会不切实际地认为,每个人都有追求个人发展和相互合作的人性。人力资源视角的狂热者对于整合个人与组织的需求过分乐观,他们忽略了结构视角和充满冲突和资源稀缺的严峻现实。

权术视角抓住了其他视角忽略了的动力,但是它也有自己的局限性。只采用权术视角容易变得玩世不恭,加重了冲突和不信任,丧失了理性沟通、合作和努力的机会。权术型活动很容易被认为是超越道德的、不切实际的计划和对物质利益视而不见。

象征视角帮助人们深刻地认识基础工作的意义和内涵的信仰,提供了将人们紧密团结起来完成共同任务的可能性。但是,它的概念同样很模糊,象征视角的使用效率取决于使用者的艺术。有时候象征符号仅仅是没有任何价值的东西或者只是一种伪装,是无耻之徒用来操纵信任的工具,是使工作的人感到难堪而不是受到激励的一种拙劣的企图。

16.6 新来者和外来者的组织重构

马歇尔和霍华德的首次交锋反映了她和其他管理者在职业生涯上升阶段所面临的挑战和考验。不同的情节简单显示出，管理者根据对环境的分析估计可能会遇到什么问题。如果只依靠一种或者两种视角，管理者会感到深陷泥潭，孤立无助。特别是对于初来乍到者、女人和经历过"难以磨灭的挫折——这是由于他们生活所处的系统不是为他们所建，也不会很快为他们或者按照他们的特性进行调整"的其他工作组的成员们（Gallos & Ramesy，1996，p. 216）。一旦失败，外来者就不太能有第二次或者第三次机会，适当的组织重构可以帮助他们将管理者陷阱转变成展现领导能力的机会。

尽管进步的组织在建立一个体现公平机会的结构方面前进了很多（Levering 和 Moskowitz，1993），但是对于妇女和少数民族来说，成功之路依然充满障碍。但是，个人越是迅速地突破这一玻璃顶或者跳出对公司少数民族偏见的圈子，那么障碍就消失得越快。职业障碍就好像柏林墙一样，在它突然倒塌之前都被认为是不祥之兆，坚不可摧。学习重构的技能可以令性别和种族歧视消失的那一天早日到来。

对于中层管理者的成功事业来说，一个或两个视角可能就足够用了，但是要做到高层却还不行。系统重构和使用多种方式看问题的能力，可以帮助你在前进的路上感受较少的压力和困惑。

16.7 结论

管理者可以使用多种视角作为剧情、脚本，以构造不同的方法来应对环境的挑战。在为利益攸关的会议或者紧张的对抗做准备时，可以想像一下，并且试一试新方法是否起作用。辛迪·马歇尔要从每个视角出发构造一个有效的反应对策,需要花费一段时间,直到组织重构能够变成管理者的自觉行为。训练任何新技能——打网球、开飞机或者处理严峻的领导挑战的过程通常都是缓慢的,而且在开始阶段总是特别辛苦的。但是随着技能的提高,会变得越来越容易、快捷和更加顺畅。

第 17 章　领导能力的重构

假如你是令人尊敬的伊丽莎白二世女王,掌管着整个大不列颠及北爱尔兰联合王国和其他地方,1997 年 8 月 31 日,你传统的苏格兰暑假被一个不幸消息打断了:你的前儿媳,戴安娜王妃和她的新男朋友在巴黎的一场交通事故中丧身。戴安娜和你的儿子——查尔斯王子,于 1996 年离婚。在此之前的好几年,你和她的关系就已经疏远而且冷淡了。但是,戴安娜在英国和全世界都很受欢迎,她还是你孙子威廉王子的母亲,你正希望他能继承你的王位。这时候你会做什么?

或者设想一下另一场挑战。假定你身处于 2001 年 9 月 11 日纽约市长鲁道夫·朱利安尼(第 15 章)的位置。这是纽约一个美丽的晚夏日,选举你的继任者的第一轮投票工作已经开始。作为市长,过去的日子是美妙的。但是,现在你就像一只跛脚鸭,在公众心中已成了明日黄花。早上快 9 点的时候,你得知飞机已经撞上了世贸中心双子座中的一座,你会做什么?

无法预计的灾难只是领导能力面对的众多测试中的一项。但是,当飞机撞上大楼的时候,作为领导者的抉择是艰难而具有决定意义的。伊丽莎白女王和鲁道夫·朱利安尼选择了不同的道路,得到了不同的结果。

尊贵的女王决定继续住在苏格兰。她和她的丈夫菲利浦亲王发表了一个简短的申明,说他们"对这条可怕的消息感到很震惊和痛苦。"当成千上万的英国人以最强烈的悲伤来表现他们的哀思时,女王受到了强烈的批评。伦敦《每日镜报》报道,"你的人民正在受苦,请同我们讲话。"公众对王室的支持率仅一星期就下降了 40%(Barton,2001)。女王安排的面向全国的电视讲话姗姗来迟。

幸运的是,查尔斯王子比她的母亲更能体会到公众的情绪,他飞往巴黎护送戴安娜的遗体回英国并且坚持按王室成员标准厚葬她(Varin,2002)。

鲁道夫·朱利安尼原本可以回避恐怖袭击造成的巨大负担。那天早上醒来的时候,他的排名在纽约和其他地方都已经稳步下降。他是一个实际任期已经结束的、疲惫的市长。纽约人民厌倦了他的傲慢和威吓。他与妻子的感情不和,一场难缠的、家喻户晓的离婚战正在将他变成讽刺的目标(她和他的孩子们正住在格瑞西官邸——市长的办公住处,然而市长先生却住在他一位朋友的空闲卧室里)。然而,如同我们在第15章所见的那样,朱利安尼在纽约市血腥的一天似乎被改变了。他飞速赶到现场,亲眼目睹了浓烟、混乱和空中掉下的尸体。他忍住流泪,用手捂住了自己的嘴巴,然后开始工作。他下令封锁了桥梁和隧道,指挥从灾难现场撤退,推迟了第一轮选举。"到了中午,他召集纽约市所有负责官员,在临时指挥中心的一张暂时代用的会议桌边,听取他们汇报各个机构如何做出反应,不仅仅是警察、消防和紧急管理机构,每一机构都在场,那个过程强化了政府的纪律性,否则整个机构会陷入混乱之中"(Coles, 2002)。

朱利安尼频繁在电视中露面,对各种复杂的、恐怖的新闻报道进行解释,让公众保持清醒和冷静。他拒绝盲目地估计死亡的人数,只是简单地说将会"远远超过我们能承受的心理界限"。他戴着纽约消防部门的安全帽,穿着溅有污渍的靴子穿梭于各界要人之间。为了证明纽约人的恢复力,这位市长不顾反对者"这恐怕不行,那也不应该这样做"的说法,坚定不移地督促百老汇剧院和纽约证券交易所尽可能快地重新开张。"他参加葬礼,安抚幸存者,鼓动居民外出吃饭,欢迎旅游者进来,同时表露出同情和决心。现在,这位几个星期前还被认为政治生涯已经结束的人,所到之处都受到热烈的欢呼:'鲁迪!鲁迪!'"(纽约人对鲁道夫的昵称)(Barry, 2001, p. A~1)。

上面两个案例显示,在危急的时刻,我们希望看到高层人员的领导能力。如果他们不能提供,我们会非常失望。但是,如果认为领导能力只能来自于权高位重之人,那则是错误的。这样一种观点让我们对以前很少关注的地方多问些为什么。鲁道夫·朱利安尼坚持认为,911 的真正英雄是消防队员、警察和那些在各种情况下失踪的舍己救人的人。在极度危险和混乱的环境下,他们和指挥官员的联系经常中断。他们自发地表现出非凡的现场领导能力,从而大大降低了死亡的人数。他们的行动清楚地表明,我们在需要更优秀的领导能力的同时还需要更多的领导者。

本章首先揭示领导能力这一概念:什么是领导能力,什么不是领导能力,什么可以是,什么不可以是。我们区分了领导能力和其他权力形式的不同,同时还表明了领导和管理的关系。我们强调领导能力通常处于一定的环境和关系中。然后,我们简单回顾了关于高效率领导者特征的研究成果,以及实践工作者非常熟悉的一些常用的领导能力模型。同时,我们还测试了关于性别和领导能力的重要问题。我们指出,传统教育中认为领导能力具有男性特征的观点正在开始衰落。最后,我们通过各种视角来考察领导能力。结果显示,关于领导能力以及领导能力的发挥,每一种视角都有其独特的理解。

17.1 领导能力的概念

领导能力被普遍认为是解决所有社会问题的灵丹妙药。全世界的中层管理者都说,只要高层管理显示了"真正的管理能力",那么他们的公司就会兴旺发达。一个普遍认可的原则是,领导能力是件好东西,多多益善——至少,好的领导能力越多越好。"对许多——也许是大部分——美国人来说,领导能力是一个词,这个词已经超越于日常用来传达意义的用处,而成为一种仪式性的咒文。我们感觉到,只有以满腔的热诚反复朗诵它,才可以平息已经迷失方向的心灵,停止没有完成工作、没有实现任务的内疚"(Gardner,1986,p.1)。但是,关于领导能力的含义以及它有多大作用,还处于混乱和争议之中。

塞内特(1980,p.197)写道,"权威不是一件事物;它是一种通过其他人的力量获得稳定性和安全性的追求,这看起来像是一件事物"。这对领导能力同样适用。这是无形的事物,只存在于身在其中的各方相互间的关系、感觉和形象之中。许多人认为,领导者的形象就是领导者安排别人做事情、激励别人做事情;领导者是具有权力的。但是,许多使用权力的例子不在我们的管理者形象范围内:武装抢劫者,勒索者,横行霸道者,交通警察。很明显,我们希望领导者采取劝说或者激励的方式;而不是强迫或者命令的方式;同时,我们还希望领导者能够促进协作,追求超越狭隘的个人利益的目标。

领导能力同权威也有区别,尽管权威人士可能是领导者。韦伯(Weber,1947)将权威和合法性联系起来,人们选择服从权威是因为他们相信权威是合法的。权威和领导能力都是建立在自愿服从的基础上。如果领导者失去合法性,他们就失去了领导的能力。但是,也有许多服从权威的例子在领导能力的范围之外,如加德纳(Gardner,1989,p.7)说,"处理违章停车的女警察有权威,但是,这当然不是领导能力。"

海菲兹(Heifetz,1994)认为,权威会成为领导能力的障碍。"权威压迫着领导能力,因为在沮丧的时候,人们会期望得太多。他们会形成不正确的依赖性,将他们的权威隔离于认知的面具之后。如果权威强化了依赖性,会在他们没有答案时,还令他们自以为掌握着答案,此时,领导能力就会起相反的作用。感觉自己应该知道,在这种压力下他们肯定会找到答案,尽管这个答案无法通过验证,而且是误导的和错误的"(p.180)。

领导能力和管理同样是有区别的,尽管这两者很容易被混淆。一个人可能成为一位领导者而不必是管理者,同时,许多管理者也无法领导"冰激凌柜台边的一群7岁小孩"(Gardner,1989,p.2)。本尼斯(Bennis)和诺斯(Naus)(1985)指出,这种差异在于"管理者是正确地做事情,而领导者是做正确的事情"(第21页)。科特(1988)跟许多作者一样,将管理看作是像机器上的螺母和螺钉一样的基础工作:计划、组织和控制。他将领导能力看作是远景规划、系统构建和关系构建等变革导向的过程。但是,加德纳(1989)强烈反对将领导能力和管理相比较,因为领导者可能"像把拿破仑和彩色的吹笛手(Pied Piper)相提并论一样不伦不类,管理者则像没有想像力的傻瓜"(p.3)。他提出了区分领导能力和管理的几个方面。领导者考虑长期问题,既看到外围事物又看到内在问题,影响机构成员远远超出了他们直接的正式权限,他们强调远景规划和创新,拥有应对众多机构成员挑战所必需的权术技巧。

17.2　领导能力的情境分析

在故事和神话中,领导者通常是孤单的英雄和巡游的勇士,专心致志于他们的荣誉与事业,这样的人有圣女贞德(Joan of Arc)、骑士兰斯洛(Sir Lancelot)、独行侠(the Lone Ranger)或者兰博(Rambo)。但是,传统孤胆的、英雄式的领导者会导致我们过多地注意个人而忽视了他们发挥作用的舞台。英雄造就时势,时势同样造就英雄。只需看看朱利安尼在911之后的形象改变,我们就能明白,环境决定着领导者必须做什么以及他们能够做什么。朱利安尼发现,自己正处于一个意想不到的恐怖剧的舞台上,他的生活就是其中的表演。另一个舞台也许需要另一种领导能力。潜在领导者会遇到纷繁复杂的各种环境,采取单一的应对模式是不可能的,也是不明智的。

领导者英雄式形象代表着这样一种单项流程:领导者带头,追随者追随。这一观点使我们对领导者和追随者之间的现实关系视而不见。领导者并不是不受约束的演员,他们在影响其成员的同时,也受到成员的影响(Gardner,1989；Simmel,1950)。通常只有在大部分成员已经接受了某一新观点的情况下,领导者才会倡议这一观点,或者提出来(Cleveland,1985)。管理能力,不仅仅是领导者做了什么,而且包括在相互关系中发生了什么。领导者的行动从其他人那里得到回应,回应反过来影响领导者采取进一步行动的能力(Murphy,1985)。正如白里安(Briand,1993, p.39)所说,"做出决定之后才试图将它'推销'给公众的'管理者'不是一个英明的领导者。事实将会证明这不是一位有效的领导者。关键不在于那些已经成为领导者的人应该少做,而是其他的人能够而且应该多做。每个人必须承担起为全民福利做贡献的责任,同时每个人都能够在保证全民福利的过程中发挥作用。"

领导能力很容易和职位等同起来。但是,这意味着,那些处于低层的管理者将永远处于被动追随者的地位。这同时还强化了一种广泛存在的趋势,让高级管理者承担超过他们能够承担的责任(Oshry,1995)。只有在其他人愿意与之合作并且追随他们的领导时,管理者才能成为领导者。相反,一个人即使没有正式的权威职位,也可能成为领导者。优秀的组织鼓励各方面的领导能力(Kanter,1983；Barnes&Kriger, 1986)。

所以,领导能力是一个思想、感情和行为相互影响的微妙过程,通过这一过程产生协作力以服务于领导者和被领导者共同拥有的目标和价值观。单一视角的管理者不可能理解和关注整个过程的复杂性。

17.3 我们知道什么是优秀的领导能力吗?

关于领导能力,有两个最为普遍接受的条件:第一,所有优秀的领导者必须拥有良好的素质,例如对领导能力很关键的长远眼光、力量和责任心;第二,领导能力是随环境变化而变化的,在某一环境中发挥作用的领导能力在其他环境中未必起作用。关于"优秀学校"研究文献的一个前提条件揭示了关于良好素质这方面的要求:一所好学校是由一位强有力的、有远见的教育领导者领导的。关于环境观的假设,有这样一个例子:"在扩张和增员时期,与削减预算和裁员时期,需要不同种类的人来领导。"

尽管关于领导能力的最优观和权变观之间存在着明显的对立,但是,两者都体现了部分事实。研究表明,在不同部门和各种环境下的一些罕见的高效率领导者拥有一些共同的特征。另外一些研究表明,环境因素对于何种领导能力作用最佳有着关键性的影响作用。

17.3.1 最优方法论

近几十年产生了一系列关于组织中优秀领导能力的研究(Bennis & Nanus, 1985; Clifford & Cavanagh, 1985; Collins, 2001; Collins & Porras, 1994; Conger, 1989; Farkas & De Backer, 1996; Kotter, 1982, 1988; Kouzes & Posner, 1987; Levinson & Rosenthal, 1984; Maccoby, 1981; Peters & Austin, 1985; Vaill, 1982),这些研究大部分是关于领导者的定性研究,而且主要是针对公司高管人员。所采用的研究方法包括一般的印象观察到系统的采访和观测。

尽管报告研究的视角和重点相近,但是,它们并没有得到一致性的特征。有效的领导者有助于确立远景规划,设定绩效的考核标准,产生凝聚力并指明前进的方向。在一些报告中有一个明显的特征(Clifford & Cavanagh, 1985; Kouzesh & Posner, 1987; Peters & Austin, 1985),通过利用一些象征性的符号,可以有效地传达远景规划。但是,在其他报告中,则是隐形的特征。在不少研究中提及的另一个特征是承诺或热情(Clifford 和 Cavanagh, 1985; Collins, 2001; Peters 和 Austin, 1985; Vaill, 1982)。优秀的领导者十分关心他们的工作和从事这些工作的人,他们认为世界上没有比干好工作更重要的事情了。第三个经常被提及的特征是博得信任和建立关系的能力(Bennis 和 Nanus,1985;Kotter,1988;Maccoby,1981)。库泽斯(Kouzes)和波斯纳(Posner)(1987)发现,在管理者最赞赏的一系列领导者优秀品质当中,诚实排在前列。

除了远景规划、热情和信任,其他的观点就很难达成一致。研究引用了很多文献、大量的评论(Bass,1981,1980;Gardner,1987;Hollander,1978;Yukl,2001),产生了关于有效领导能力的很多属性:敢冒风险、灵活性、自信、社交能力、精通业务、才智、决断力、理解下属和勇气,如此等等,不一一列举。关于有效领导能力历史最悠久的可靠发现——领导者比其他人更聪明,工作更努力——仍可以找到研究的支持(O'Reilly 和 Chatman,1994)。但是,这些特征在那些几乎所有事情都做得很出色的人身上都能找到,其中,不乏许多有才能的辛勤工作者,但是他们并没有希望成为领导者。

布莱克和穆顿的"管理方格"(Blake & Mouton,1969,1985)是一个经典的、仍然很流行的最优方法的解决方案。通过大量的图书、文章和培训计划,"管理方格"推广开来,这个方格将领导者的效率假定在两个基本方向上:关心工作和关心人。这个模型将获取领导能力的途径在方格的两个方向上显示,如图17-1。理论上,这个方格包括81个小方格,但是布莱克和穆顿只强调了5个小方格。

1,1 管理者对工作和人都不关心,工作只是走走形式。
1,9 纵容的管理者关心人但是很少关心工作。
9,1 无情压榨的任务管理者。
5,5 折衷的管理者,试图在工作和人之间寻求平衡。
9,9 综合的管理者,将关心工作和关心人统一起来,创造优异的业绩。

布莱克和穆顿强烈捍卫自己的观点,9,9类型是管理者在任何环境和任何原因下处理问题都可以采用的方法(Blake & Mouton,1982)。但是,这一说法受到了大量批判。方格方法将所有事情集

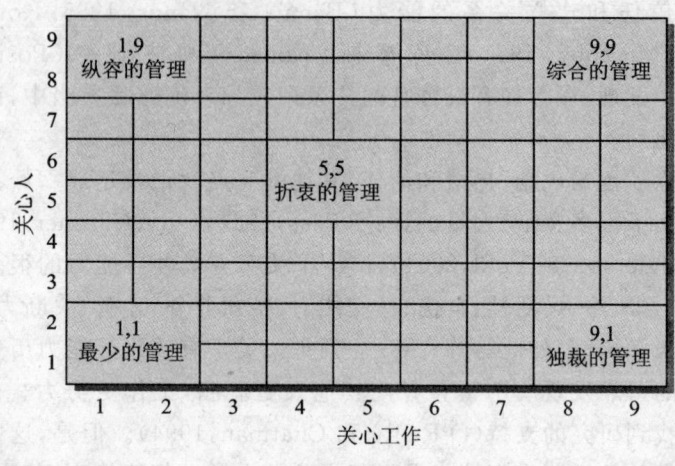

图 17-1

Source: Adapted from Blake and Mouton(1985).

中于任务和人力资源,除了关心下属外,对组织内其他成员都不关心,并且假定一位将关心工作和关心人员统一起来的领导者在所有环境下都有效率。如果结构系统难以操纵,权术冲突会使组织衰弱,或者组织的文化建设乏味俗套,那么方格模型也许不能发挥作用。

17.3.2 权变理论

缺乏有效领导能力的一致特性强化了另一论点,领导能力随环境而改变:基层管理者和首席执行官的领导能力是不同的,公共部门和私人部门管理者的领导能力是不同的,中国一位大学校长的工作和法国一位大学校长的工作也是不同的,熟练的、有极大推动力的追随者所需的领导能力在追随者不熟练、反应冷漠的情况下难以发挥作用。

有些作者已经提供了一些领导能力的环境理论(包括 Fiedler, 1967; Fiedler&Chemers, 1974; Hersey, 1984; Hersey&Blanchard, 1977. Reddin, 1970; Vroom&Yetton, 1973),但是这些理论都局限于他们在领导能力

概念化和寻找经验支持的努力中,大部分没有区别领导能力和管理能力,特别是将领导能力和管理者与下属的关系混为一谈。相比起来,伯恩斯(1978),加德纳(1986)和科特(1985)的论点令人信服。他们认为,领导者需要管理与所有重要利益相关者之间关系的能力,包括上级、同级和组织外成员。权变理论是进一步研究的一个重要领域。几乎所有的人都认为,不同的环境需要不同形式的领导能力,但是,相关研究仍然很少。

这一理论虽然有待完善,但是,这些方法,例如赫西和布兰德的(Hersey and Blanchard,1977)情境领导能力模型,在管理发展项目中仍然广受欢迎。赫西-布兰德模型使用与管理方格相似的两维模型:工作和人。赫西(1984,p.31)将工作行为定义为"管理者所从事的清楚地说明个人或群体的任务和责任的范畴"。关系行为被定义为"管理者采用两种方法或者多种途径进行沟通的范畴",它包括"聆听,鼓励,提供便利,净化和提供社会情感支持"(p.32)。赫西将工作和人组合在一个表格里,这个表格显示"领导风格"的四种可能:命令型,推销型,参与型和授权型(图17-2)。

密切关系,工作量低: 领导能力通过参与体现 当追随者"能干"但是"不愿意干"或者"不确定"时使用	密切关系,工作量高: 领导能力通过推销体现 当追随者"不能干"但是"愿意干"或者"有干劲"时使用
关系疏远,工作量低: 领导关系通过授权体现 当追随者"能干"并且"愿意干"或者"有干劲"时使用	关系疏远,工作量高: 领导关系通过命令体现 当追随者"不能干"并且"不愿意干"或者"不确定"时使用

图17-2 情境领导能力模型

Source: Adapted from Hersey(1984).

一个管理者在什么时候应该采用哪一种风格?模型表明这要根据下属的"成熟度"(Hersey & Blanchard,1977)或"准备就绪的层次"(Hersey,1984)。赫西按照下属的态度(他们做好工作的意愿程度如何)和能力(他们能够做好工作的程度如何)来定义准备就绪这一概念,模型将下属的准备就绪分成四个层次,在不同层次的环境里采取相对应的管理风格。

对下属处于最低水平(不能和不愿做好工作),模型建议管理者采取"命令"的方式:这类人需要从他们的上司获得命令指引。在第二个层次(愿意但是不能),下属愿意做好工作但是缺乏技能,模型告诉领导者在这种情况下应当进行"推销":解释清楚他们的决策,给下属弄明白的机会。再下一个层次,当下属能够做但是不愿意做,领导者应该使用"参与"进行动员:共同讨论观点,讨论应该做什么。在最高层次,下属既能干又愿意干时,领导者只要授权就可以了:没有领导者的进入,下属同样做得很好。

尽管乍一看,这个模型看起来很合理,但是,研究者还是怀疑其有效性(Hanbleton & Gumpert, 1982; Graeff, 1983; Blank, Weitzel & Green, 1990)。例如,如果管理者给不愿意又不能干的下属提出较高的要求,同时给予的支持又很少,如何能够改善他们的激励状态呢?一位计算机公司设计组的管理者沮丧地告诉我们:"我采用'命令'式的管理风格对待我的工作组,但是,我发现实际上他们不仅能力低下而且不愿意改善这一状态。"另外,像布莱克和穆顿,赫西和布兰德大部分论述关注的是管理者与直接下属的关系,很少论及结构、权术和象征符号。

17.3.3 将领导能力模型作为长期信仰

和人打交道是管理中一个长期而复杂的问题。管理者总是在寻找使工作变得轻松的思想。过度追求简单的过程,忽视了现实的重要性。尽管如此,管理者可能认为,在面对混乱和神秘不解的难题时,有一个模型总比什么都没有强。真正的信仰者会坚决捍卫他们自己的观点,就如下面这个案例。

有家大公司正准备为它的2 000多名技术管理者制定一个新的管理培训计划。来自公司两个部门的代表组成的工作组坐在一起决定如何制定培训计划。来自 A 部门的代表参加过管理方格的研修班,他们从心底里认为方格法是最好的办法,它应该成为这次研修班的基础。来自 B 部门的管理者曾经参加过情境领导能力研修班,他们对于情境模型的忠诚同样是不可动摇的。

开始时,双方试图通过礼貌的交谈和理性的争论达成一致意见。当这一努力失败后,谈话变得越来越言辞激烈。最后,大家发现,讲座陷入了死胡同。一位外来的咨询人员前来调解这一争论。他首先听取了部门双方的代表对于争论的复述,然后咨询人员对大家说,"我被大家的激情所感动。我对一件事情感到很奇怪。如果你们都这么相信这些模型,如果你们其中一些人学的同其他的人学的不一样,为什么我看不出你们两组的行为之间有什么区别呢?"房间内一片寂静。最后一名成员说,"我想他是对的。我们不是在用这些模型,我们只是在鼓吹它们。"僵局就此结束。

17.4 性别与领导能力

直到最近,关于领导能力的研究和写作大部分都集中于男性。不言而喻,理所当然的假设是,领导能力基本上属于男性行为。然而,最近几年,在女性作用极大改变和个别女性所取得成就的促动下,对性别和领导能力的研究兴趣开始增加。

卡伦·布拉迪(Karren Brady)就是这样一位女性,她在 1993 年成为伯明翰(英国)城市足球俱乐部的主管。当年她只有 23 岁,是英国职业足球队有史以来最年轻的,也是唯一一位女性主管。她遇到了一些挑战。有一次,在足球队班车上,一名身材魁梧的前锋对她说,他喜欢她的宽松短衫因为他能够看到她的胸部。她盯着他,回答说,"我会派你去一个地方,在那里你将再也看不到了。"一个星期后,他被降级到一个一百英里外的另一个俱乐部。还有一次,其他队的主管告诉她,她是如何幸运,他们愿意让她进入他们的包间。她回应道,"我为小包间的一大块猪肉饼感到感激的那一天,也就是我辞职的那一天"(Hoge,2002,p. A~14)。

布拉迪得到了媒体的大量关注,但是关注常常集中于她的长相和衣着。有份报纸在头版刊登了一整版她穿着短体恤的照片,犹如"性感的射手"。另一份报纸形容她进入会议的场面:"她展现了现代女性的每一寸,穿着一套短的性感黑色套装,脚蹬高根系带凉鞋,步履缓慢地走进会议室。"布拉迪始终感到困惑:"我来这儿是为了经营事业,通过一系列商业运作拯救一个行将倒闭的、破败的俱乐部。但是,媒体仅关注我的年龄和我的长相,很明显是因为我是一名女性——在男性主宰的世界里的第一位女性——变得太疯狂,这简直不可思议。我希望在记者招待会上,新闻工作者能够真正问我一些重要关键统计数据"(Hoge,2002,p. A14)。

尽管和花边新闻有染,布拉迪仍然明白宣传对事业的好处。她将一支从来没有盈利、陷入破产边缘的队伍变成英国在球场上和现金流入上最强大的队伍之一。她甚至克服了她同她的一名球员结婚可能带来的新的复杂问题,她将她的丈夫买卖了两次,赚了100多万英镑。她获得了年度商业女性奖励,最后其他球队主管都承认她的才能,他们推举她作为代表,谈判国家电视转播协议。她为他们赚了一大笔钱。

像布拉迪这样的女性已经证明了她们能够领导男性世界。但是,为什么男性和女性的领导能力会有不同呢?他们所扮演的领导角色有什么不同吗?为什么男性在机构或组织的权力位置上占据主导地位?对性别和领导关系的研究探索了诸如此类的一些问题,以下我们给出一些正在出现的答案。

17.4.1 男性和女性的领导能力有差异吗?

海吉森(1990)、罗森纳(1990)和其他人认为,女性在领导能力上具有"女性优势"。他们认为,现代组织可能更需要女性所具有的领导特征,例如关心别人、培养人、愿意与别人分享信息。但是,研究证据表明,领导能力的性别差异并不明显。例如,我们也许可以预期女性在人力资源管理方面可以得到较高的评价(热情、支持他人的工作、合作),而在权术方面则得不到高的评价(强有力的、精明的、积极进取)。我们只需看看像卡伦·布拉迪,惠普的首席执行官卡丽·费奥瑞(Carly Fiorina)和前英国首相玛格利特·撒切尔,就能够看出,事情并非如此简单。实际上,研究结果对这一传统的观点提供的证据不多。波尔曼与迪尔(1991,1992a)发现,男性和女性在视角偏好上没有差异。伊格利和约翰逊(1990)发现,除了女性更加具有合作精神,以及比男性少一些指手画脚外,男性和女性在安排人和工作时没有差异。有证据显示,在大部分情况下,在相同职位上的男性和女性,至少在他们的下属眼里相互之间很相似而不是截然不同(Carless,1998;Komives,1991;Morrison,White & Van Velsor,1987)。当存在差异时,他们普遍表示,女性在一些衡量领导能力和管理实践的指标中得分更高(Bass,Avolio & Atwater,1996;Edwards,1991;Hallinger,Bickman & Davis,1990;Weddle,1991;Wilson,1991),但是差异并不显著。研究者们曾经对这些差异是否有实践意义提出过争议。

17.4.2 为什么会存在无形的晋升限制?

如果女性领导和男性一样好,为什么人们所说的"玻璃天花板"无形中阻碍了她们向更高的职位晋升呢?在美国和其他一些国家,女性正处在通向最高领导层的通道。在美国,女性在专职学校的学生中占有很大比例——教育和法律专业的女性占到一半以上,商学和医学专业的占比接近一半,并在近10年内迅速增长(除去教育系统,因女性在该领域长期占据绝大部分比重)。但是,在商务经营中女性高级经理的占比仍然低于10%(Ragins,Townsend & Mattis,1998)。2002年,《财富》杂志"商业中最有权力的五十名女性"排行榜不得不列入副总裁,因为只有不到20名CEO够格(Sellers,2002)。在美国学校中,绝大部分的教师是女性,女性中层管理者所占的比例正在增加。但是,1988年学校校长中只有12%是女性。尽管比1981年的比例提高了2%，但是这与20世纪30年代的情况基本一样(Keller,1999)。

为什么会存在无形的晋升限制，并没有统一的理由。但是，以下几方面因素常被考虑：

1. 男性领导的旧传统。沙因(Schein,1975,1990)发现男性和女性都倾向于认为，男性而不是女性拥有成功管理者的性格特征。

2. 女性比男性更多地要经过相互冲击的矛盾预期。简单地说，高职位的工作是"强有力的"，但是女性在许多人的眼里不应该是这样。按照这一观念，一位强有力的女性是令人厌恶的，没有女人味的，甚至是疯狂荒谬的。一位强有力的女性对传统观念的挑战，会使得男性和女性都感觉不自然——除非她找到一种人们认为和一般情况下不同的行使权力的方式(Keller,1999)。对女性的挑战是在表现权力的同时又显示出女人味，这"是非常难协调的"(Brunner,引自 Keller,1999)。

3. 女性遭遇歧视。不论是在古老的神话还是在现代电影中，强有力的女性通常是巫婆的形象（或者更糟）。莎士比亚的《驯服悍妇》只是众多故事中的一个。他们表明，强大的女性在没有被更有权力的男人征服以前是危险的。历史上将有权力的男性与领导能力联系在一起，将有权力的女性与邪恶联系在一起，这就造成了不言而喻的和常常是潜意识的歧视。比利安(Villan,1999)认为，广泛使用的性别修辞手段（男人和女人思考的方式分别是怎样的）巧妙地将权力与男性气质联系起来。她认为，尽管这些区别很细微并且是无意识的，但是，它们在个人职业生涯中逐渐累积起来，带给男性不断增长的优势。

4. 女性要付出更大的代价。谢克沙夫特（引自 Keller,1999）认为给予女性高级职位比较少的原因是由于与男性相比，她们更需要在家庭和个人生活中获得成功，而在获得尊重和地位方面的需求相对较少。在一项研究中，大约70%的女性指出，个人和家庭责任是她们事业成功的最大障碍，远比其他任何因素影响更大

(Morris,2002)。任何部门的管理工作都是将一副重担子放在现任者身上。对于现在大部分双方都工作的家庭来说,女性仍然担负着大部分家务和养育孩子的工作,沉重的管理无疑会压垮她们。这一原因揭示了为什么职位升得快的女性不结婚的可能性更大;如果她们结婚了,离婚的可能性也更大(Heffernan,2002;Keller,1999)。这也揭示了为什么许多做到高级职位的女性,她们的背后都有着被称为"荣誉丈夫"的男性,他们往往是很少有的全职爸爸(Morris,2002)。

女性已经取得了进步,观念已经在慢慢改变,配套体制(例如为上班族的母亲提供日托服务)已经在逐渐增加,一些传统观点已经不复存在。也许激励女性不断进入领导角色的唯一最强的因素在于,进步的组织不断认识到,他们不应该放弃获得大量优秀人才的机会。在人才中,女性代表着全部人口的一半多。美国大学女性董事长的比例在1986年到2001年间翻了一番,占比接近20%(Jacobson,2002)。普林斯顿大学,美国著名名牌大学之一,直到1969年才开始接受女性。30年以后,当第一任女校长,雪莉·蒂尔曼(Shirley Tilghman),任命第一任女教务长的时候,一些最具有男子主义的男性校友担心,他们热爱的母校也许会走下坡路,但是,男校友聚会的牢骚并不能改变女性在美国最著名的研究机构中开展她们事业的事实。

17.5 领导能力的重构

领导能力重构可以帮助我们超越狭隘的和过于简单的领导观。每一种视角都能够建立关于领导能力过程的不同形象。依据不同的领导者和不同的环境,每一种视角都可以带来颇为有趣而又富有指导意义的领导形象,但是没有哪一种可以适用于所有的时间和所有场合。这一部分,讨论表17.1总结的领导能力的四个形象。对于每一种形象,我们仔细探究能力和过程,并提出获取成功领导能力实践的首要原则。

表 17.1　领导能力重构

	以下情况下管理能力有效：		以下情况下管理能力无效：	
视角	领导者是：	领导能力过程是：	领导者是：	领导能力过程是：
结构	分析家、建筑师	分析、设计	微型的暴君	通过细节和法令来管理
人力资源	催化剂、仆人	支持、赋予权力	软弱、易受影响的人	退让
权术	提倡者、谈判者	提倡、建立联盟	非能人、恶棍	操纵、欺骗
象征	预言者、诗人	鼓舞、经验构想	疯狂的、愚蠢的	海市蜃楼、虚无缥缈、空镜子

17.5.1　建筑师还是暴君？结构视角的领导能力

结构型领导能力通常让我们联想到微型暴君和严格的官僚联系，他们对任何制度都没有表示过厌恶。与其他视角相比较，关于结构型领导的文献比较少。有些结构领域理论家曾认为，领导能力既不重要也不是最基本的要求(Hall,1987)。尽管这种风格和其他形式比起来更加微妙，更不体现英雄气概，但是，结构性领导能力的效果确实非常明显和经久不衰。柯林斯和鲍瑞斯(1994)认为，许多极度成功的公司创始人，例如惠普和索尼的创始人，在他们的脑海中，既没有对自己组织的明确蓝图，也没有一个明确的产品。他们是"即时的建造者"：专注于设计和建立一个有效率组织的社会建筑师。

小阿尔弗雷德·斯隆(Alfred P. Sloan,Jr)是商业史上最伟大的设计师之一。他于 1923 年出任通用公司董事长，一直控制着公司发展直到 1956 年退休。他建立的结构和战略使得通用成为世界上最大的公司，他被形容为"通用文化的乔治·华盛顿"(Lee, 1988,p.42)，尽管他的"天才不是在激发创造力的领导能力上，而是在组织结构上"(p.43)。

20世纪来临之时,一些充满渴望的厂商在美国制造汽车。1899年,他们总共生产了大约600辆汽车,这些厂商大部分是刚刚越过汽车生产最低起点线的小厂商。最后,两家后来者,福特汽车公司(亨利·福特1903年创建)和通用公司(威廉·杜兰特1908年创建)成为这场比赛的胜出者,他们控制了美国的汽车行业。当斯隆接管通用公司时,亨利·福特所坚持的让普通人买得起汽车的信念,使得福特成为汽车业的权威。

在通用汽车创始人比利·杜兰特(Billy Durant)的领导下,公司的各部门独立运作,就像封建主的各个领地。杜兰特通过零部件采购建立了合作,在独立的公司之间形成了松散的联盟。"通用汽车不了解或者不能控制单个运营部门。杜兰特是通过任人唯亲来管理,各个部门之间通过讨价还价来运作。值得一提的主要情况是,没人拥有关于部门的必要信息和必要控制,长期以来各部门浪费严重,而他们对资金的多余要求往往能够得到满足"(Sloan, 1965, pp.27~28)。

无节制的成本支出和1920年销售额的下降,导致了通用汽车公司的财务危机。1921年雪佛莱牌汽车损失了500万美元,仅有杜邦的现金和别克的利润让通用汽车免于欠债(Sloan, 1965)。1923年是斯隆上任的第一年,情况更加恶化,通用汽车的市场份额从20%下降到17%,而福特公司的市场份额增长到55%。但是,市场总是在不断发展变化,亨利·福特看不起组织结构,仍然坚信他原始的单品种、低价格和大市场车蓝图。T型车价格低廉、安全可靠,但是,福特在近20年间一直没有改变这一设计。如果说客户想买一辆四轮汽车的话,"T型车"创造了一个市场神话。福特说,在T型车中没有创造更多舒适的必要性,但是,斯隆认为,消费者愿意为一些令人舒适的东西(例如防止雨和雪进入玻璃的零件)多掏一些钱。他的战略获得了胜利,雪佛莱很快开始侵蚀福特汽车巨大的市场份额。到1928年,T车型销量的直线下降,使得亨利·福特不得不关掉很多位于红河区的工厂,停产1年改进机器以适应新产品的生产。通用汽车在这场盛大的汽车竞赛中,在头20年稳坐头把交椅,在20世纪的其他年度中,没有任何一家公司销售的汽车比通用更多。

斯隆认识到,通用汽车公司需要一个更好的结构形式。当时占统治地位的是集中型的、职能型的组织结构。但是,斯隆感觉到这样一个结构对通用汽车公司并不适用,取而代之的是他创造了世界上第一个分散型的组织结构。他的基本原则很简单:集中计划和资源配置,分散运营决策。在斯隆模式下,各部门专注于制造和销售汽车,而高层管理集中于制定长期综合性的战略和主要的融资决策,中心职员必须保证高层管理拥有制定战略决策所必需的信息和控制系统。

这一结构获得了成功,到20世纪20年代末,通用汽车的组织比福特更全面,能提供更广泛的产品。通用汽车各部门都能生产不同价位的汽车,而亨利·福特却仍然控制着他高度集中的公司。与前者相比,福特在竞争中处于不利地位。通用汽车创造的组织结构形式最终为其他公司设定了标准:"尽管它们发展了不同的形式,尽管最近它们有时被混同为矩阵形式,但只有两种最基本的组织结构用于大型工业企业的管理。一种是集中式的,按职能部门划分的类型,在一战之前由通用电气和杜邦发展到最完美的顶峰。另一种是多功能、分散型的结构,起源于通用汽车与杜邦,在20世纪20年代达到顶峰"(Chandler,1977,p.463)。

在20世纪80年代,通用汽车的另一位结构型领导者罗杰·史密斯处于领导地位,但是结果并不完全令人满意。和斯隆一样,史密斯在困难的境况下获得了最高领导权。1980年,是他担任通用汽车首席执行官的第一年,所有美国汽车制造商都没有赚钱。这是自1921年以来通用汽车的首次亏损。史密斯意识到公司存在着严重的竞争性问题,他依赖于结构和技术改造,使它成为"21世纪世界第一公司"(Lee,1988,p.16)。他对集团运作进行了重

组,投资数十亿美元实现无纸化办公和组装公司的自动化生产线。虽然变革力度很大,但是结果却让人失望:

史密斯的任职期是通用汽车公司历史上的悲剧时代。通用汽车的总裁们遇到过种种难题,但是没有哪一位没有获得相应的回报,没有哪一位花费了如此多的钱而没有带来相应的利润,或者在任职期间和如此多的人疏远。公共关系和内部关系的不敏感相互交织,使得他的组织混乱,加大了实现目标的难度。极少人相信史密斯对他们的福利有丝毫的关心,甚至只有更少的基层管理人员期望他们为公司所做出的贡献能带来相应的尊重或奖励。没有哪一位通用的首席执行官的动机受到如此广泛的怀疑,或者他的决定受到如此彻底的不信任(Lee,1988,pp.286~287)。

为什么史密斯步履艰难,而斯隆却取得了成功呢？他们同样都没有领袖气质,斯隆是一位严肃而安静的工程师,通常看起来像正在吸柠檬;史密斯有斑点的肤色和短促尖锐的嗓音也不能增强他领导能力的光环。那么,为什么斯隆的结构性贡献如此经久不衰而史密斯的做法却漏洞百出？答案在于每个人如何采取正确的结构形式。结构型领导者不是因为激发别人的热情而成功,而是因为在适当的时候他们有适当的方案并且能够完成他们的结构变革任务。

高效率的结构型领导者拥有以下共同特征：

结构型领导者对自己的工作很熟悉。斯隆是在汽车行业中成长起来的优秀工程师。在来到通用汽车之前,他是一家汽车配件公司的首席执行官,在那里他采用的是分部门结构。当通用汽车1916年购买了他的公司,斯隆成为副总裁和董事会成员。在杜兰特的领导下,他将自己大部分精力投身于研究通用汽车的结构问题。他开拓了建立更加复杂先进的内部信息系统和更好的市场研究的先河。他是集体决策的早期信徒,建立了一个委员会结构以制定重大决策。

罗杰·史密斯整个职业生涯都在通用汽车公司,但是,他的大部分时间是从事财务工作。他对通用汽车公司的展望在于生产技术的提高,但是他对这一领域既不擅长,也缺乏经验。

结构型领导者反思结构、战略和环境的关系。 斯隆的新结构和他瞄准汽车市场的战略紧密联系在一起,他预见到汽车市场的增长、汽车的改善和消费者会更加差异化。面对亨利·福特顽固地坚持他的T车型,斯隆引入"价格金字塔"(不同收入的人购买不同的车),而且车型每年都要改变。在20世纪20年代汽车技术的发展和同世纪90年代电子技术的发展一样迅速,车型每年都要改变,很快就成为行业规则。

由于各种原因,20世纪60年代通用汽车开始偏离斯隆的理念。害怕政府解散公司,通用汽车减少了汽车部门的独立性,外形设计和发动机都集中管理,已经变成独立营销集团的原部门被要求生产和销售公司设计的汽车。在20世纪80年代早期,"看起来一样的汽车"变成了各部门的标准。当许多消费者发现他们根本不能区分雪佛莱和卡迪拉克车型的微小差别时,他们被弄糊涂了,进而感到气愤。

史密斯的目标是精简节约,他集中于降低成本而不是销售汽车。他认为,通用汽车首要的竞争问题是高工资带来的高成本,希望通过用机器代替工人来解决这一问题。他没有给予通用汽车正在进行的改善销售工作环境提供支持。具有讽刺意味的是,他的两个最好的投资项目——新联合汽车制造有限公司(NUMMI)和斯通(Saturn)——取得的成功,是因为人员管理方式的创新:"对通用公司最机械化的工厂的一小部分投资,使得位于加利福尼亚州弗列蒙得市的新联合汽车制造有限公司变得效率更高,比通用系统内其他工厂生产的汽车质量都好"(Hampton 和 Norman,1987,p.102)。

结构型领导者专注于执行。 结构型领导者常常错误地估计贯彻执行他设计的困难。他们低估了抵制的力量,在培训方面舍不得花钱,不能建立一个权术根基以及错误理解文化暗示。结果,他们的变革往往由于忽视人力资源、权术和象征性的障碍而困难重重。斯隆不是人力资源管理专家,但是他从直觉上体会到重要决策需要被理解和支持,他不停地征求意见,建立委员会和任务组来完成主要工作,从而使得重要决策得到了理解和支持。

高效率结构型领导者的经验、评价和适应。斯隆经常对通用汽车公司的结构和战略进行修修补补并鼓励其他人也这么做。大萧条使得1929—1932年通用汽车的销售下降了72%,但是,公司很快就进行调整,适应了这一艰难时期,他扩大了自己的市场份额并且实现年年盈利。斯隆暂时将运营集中起来以度过萧条时期,一旦经济复苏他又进行分散。20世纪80年代,史密斯投资数十亿美元开展他的计划——公司现代化和降低成本。但是,通用汽车每年的市场份额都在下降,并一直是行业内生产成本最高的:"通用汽车花大价钱买来的大部分先进技术妨碍而不是提高了生产率。失控的机器人开始焊接底特律 Hamtramck 装配中心凯迪拉克工厂关闭的大门。福特和克莱斯勒公司很幸运,由于缺钱使他们没有陷入无节制地在机器人身上花钱"("On a Clear Day...",1989,p.77)。

17.5.2 催化剂还是懦弱无能? 人力资源视角的领导能力

有关结构型领导能力的文献较少,而人力资源管理的文献较多(在最好的当中:Argyris,1962;Bennis 和 Nanus,1985;Blanchard 和 Johnson,1982;Bradford 和 Cohen,1984;Fiedler,1967;Fiedler 和 Chemers,1974;Hersey,1984;Hollander,1978;House,1971;Levinson,1968;Likert,1961,1967;Vroom 和 Yetton,1973;Waterman,1994)。人力资源理论积极倡导公开、互动、聆听、培训、参与和授权。他们把领导者看作动员下属和给下属权力的加速器。领导者的力量不是来自于职位或权力,而是来自于领导者的才干、敏锐性和服务。格林利夫(Greenleaf)(1973)认为追随者"追随那些被选做领导的人,他们已经被证明可以成为领导者,成为被信任的服务者"(p.4)。他还认为,"服务型领导者会保证其他人的最值得优先考虑的需要,都能够得到满足。领导能力的最佳测试是:被服务的人是否在成长;在获得服务的同时,他们是不是变得更健康、更聪明、更自由、更自主,更有可能变成服务者?"(p.7)。

坚持这种形象的管理者能否成为受人尊敬的与众不同的领导呢？或者他们被认为天真、软弱,而被其他人左右？辛迪·马歇尔的案例揭示了这两个方面。在一种情况下,马歇尔更像一名仆人,而不是领导者。在另一种情况下,她集中采用了服务者和催化剂中的优点。领导就像走钢丝绳,要努力保持平衡。一些管理者避免参与敏感性问题,想避过走钢丝,这是不可能的。

同样有许多人力资源领导者,他们的技能和艺术产生了非同寻常的结果。马丁·瓦萨夫斯基(Martin Varsavsky)就是一个很好的例子。他出生于阿根廷,一场政治谋杀迫使他的家庭逃离军事管制的祖国。十几岁时,他不幸在纽约受伤。瓦萨夫斯基连续出任各企业的管理者,1999 年最终在欧洲一家大型企业集团担任企业管理者。他成功的发家史包括经营纽约的一家名为 Urban Capital 的房地产开发公司,Viatel 国际电信服务公司,Jazztel 西班牙和葡萄牙的计算机网络供应商,EinsteiNet 在德国的在线软件超市。管理人的方法是他成功的核心:"马丁完善了管理实践,这在他的职业生涯中很关键:建立没有层级的水平组织,在你想要做之前要沟通清楚,尽可能下放代理权限,相信你的同事,让其他人来做出操作决定"(Ganitsky 和 Sancho,2002)。

有天赋的人力资源领导者,如瓦萨夫斯基,通常使用以下这些领导原则。

人力资源领导者信任人并且交流他们的信仰。人力资源领导者相信"生产力在于人"的理念(Peters & Waterman,1982),他们将自己的信仰体现在言行中,并常常将它变成企业的核心哲学或信条。佛瑞德·史密斯(Fred Smith),联邦快递的创始人兼 CEO,将"人是第一"作为他企业成功的座右铭:"我们很早就发现客户的满意度是与雇员的满意度密切相关的,这一信仰体现在我们的企业价值宣言上:人——服务——利润"(Waterman,1994,p.89)。

威廉姆·休莱特(William Hewlett),电子工业巨头惠普公司的创始人,这样说:

"个人的尊严和价值是惠普非常重要的组成部分。以这一原则为指导,许多年前我们实现按时坐班制,最近我们引入了弹性工作时间计划。这是我们信赖员工的一种表现,同时也给员工按照他们自己的生活习惯调整他们的工作进程的自由。许多新惠普人和一些参观者常常注意到并向我们提起另一种惠普方式——那就是,我们的非正规性以及直呼其名的行为方式。我还可以引用其他的例子,但问题是没有哪个例子能够真正抓住惠普方式的实质,你无法用数字和统计来形容。分析到最后,这就是一种精神、一种观点。那是一种感觉,每个人都是团队的一个组成部分,这个团队就是惠普,这就是以人为本的观念"(Peters & Waterman,1982,p.244)。

人力资源领导者是看得见的、可以接近的。 彼德斯和沃特曼(1982)将"四处走动的管理"概念深入人心——管理者必须要走出他们的办公室,与员工、客户接触。帕特丽夏·卡瑞甘(Patricia Carrigan),通用汽车的首位女性工厂管理者,在管理通用汽车的两家工厂时模仿这一技术。这两家工厂的工会和管理层之间长期存在着矛盾(Kouzes 和 Posner,1987)。在这种情况下,她开始进入工厂基层向工人们介绍自己并且询问他们如何能够改进工厂工作。一名工人说,在卡瑞甘来之前,"我不知道工厂的管理者是谁。如果我看见了她,我也不认识她。"三年后当她离开这个首次任命的地方,地方工会送给她一块铭碑。上面写着:"帕特丽夏·卡瑞甘通过她的人格魅力解决了问题,她在开创莱克伍德(Lakewood)工厂新的生活方式中起了重要作用。所以,第三十四街区的居民将永远记住,亲切的卡瑞甘是我们中的一员"(Kouzes 和 Posner,1987,p.36)。

高效率的人力资源领导者将向他人授权。人力资源领导者通常将他们的员工称为"合作者"、"主人"或"同事",这清楚地表明员工在组织的成功中发挥着重要作用,他们有权一起参与决策的制定。20世纪80年代,斯堪的纳维亚航空系统(SAS)的CEO,简·卡尔松(Jan Carlzon),为了使公司成为"为商务旅行者服务的世界上最好的航线",花费大量精力(Carlzon,1987,p.46)。为了了解商务旅行者的需求,他走近公司的一线服务员工,听取他们的观点和建议。集中讨论组产生了上百条意见,他们强调,一线人员在现场决定乘客需要什么的自主权很重要。卡尔松总结客户对公司的印象建立在一系列的"瞬间真理"之上:员工和客户的15秒钟的相遇。"如果我们真的致力于让公司以满足每一位客户的个人需求为导向,我们就不能依赖书中的原则和远方公司办公室发来的指令,我们必须让一线员工在15秒内自主作出决定和行为。如果他们要按照组织链条来获取一个有关个人问题的指令,那么15秒黄金时间就会在没有得到任何反应的瞬间消失,而我们将失去获得一位忠诚客户的机会。"(p.66)

17.5.3 动员还是强迫? 权术视角的领导能力

有时候,尽管在企业领域,领导者也会发现他们不得不投入一场权术角逐之中,以驾驭公司朝着自己希望的方向前进。让我们从两个完全不同的领域来看两位首席执行官:李·艾柯卡(Lee Iacocca),20世纪70年代末,他在克莱斯勒面临破产的边缘时成为它首席执行官;卡丽·费奥瑞娜,她于1999年7月成为硅谷巨头惠普公司的首席执行官。

艾柯卡曾经是福特汽车公司的董事,那时候他颇有点自负。但是,1978年7月1日,福特二世解雇了他,只对他做出很简单的解释,"我只能说我不喜欢你"(O'Toole,1984,p.231)。艾柯卡的失业期很短暂,克莱斯勒公司正热切渴望新的领导,他们相信艾柯卡正是他们想要找的人。

第17章 领导能力的重构

尽管艾柯卡在接受克莱斯勒的聘任前了解了一些该公司的情况,但是,事情还是比他预计的还要糟糕。克莱斯勒的亏损发展得很快,破产看起来是不可避免的。他总结了所有情况,认为唯一的方法就是劝说美国政府为其大量贷款提供担保。这是一个艰难的游说过程;国会、媒体和美国公众的大部分成员都反对这一主张,艾柯卡必须说服他们的政府介入,不仅是为了克莱斯勒,也是为了使他们的利益最大化。

同艾柯卡一样,费奥瑞娜也是来管理一个有问题的巨人。惠普的问题不像克莱斯勒的那么糟糕;它仍然是一家盈利的公司,年收入超过400亿美元。但是客户服务在恶化,官僚作风遏制了创新,惠普似乎正处于技术创新曲线之下。《商业周刊》将惠普形容成部分"无能的机构"(Burrows 和 Elstrom,1999,p. 76)。由于多种原因,费奥瑞娜的到来成为一条大新闻,她是惠普60年历史中第五任首席执行官。她是自1938年比尔和戴夫在帕洛阿图市(Palo Alto)的车库创立公司以来第一位外来的领导者,同时她还是掌管像惠普这么大规模企业的首位女性领导。她满怀期望而来,包括"能说会道和钢铁一般的毅力"(Burrows 和 Elstrom,1999,p. 76)。但是,她面临着让人畏缩的挑战,特别是当她打算购并另一家同样在失败边缘挣扎的有着400亿美元资产的康柏公司时。她的董事会支持她的这一积极举动,但是比尔和戴夫的继承人(他们拥有惠普超过15%的股份)并不支持。费奥瑞娜必须在惠普赢得一场重大的战争或者失掉自己的工作。

最终,艾柯卡得到了他所需的保证,费奥瑞娜也实现了她的购并,他们都赢得了自己的战争,但是艺术地采取了权术型领导者所需要的不同原则。

权术型领导者明确他们需要什么,他们能得到什么。权术型领导者是现实主义者,他们避免让自己的意愿蒙蔽自己的判断:什么是可能的。艾柯卡将拯救克莱斯勒变成现实的目标——得到足够的帮助以度过几年困难的日子,而不是破产。他通常很谨慎地提出不是要钱而是要贷款担保,坚持担保不会造成纳税人的损失,因为克莱斯勒会归还它的贷款。费奥瑞娜同样非常现实,当她知道自己陷入不利的公众舆论中时,她就对准一个目标:得到足够的支持使购并得以实现。

权术领导者评估力量和利益的分配。权术领导者要画出权术的版图,仔细考虑主要的竞争对手,他们的利益、他们的能力。他们要问:我需要谁的支持?我如何能够得到支持?谁是我的反对者?他们有多少能力?我能做什么来减少或避免他们的反对?这场战争能获胜吗?

艾柯卡需要来自克莱斯勒雇员和工会的支持,他知道他们没有什么选择余地,主要的对手是国会和公众。只有艾柯卡的建议能够获得足够多的公众支持,国会才可能同意给克莱斯勒提供担保。

费奥瑞娜知道,她需要来自惠普董事会、分析师和大部分投票股东的支持。她首先寻求董事会的支持,但是她的运气不好。华特·休莱特(Walter Hewlett),创始人比尔的儿子,没有参加2001年7月的董事会会议,麦肯锡咨询人员在会上讲述了购并方案。1个月后,休莱特不情愿地同意了购并,但是他非常担忧。作为购并者"协调合作"之一采取的大量裁员等于放弃了他心中的惠普方式。当购并宣布之后,惠普的股票价格跌了40%,他的疑虑更重了,几个星期以后,他宣布将会反对购并(Burrows,2001)。现在费奥瑞娜面临着一场攻坚战,她的工作和她对惠普的前景规划都悬在结果上。她唯一的机会就是做一个具有充分说服力的案例,以说服分析师和那些仍然犹豫不决的股东。

权术型领导者建立与主要利益相关者的联系。权术型领导者集中所有的注意力在关系和网络上,他们认识到个人接触和面对面交流的价值。艾柯卡努力建立同国会、媒体和公众的联系,他花很多时间拜访国会成员,在国会会议上作听证。他拜访了国会成员中的31位意大利裔美国人,但是只有一位投票赞成贷款担保。

艾柯卡说,"有些人是共和党,有些人是民主党,当时这种情况下他们投的是意大利票。我们很绝望,我们必须在每个环节上都要争取"(Iacocca 和 Novak,1984,p. 221)。

费奥瑞娜的首要目标是机构股东和分析师。机构股东持有公司57%的股份,而分析师的观点颇有影响力。费奥瑞娜和康柏公司首席执行官迈克尔·卡佩拉斯(Michael Capellas)带着准备好的50页厚的文件开始了工作。他们向每一位能够找到的分析师展示,购并在战略和财务上的合理性。费奥瑞娜集中于大图景、战略性论述,而卡佩拉斯补充公司整合后详尽的细节问题。一个特别重要的目标是机构投资者服务部,这家咨询公司的客户拥有惠普20%以上的股票,机构投资者服务部的建议轻而易举就能够促成交易或使交易夭折。尽管最初抱着怀疑的态度,机构投资者服务部内负责购并事项的主要分析师,拉姆·库马(Ram Kumar)说,费奥瑞娜和卡佩拉斯的团队劝说和详尽的细节打动了他。"他们对购并的技术掌握得很充分,"库马说,"这是一个无所不包的详尽计划"("惠普-康柏合并建立……,"2002)。

权术型领导者首先劝说,然后再协调,最后只在必需的时候才采取强迫的措施。 聪明的权术领导者认识到权力对他们的影响力来说很关键,同时他们也知道应当谨慎地使用权力。威廉 P. 凯莉(William P. Kelly),是一位经验丰富的公共管理者。他曾经这样说:"权力就像老埃索(Esso)——你笼中的老虎。你要让人们听到老虎吼叫,却不能让老虎出来。你要非常节省地使用权力因为它只有短短的半条生命,你要让人们知道你有这个并且希望你不要不得不使用这个"(Ridout 和 Fenn,1974,p. 10)。

久经世故的权术型领导者知道影响开始于理解其他人的忧虑和利益,什么东西对他们很重要?我如何能够帮助他们获得所期望的东西?艾柯卡知道他必须表达一个广泛接受的信念,联邦担保不会将纳税人的几百万美元打水漂,他利用广告来直接面对公众的担忧。克莱斯勒是否有前途?是的,他说,我们已经存在了

54年,我们还要继续存在下一个54年。贷款担保将会是一个危险的先例?不,账面上政府已经有4 000亿美元的其他贷款担保,无论如何,克莱斯勒会归还它的贷款的。同时艾柯卡还直接回答国会的忧虑,克莱斯勒准备了一份电脑打印稿。最前面的内容是,如果克莱斯勒关闭,那么每个地区将会有多少人失业。

费奥瑞娜知道她最大的障碍就是大规模合并后面对的不良业绩,特别是在电脑行业。1998年,康柏兼并衰落的巨头数字设备公司,交易达成后康柏的股票价值下跌了80%。她最强有力的反对者华特·休莱特,以此为证据来说明此次交易也将会是一场灾难。费奥瑞娜从竞争规模、成本节约和加强管理三方面来论证自己的观点,在与分析师及机构股东的无数次会面上,她都阐述了这些观点。她的听众普遍都认为,她很有说服力,惠普公司作了大量的新闻报道、广告和直接的邮寄传单来支持购并。

战争打到激烈之时,费奥瑞娜甚至采取攻击性的商业宣传。惠普公司作出新闻发布,温和地但是坚定地指出,华特·休莱特作为一个半无能的业余艺术爱好者是不可信的,"惠普公司合作创始人比尔·休莱特的继承者华特·休莱特,是一位音乐家和大学教师,他看管着休莱特家族的财产信托和基金,尽管他是惠普董事会的主席,但是,华特既没有在公司工作过,也没有参与过公司的管理"(Fried,2002)。

艾柯卡和费奥瑞娜都赢得了他们的战争。克莱斯勒度过了它艰难的混乱时期,归还了贷款,开启了风行一时的小型货车项目。在1998年被德国汽车制造商戴姆勒-奔驰公司购并之前,连续多年盈利。惠普公司没有达到分析家的预期,合并后第一个季度的财务报告显示亏损20亿美元,但是,很快我们就能看到这个购并案例,能否在管理史中作为激励领导能力的案例,还是作为费奥瑞娜耗费巨资而一无所获的案例流传下去。

17.5.4 预言家还是狂热者？象征性视角的领导能力

象征视角代表着领导能力万花筒的第四面棱镜，这面棱镜将组织看作是一个剧院和教堂。作为剧院，一个组织提供一个舞台，演员们扮演他们的角色，希望将合适的印象传达给合适的观众。作为教堂，组织是一个信仰的共同体，通过共同的信念、传统、神话、典礼和仪式捆绑在一起。

解释和重新解释经验，领导者通过他们的行为和语言象征性地来领导。历史的真正教训何在？世界上真正在发生什么？将来会带来什么？我们的忠诚和投资的使命价值是什么？对这些问题数据和分析没有给出足够的答案。象征性领导者对经验进行解释，通过美丽和充满感情的语言传授意义和目的。弗兰克林·D·罗斯福在经济危机的最低谷时，让一个民族相信"我们最恐惧的唯一事情就是恐惧本身。"在几乎同一时间，阿尔道夫·希特勒使德国人相信，他们严重的经济和社会问题是由于犹太人的背叛和共产主义者造成的。他说，德国人是一个优等民族，他们仍然能够完成作为世界主宰者的民主使命。尽管许多人在希特勒的思想中看出了破坏性的偏执狂，成千上万的忧虑市民还是卷入到希特勒的德国优等民族的狂热梦想之中。

在伯恩斯（1978）比较"改革型"和"事务型"的领导者时，对领导者，例如弗兰克林·罗斯福、默罕达斯·甘地和马丁·路德·金博士，进行了一定研究。他认为，事务型领导者"走近他们的追随者，希望用一件事情和另一件事情做交易；工作换选票，津贴换竞选赞助"（p.4）。改革型领导者则很少这样做。伯恩斯这样形容他们，他们激发他们投票人的更好本性，使他们向更高更一致的需求和目的前进。他们是理想式的领导者，他们的领导能力与生俱来就是象征型的，象征型领导者遵循以下一系列实践和原则。

通过身先士卒来领导。象征型领导者通过投身于战斗之中来展现他们的责任感和勇气。通过勇于冒险和义无反顾的斗争,他们使别人相信并受到鼓舞。911恐怖袭击之后,纽约市长辛迪·朱利安尼的领导能力是危机情况下的又一个案例,他冒着生命危险迅速赶到现场,当双子座第一座塌陷时,人们看见他在碎石废墟中呆立了15分钟。

使用象征符号引起注意。 1985年当黛安娜·兰姆(Diana Lam)成为波士顿麦琪(Mackey)中学的校长时,她面临着许多挑战。该中学有着市区学校通常的问题:硬件设施特别老化,纪律不严,种族冲突,教师抱怨和经费有限(Kaufer和Leader,1987a)。在这种情况下,一位象征型领导者要做一些可以看得见的和生动的事情,来表示改变开始了。她在担任新职务的暑假里,兰姆给每一位教师以私人名义写了一封信,请求一次单独会面。她在教师希望的任何地方同他们见面(每次会谈两小时)。她询问教师们对学校的感想和他们希望有什么样的变革,然后,她雇佣亲戚将学校的前门和许多破败的教室重新粉刷了一遍。"当学校重新开学时,学生和教师们立即发现,仅仅从象征意义上来说事情将会有所不同。也许更重要的是,教师们收到微妙的信号——自己要为学校多做贡献"(Kaufer和Leader,1987b,p.3)。

当艾柯卡成为克莱斯勒的董事长,他的第一步措施之一就是宣布,将自己的年薪从36万美元降到1美元。"我这样做是从好的、严峻而实际的因素来考虑。我希望我的员工和我们的供应商们这样考虑'我愿意跟随做出这种榜样的人'"艾柯卡在自传中这样解释(Iacocca和Novak,1984,pp.229~230)。

象征型领导者将经验公式化。 在充满不确定和模糊的实际工作中,象征型领导能力的关键作用是给经验提供行得通的解释。简·卡尔松抱着这样一种观点:每一次与客户短暂的相遇都是"瞬间真理",所以他积极动员公司的一线员工(Carlzon,1987)。1963年马丁·路德·金博士在华盛顿游行中发表著名的演讲"我有一个梦想",他的开头语是,"我很高兴和你们一起加入这将会载入史册的为自由而进行的我国有史以来最盛大的游行。"他也可以以其他方式来反映当时的情况:"我们来到这儿是因为自由的进展很慢,但是我们仍不准备退出对自由的追求";"我们来到这儿是因为其他方面没有任何进展";"我们来到这儿是因为这是夏季,是适合呆在外面的好天气"。每一版本和其他版本一样都很准确,但是准确不是真正的目的。金的断言是大胆而鼓舞人心的:他告诉听众们他们通过出席这一重要事件,是在创造历史。

象征型领导者传达梦想。领导者解释经验的一种强有力的方式是概括和传播梦想——关于未来的可以相信的、充满希望的构想。梦想必须表述目前的挑战和希望以及追随者们的价值所在。在危机和充满不确定性的时刻,梦想特别重要。当人们处于痛苦之中时,当人们感到迷惑、彷徨或者当人们陷入绝望和无助的时候,人们非常渴望地需要价值和希望。

梦想从何而来?有一种观点认为,是领导者创造梦想并劝说别人接受它(Bass,1985;Bennis 和 Nanus,1985);另一种观点认为,是领导者发现已经存在的梦想并清楚地将它表述出来,甚至是以不完全和心照不宣的方式表达出来(Cleveland,1985)。库泽斯和波斯纳(1987)说得很好:"公司领导非常清楚,孕育梦想的是那些市场部门对于客户真正喜欢什么的不成形的构想,是生产部门的员工对糟糕的产品质量的咕咕哝哝欲说不说,而不是从公司宏观角度透视的水晶球。最好的领导者是最好的追随者,他们关注那些微弱的信号,对公司发展过程中的变化迅速做出反应"(p.114)。

在简·卡尔松职业生涯的早期,他已经接受了一次严厉的教训。当他和他年轻的执行官们为瑞士年老的市民设计一系列旅游项目时,卡尔松认为他们希望安全、无风险的熟悉的旅行目的地。这一产品惨遭失败,因为年纪大的人希望的是新奇和冒险,这是卡尔松不可磨灭的教训:聆听你的客户和一线的员工。他们知道自己真正需要什么(Carlzon,1987)。

领导能力是一条双向路。没有领导魅力和夸张的技能都不能将反映领导者的价值和需要的梦想推销出去。卡尔松的团队就花了不少钱制作颜色精美的小册子来推销注定失败的旅游项目。只有那些理解最深层次的价值观并且理解其成员最紧迫的忧虑的领导者，才有可能具有高效的象征型领导能力，他们会带着独一无二的、诗意、热情、信心和勇气混合在一起的个人气质来表述梦想，他们在提出和形成追求的方向中起着关键作用。最重要的是，他们会选择讲述什么故事来传播梦想。

象征型领导者讲述故事。象征型领导者常常将他们的梦想寓于故事之中——关于"我们自己"和关于"我们的"过去、现在和将来。我们也许是巴黎的一所神学院，克莱斯勒，中国台湾人民，或者其他一位领导者希望接触的听众。过去通常是一个黄金时代，一个充满崇高的目标，伟大的行为、男豪杰和女英雄的时代。现在是一个充满问题、挑战或者危机的时代——我们必须做出重大抉择的关键时刻。将来是一个梦想：充满希望并直接同过去的伟大成熟直接联系起来的伟大梦想。

这种类型的故事帮助罗纳德·里根，一位高明的讲故事的人，成为美国总统。在美国的黄金时代里，皮肤粗糙的、强健的、自力更生的男人和女人们建立了一个伟大的国家并且照顾着他们自己和他们的邻居们不受强大的国家政府的干扰，这是由众多小镇和志愿部门组成的美国。然而美国已经陷入了危机，里根说，因为"民主党"已经创造了一个联邦政府，联邦政府克以重税，通过法规和官僚机构侵蚀自由。里根给出了一个梦想：回到美国的伟大时代，"将压在美国人民背上的政府清除出去"，恢复美国自由和自治的传统价值观。这一梦想为里根服务，二十年后又为乔治·W·布什服务。

这些故事的成功仅仅由于它们与历史性的有效性或经验性部分相关。关键问题是，对于他们的听众来说，故事是否可信，是否有说服力。如果它能够有效地切入听众的经历、价值观和抱负，那么这个故事,即使是一个有缺陷的故事,都会成功。

穆罕默德(Mohammed)说,在2003年伊拉克战争中,西方人根本不理会伊拉克信息部长萨哈夫。因为他只会说谎,提供错误的信息。他反复预计丝毫不现实的伊拉克胜利。巴格达陷落的前两天,尽管不到半英里的总统住宅处已经明显地出现了美国武装部队,他仍厚颜无耻地告诉记者城市里没有美国军队。但是,在阿拉伯世界中,萨哈夫成为媒体明星,许多观众认为他比美国军方沉闷的简报更有趣和可信。他的军人制服,屁股上的手枪,漂亮的贝雷帽表达出一种精神和热忱。阿拉伯人钦佩他在猛烈抨击美国人时的创造性("吸血的蠕虫","疯狗","蠢驴"),他们特别喜欢萨哈夫用天赋和信心杜撰出来的故事:异端入侵者一步步地掉入陷阱,他们很快就会被英勇的伊拉克战士消灭。随着他服务的伊拉克政府的倒台,萨哈夫的明星史很快就结束了。但是,有一段时期,成千上万的为入侵伊拉克感到愤怒和羞耻的阿拉伯人,乐于听信一个给他们讲述他们喜欢听的故事的人(Lamb,2003)。

好的故事比真实的实践还真实:这反映了系统性领导者拥有巨大的能量,也能带来巨大的危害。在甘地和一个国王的手中,故事的有益能量是巨大的。希特勒讲述的故事,他的破坏性力量也是不可估量的。在第一次世界大战和大萧条的冲击下,20世纪30年代的德国人热切地寻找希望。其他的故事也可以抓住德国人民的想像力,但是,希特勒的狂热和全身心地投入,使得他的故事站在了舞台中心,带给欧洲人民一场大灾难和大屠杀。

象征型领导者尊重并善于利用故事。当领导者错误地认为,当他们走进门时故事才开始,他们常常会误解周围的环境,疏远他的选民。理智的领导者借鉴历史,将他们的动机与过去的价值观、故事和英雄们联系在一起。费奥瑞娜在惠普开展巨大变革时,她还是讲述比尔和戴夫的故事,以表明自己对惠普方式的忠心耿耿。

17.6 结论

尽管人们普遍认为,领导能力是医治组织疾病的良药,但是,它也被广泛地误解。许多有关领导能力的观点没有认识到与它有关的和前后相关的特性,以及它与权力和职位的区别。关于领导能力的不正确理解,常常会导致管理者得出过于简单的建议。我们需要超越过于简单的模型所造成的僵局来重新构建领导能力。

每一种视角揭示了领导能力某个方面的重要性,但是,每一方面都不能抓住事情的整体。在20世纪初期,隐含的管理领导能力模型是完全从理性出发的。20世纪60和70年代,人力资源领导能力变得很时髦。最近几年,象征型领导能力登上了中心舞台。在文章中,到处都是如何成为一个能够改变企业模式的愿景型领导者。组织需要愿景,但这并不是它们的唯一需求,通常也不是它们最重要的需求。理想中的管理者要将各种视角综合成一个完整的获得领导能力的方法。当然,希望每一个人在每时每刻和各种环境下都成为领导者仍然是不现实的。英明的领导者知道自己的优势所在,并能够在工作中扩展它。建立组织的领导团队可以采用四种模式:结构型、权术型、人力资源型和象征型。

第18章 重构变革：培训、重组、谈判、抱怨与继续

到2002年为止，美国几乎是世界上唯一一个还没有正式转换为公制系统的国家。这看起来很怪，因为早在1958年7月，"联邦政府公报"就有这样的内容："国家标准局所执行的常用长度或重量单位标准，将继续建立在公制计量标准之上。"更奇怪的是，在1996年，所有的联邦机构都被要求采取公制系统。多年来，美国迫切地想把它重要的尺度计量单位与世界上其他国家统一起来。然而，即使美国人为拥有千年历史的英制系统（英国正在开始慢慢废弃）付出高昂代价，他们的习惯也难以改变。这严重妨碍了国际合作，例如，在哈勃空间望远镜的设计过程中，由于计量单位的混乱，多花费了纳税人数百万美元。

美国人对老计量系统的习惯再一次证实了变革的艰难。组织者花费数百万美元想改变战略，但是结果往往是没有改变，或者变得更糟糕。兼并失败，技术丧失了它的潜力，至关重要的战略却很少能够付诸实践。这一章首先描述在组织变革中易犯的主要错误，接着讨论如何把障碍变成机会，如何设计一个多视角的变革过程分析框架：如何培训，如何进行结构重组，如何进行权术上的讨价还价，以及如何设计象征性的仪式以鼓励变革的推进，从而取得积极的变革效果。本章进而描述了一种变革过程的整合模式，并且在结论部分用一个案例解释了什么是有效的变革。

18.1 一个普通的变革案例

DDB银行（在此隐去银行实名）是东南亚最大的银行之一，有

60多家分行，13 000多名员工，以及遍及全球的分支机构。从50多年前的成立之日起，这家银行就有一个稳定的盈利率，其贷款投资组合很完美，股东、资本市场和政府规划者普遍给予它很高的评价。

当托马斯·罗(Thomas Lo)成为 DDB 主要分行的总经理时，他属于少数对公司业绩不满意的经理之一。他曾在花旗银行全球各个地区分支机构工作了14年，学会了从战略角度思考问题，在充满活力的组织中感觉很自在。多年来——甚至说好几代以来——DDB 的战略已经变得非常的保守。他所在的分行有大量的存款，尤其在农村地区，储户把钱放在 DDB 很长时间，因为他们感觉自己的钱很安全，并且很容易取出来。一个低成本的储蓄账户使得 DDB 能够以一个合理而且有利可图的利率水平发放贷款——这是银行稳固盈利的关键。该分行和借贷双方都有着稳定长期的关系，在做决策时，经理们通常依靠的是不成文的政策和程序。

有关人事政策也反映了 DDB 对稳定系统的依赖。工作和等级被划分得很细，从进入银行到升为分行经理有一个清晰的职业发展通道。两个主要的要求决定了晋升：(1) 在每一个等级上呆够最低时限，(2) 一丝不苟地遵守已建立的规则和章程。

是否聘任托马斯·罗，曾引起了很大的争议，这个争议分化了管理层。威廉姆·谭(William Tun)是公司的执行副总裁，管着国内所有分行，以他为首的一部分人认为，"如果现在还行，就不要去变动它。"这一群人满足于足够好的现状。还有一部分人认为公司必须从零开始改变，这一部分人以菲利浦·尼奥(Philip Neo)为首，他也是公司的执行副总裁，负责公司银行业务。

更具有进取心的人们强调，随着政府对银行业管制的放松，银行业竞争将日益激烈。这一部分人感觉到传统的储蓄已不能再被认为是理所当然的，为了保持竞争力，他们坚持认为，DDB 必须关注更优良的客户服务和有创新意识的战略，来支持和扩展储蓄基

第 18 章 重构变革：培训、重组、谈判、抱怨与继续

础。雇佣托马斯的目的就是给其他分行作一个示范的榜样。

罗从最底层开始变革。在3个月的时间内，他制定了一个五年计划，并且开始逐步实施。分支机构的经理们都拥有了自己的贷款目标、存款目标和利润目标，其中最后这项指标拥有最高的优先权。原有系统被改进以便那些目标能够得到持续的监控，对主要的分支机构进行了重组，新增了市场经理和策划经理这样的新职位。虽然罗宣称，在内部设置这些职位是为了与现行政策保持一致，但是，他的真正意图是雇佣一些外部人员，给分行注入一些新鲜血液。

罗还进行了其他方面的变革。他认为需要一个新的绩效评估系统，以此来确认绩效优秀的员工，并对他们进行快速提升。他想要建立一个更有弹性的薪酬体系：不强调员工的在岗年限，而是看其业绩。他鼓励人力资源部门开发新的职业通道，以便于分支机构之间横向流动以及分支机构与总部之间的流动更加合理。现有的大部分员工都拥有会计学或经济学学位，但是罗想招一批新人——即使他们的学习领域与银行业无关。

6个月后，罗得出结论，他的改革对于银行日常事务活动几乎没有影响。问题在于，虽然表面上没有人公开反对，但是计划却被偷偷地拖延下来。有些经理们声称，他们正在为了实施变革计划而工作，但是，却总是找出很多借口来推迟计划的实施。其他人在公共场合点头称是，但是私底下还是用他们老一套的方法处理问题。罗开始认真地考虑，是否该离开 DDB 去加入一个更有活力的投资银行。

在现实生活中，罗的遭遇司空见惯：满怀信心地开始，风风火火的过程，最后是一个令人失望的结局。细心的读者可能会发现，罗的故事和第2章所讲的海伦·德马科的案例很相似。罗的下属们就像德马科一样，他们不公开抵抗变革但却维护他们的组织。同样，保罗·奥斯本和托马斯·罗在很多地方也很相似：都想把新鲜的思想带给守旧顽固的组织，使之有新意，同时两人在推动组织

变革过程中都遭受了打击。

这类故事证实了一个颠扑不破的真理：理性的改革常常以失败告终。像罗这样，变革者误解或忽略了他们的行为可能带来的意料之外的结果。他们盲目地沿着自己选择的道路继续下去，却忽略了关于方向错误的警告信息。经历了很多的变革努力，我们看到的仍然是经理们有限的战略，因为他们只知道一种或两种视角。有些人尝试通过重新设计正式的组织结构，来实行主要的变革，结果却发现人们没有能力或不愿意去承担新责任。还有人引进新员工或辞退老员工，结果发现新血液和新思想会遭到拒绝或被同化，最后消失得无影无踪。

如同马基雅弗利多年前在《君主论》中所发现的那样："我们必须认识到，没有什么比给人或物建立一个新的秩序更不易成功、更难管理。因为引进变革的人，将成为原系统受益人的敌视对象，但从新系统中受益的人却又表现得不冷不热。"（[1514]1961,p.27）

马基雅弗利关于变革进程的悲观发现依然如故，但是，多种视角可以帮助变革发起人增加成功的机率。不经角色转换就重新培训员工，或不经过重新培训员工就进行职能转换，这些都是不起作用的。认识到新角色要求新技能比新技能要求新角色的经理们的成功概率要大得多。变革还会威胁到现存权力系统和破坏现存的规章制度。从更深层次讲，变革打破了根植在员工心里的象征形式、传统的方式和公众认可的行为。在表层下，组织的社会行为惯性被打破，既威胁到时间沉淀下来的传统，又威胁到盛行的文化价值观和行为。在这章其余部分，我们会考虑人力资源、结构、权术和象征方面的组织变革，并用科特（Kotter）的变革过程模型整合它们。

每一种视角提供了关于变革主题的一种独特角度，如在表18.1中归纳的那样。人力资源视角关注需求和技能，结构视角强调重组和明晰，权术视角强调冲突和竞争，象征视角强调价值的丧失以及建立新象征的重要性。每一种视角针对一系列变革障碍，并且提出使变革深入组织的可能性。

表 18.1　重组组织的变革

视角	变革的障碍	关键战略
人力资源	焦虑,不确定;感觉没有竞争力,不被需要	开发新技能的培训;参与;心理支持
结构	缺乏明确和稳定,迷惑,混乱	交流,再结盟,通过正规模式和政策的再谈判
权术	不授权,在胜者与败者之间的冲突	制造能够重新结盟、重新合作的场所
象征意义	失去意义和目的;怀念过去	举办转换仪式;缅怀过去;庆祝将来

18.2　变革与培训

在变革上的投资必将引起培训上的投资,这听起来很容易理解,然而有数不清的变革举步维艰,就是因为管理者忽略了在开发必要的新技能和新知识时必须进行时间和金钱上的投资。在很多组织中,人力资源部门是一个不会引起大家重视的部门。

管理类最畅销图书:斯宾塞·约翰逊,《谁动了我的奶酪?——在工作和生活中应对变化的绝妙方法》(Spencer Johnson, *Who Moved My Cheese? A-Mazing Way to Deal With Change in Your Work and Your Life* (New York: Putnam, 1998))

斯宾塞·约翰逊这本总共 94 页的简短的关于老鼠、人和变革的寓言小故事,已经连续三年(1999、2000、2001 年)蝉联《商业周刊》最畅销图书,使它一度成为最成功的管理类图书之一。

这本书实质上就是一个小故事,故事里有一个迷宫和四个主体:两只分别叫"嗅嗅"和"匆匆"的老鼠与两个分别叫"哼哼"和"唧唧"的小矮人,因为"他们在迷宫里找到了一个地方有足量优质的奶酪"，所以生活得很美好。但是奶酪的质量和数量在下降，最终奶酪彻底消失了。

老鼠，作为相对思想简单的生物，只想到了"这里没有奶酪了？那去其他地方找找。"对于奶酪，"嗅嗅"有很好的嗅觉能力，"匆匆"有很好的追踪能力，不久，它们两个又找到了奶酪天堂。

但是"哼哼"和"唧唧"作为人类，不愿意放弃老一套，他们猜想是谁弄错了，因为他们有权力享有这些奶酪。他们确信，如果他们等等，那些奶酪今天会再来，但事实上没有。当他们饥饿时，他们抱怨这一切不公平。最终"唧唧"决定去寻找新的奶酪，然而，"哼哼"坚持留在原地，直到奶酪回来。

在"唧唧"寻找的过程中，他有了新发现，于是在墙上做记号来表达他的新思想，例如"旧思想不会给你带来新奶酪"等等。"唧唧"的努力最终让他与"嗅嗅"和"匆匆"重逢在一个新的奶酪天堂，"哼哼"则继续挨饿。

奶酪，如书中所讲，是一个抽象物，代表了你生活中所有想要的东西，迷宫则代表了你工作生活的环境。它可能是你的家庭，你的工作场所，甚至是你的生命。其基本信息是简单明确的：当旧思想和旧习惯已经变成一种自杀行为时，适应性、试验能力和尝试新思想的意愿对于在快速变化的世界中获得成功很关键。

这本书当然会受到一些批评，但支持者远远多于批评者。对于支持者来说，简单易懂是一个优点，通过这则寓言小故事，支持者们能够从中看到自己影子和切身经历，他们也曾经因为强烈拒绝适应新的环境而伤害过自己。

例如，在一家大公司，总裁决定使用一项达到最新发展水平的技术。他确信，这项投资将使从顾客下订单到提交货物的时间缩短50%。快速响应将会带来决定性的竞争优势。对这项战略进行了数小时的细致分析。这项新技术的实施是大张旗鼓的。总裁向销售队伍保证，公司将拥有高科技竞争优势。然而，当最初的得意感消退之后，销售人员意识到，他们的老办法过时了，多年来积累的经验没有用了,熟练工一下子又回到了新手的地位。当总裁听说销售队伍对新技术持怀疑态度时,他说,"去找人力资源部的人来,让他们来处理这件事。你知道人力资源部副总裁的名字,我雇用她就是让她来处理这种事情的。"一年之后,技术以失败告终,而培训从未在实质上进行过。公司投资的最终结果是耗资巨大而无成效的技术和一群没有斗志的销售队伍,竞争的机会也因此丧失。

相反,有一家大型医院投资几百万美元,引进了一套信息集成系统。其目标是让所有参与治疗计划的人都能够及时获得最新信息,从而提高对病人的治疗水平。病人床边的终端与护士工作站、出诊医生、药房和其他服务部门的电脑联结在一起。为了确保新系统能正常工作,医院管理人员建立了一个模拟实验室。从各个团队中选出个体代表,然后把他们带到实验室里,坐到一台终端电脑的前面。电脑给出许多情景,让他们进行实践,并给出解决办法。很多人,尤其是那些医生,需要提高他们的计算机技能,这就需要教练的帮助。每个团队都拥有一个自助式的支持系统,人们的技能和自信在培训过程中得到了改善。在系统实施过程中,建立跨越多个不同部门的联系是非常有意义的。

从人力资源的角度看,人们有很好的理由来抵制变革,没有人喜欢焦虑,或者认为自己没有能力。日常生活实践和程序的改变,破坏了现有知识和技能的地位,这削弱了人们自信而成功地完成工作的能力。如果要求人们去做一些他们根本不明白的事情,他们就不知道该如何去做,或者是不相信自己能够完成,他们会感觉到迷惑、焦虑和缺乏安全感。由于缺乏实施新方法的技能和信心,他们会进行抵制甚至是反抗,等待着回到以前的工作模式,或者是像托马斯·罗的下属一样,表面上遵从,却在背地里拖后腿。即使他们努力按照要求去做,结果还是会令人失望的。心理学证实,通过培训和参与,有可能提高人们对新方法的理解和感觉的舒适性。

在培训领域中,那些负责指导变革的人常常会被忽视。科特讲述了一个活生生的例子,展示了培训如何使人们对新事物的根本原理进行交流沟通。有个公司的 20 个高级经理提出了一种以团队为基础的组织结构,公司正朝着这个方向转变。公司非常关心工人和工会将会做出何种反应。为了确保人们理解和接受这次变革,经理们进行了一项集中的培训。"我们的 20 个'沟通者'不断地演示。他们学会了反馈,尽他们的最大努力,还进行了更多的角色扮演,直到他们认为对接下来的任何事情都会感觉舒适时。这听起来可能有些难以置信,但是他们的确处理了 200 多个问题……我不认为,我们所做的是没用的,我想太多的人都需要这样做。"(Kotter and Cohen,2002)

18.3 变革与重组

个体的技能和自信不能确保成功,除非组织结构也被重组为一个新的创新型组织。例如,有个教育系统提出了一项政策,要求校长们在督导课堂教学活动中发挥更加积极的作用。他们专门对校长进行了培训,培训他们如何观察老师的行为,以及如何提出忠告和建议。道德问题和抱怨很快开始浮出水面。没有人问过校长责任的改变将对老师产生怎样的影响,也没有人想对权力安排的现状提出质疑。在老师眼里,校长们花时间在教室里监视他们,并对他们的教学提出建议,这合理吗?最重要的是,没有人去问谁将对学校的管理责任负责,因为校长们已经没有时间去管理学校了。结果,家长们感觉受到了忽视,学校的纪律也开始涣散。到年终时,大部分校长又回到了以前,继续关注他们的管理事务,不去监督老师。

结构意味着明晰、可预见性和安全感。正式的角色应当有岗位责任描述,以指导其如何完成工作。制度和标准的操作程序使各种工作同步进行,成为协调好的过程。正式的权力分配要让每个人都知道,谁在负责,什么时候负责,负责什么。变革会破坏现有的安排,导致模糊、迷惑和不信任。人们不再知道什么是被期望的以及期望别人如何。每人都会认为,其他人在负责,但是,事实上,可能根本没有人负责。

再看另外一个例子。有一家医院在变革的过程中出现了许多问题:居高不下的人员流动率和缺勤率,护士人手不足,缺乏交流,员工士气低落,关于马上要组织一个工会的流言四处传播。一份咨询报告指出了几个结构问题:

一个与高层管理相关。执行委员会的成员似乎对于自己的角色和权力不清楚,很多人认为,所有的重要决策在开会之前都已经由医院的主管雷图(Rettew)做了决定。许多人都有这样的同感:主要的决策都有暗箱操作现象,而且雷图对于不同的个体有"拉拢"的行为,为了让他们在会议上支持他的决定,而许诺给予特殊的奖励或恩惠作为回报。这样人们就有被操纵的感觉,会感到困惑和不满。

主要的问题同样存在于护理服务之中。护理部门的主管似乎也想模仿雷图的管理风格……护士长和主管护士觉得,她们没有实权。与此同时,护士们普遍抱怨,管理人员缺乏对他们的指导和坦诚。组织结构不明确,护士们不知道什么是她们的工作,她们该向谁汇报,以及决策是怎样做出的(McLennan,1989,p.231)。

学校和医院的例子说明,当事情开始改变时,人们不知道他们的职责,怎样与其他人联系,谁拥有决策权。明晰、可预见性和理性屈服于迷惑、失控和一种权术而不是制度的感觉。为了将这些困难最小化,变革必须预见到结构问题,并对角色和关系进行重组。在其他一些情况下,对结构进行重新安排需要进行比较正式的重新谈判(通过某种形式的责任图表,这在第5章讨论过)。

组织研究领域的伟大启示之六:理查德·R·纳尔逊,悉尼·G·温特,《经济变迁的演化理论》(哈佛大学出版社,1982)(Richard R. Nelson and Sidney G. Winter, An Evolutionary Theory of Economic Change (Cambridge, Mass.: Harvard University Press,1982))

如果你是一名经济学家,你怎样思考组织中的变革?纳尔逊和温特的著作代表了经济学争论中新古典经济学那一方。新古典经济学与一些奇特极端的思想对抗,实质上,新古典经济学认为,面对可能的选择和诱因,人和组织都会为了追求自身利益(效用)的最大化而做出理性的决策。这些关于变革的问题很简单:理性的最大化选择在两种条件下会改变:(1)人们的偏好发生变化,或者(2)环境改变了人们所面对的诱因。

新古典经济学方法的一个例子是第 4 号伟大的启示:詹森和梅克林关于代理理论的论文(在第 3 章已经讨论过)。纳尔逊和温特对此持异议。(同样,本书所列另两篇文献的作者也持异议:2 号文献的作者西尔特和马奇,在第 11 章讨论过;5 号文献的作者,马奇和西蒙,在第 2 章讨论过。)

纳尔逊和温特对最优化理论的基础提出了批评。"公司只能在有限的资源基础上进行最优化的判断;他们甚至很难建立一个比较合理的选择范围"(p.399)。他们发展了一种能够与实践观察到的变革过程相一致的演化理论。该理论包括以下 3 个核心概念:

1. 程序:一种常规和可预测的行为模式,一种公司反复使用的做事方式。这是马奇和西蒙所说的"程序化的活动"。

2. 搜寻:对现有选项的评估,获取新信息以及潜在的可供选择的程序。"程序在我们的演化理论中,起着基因的作用。随机地搜寻程序会带来突变"(p.400)。

3. 选择环境:组织要决定是否接受一项创新时,所需要考虑的一系列因素。它们包括成本和收益,消费和监管因素,以及一个组织如何从其他组织那里学习创新。

纳尔逊和温特把组织看成行为模式的组合。这些行为模式使寻找新选项的搜寻行动具有稳定性和持续性。如果一个组织发现了新的可能性,它必须尝试这些可能性。保留那些起作用的,其余的都抛弃。与自然界的选择相类似,变革随着时间演进,逐渐地与环境实现更好的匹配。

18.4 变革与冲突

变革不可避免地带来冲突。它会引起白热化的竞争,以此来决定胜负。有些个体和群体支持变革,另外一些则是坚决反对。更常见的是:有些冲突隐藏着,并不表现出来,偶然之间,它们会突然迸发出来,演变成非常规的战争。例如,由美国政府提出的改进美国乡村学校计划就是一个很好的例子。"实验学校项目"为全面的变革提供了资金,它也清楚地见证了5年里10个地区学校的变化经历。第一年——计划阶段——没有冲突。但是随着计划开始实施,隐藏着的问题开始浮出水面。西南部的一个学区提供了一个具有代表性的案例。

在这所高中,一位负责对老师进行评价的人对考评过程进行了解释。他强调说,已经采取了精心设计的预防措施,以保证评估人不会用特定的考核系统针对特定的老师。他还发了一些问卷表来评估这个评估模式。因为这一项目引起了一些紧张,他开玩笑说,老师们可以用这个清单来给自己"评级"。然而他得到了一些笑声。当他鼓励老师们阅读评估计划并提出建议时,笑声更大了。"如果你有多余的15分钟,并且实在无聊,你可以读这个部分",当有一位老师指出,他的匿名做法行不通,因为她是所在项目的唯一一位老师时,整个房间都笑翻了天。接着,又是一些敏感而幼稚的问题和更多的笑声。

学校的负责人在随后的发言中很愤怒,他警告老师们不要轻视评估者,他说,这些评估是为了保护全体员工。他反复强调,老师们不支持这个项目,他们对学生不关心。"你们的态度实在是不可理喻",他说,然后,就冲出房间。

他的讲话引起了整个学校的骚动。那个质疑过程保密性的女老师哭了。大部分老师被他惹怒了,有一对夫妇说他们打算辞职。

关于这件事的传闻漫延到整个系统,在其他学校也引起了反响(Firestone,1977,pp.174～175)

经过这次交换意见后,管理者和老师间的冲突变得严重了,学校董事会也被卷了进来,决定减少学校负责人的权力,甚至有传言说他将被开除,这让他更加没有威信。

这种例子的结果是可以预见的。随着变革的出现,不同的小群体出现了,有支持的,有反对的,还有中立的。有的时候,只有战争的最终爆发,冲突才会消失或解决。强制性的力量能决定胜负,通常是现状占据上风,最终变革实施者以失败告终。从权术的角度来看,决策是生活中的一部分,通过谈判和讨价还价,来达成协议。如果冲突被忽略,那么争议就会变成恶战,恶战是没有规则可遵循的,任何事情都可能发生,人们在斗争中受到伤害,伤痕会持续很多年。

替代恶战的办法是拥有规则、裁判员、观众和竞技场。竞技场提供一个场所,解决重要问题的分歧以达成共识。通过讨价还价,就会实现现状与变革思想的协调。把新的理念引入到现有的实践当中,对于变革的成功是非常关键的。有位医院管理者说:"董事会和我不得不学会如何在公共论坛上努力坚持。"

米特罗夫(Mitroff)就描述了一个医药公司的故事。这家公司面临着使有品牌处方药从没有品牌的替代药品中脱颖而出的压力。管理层分为三派:一部分想提高药品价格,另一部分想降低价格,还有一部分想维持价格降低成本(Mitroff)。每一派的成员都搜集了相关信息、建立了结构化的模型和完善的报告来证明自己的想法是正确的。这个过程很令人失望。米特罗夫建议让每一部分成员去确定他们的主要受益人,并弄清他们的想法。所有人都赞成最关键的利益相关者是开处方药的医生,每个小组都有自己关于医生对价格变化的反应和意见,但没有人真正知道。三个小组的人最终达成协议,各自选择一个市场,去测试他们关于价格变动的假设是否正确。

通过建立一个具有更加有效规则的竞技场,这种干预能起作用。类似的,创造了解决冲突环境的实验学区在进行综合性变革时,比那些一下就进行综合变革的会更成功。在刚才所讲的学校案例中,对于管理者的强制性高压,老师们有他们的应对策略:

为响应一位教师打来的电话,社团成员们自发地组织了一个叫"关心教育的民众"的社团。那位老师称:家长们应该关心管理者对他们孩子所做的事情。学校负责人开始对社团的要求和关注做出反应。后来,这个社团与老师结成联盟,来抵御董事会中管理当局的支持者,并选出更支持他们的成员。董事会成员的更换,削弱了管理者权力和权威。这样,他们就必须通过讨价还价和谈判策略,来推动所期望的变革(Deal and Nutt,1980,p.20)。

变革经常会导致不同利益群体之间的分歧和冲突。成功的变革要求有能力进行重构,建立联盟,并且建立一个能把不赞成变成可操作的协议的场所。一个有见地的总经理曾评论说:"我们需要正视各种不一致和不统一的观点以及冲突的目标,而不是装聋作哑,我们要保证——日复一日地——冲突能够被解决,这样就不会导致内战。

18.5　变革与损失

在20世纪80年代初期,美国的可乐大战——可口可乐与百事可乐——达到了一个白热化的状态。百事的挑战——短兵相接的品尝试验——正在抢占本来属于可口可乐的市场份额。在一次仅仅依靠味觉的测试中,甚至可口可乐的忠实消费者也更喜欢百事可乐。在亚特兰大可口可乐总部举办的可乐挑战中,百事又以微弱优势取得了胜利。之后,百事赞助迈克尔·杰克逊500万美元做广告宣传,而迅速进入了这个行业。可口可乐的管理者开始紧张了,他们决定采取一项革新战略,作了一项公司成立多年以来最重要的宣传:老的可乐将被新可乐取代。

上午11点之前(1985年4月23日,星期二),林肯中心维维安·博蒙特剧院(Vivian Beaumont Theater)向200多家报纸、杂志和电视的记者开放。整个会场都被红色渲染着,3个巨大的屏幕,每一个都是耀眼的红色,并画着公司的标志。乐队指挥台上是红色的玫瑰,一张桌子也被装饰成红色。光线很暗,音乐开始了。"我们是——我们将永远是——可口可乐——所有美国人的历史。"当爱国的歌曲响彻整个剧院时,各种各样的美国场景出现在中央屏幕上,家庭和小孩,艾森豪威尔和约翰·F·肯尼迪,大峡谷和麦田,甲壳虫乐队和布鲁斯·斯普林斯汀(Bruce Sprinsteen),牛仔,运动员,自由女神像——以及一些可口可乐的广告。罗伯托·戈伊祖塔(Rober Goizueta)(可口可乐的首席执行官)走到乐队指挥台。他首先感谢与会的记者将如实报道他将要说的内容,接着他宣布:"最好的东西也能变得更好。"避开公司暗中进行了多年的试验研究,其成果已经开始投入生产不谈,戈伊祖塔接着宣称,在研制可乐的过程中,公司的调味人员"发现"了一种新配方。研究结果证实,与老可乐比起来,消费者更喜欢新可乐。管理者将做出选择:什么也不做或者给世界带来一种新可乐。戈伊祖塔宣布,经过品尝试验,管理者们决定"选择最轻松的事情来做"(Oliver,1986,p.132)。

后来发生的事情已经成为历史。可乐的消费者们拒绝新的产品,他们感觉被出卖了,很多人非常愤怒,"杜安·拉森把他多年来收集的可口可乐瓶子扔到了餐馆外面,并且挂了一个牌子:'他们不再卖可口可乐了'……贝弗利山的丹尼斯·欧尔斯崔把贮藏的500瓶老式可口可乐拿了出来,以每瓶30美元的价格出售,他几乎全卖光了……《旧金山观察家报》(San Francisco Examiner)的记者比尔·曼德尔(Bill Mandel)称这种可乐为无能人的可乐……最后,盖·穆林斯(Guy Mullins)宣称:'当他们把老可乐从柜台上撤下时,他们违背了我们对自由的选择——篮球、汉堡、可乐——正是这些构成了美国'"(Morganthau,1985,pp.32~33)。

第18章 重构变革:培训、重组、谈判、抱怨与继续

甚至可口可乐的内部员工也很惊恐:到6月份的时候,公众的气愤和怨恨已经扰乱了可乐员工的私人生活,无论是最高管理者还是普通文秘,他们遭到了朋友和熟人的猛烈抨击,一度以在可口可乐工作为荣的员工们,不敢再称自己与可口可乐公司有丝毫关系了(Coliver,1986,pp. 166~167)。

面对危机,可口可乐重新采用原来配方,结果公司迅速恢复起来。事实上,公司大量的错误估计,导致了营销历史上最奇怪的、也是最侥幸的胜利。所有被新式可口可乐激起的争论、激情和免费宣传,最终帮助可口可乐重新获得其在软饮料行业的统治地位。这真是一个伟大的计谋——如果是被专门计划好的。

是什么导致可乐的总经理陷入这样一种绝境?归纳一下,有几个方面的原因:百事正在夺取市场份额,可乐公司新任命的首席执行官戈伊祖塔也决心使公司现代化,之前的变革——减肥可乐——带来了很大的成功,最重要的是,可口可乐受人尊敬的、任职时间很长的"老板"罗伯特·伍德拉夫(Robert Woodruff)刚刚去世,在临终前,他多次为戈伊祖塔祈祷变革能成功。

在他们与百事可乐的激烈争夺战中,可乐公司的经理们忽视了象征性视角这个非常重要的原理。一个目标或事件的意义可能远远超过它本身。奇怪的是可乐的领导者不理解他们的产品对于消费者的特殊意义。对很多人来说,可口可乐是美国的一部分,它与珍贵的记忆联系在一起,可乐不仅仅是一种软饮料,而且承载着更多的东西。

在推出新口味可乐的过程中,公司的管理者们无意识地宣布要取消美国的一项重要象征。象征会创造意义,当承载着人们情感的象征被破坏或消失时,人们所经历的情感就如同配偶、孩子、老友或宠物的过世。当一个亲戚或好朋友过世时,我们有一种很强烈的失落感。当计算机取代了旧的工作程序时,当企业合并后变更标志时,或者当一个老领导被新领导取代时,我们也会无意识地怀着相同的感情。当这些感受在工作场所而不是在家庭产生

时,这种失落感被错误地归咎于其他原因。

组织中任何重大的改变都会引发两种不同的反应。第一种是维持现状,让过去延续下去;第二种是忽略失落感而匆忙地走向未来。个体或群体很容易走向这两个极端,或者在这两种情况中犹豫不决。有一家医院特别护理科的护士们,因为更换一架旧设备而引起她们的失落感。美国电话电报公司被强行撤掉地方电话业务时,一位高管人员评论说:"有时候,早上起来我真想一把火烧掉这个世界。有时候早上醒来之后,我几乎不能下床面对新的一天。"失落感是变革不可避免的副产品,当变革加剧时,管理人员和员工们将陷入无尽循环的悲痛之中而不能自拔。

在我们的个人生活中,治疗失落感的过程经常是由社会完成的。发生重大损失之后,每种文化都形成了一系列的仪式:通常是共同表达悲痛,感受,以及幽默和希望(想想爱尔兰演员马拉奇·麦克考特(Malachy McCourt),在其母亲临终前,对伤心的医生说,"别担心,医生,我们来自长长的逝者之群。")在很多社会里,仪式的步骤包括:守灵,葬礼,一段时间的默哀和一种形式的悼念。

从象征意义的角度讲,仪式对于重大变革是很有必要的。部队司令官的更换要被正式地记录下来,通常会举行一个公开的正式仪式。火炬从前任司令官手中传递到新任司令官的手中,前任司令官的面孔和名字将会以照片和徽章的形式展示。交接仪式的一系列步骤,帮助人们走出过去,处理现在的悲伤情绪并转向充满意义的未来。这类仪式有许多种形式,如果没有这些仪式,人们就会面对失落而止步不前。然后,就会在沉迷过去和投入未来之间犹豫不前。即使是打破那些消极的象征或有害的象征的活动,也需要某种有意义的形式来标记。这些场景应该是帮助人们走出老套路,并且能够提供让他们继续前进的新选择。

欧文(Owen,1987)对"Delta公司"变革过程的描述,非常生动地印证了这个观点。一个名叫哈瑞的企业家开发了一种产品,这个产品将会创造足够的需求来养活公司的3 500人。经过最初的一次成功的创新性的公众筹股,公司很快就遭遇了成本的高涨、销售的低迷和新产品的缺乏,面对股东们的不满以及他们对经营失误的指责,哈瑞把权力转交给了一位新领导者。

哈瑞的继任者非常清楚自己的愿景:她想要"能飞的工程师"。但是,与她的愿景同时存在的是"走下坡路"的历史。另外一个问题是,公司各个部门被一系列复杂的故事控制着,每一个都代表着一种不同的Delta哲学。财务部门的故事说随着哈瑞的离去将会进来一批新的管理者;研发部门的故事说组织层次将发生变化;在最高层,"老哈瑞"的故事颂扬了富有创新意识的前任首席执行官的成就;中层管理者的故事则集中于每个月颁发的"金羊毛奖"的颁发内幕,该奖发给了一个开发人员,他的主意使公司至少可以实现盈亏平衡;生产部门则都在讨论幸运儿山姆,他是"金羊毛"奖获得最多的人,是一个哈瑞时代的激动人心的革新榜样。

公司没有一个共享的故事,Delta是一个独立细胞的组合体,每个部门都有自己的故事。在不同的层级和部门之间,故事被聚集成两个相互冲突的主题:新来者关注管理,而公司的传统是关注创新。新任CEO意识到,有必要调和新老两种思想,去建立一个新公司。在这个公司里,让"工程师可以飞起来"。她把公司35个人招集起来,去参加一个管理层的辞职会议。在那个会议上,她震惊了在场的所有人。

她以公司早年的一些故事开头,描述了老哈瑞(Old Harry)和"车库帮"(Garage Gang)(现在很出名的Leper Colony)。她甚至把一个早期的哈瑞机器模型放在桌上。大部分人都没有见过。它看起来很原始,但在中间休息时,公司的员工们都围绕在这个古老的机器前,并开始相互交流着故事:漆黑的小巷,深夜和突破。那个布满灰尘的机器变得很有吸引力,年轻的工厂一线人员跑上来触摸他,把这台老样板和他们生产的光滑的机器进行比较并窃笑。但是即使感到可笑,他们还是停下来听它的故事。它可能仅仅只是一台"模型",但所有的一切都是从它开始的(Owen,1987, p.172)。

在中途休息后,这位 CEO 把人群分为几个小组,以共享他们对公司的期望。当与会者回来时,他们的椅子已经被重新排列成一个环形,环形中间就是老哈瑞的模型。当人们面面相觑时,CEO 组织了一场讨论,把各个小组的观点综合起来。幸运儿山姆用许多专业术语对新产品的可行性作了说明。

他的声音很大,但小组其余的成员听不清。首席执行官拉着山姆,把他领到环的中央,紧紧挨着那台老式模型。这就是老式的和新式的——过去的、现在的和潜在的。她在山姆的耳边说,他应该做个深呼吸,并且一口气把话说完。他照做了,没有太多的修饰,观点明确。他推测了应用情况、竞争对手、市场份额和不久后原副总裁的紧缩开支。他没有去考虑销售税的损失,而是想着怎样融资来支持他的生产计划。来自生产一线的小组……开始讨论他们如何把生产线转变一下来生产山姆的新产品。甚至获金羊毛奖的人群也开始变得兴奋,互相说着,他们一直以来就认为山姆能成功。他们很快就忘了山姆曾经把一些本属于他们的奖拿走了,而不再在意这个新想法与他们规则的冲突(Owen,1987, pp. 173~174)。

在一种典型的事件中,部分过去被掩盖,然而它的精神继续存在并改变,以适应新的环境。不满的主题和故事被有利地融入一个"工程师能飞起来"的公司。

18.6 变革的战略

结构包含着一系列综合因素,这些是变革发起者必须认识到并给以考虑的。但怎样把它们整合为一个完整的模型呢?变革的进程随着时间会有怎样的改变?约翰·科特(John Kotter),一个在领导和变革方面有很多影响的学者,研究了世界上的成功与不成功的变革案例。在他的《变革的核心》(*The Heart of Change*)(2000,与 Dan S. Cohen 合著)一书中,他概括了他所研究的内容,其基本思想与我们的很相似。许多主动变革的失败是因为过多地依赖"数据收集、分析、写报告和提交",而不是抓住"激励有效行动的感觉"这一更有创意性的方法。换句话说,当变革者发起人几乎完全依赖于理性和结构,而忽视人性、权术和象征要素时,他们往往会失败。

科特描述了他在成功的变革组织中发现的八个阶段:

1. 创造紧迫感;
2. 把具有所需技能、信用、整合能力和权威的人组成一个引导小组,来推动事情的进展;
3. 创造一个有振奋人心的远景规划和战略;
4. 通过一系列语言、行为和象征性事件,把愿景和战略结合起来;
5. 清除障碍或授权人们继续前进;
6. 通过短期的成就给人们制造看得见的进步;
7. 坚持下去,决不退缩,即使事情变得很棘手;
8. 培养和塑造一个新文化来支持新的变革方法。

科特的这八个阶段,是随着时间推移的一种变革进程的模型,但是,这一进程不一定是按线状序列发生的。现实世界里,这些状态会重叠,变革发起者有时需要回到初始的状态。

把科特所描述的过程与表 18.2 所讲的过程结合起来,描述了科特的阶段的每种状态,并说明了变革发起者可能采取的行动。在每一个阶段中,并不是所有的视角都是最重要的,但是对于成功都是至关重要的。举个例子。科特的第一个阶段:创造一种紧迫感,人力资源、权术和象征性战略,都涉及这一点。在象征性战略中,通过讲述现有的挑战和危险,以及失败后可能带来的巨大灾难,领导者能够创建一个有说服力的故事。在人力资源战略中,通过让人们参与和开放式会议的方法,把故事传播出去,并且可以得到听众的反应。在这之后,领导者可以与关键人物会面,评估他们的利益,以及通过谈判,或必要时动用权力,让他们开始行动。

表 18.2 科特的重组变革阶段

科特的变革阶段	结构视角	人力资源视角	权术视角	象征视角
1. 树立紧迫感		整个组织人员的参与;请求投入	与关键人物的关系;以权力为基础	讲述有感染力的故事
2. 指导团队	提出协调的政策	组织引导团队	用可靠的、有影响力的成员构成团队	在团队安排一个有影响力的领导
3. 提出愿景和战略	执行计划		了解权力状况;提出议程	开发植根组织历史的充满希望的愿景
4. 通过文字、行为和象征物把愿景和战略结合起来	创造支持变革过程的结构	召开直接交流的会议,得到反馈	创建竞技场;建立联盟;拒绝对立	看得见的领导参与,开始仪式
5. 克服障碍和授权	舍弃或者改变支持老方式的结构和程序	提供培训、资源和支持		公开对反对变革者进行批判
6. 初步的胜利	计划短期胜利		投入资源、权力来确保初期的胜利	对早期进步进行庆祝和交流

续表

科特的变革阶段	结构视角	人力资源视角	权术视角	象征视角
7. 当遇到困难时继续前进	让人们按照计划行事			再次开会
8. 支持新方法的文化	校正结构去适应新文化	组建文化团队；文化发展中广泛的参与		悼念过去，纪念变革中的英雄，共享其中的故事

另外一个例子是科特的第五步要求克服障碍和授权，鼓励人们继续前进。在结构视角中，这是识别影响成功的规则、角色、程序和模式并把它们整合起来的活动。同时，人力资源视角强调，培训和提供支持资源使人们掌握新的行为方式。在象征型视角中，一些公开举动（例如解雇、降职或消除潜在竞争对手）能够强化这种信息。

表18.2中的各项内容只是解释性的和建议性的，而不是绝对的。每一种变革的状态都是独特的，创造性的变革者可以充分地发挥其想像力，从而开发出适合当时环境的变革方法。

18.7 斑马团队：故事的剩余部分

在第3章中，我们已经看过柯达黑白胶卷事业部成功实施结构重组的案例。成功归因于成功的结构重组：整合的流程、绩效评价指标与标准、跨职能团队、横向协调以及决策权下放。这些变革对于部门减少存货，减少浪费，改善与供应商的关系，缩短交货周期都是有利的，所有的这些改善都为部门的转型和重组铺平了道路。

关于这个故事还有更多的内容。组织变革是必要的但不是充分的。管理大师迈克尔·哈默(Michael Hammer)注意到,许多重组的结果都令人失望。他认识到,除了重新设计流程和结构之外,还有许多事情值得去做。斑马团队就是一个整合多视角方法、成功进行变革的案例。

18.7.1 自上而下,又自下而上的组织结构设计

在一个会议上,公司宣布要对事业部的结构进行大变革。当保证创新的变革只是试验性的,员工们的震惊得到缓解。更多的实质性改变将在 6 个月的时间里逐步实现,这样员工们就可以有机会去调整思想适应现在的工作环境。管理层清楚地阐述和强调了变革的理由,这早就可以从部门经理吉姆·佛朗哥(Jim Frangos)统计的部门低绩效纪录中看出:

在 9 月温暖的一天,事业部召开了一个特殊的会议,我把绩效清单给斑马团队管理者看了一遍。原来的绩效是如此的低,他们表示难以相信,感到十分生气。"我们怎么被蒙在鼓里这么长时间?"人们想知道为什么。在我讲话的过程中,我把原因归咎于一些严峻的问题,这些问题侵蚀着我们的利润,并让我们在市场中失利。

"你们知道存着浪费问题。"我说:"但是,你们知道吗,我们有 1/3 的产品卖不出去,我们每年生产的废品能够装满 1 000 辆垃圾车。"

怀疑的唏嘘声马上静息了。

"想像一下,一个消费品生产商或汽车制造商,有三分之一的产品要被扔掉——他们马上就会被市场淘汰!你们想一想,拥有如此高的废品率,哪个组织能够在市场上存活下来?"在会议室的后面,有人大喊:"是的,只有联邦政府能行。"

随后爆发了一阵笑声,这就达到了会议的效果。我希望人们能够关心变革,而不是感觉个人会受到威胁(Frangos,1996,pp. 65~66)。

这种开放的场景是对科特变革模型第一阶段的很好诠释:建立一种危机感,让管理者知道,他们生产出的产品有一半都堆在仓库里。只有10%的产品每年得到改进,生产过程中出色完成的工作只占10%,其中准时提交的货物只占其中的66%。在会议结束时,有个人很生气地问:"为什么我们这么长时间以来能坐得住?"(Frangos,1996,pp. 67)

对危机达成共识,将有机会使每个人都能接受激进的新设计,积极地调整角色,使新结构能够帮助人们正常地工作,而不是与之对立。所有的人共同承担设计和实施变革的责任:"玛丽·卡特克利夫是一个感光乳剂制造操作人员,有一次她去给她的脚照X光片时,发现她的医生没有用柯达的胶片。她问他为什么。医生回答说,他认为像柯达那样大公司不会在乎一个像他这样的小镇医生。回去工作时,她向公司提出了这个问题:"为什么不呢"? 她的问题最终导致了一个以家庭诊所医生为中心的产品推广计划(Frangos,1996,pp. 120)。

扎克·彼特(Zack Potter)在一次家庭度假中,偶尔听到有个摄影师抱怨柯达服务质量差。他回来之后,利用早餐和午餐时间,来寻找究竟谁应当对这件事情负责。当天中午,那个摄影师收到了一个电话,电话中提供了他想要的信息(Frangos, 1996, pp. 120~121)。

18.7.2 学习和培训

事业部举行了几次内容不同的培训。通过技术培训,帮助人们掌握新技能,为改变工作方式做好准备。在以新代旧的变革过程中,基层管理者常常是被忽略的关键人物,他们发现有大量的机会可与同事们一起培训或"相互学习":"在我们的案例中,我们有一套具有百年历史的训练模式,而且我们的一线管理者许多都是拥有20~25年工龄的熟练工。我们考虑到要求他们采用新方法做工作,对他们来说是一种威胁,要求他们放弃他们现在所'拥有'的权力是非常残酷的——除非能为提供他们'更好的状态'。在我们这里,'更好的状态'就是一系列前所未有的机会,这些机会对启发和教育人们有很大的影响。"(Frangos,1996,p.200)

事业部能创造一种支持性的、有安全感的环境,让一线管理人员及其他员工有机会学习新的技能:"同事之间相互学习是非常重要的。因为通过相互学习,每个人都可以有更大的收获。"还有一种非常重要的群集现象——当有足够多的一线管理人员在谈论他们如何得到指导和帮助时,其他人会对尝试"新方法"感觉到很安全(Frangos,1996,p.200)。

在达皮克河(Pecos River)的试验性学习中——团队建设方面的培训,管理团队包括了初次任职的一线管理者和其他人:"达皮克的课程就是一个独特的组合,其中包括交谈、音乐、高强度的训练,创造了一种充满欢快和情感的氛围。通过试验性学习,达皮克计划帮助人们唤醒沉睡多年的创造力,并且采用新的方法与别人建立关系。这些人或许一起工作了许多年,但是彼此之间从没有真正熟识"(Frangos,1996,p.169)。

除了正式的培训之外,人们还能从他们自己的工作经验以及其他人的工作经验中学会新技能,这是斑马团队关于人力资源最伟大的远见之一。非正式学习成为一种非官方的资源,任何人都能依靠这种资源来寻找提高自己工作绩效的建议。当人们了解了新规则的某个方面后,奖赏就是与他人共享新思想(甚至是窃取他人的新思想)。"我们这种分享知识的口号是'光明正大地窃取,但不忘对你说谢谢'。通过《黑与白》(事业部的时事通讯)和员工自发组织的一些非正规研讨会,流程管理者们积极地来宣传我们的成功事迹;同时,员工们也受到了鼓励,作为流程的一部分,他们会去寻找创新性的解决办法,以他们自己的方式雇佣自己"(Frangos,1996,p.182)。

18.7.3 释放冲突的地方

在启动变革项目的初期,各种各样的场合为人们表达担心和

第18章 重构变革：培训、重组、谈判、抱怨与继续

悲伤提供了场所。革新改变了人们的角色、关系、头衔、位置或工作环境，它们威胁着柯达长期以来保证工作安全的传统。1989年，甚至在一切开始之前，吉姆·佛朗哥就召开了一系列"镇民大会"，来听取员工们对于这项有计划变革的反应。

> 第一次会议比我想的还要恐怖。虽然我已做了最坏的打算，我依然被火山爆发般的愤怒和敌意惊呆了……自从4月份公司开始变革以来，一线员工第一次有机会向我讲述他们的思想。对于管理层拼命拯救公司的行动，很多人都表示怀疑和彻底的不信任。还有一些人确信自己是最高层管理者错误决策的替罪羊。第一个月的直接交谈我让自己初步了解了情况，并尽力把自己的思想推荐给他们，并努力改善效果(Frangos,1996,pp.68～69)。

即使鼓励员工们把心中所想的都讲出来，但是员工们的消极性仍然在继续。会后，员工们对佛朗哥的反应是："这个家伙疯了。""他在胡说些什么？""改变？他可能不能停车了。""他以为我们都是醉汉或是其他一些什么吗？""他所谓的乐趣到底是什么？很高兴我不一定得这样陪他玩"(Frangos,1996,p.69)。

后来，到了1990年，佛朗哥开始规划第二回合，现在已经是官方的正式的"直接交谈了"。他妻子问他，是否他是一个不怕挨罚的人。但是，佛朗哥知道，即使停止变革，愤怒仍会继续。他要把科特的第七阶段的理论应用到实际之中：当遇到困难时，仍然继续前进。为所有大约1 500名员工举行了大约25次会议后，他发现人们不再是想着如何发泄，而是更多地关心"事情将会如何进行下去；以及他们应当如何行动，才能成为解决我们的问题一分子。"(Frangos,1996,p.130)

在第二个回合中，会议讨论的问题超越了权术问题，而去讨论黑白事业部努力的共同价值观。正如佛朗哥所提出的："我非常强调这一点，我们是在生产对社会很重要的东西。在一次会议上，我描述了柯达CFT这种胶卷，这种产品被用于决定一个人是否需要做血管手术，以及用来诊断乳癌的柯达小型RH胶片……在另一

次会议上,我又讲到了柯达 WL 监控胶卷。你猜我是怎么讲的? 当你每次使用你的 ATM 卡时,你正在被装有 2210 胶卷的照相机拍照。同样,你在抢劫银行时也是如此。请对镜头微笑"(Frangos,1996,p.130)。

18.7.4 释怀和庆祝的场合

佛朗哥呼吁要深化对黑白事业部经营活动的认识,这就引出了另外一个很重要的方面:对象征意义和文化的关注。管理层进行开诚布公的对话常常成为有形变化的象征:"我想如果我们放弃计划限制……我们已经给每个人都发送了一个很强烈的信号,我们一直在谈论跨职能的团队——为什么不把办公室做成一个无边界组织的象征物呢?"(Frangos,1996)

在所有的转换过程中,核心的象征性的挑战,能帮助人们摒弃老办法。斑马团队的"哀悼"仪式充满了幽默和乐趣,而滑稽的背后,也允许悲伤和玩乐。幽默是实现转变的一种很有效的工具,哭和笑的界线是很敏感的。佛朗哥明白,除非人们能够依附于其他的象征符号,否则人们不会释怀。在放弃和获得的分界点,庆祝具有双重含义:悼念过去和产生新理念。关于象征物和具有象征意义的活动如何使人们完成新旧转变,黑白事业部团队在这方面提供了几个深刻的例子。

关注核心价值观。"态度和行为准则不会轻易改变,除非人们相信,他们正在做的事情对市场有实在的价值,对他们的生活有实在的贡献"(Frangos,1996)。

动员大会。论坛会,早餐会,以及其他一些正规聚会,都是宣传的好机会。"早餐会是最能激动人心的宣传场所之一。但是斑马团队仍然需要某种凝聚力,把流程整合在一起,创造一种强烈的统一感。这种凝聚力以各种形式出现,它可能是一个共同的愿景或者是一系列生活中所依靠的价值和准则"(Frangos,1996,p.84)。

蕴涵在比喻和象征物中的稳固的愿景。在一个会议上,管理层要选择某种动物作为代表黑白事业部的吉祥物。有位经理人选的是猫鼬:"众所周知,这种动物的声望之一是它能够打败并吞掉毒蛇。事实上,我们已经把好几个竞争对手打倒了……那些角落里的蛇……猫鼬的反应敏捷也很有毅力,无论需要它们做什么,它们都会——就像我们一样"(Frangos,1996,p. 86)。

在提出愿景的过程中又提出了一个部门标志——"卓越的象征",一个黑色的钻石,有一些射线通过它的边界正要穿过它。但是具有超强凝聚力,把黑白胶卷事业部1 500人团结在一起的激励人的标志,是斑马。使用斑马这个部门吉祥物的主意是在1990年去动物园参观时提出的。当参观者在观赏两个成年斑马和一个小斑马时,动物园的管理者告诉他们:"每只斑马都是独一无二的,世界上没有两只斑马的条纹完全一致——就像我们的指纹!但是,他们仍然采取群居方式。它们知道,作为被捕食的动物,它们聚集在一起,可以保护自己免受狮子和其他捕杀者的追杀。事实上,那些追杀者要从复杂的白黑条纹中辨别出具体的个体来是很难的"(Frangos,1996,p. 126)。

参观者作了类比观察,发现黑白事业部的每个成员都带着一些独特的才华来到组织中。"当我们在一起工作时,我们要作为团队的一部分紧紧团结在一起,不再一味争强好胜(Frangos,1996,p. 126)。黑白事业部的团队就这样变成了斑马团队,在随后的多年里,斑马随处可见。

创造仪式来提升团队精神。很多的幽默小品和颁奖会都充满了音乐和欢乐。例如每个月在减少存货方面做得最好的团队,就可以获得"苦行僧回旋舞奖",奖励和奖品(安装在一个木头上的玩具风车)都是员工们自己发明的。"每个月,当检查完存货数量后,比尔将会宣布进步最大的团队,并颁发一个五彩风车。在一个小组连续获奖三次后,这个小组的负责人决定不占有奖品。他让机修车间做一个耐久的风车般旋转的苦行僧,并装在一个饰板上。然后他放弃了那个奖品让别人享受得奖的乐趣。"(Frangos,

1996,p.134)

另外一个例子就是在斑马团队的领导人总结第一年的进步的会议上:"所有工作场所都在用幽默小品和歌曲来庆祝第一年。马蒂、提姆和奇普写了很多小品和歌曲,马蒂演奏五弦琴,瑞克用班草琴为她伴奏。我们用幽默的方式取笑自己从牺牲品转变成对自己工作结果负责的人。在活动的最后,我们穿上印有新标志的T恤衫,并拍一张团队的集体照。然后我们会给过去的方式举行一个葬礼"(Frangos,1996 ,p.17)。

18.8 结论

大部分组织变革不可避免地会产生4个问题。首先,它影响个体对有效性、价值性和可控性的感觉能力。如果没有支持、培训和参与机会,人们会变成一种强有力的阻力,使前进的思想不可能实现。其次,变革破坏了现有的角色和关系模式,产生了混乱和不确定性。结构化的模式需要修正和重组,以支持新的发展方向。

第三,变革会在胜败者,那些在变革中一无所获的人和有所收获的人之间,引起冲突。冲突需要创造一个空间,在这个空间中,问题可以进行重新谈判,权力范围可以重新划分。最后,变革会导致接受者而不是发起者的失落。转换仪式、悼念过去和庆祝将来等活动,能够帮助人们摒弃老一套,去迎接新的做事方法。

科特的连续变革模型包括八个阶段:(1)创造紧迫感;(2)建立一个指导团队;(3)开发能够振奋人心的远景规划和战略;(4)通过一系列语言、行为和象征性事件进行沟通;(5)清除障碍或向变革代理人授权;(6)取得短期成就;(7)坚持下去,决不退缩;(8)塑造一种新的支持性文化。科特的模型提供了一种和谐的整合方式,来应对学习、重组、谈判和失落。

第 19 章 重构伦理和精神

如果一个组织一度赢得整个世界,却丧失了自己的灵魂,那么它又获得了什么?就安然公司来说,答案是"得到的不多",公司完全丧失了自己的灵魂和它曾经希望获得的东西。正如前面所提到的,肯尼思·莱在 1985 年担任首席执行官时,安然公司是美国最大的煤气管道公司。在那个时候,公司很稳定,没有什么令人新奇的。它的规模和成本结构使它成为行业中一个强劲的竞争者,但是市场需求并不景气——煤气供过于求已经有好几年了(Bodily&Bruner,2002)。此时,政府对经济干预的范围也开始缩小,这既带来了机遇,也带来了挑战。莱天生就那么聪明,他做人们希望首席执行官做的事情:寻求壮大公司和提升股价的办法。在超过 15 年的时间里,他是非常成功的,一度沉寂的公司变成了世界上最大的能源交易商,安然公司的市场价值也从 1985 年的 20 亿美元增加到 2001 年中期的 700 亿美元。

在安然,最令人激动的是一套全新的经营模式。公司不再仅仅从事天然气传输工作,而把自己重新定义为一个交易商,从事各种商品的交易。起初,业务集中于能源方面,但是,安然的经营领域越来越多元化,甚至进入了宽带和深奥的气象保险等领域。到 2000 年,传统的管道传输业务仅占安然公司收入和利润的五分之一。其余的大部分都来自于新的"商务"交易,这些业务吸引了一批新的安然员工,他们聪明、年轻,反应迅速,拥有工商管理和金融方面的高级学位。

安然公司稳定的管道业务,由拥有多年行业经验的管理者负责运营,可靠性和有效率的运营是成功的关键,薪酬与资历挂钩。新的交易活动则具有较高的风险,这种风险把安然带到了美国初期西部淘金的商业状况,公司设置了大量的奖励,授予那些有进取精神的勇敢的枪手,无论他们打破什么样的惯例。安然为那些高绩效的员工设计了高额的奖金和股票期权,老一套薪酬体系被搁置一边。因为公司的混乱和其他一些部门的挥霍,这种状态最终又停止了,例如,消费每瓶500美元的香槟酒,甚至花费更多钱去看脱衣舞表演(Robert & Thomas,2002)。正如南加州大学的詹姆斯·O·图尔(James O'Toole)所说:"在安然,有一群无人监管的孩子在疯狂地玩耍"(Byrne,France & Zellner,2002)。

在经济繁荣时期,成为淘金狂是一件很容易的事情,安然公司很多有进取心的年轻人都成为其中的一员,第莫西·贝尔登(Timothy Belden)是其中之一,他34岁,是俄勒冈州波特兰市的能源交易办公室经理,他在2002年获得了将近500万美元的奖金,一年后,他同意把其中一部分交给加州政府,承认非法操纵加州能源危机的罪名,"在辩解中,贝尔登承认,他和其他人耍手段,制定虚假的传输计划,制造能源紧张假象,销售虚构的"进口"能源(这些能源实际上就来自本州),把加州有效的用于购买传输能源的系统变成一个空壳(Eichenwald & Richtel,2002,p.C1)。

安然公司的一些"新矿"变成了仅仅是愚弄人的"金矿",公司的财务奇才们努力使公司继续下去,畸形的财务操纵策略,使公司的收入和隐藏的债务进一步膨胀了,大部分业务都是向由公司CFO安德鲁斯控制的独立的合伙企业销售资产,这些合伙公司从银行或者经纪公司那里贷款,而由安然公司提供担保(Eichenwald,2002b)。这样,把钱从一个口袋转入另外一个口袋,使安然的财务报表暂时看起来很好,但是虚假的资产负债表最终暴露了,公司也开始从内部瓦解。

这场灾难的关键在于公司不知道自己是干什么的以及公司代表的是什么。就如阿里·德里斯(Arie De Geus)所说的,公司"需要盈利,就像生物需要氧气一样。它是维持生命所必需的,但它绝不是生活的目的"(De Geus,1995,p.29)。安然的故事并不是个别

第19章 重构伦理和精神

现象,之后的几年里,世界范围内又有多家公司发生丑闻。对于这种深不可测的管理伦理问题,管理者和组织者应该怎么做呢?在这一章中,我们认为,公司必须坚守"灵魂",即公司和个人的核心信仰和价值观。我们将讨论,灵魂为什么是重要的,它怎么样支持组织的伦理行为,然后介绍一种四维的领导伦理观点。

19.1 组织的灵魂和精神

制药巨人默克公司(Merk)是美国最成功的公司之一,与默克公司相比,安然缺少什么就很明显了。默克声称,他们的核心目的就是维持和改善人们的生活质量,而不是赚钱。这是一个崇高的思想,但是,这确实能够影响公司的某些关键决策和日常行为么?默克能够举出很多例子,如亏本卖药,或者免费分发药物,以此来履行公司的核心价值观——把病人放在第一位。有一个著名的例子,默克公司需要做出决定,是否要开发和销售一种用于治疗river blind病的药物,这种病的患者很多都是第三世界国家的穷人,成本效益的分析结果非常明确,这种药完全不能挣钱。只要关注利润表的公司,都不会做出生产这种药物的决定。但是,默克公司开发了这种药,而且免费发放。后来,公司的首席执行官说,公司的目标表述,让这个决策变得很容易做出。相比之下,"虽然安然公司高手如林,但是并没有一个真正明智的人,没有一个人说'够了'"(Olson,引自 Eichenwald,2002a, p. 26)。缺乏远见,在追求革新、成长和股价提升的过程中,安然失去了灵魂。

很多人对于组织拥有灵魂的观点觉得好笑,但是,越来越多的证据显示,这是组织成功的一个关键要素。在词典里,灵魂的定义是"令人鼓舞的力量"、"非物质的精髓"和"精神的本性"。对于一个组织,一个团队,或者一个家庭来说,灵魂也可以被看作是关于我们是什么、我们关心什么以及我们信仰什么这类问题的一种基础的认同感和一种深刻的自信。默克做到了,安然没有。

谁关心这个问题呢？为什么一家公司、一所学校或者一个公众机构,应当关注自己的灵魂？很多组织和大部分管理学者都忽视了这个主题。例如,有两本战略方面的畅销书:特里西与威尔斯马合著的《市场领先者的训诫》,哈梅尔与普拉哈拉德合著的《竞争大未来》。在这两本著作中,作者把西南航空公司的巨大成功归结于卓越的战略。西南航空的结果已经给人留下了深刻的印象,从20世纪80年代中期到2001年中期,当创始人赫伯·凯莱赫以公司CEO的身份从公司辞职时,它一直是美国航空业最赚钱的公司,遥遥领先于其他公司。911恐怖袭击事件发生后,在动荡的市场环境中,它是唯一一家仍然保持盈利的航空公司,当联合航空宣布破产的时候,西南航空仍然在持续增长,战略是公司成功的关键吗？

赫伯·凯莱赫认为不是这样,他提出了一个非同寻常的观点,来解释西南航空为什么能成功:人、幽默、爱心和灵魂。"虽然很简单,但是赫伯·凯莱赫'珍惜'并尊重他的18 000员工（现在已经超过25 000）。而且他的'爱心'得到了回报,他认为回报是'一种自发的、自愿的、满意的感情'"(Farkas and De Backer, 1996, p.87)。

赫伯·凯莱赫的风格毫无疑问是很独特的:在一次公司的野炊（主要是红辣椒烹饪竞赛）中,在4 000名员工面前,凯莱赫穿着灯笼裤,戴着无边的苏格兰圆帽,唱着'两人一杯茶'。当他乘飞机时,他通常还会帮助乘务员分发饮料和花生。在复活节上,他穿着复活小兔子的外套,在机舱通道上行走；在爱尔兰的守护神节日,他扮作爱尔兰民间传说中的妖精。当西南航空开通一条萨克拉曼多航班时,他在记者招待会上唱了一首说唱音乐,旁边有两人穿着变异的日本武士服装,另外两人装扮成西红柿(Levering & Moskowitz, 1993)。

凯莱赫声称,公司最重要的团队是"文化委员会",这个委员会由来自不同部门的7名员工组成,它的成立是为了维护组织的精神和价值观,他对委员会的指示是"传递西南航空的精神信息"(Farkas and De Baker, 1996, p.93)。

精神信息？爱心？从一个臭名昭著的嗜烟好酒的首席执行官那里获得？实在是太难以置信了。航空业竞争对手的一位CEO抱怨说："西南航空是在赫伯的夸张作风中经营。"（Petzinger，1995，p.284）但是，还有其他一些成功的领导者有着与凯莱赫一样的哲学观。本·科恩，与杰瑞合伙经营冰淇淋公司的创始人之一，说："公司总是想着利用社团和员工，我认为并不应该是这样。我认为恰恰相反——因为公司首先得到承认，所以公司应该支持社团。你会发现，当你支持社团的时候，社团会反过来支持你。当你付出爱的时候，你也会得到爱。我坚持认为，精神对于公司来说，就像生命对于人一样重要（Levering & Moskowitz, 1993）。"

当然，赫伯·凯莱赫和本·科恩是精力充沛型的人。组织的成功并不一定要求首席执行官扮成复活兔子或者神秘者的样子（在一次公司庆典上，科恩代表神秘人物哈比尼·班·柯希尼（Habeeni Ben Coheeni），他的尾巴被堆成圆圆的小山，他的伙伴用雪橇锤打破了小山堆）。与这种狂欢类似的还有亚伦·福依尔斯坦（Aaron Feuerstein），马萨诸塞州 Malden Mill 纺织品生产商的总经理，1995 年 12 月，绝大部分员工在一时冲动下毁坏了他的厂房，但是，福依尔斯坦的行为却令所有人感到震惊。第二天，他宣布，下个月将继续向他的所有 3 000 名员工支付工资。1996 年 1 月，他继续宣布，他将继续支付他们下一个月的工资。在 2 月份，他又这样说。"第二次已经带来了震惊，第三次则让每个人都热泪盈眶"（Ryan，1996，p.4）。到 3 月份的时候，几乎所有的员工都回到了工作岗位。

福依尔斯坦的大度，与公司董事会的意见相左，而且承担着好几百万美元的成本。但是，他觉得应当对工人、对社团负责，他引用公元 1 世纪《塔木德经》犹太法典的学者希勒尔的话："不是所有能够创造财富的人都是聪明的人。"福依尔斯坦说："如果你认为CEO的唯一作用就是为股东创造财富，那么，他就没有必要去读圣经和莎士比亚的书,那简直就是浪费时间。如果你认为 CEO 必须平衡责任,那么他就应该考虑过去、现在和将来(Ryan,1996,p.4)。"

越来越多的证据显示,对人力资源进行深层次开发,会带来收益。Malden Mill 在生产上的得到回报,比任何人想像的都要快,尽管冬天的天气是那么的糟糕。"我们的员工变得非常有创造力,"福依尔斯坦说,"他们愿意每天工作 25 小时。"柯林斯和波拉斯(1994)及德里斯(1995)都发现,那些能够长期保持杰出成就的公司具有一个核心特征:拥有一种不仅仅重视利润的核心理念;并且"向公司内部员工提供指导和激励"(Collins and Porras,1994,p.88)。当他们真正付诸实践的时候,这种核心理念——西南航空公司的爱心及默克公司对生命的维护——使公司拥有了灵魂。

灵魂和伦理不可避免地相互缠绕着。近几十年以来,一些大公司所暴露的丑闻,即使没有触犯法律,也都是不符合伦理的。20世纪 80 年代发生的事件,当时被描述为十年内最引人注目的贪婪和腐败,2001 年和 2002 年,丑闻再次发生。在管理方面,表面上深不可测的关于"伦理"作的很多努力已经衰败了,没落了,丑闻接踵而至。有一种观点认为,应当把伦理作为一个职业培训计划的一个主题;第二种观点强调,公司应当发布伦理报告;第三种观点认为,应当实施更加严格的法律和监管要求,例如《外国受贿法案》(the Foreign Corrupt Practices Act),这个法案禁止美国公司向外国官员行贿以得到或保持某项商业活动的许可。

所有这些最初的想法都很重要,但是它们都不够深入。所罗门(1993)提出了"亚里斯多德的伦理观"。

几乎没有人感觉到:公司没有自己的乐趣(一般是比喻为"游戏");公司不是一个利己主义的组织,而是一个利益集合。那些个人引以为豪的品质,对于公司来说同样是很重要的——诚实、可靠、勇气和正直。相应地,亚里士多德的核心伦理观是一种统一的无所不包的"快乐"观点(或者,更准确地说,应该是幸福(eudaimonia),翻译成"富裕"或"顺利"更好)。这种观点把一个人的生活看作是一个整体,而不把个人的和公众的(或者是专业的)分裂开来,或者也不把责任和欢乐分裂开来(p.105)。

所罗门选择"亚里斯多德"这个词是因为这不会让表述或者展示某件事显得新潮,例如最近的"刀刃"理论或者管理技术,让我们想起一些很古老的事情。这种理念不是要给公司注入一个或几个更多的野蛮变革,不是新一轮的专家会谈,也不是另一场裁员的血战,这一理念非常强调连续性、稳定性、远景的明确性和目标的坚定性、公司的忠诚和个体的团结。

所罗门提醒我们,伦理和灵魂对于组织和个人都是很关键的。世界的各种哲学观和精神传统,为我们提供了许多的智慧,指导我们寻找更好的生活方式和经营模式。我们提出的四种视角,可以作为理解组织的透镜和影响组织的工具。领导者的头脑和四肢都非常重要,但是,他的内心和灵魂同样重要。在本章中,我们要从伦理的角度来考察那些视角的应用情况,以及领导者的道德责任感,表19.1概括了我们的观点:

表19.1 伦理重建

比 喻	组织伦理	领导者特征
工厂	卓越	自主
家庭的延伸	关心	爱心
丛林	公正	权力
寺庙	信仰	意义

19.2 工厂:卓越和自主权

组织的形象之一,就是从事产品生产的工厂,原材料(钢铁、花生和五岁的孩子们)从一个门进去,然后以成品的方式(电冰箱、花生酱和受过教育的人)离开。公司的伦理任务就是追求卓越:保证工作尽可能有效的完成,以便生产出高质量的产品。自从彼得斯和沃特曼的著作出版以来,几乎每个人都宣布要追求卓越,但是还是有许多的次品和低劣的服务。很明显,并非每个人的追求都实现了。

失望的原因之一就是,人们没有认识到,追求卓越不仅仅是高层领导的说教;它要求组织的各个层次都有责任感和自主权。领导者如何培养这种责任感呢?波尔曼和迪尔(2001,p.126)坚持认为"领导就是给予,领导能力是一种伦理行为,是个人的一种天赋"。实现和保持卓越的关键具有自主的特征:

通过授权可以在有限的范围内提供更多的空间。在一个乐队中,音乐家使用特殊的乐谱为个体开发了各自的那一部分,指挥者用解释性的口令进行指挥。自主权不会去理会金字塔一般的权力。领导者增加他们的影响力并建立更富有生产力的组织,工人们会因为创造、技巧和很好地完成工作而感到满意。上级总是企图增加自己的控制权,下级总是要抵制,这是一对传统的对立关系。如果组织相信人们能解决问题,就会产生更高水平的激励和更好的解决办法。领导者的责任是去创造有利于提高自主性的环境,个体需要认识到他们工作的意义和价值,能够对自己努力的结果负责,并且能够及时得到反馈以了解工作的成果(Bolman and Deal,2001,pp.111~112)。

我们能从摩托罗拉公司的实践中看到关于自主性的例子。有个工作人员说"我们的产品质量极其低劣",这让公司员工大受刺激。于是,公司开始着手实施世界上最有雄心的、最成功的质量改进计划,这项计划最初的成功,使得摩托罗拉公司的净利润在1987年至1998年之间增加了大约32亿美元(Waterman,1994,p229)。这项计划的关键是对一线工人进行充分的培训和授权。Hossain Rasoli是其中的一员,他是从事电源变压器工作的技师,在质量改进计划实施之前,他一直都不知道产品是如何生产出来的,作为这项新计划的一部分,他被授予了一部分以前从来没有的责任:负责提高产品质量。"我把它称为我的孩子,"他指着功率放大器说:"我为这个产品感到自豪。如果它失败了,我会感觉伤心,感觉难受。"(Waterman,1994,p.245) Rasoli 运用他在培训中学到的东西来解决问题,并通过统计过程控制来找出功率放大器中最薄弱的零件。然后,他就去开发设计部门,要求他们重新设计这一部分。结果,产品的可靠性提高了百分之四百。有位经理这样评价 Rasoli:"现在,他是所周知的 PA(功率放大器)先生。关于这个产品,他知道的比所有设计者、所有销售商、所有管理者以及所有其他人都要多。"(Waterman,1994,p.246)

西南航空公司为我们提供了关于自主权的另外一个形象。它鼓励员工们按自己的想法办事;要保持快乐;最重要的是,要充分发挥他们的幽默感。只有在西南航空,你才会听到以流行歌曲或者喜剧的方式广播的飞行安全提示:"你们谁想抽烟,请到我们的休息室去,在那里你能享受到我们为你精心准备的电影《飘》。"飞行安全提示是如此重要,以这种方式广播安全提示,是否有些太轻率了呢?恰恰相反:这正是防止乘客忽略安全公告的方法。当然,这同样也可以使乘客感到愉快和自由。

土星汽车公司最伟大的成就之一,就是向汽车工人充分授权,让他们在新汽车的缓冲装置和挡风玻璃上签名。公司的员工经常给他们的顾客打电话,问他们是否喜欢他们的汽车。如果他们看到一辆土星汽车公司的汽车停在公路边,他们会主动给予帮助。正如土星汽车公司的一位工人所说的:"如果给一次机会,每个人都想制造更好的汽车。在土星汽车公司,他们给了我们这个机会。"

19.3 家庭理论:关心和爱心

关心——一个人对另一个人的怜悯和牵挂——既是目的,也是把家庭成员凝聚在一起的粘合剂。父母照顾孩子,最终,孩子还要照顾父母。一个充满爱心的家庭或者社团,需要一个有服务意识的领导,它为了成员和利益相关者的最大化利益而努力。这意味着,领导者要具有深远的责任感,要了解团体成员需要什么,关心什么,从而满足个体和整体的最大化利益,服务型领导的本质特征就是爱心。

在现代组织中,爱心经常被忽略,大部分经理人从来不使用这个词,这个词的意义,远远超过他们对食物、电影和游戏的感觉。他们羞于挖掘爱心的深层含义,害怕它所带来的力量和风险。关心从了解开始;它需要倾听、理解和接纳。它的发展过程是,从欣赏开始,进而尊重,最后达到热爱的境界。爱就是一种敞开心扉的意愿,开放的心是敏感的。针对这一点,我们需要放下面具,以心换心,敞开自己的心扉。人们通过交换思想,能够体会到那种团结和高兴(Whitmyer,1993)。

在西南航空,人们直言不讳地谈爱心。他们在德拉斯"爱的领域"里飞行;他们在纽约股票交易市场的代号是 LUV;新员工被称为 LUV 成员;他们二十周年庆典的口号是"爱你 20 年"(Levering and Moskowitz,1993)。正如前几章描述的那样,他们会每年举行"心中的英雄"典礼,来奖励西南航空公司这个大家庭中那些超水平承担责任的家庭成员。当然,任何家庭都有起伏。同样,航空业也有好日子和坏日子,经历了生活的巅峰和低谷,爱心把人们团结在一个充满关爱的团体中。有位西南航空的员工说,"赫伯爱我们,我们也爱赫伯,我们爱每一个人,我们爱公司,我们集体关爱最主要的受益人,那就是我们的乘客。"

在利弗·施特劳斯(Lever Strauss)看来,在应用公司伦理原则(诚实、公平、尊重他人、遵守承诺和正直)去解决与外国转包商难以抉择的两难问题中,关爱的主题已经到了紧急关头。公司应该怎么样平衡公司对国内员工和国外员工的关心呢?虽然国外转包商提供的工资和工作环境比美国差很多,但是是否差一些的工作总比没有工作强呢?一个特别工作组开始着手搜集相关的数据,并制定伦理实践方面的方针。最终,公司做出了一些艰难的抉择,位于孟加拉国的一个工厂里雇有童工,利弗重新安排这些孩子回到学校,并继续向他们支付工资。

19.4 竞技场的观点:公正和权力

现在我们转向第三个观点:把组织比作丛林。伍迪·艾伦收集了一些关于竞争中弱肉强食的图画,并附上简单的评语"狮子和小牛可以并肩而坐,但是小牛永远不会熟睡"。这个画像暗示,丛林是一个为权术所控制的充满冲突和对自身利益无序追求的世界,政治学和政治家经常对这个观点不屑一顾。是否存在与权术视角相联系的伦理责任?我们相信是有的,那就是"公正的义务"。在这个争夺利益和稀缺资源的世界里,我们被迫不停地进行各种交易,我们不能给予每个人他们想要的所有东西,但是我们崇尚公正的价值观,坚持公正的价值观,制定各种关于如何分配的决策。所罗门(1993)把公正看作是企业最根本的美德,因为公正——员工、顾客和投资者都感觉他们得到了应该得到的东西——是把不同利益相关者凝聚在一起的粘合剂。

在这个世界上,个人和群体都拥有不同的利益和世界观,所以,公正是很难界定的,而且关于公正的标准也没有统一的意见。领导者能够提供的关键是权力,那些在关键决策中发表过意见的人,比那些没有参加决策活动的人,更有可能感觉到公平。把权力藏起来的领导者只会创造出无能的组织,被剥夺权力的人会寻求其他的反击方式:蓄意破坏,消极抵抗,撤退或者是愤怒战斗。授权可以释放更多的产能,如果人们有成就感和影响世界的能力,他们变得更富有生产效率,他们会把他们的能力和智慧用于做贡献而不是制造麻烦。

权力的特征是引导人们朝着共同的目标而努力工作,这也引起困难的抉择。如果管理者把权力握得太紧了,就会激发那些传统的对抗方式。但是，如果他们什么事情都不管，对什么都点头称是，那就是在拿组织的目标冒险(Bolman and Deal，2001)。

　　自主和权力有关；自主权、空间和自由都很重要，但是，也存着很大的差异。即使是单独工作，艺术家、作家和手工匠能够体会到更多的自主性。相反，权力只有在与他人接触时才有意义，这是一种影响他人并让事情在更广的范围内发生的一种能力。没有权力的自主是孤立的，是分裂的；没有自主性的权力是具有破坏性的和压抑性的。

　　权力在组织的各个层次上都很重要：个体、群体和组织。在个体层次上，人们希望依靠权力，来影响他们最直接的工作环境和妨碍他们的因素，很多传统的工作场所仍然依靠考勤表、严格的制度和独裁的老板来压制他们的员工。再看看 Hossain Rasoli，摩托罗拉的一位功率放大器先生。把他自己的名字签在产品上，给人一种自主的感觉。他具有很好的说服能力，这一点也赋予了他一定的权力。有一次，采购部计划从一家新供应商那里引进一种特殊的部件，Rasoli 很沮丧，所以他跑到副总裁办公室里抱怨，非常坚定地说"你们别想把这个零部件放进我的产品里面"(Waterman，1994，p.246)，结果他赢了。

　　在土星汽车公司，工人们的权力常常用"绳子"来象征。事实上，那是一根有柄的链子，沿着装配线悬挂在规则的空隙中间。只要看到偏离公司高标准要求的现象，任何人都有权去拉绳子以停止生产线。有位员工自豪地回忆他拉绳子的那一天："那不是什么大不了的事情，只是绳夹的夹头裂了，在以前(通用汽车)，这被称之为生死线。在土星，他们给予我们权力去做正确的事情，去制造我们引以为自豪的汽车。"

　　在群体层面，世界各地的组织和社会都要面临伦理、种族和性别多样化的挑战。加洛斯和拉姆齐(1997，p.215)发现了复杂性的核心："对于占主导地位的群体成员来说，要想发现制度、结构和系统的问题非常难。因为系统经常是占主导地位的群体成员根据自己的需求而设计的。我们很难看到除了'我们'以外的其他成员的系统的制度和结构。我们很难看到并质疑我们认为理所当然的事情,看到想维持现状的人觉得很苦恼,特权让我们面对制度和社会现实的力量及其影响而毫无意识。"

公正要求管理者系统地提高下属的权力——确保他们有机会参与决策,建立内部辩论小组,实现信息和激励体系的多样化,扩展工作机会(Cox,1994;Gallos 和 Ramsey,1997;Morrison,1992)。只有得到高层管理者的支持,这一切才会发生;莫里森(Morrison)(1992)发现,这是领导者响应多元化的一个普遍条件。从西南航空公司与工会的关系中,可以看到另外一种关于公正与权力的观点,工会的中心意图是赋予员工们以权力,在制定对他们有影响的决策时能够发表自己的声音。但是,这个过程通常被劳资冲突所打断。凯莱赫相信,如果劳资双方的谈判目的,不是给予工人们尽可能少的权力,而是给予工人们尽可能多的权力,那么公司将实现长期繁荣昌盛。他说,毕竟,他们能够帮助公司正常运转,他们应该分享利润。

19.5 神殿:信仰和意义

一个组织,就像神殿一样,可以被看作是一个神圣的场所,人类渴望与追求的一种表达方式,一座人类信仰的纪念物。神殿是一群拥有共同的传统、价值观和信仰的人群的聚集地。群体成员可能在很多方面都存在着差异(年龄、背景、经济状况和个人利益),但是,他们因为拥有共同的信仰以及对别人承担的宗教责任使他们凝聚在一起。在一个工作组织中,如果个体感觉组织很优秀而且充满关爱和公正,那么其忠诚度会进一步强化。首先,他们必须感觉到,组织正在做一些有意义的事情——工作是一种使命,能够给世界带来某些方面的价值。意义在一定程度上是就工作本身而言的,但是,工作的意义更主要在于对工作如何理解,这种观点在"三个石匠"的老故事中,得到了很好的说明。这三位石匠对同一份工作的评价是如此的不同:第一个人说,他在"修整石头";第二个人说,他在"修建一座教堂";第三个人说,他是在"为上帝服务"。

神殿需要精神领袖。这并不意味着要提倡宗教或者某种特殊的信仰,但是要体现对人类精神的真实关爱。在词典中,精神(spirit)有多种定义,它们分别是:"人类的才智或非物质部分","生命体中激发活力或生死攸关的原则",以及"人类的道德特性"。精神领袖帮助人们发现工作中的意义和信仰,帮助人们回答随时随地都会遇到的重大基本问题:作为一个个体,我是谁?作为一个群体,我们是谁?我生活的目标是什么?,我们共同的生活目的是什么?我们应当遵循什么样的伦理原理?我们应当舍弃哪些传统?

精神领袖会表明工作的意义所在,其基础在于要让人们相信,工作是值得人们去努力的,他所在的机构是值得他去奉献和忠诚的。工作最好能够给人带来快乐,难过、失望和疲惫不堪的时光应当比快乐的时光少。很多成年人在开始他们的工作时,都充满了激情、自信和成就一番事业的愿望。有些人从来没有丧失这种感觉,但是还有一些人丧失了。他们对工作环境很失望,因为遇到困难而感到沮丧,他们甚至不知道他们究竟做了些什么。特蕾西·基德(Tracy Kidder)在关于老师的描写中表述得很清楚:"好老师往孩子们正路过的河里放障碍物,随着时间的过去,他们不断调整。有一种力量把人们聚集在一起,这由我们从来不知道的他们的优点构成。"(Kidder,1989,p.313)对于意义的认识,帮助人们坚持他们的信仰,而不是消极怠工或者是辞职。意义的建立需要借助于一些印象深刻且具有象征意义的形式,如庆典、仪式、图标、音乐和故事。一个没有丰富象征意义的组织是空洞而无生气的。特殊场合的魅力,对于确立集体生活的意义是非常重要的。狂喜的时刻是标志生命重要经历的插入词,如果没有仪式和庆典,转变过

第19章 重构伦理和精神

程就是不完整的,就只是无序的来来往往;"生活由无休止的星期三构成"(Campbell,1983,p.5)。

当仪式和庆典变得非常具有权威并且非常协调的时候,它们就可以激发人们的想像力,唤醒人们的洞察力,并且触及到人们心灵。庆典把过去、现在和未来都编织在不断变化的生活织锦之中,仪式帮助我们正确面对和理解日常生活中的打击、成功和神秘。仪式和庆典帮助我们体会那些维系团体的无形意义,如果充满了虚伪,那么这些场景就会变得没有意义、成为一种无意义反复,让人感觉生疏——只会浪费我们的时间,使我们与工作割裂开来,使我们彼此之间相互分化。"社团不仅仅是把人聚集在一起,讲故事,回忆过去。社团还必须植根于永不失败的价值观,植根于超越领导者自我膨胀欲望的价值观"(Griffin,1993,p.178)。故事让共享的价值观和神圣的信仰变得鲜活。每天的组织生活,会带来很多激动人心的时刻和戏剧性的经历,把这些事件补充到公司的故事之中,这些事件将进一步丰富公司宝库中的知识和传说,通过反复讲述这些故事,可以把人们团结在一起,并把人们与工作的意义联系在一起。

音乐捕获并表达生活的深层意义。当人们在一起唱歌跳舞时,相互之间紧密联系在一起,并体验着其他场合无法表达的情感。Harry Quadracci是Quadgraphics印刷公司的首席执行官,他每年都会召集一次员工大会,一个由管理者组成的合唱队演唱当年的主题歌,Quadracci用小夜曲的音调独唱公司哲学。马克斯·德·普里(Max De Pree)既是一位企业领导,也是一部著名领导学著作的作者。他很明确地阐明了信仰在公司中的重要地位:"有信仰比暂时的成功更重要。公司能够而且应该有一个用于补偿的目的,我们需要使用道德观念来衡量实用主义观点。我们必须明白,激发我们的潜能比达到我们的目标更为重要。"(De Pree,1989,p69)精神领袖有责任保持和鼓励他们自己的信仰,并且保证当其他人迷失信仰的时候帮助他们找回信仰。

19.6 结论

伦理必须植根于灵魂：一个组织对自己的身份、信仰和价值观的深刻理解。每种视角都提供了关于组织伦理责任和领导者角色的观点，每个组织都需要不断发展自己的伦理观和精神核心，这些视角为组织完成这一过程提供了指南。

随处都可以见到，在许多发达国家中，各类机构都遭遇了价值观和道德权威的危机。快速的变革，高速的流动，全球化，以及种族和伦理冲突，分化了社团的结构。管理者最重要的责任，不是解决所有的问题，或者是永远能够提供正确的方向。他们不能逃避在追踪预算、激励员工、对权术压力做出响应以及关心象征性活动的责任。作为领导者，如果管理者们能够成为卓越、关爱、公正和忠诚这些价值观的榜样和催化剂，那么他们就能够履行更深入的、更有效的和更持久的功能。

第 20 章 整合：变革与领导的实践

生活中每天都会充满挑战，当这些挑战到来的时候，不会整整齐齐地摆在我们的面前，或者是明确地标示出来。事实上，我们总是被淹没在黑暗混乱并且充满挑战的激流之中。在进行组织重构时，需要知识和直觉帮助我们感知这种挑战的激流，并寻找明智而有效的方法来加以疏导。

在本章中，我们以一位新任中学校长上任第一周的经历来解释这一过程。这位校长就职的学校，是一所问题丛生的城市高级中学。无论是一家处在危机中的企业，一所勉强维持的医院，或者是一个遭遇困境的公共机构，它们可能遇到的基本领导问题，与这家学校是基本相似的。我们假设，这位校长熟悉本书提出的重构框架及视角，而且接受第 19 章中有关领导与道德的观点。他如何凭借其经验来判断事态的发展？他会考虑采取什么样的策略？他将会如何行动？

在完整地阅读完这个案例后（该案例编号为 9-474-183，Robert F. Kennedy High School），你认为事情会怎样发展？你会考虑采取什么行动？那么，比较一下你和他的选择有什么不同。

罗伯特·F·肯尼迪高级中学（Robert F. Kennedy High School）

7 月 15 日，大卫·金（David King）成为罗伯特·F·肯尼迪高级中学的校长，这所中学是由伊利诺伊州（Illinois）巨岭市（Great Ridge）六所高级中学中最新合并成立的。两年前，作为该地区最早按照"学舍制度"（house system）设计建造的中学之一，罗伯特·F·肯尼迪高级中学在当地民众的欢呼中正式成立了。该高级中学被分成四个"学舍"。每个学舍有 300 名学生，18 名教职员工，和一名舍监。每个学舍都有独立的建筑物，这些建筑与"公用设施"连接在一起，包括咖啡馆、医务所、领导办公室、男女生体育馆、办公室、商店和礼堂。公用设施及其他一些设施均设立在学舍出入口的外面。每个学舍都有自己的出入口、教室、卫生间、会议室和舍监办公室。

作为城市教育的一项重大的创新，芝加哥电视台当年专门播放了肯尼迪高中的纪录片。学校成立时，对教职员工进行了精心挑选，许多老师都来自巨岭市的其他中学，至少有十几个人是专门从别的州招聘过来的。金校长知道，在他的教职员工中，有几位毕业于像耶鲁、普林斯顿和斯坦福这些高校的精英，还有几位来自中西部地区最优秀的中学，甚至连学生的种族也进行了细心的平衡，黑人学生、白人学生和拉美学生各占学生总数的三分之一（虽然金校长知道，肯尼迪高中的学生均来自该市最艰苦、最贫穷的地区）。该校的建筑因为其美观和功能完备而受到广泛赞誉，曾经得到过多项全国性的建筑大奖。

尽管已经进行了精心认真的准备，但是，当金校长来到的时候，肯尼迪高中仍然存着严重的问题。在前一年中，肯尼迪高中被暴力所折磨——两次因为学生骚乱而关门，一次因为教师罢工而关门。据广泛报道，在过去两年间，九年级和十年级学生的成绩下降了，而且十一年级和十二年级学生的考试成绩也没有明显提高。到目前为止，肯尼迪高中的表现已经令当初的设计者大失所望。

大卫·金

大卫·金就是在伊利诺伊州巨岭市出生长大的，他的父亲是这座城市第一位黑人校长，大卫·金非常熟悉这座城市和它的学校体制。在军队服役两年之后，他也走上他父亲的道路，到巨岭州立师范学院学习，在那里他获得了教育学学士和教育学硕士学位。毕业后，大卫·金曾经在一所以黑人为主的中学中讲授了几年英语，后来他担任了这所中学的校长。在这一职位上工作了五年之后,他又被安排去接管一所规模较大的拥有900名学生的中学。那时候,人们都认为那是这座城市中最难管理的一所中学。在那里,作为一名有才干的和受欢迎的管理者,大卫·金赢得了整个城市的尊重。人们认为,是他把一所最差的中学改造为一所最好的中学。在争取社区支持、招募新人员以及提高学术水平等方面,他取得了显著的成绩。在他的任期内,学校的足球队和棒球队赢得了州冠军。他也因此而受到爱戴。

有关教育官员明确指出,因为大卫·金具有处理危机的能力,所以,在众多的候选人当中选择他来担任肯尼迪中学校长的职务。这位教育官员还告诉他,要想控制住局面,他还需要一些技巧和运气。杰克·韦斯(Jack Weis)是大卫·金的前任,大卫·金了解他的背景,韦斯是一位白人,在担任肯尼迪高中校长之前,他曾经是一个主管地方小镇教育系统的官员。他曾经写过一本关于学舍制度的著作,和一本关于市区中心教育的著作。韦斯在芝加哥大学获得了博士学位,在哈佛大学获得了神学学位。尽管他拥有如此雄厚的背景和能力,但是,最终还是因为失望而辞职。他被人们看作是一位"绝望的人",大卫·金清楚地记得,在这两年间,他目睹了韦斯身体上的变化。韦斯一直是那么的疲惫和紧张,两年的时间,他的眼睛周围留下了深深的黑眼圈,背也驼了。大卫·金记得,他是多么地同情韦斯,他还担心韦斯如何才能找到一个合适的工作。

学校的历史
第一年

学校的问题第一年就出现了。第一年年终的时候,关于舍监与六个专业教研室负责人之间冲突的谣言,传遍了整个校园。这种冲突源于对必修课政策理解上的差异。为了解决问题,韦斯设计了一项"自由市场"政策:专业教研室的负责人应当说服舍监,为什么他们要开设这些课程;舍监应当说服专业教研室负责人,希望他们分配什么样的老师到他们的学舍。许多人都认为,这项政策激化了这场冲突。

2月份,有位老师在课堂上遭到了袭击,这使得事态更加紧张了。殴打让许多教职员工感到恐惧,特别是那些年长的教师。一周之后,有八位教师要求韦斯雇佣保安,这一要求又在教职员工之间,引发了关于是否需要学校保安的争论。一部分人认为,雇佣保安可以增加安全感,创造良好的学校氛围;另一部分人则认为,校园保安的出现会让人感觉到压抑,这会破坏正在形成的团体感和信任感。韦斯拒绝了雇佣保安的要求,他认为,那样就意味着学校的一切都有可能改变。四月份,又有一名教师在放学之后,在教室内遭到抢劫和殴打。这场争论狼烟又起,这一次,一群拉美学生的家长威胁说,如果学校不改善安全措施,他们将进行联合抵制,韦斯再一次拒绝了雇佣保安的要求。

第二年

学校第二年的麻烦比第一年还多。这一年的夏天,由于经费的削减,韦斯无法招募新人来补充8名教师辞职后留下的位置。由于经费问题,不可能每个学舍都各自拥有全部课程的教师,于是韦斯设计了一种"弹性员工"制度,要求有些教师,不仅要在本学舍授课,还要到其他学舍讲授同一门课。而且,十一年级和十二年级的学生可以到其他学舍上选修课和必修课。昌西·卡弗(Chauncey Carver)是一位舍监,他对这项新制度提出了批评。他认为,这项制度正在破坏学舍制度,在写给《巨岭时代》(*Great Ridge Times*)的一封信中,他指责教育委员会正在试图通过削减经费的办法来破坏学舍制度。

后来,又有两位舍监联合了一群机构和教研室的领导,共同反对卡弗的批评。这场反对弹性员工制度的辩论达到的顶点。这群人认为,应当鼓励不同学舍之间的交叉登记。因为,每个学舍只有15至18名教师,而全校共有65至70名教师。一个学舍教师所能开出的课程,肯定不如全校教师开出的课程更加丰富。

但是,由于秋季教室安排上遇到的困难,弹性员工制度没有进一步的扩展。错误发生在夏季制定的课程时间表上,时间安排上的问题一直持续到十一月份,分管课程时间安排的副校长因此而辞职。博特兰·珀金斯(Burtram Perkins)是肯尼迪中学的一位舍监,他曾经在本市中心高级中学(Central High)安排过课程表,他认为这是舍监最重要的职责。安排课表花费了珀金斯大部分时间,他一直工作到二月份。

安全问题又一次出现了,有三名二年级学生遭到敲诈,因为拒绝掏钱而受到殴打,袭击者被认为来自校外。有几位教师向韦斯提议,让他要求教育委员会提供保安,韦斯再一次拒绝这样做。但是,他要求比尔·史密斯(Bill Smith)副校长加强所有出入口的安全保卫工作,除了通向四个学舍的通道,通向学校的主通道,以及通向咖啡馆的通道,这一措施似乎减少了在校内闲逛的外人。

第二年五月份,咖啡馆里发生了一场斗殴,毁坏了教室的玻璃和课桌,结果相当严重。这场骚乱非常严重,以至于韦斯不得不关闭学校。许多教师和学生都报告说,有校外人员参与了打斗和破坏行动。除了几个学生因为轻伤而送到医院救治之外,所有的人都被释放了。两周之后,同样的骚乱再次发生了,学校再次关闭。不顾韦斯的反对,教育委员会命令一个市政警察分队暂时进驻校园。为了抗议警察入驻,68名教师中有30人举行了罢工,一半多的学生也参加了。这个警察分队后来撤走了。由教育委员会成员以及那些支持或反对警察入驻的教师的非正式代表共同组成了特别委员会,提出了一个妥协方案,在校园附近临时安排一辆巡逻车。

大卫·金在肯尼迪高中的第一周

大卫·金于7月15日(星期一)到达肯尼迪高中。在第一周里,他花费了大部分时间与主要管理者进行一对一的交谈(见表20.1)。星期五,他举行了一个会议,所有管理人员和教研室领导都参加了。大卫·金希望通过这些会面和会议,熟悉这个学校,了解它的问题,认识学校的关键人物。

表 20.1　罗伯特·F·肯尼迪高中的行政组织

校长：	大卫·金,42 岁(黑人) 巨岭州立师范学院教育学学士、教育学硕士
副校长：	威廉·史密斯(William Smith),42 岁(黑人) Breakwater 州立学院教育学学士 巨岭州立师范学院教育学硕士
副校长：	空缺
A 学舍舍监：	博特兰·珀金斯,47 岁(黑人) 伊利诺伊大学理学学士、教育学硕士
B 学舍舍监：	弗兰克·切兹帕克(Frank Czepak),36 岁(白人) 伊利诺伊大学理学学士 巨岭州立师范学院教育学硕士
C 学舍舍监：	昌西·卡弗,32 岁(黑人) 卫斯理大学(Wesleyan)艺术学学士 普拉特学院(Pratt Institute)B. F. A. 耶鲁大学 M. A. T.
D 学舍舍监：	约翰·博纳沃塔(John Bonavota),26 岁(白人) 巨岭州立师范学院教育学学士 俄亥俄州立大学教育学硕士
校长助理：	空缺
分管社区的校长助理：	空缺

他首先会见了比尔·史密斯副校长。史密斯是一位黑人,在来肯尼迪高中之前,他曾经在一所中学中先后担任顾问和副校长。大卫·金知道,史密斯以纪律严格而著称,因此许多年轻的员工和学生都不喜欢他。史密斯认为,需要采取更加严格的措施来阻止

外来人员在校园建筑中闲逛,在会谈一开始,大卫·金就很清楚地认识到这一点,史密斯强烈要求大卫·金:除了前门之外,把学校其余30多个门都锁上,让每个人都从同方向的一系列门进出。史密斯还告诉他说,许多教师和学生都受到了惊吓。"除非学校采取上述措施,让人们不再感到恐惧,否则没法进行学习。"会谈结束时,史密斯说,附近一所中学已经与他接洽,想请他担任咨询服务指导员,但是他还没有下定决心。他说,他是那样地忠诚于肯尼迪高中,他不愿意离开这里,但是,他的决定取决于他是否对学校的未来充满希望。

当大卫·金与其他人座谈时,他发现关于这个"门的问题",在教职员工当中存在着严重的冲突,而且双方的感情都非常激动。特别是有两位舍监,坚决反对封闭学舍的入口。一位是昌西·卡弗,他是一位黑人;另一位是弗兰克·切兹帕克,他是一位白人。他们两个人认为,封闭入口的行动象征着削减学舍的"自主性"和差异性,而这正是学舍概念的核心内容。

卡弗是学舍C的负责人。他在这个问题上表现得非常强烈,他反对让一个学舍的学生到其他学舍中去上课。卡弗认为,弹性员工方案几乎毁掉了学舍概念。他威胁说,如果大卫·金倾向于扩大跨学舍选课的范围,他将会辞职。卡弗还抱怨说,来自教研室领导的"干预"妨碍了学舍教师的自主性。

大卫·金听说了许多关于卡弗的事情,有些信息甚至来自他的许多反对者。从这些传闻来看,卡弗似乎是一个非常突出的人物。卡弗具有粗暴的个性,但是他分管的学舍是学校运行最好的学舍,学舍中大多数老师和学生都喜欢他,他的计划似乎是最具有创新性的。但是,他的计划也是遭受批评最多的,教研室的领导批评他的计划缺乏实质性的内容,忽略了课程指南的要求。即使有些批评,但大卫·金仍然在想,如果有4个像昌西·卡弗这样的舍监,那管起来就容易多了。

在与其他三位舍监座谈时,大卫·金发现,他们都认为受到了教研室领导的侵犯,但是,只有卡弗和切兹帕克坚决反对封闭大门,另外两名舍监积极支持进行跨学舍的选课。博特兰·珀金斯是大卫·金的第四位访谈对象,他也是一位黑人舍监。前面也提到,在到肯尼迪高中之前,他曾经在中心高级中学担任校长助理。在座谈过程中,珀金斯用绝大部分时间来讨论,如何缓解课程安排的压力。珀金斯目前正在安排下一学年的课表,除非学校任命一名副校长来承担这项工作(肯尼迪高中除了舍监之外,还拥有两个副校长的职位和两个助理职位)。

大卫·金到校后的第一个星期,就听到了两件关于珀金斯的事情。第一件事是有几位教师在传播一封要求珀金斯辞职的信,他们认为珀金斯没有能力控制学舍或领导教职员工。这很令大卫·金感到吃惊,因为他曾经听说珀金斯在教职员工当中非常受欢迎。珀金斯因为支持高水平的学术研究,与新教师不知疲倦地工作,而赢得了很好的声誉。大卫·金做了进一步的调查,他发现,珀金斯的确广受欢迎。但是,人们也普遍承认,珀金斯不是一位合格的舍监。第二条信息是关于珀金斯的学舍与其他学舍的对比。虽然学生是随机分配到各个学舍的,但是,珀金斯的学舍缺勤率最高,违反纪律的问题最多。史密斯告诉他说,珀金斯的学舍的退学率在所有学舍中是最高的。它的退学率是第二名的三倍。

在大卫·金与其员工座谈期间,他接到了历史教研室主任大卫·克里明斯(David Crimmins)的电话。克里明斯是巨岭市本地人,白种人,年纪不到50岁。虽然他们的会面安排在下一周,但是他询问大卫·金,可否立即与他见面。克里明斯听说了那封要求珀金斯辞职的信,他希望说明事情的另一方面,会面时他非常激动,他说许多教师和教研室主任都认为珀金斯是唯一支持高水平学术研究的舍监;对那些关心教育质量的人来说,他的离职会被认为是一种打击。克里明斯还介绍了珀金斯对学校的贡献和忠诚。他还强调,珀金斯是唯一有能力理顺课程表的管理者。他曾经是在本职工作之外完成这项工作的。克里明斯离开的时候还威胁说:如果珀金斯被调离,他会给地区鉴定委员会写信,指责肯尼迪高中教育水平的下降。大卫·金对克里明斯说,没有必要采取这样极端的措施,他保证能够找到一种共赢的解决方案。大卫·金知道,第二年四月份肯尼迪中学要接受鉴定评价,他不希望没有必要地使得这个过程复杂化。

克里明斯离开不到 20 分钟,蒂姆·谢伊(Tim Shea)来拜访大卫·金。蒂姆·谢伊是一位年轻的白人教师,他听说克里明斯已经来见过大卫·金。谢伊承认,他就是组织开除珀金斯运动的教师之一。他说,他欣赏和尊重珀金斯对学校的那种奉献精神。但是,珀金斯的学舍实在是太没有组织了,秩序非常混乱,根本无法很好地开展教学工作。谢伊还说:"封闭校园入口是一件令人惭愧的事情。学校所需要的是更加强硬的领导者。"

大卫·金对管理者的印象,与他来学校之前所听说的情况,基本吻合。卡弗似乎是一位非常聪明的、具有创新精神和魅力的领导者,只是有时候会表现得有些激动。切兹帕克给人的印象是非常有能力,虽然他不是一位非常有想像力的管理者。他已经得到了教师员工和学生的尊重。26 岁的博纳沃塔看上去非常聪明、非常热心,但是缺乏经验和自信。大卫·金觉得,只要经过一些指导和训练,博纳沃塔有可能是最有希望成功的;但是,此刻这位年轻的舍监似乎有些受打击,有些感到困惑。珀金斯留给大卫·金的印象是一位真诚和忠实的人,他在细节方面拥有很好的心态,但是不太胜任领导职务。

大卫·金知道,还有三个管理职位是空缺的,他还可以再任命几位管理者。事实上,如果史密斯辞去副校长的职务,那么他就可以充实两位副校长。他也知道,他提出的关于这些职位的建议,在政府部门那里有很大的分量。唯一令大卫·金感到受限制的就是,需要在肯尼迪高中管理层中实现种族的平衡。加上担任校长职务的他,黑人管理者超过了白人管理者,而且比例高达二比一。另外,肯尼迪高中没有一位拉美籍管理者,而肯尼迪高中却有三分之一的拉美学生。

周五下午的会议

周五的时候,大卫·金召集全体教职员工开会。大卫·金奇怪地发现,与个别交谈时有很大不同,这些员工都非常平静,好像没有什么冲突。那些人在私下里曾经那么猛烈地表达过否定性的意见。但是,同样是那些人,今天的讨论是那么的平和、友好和有礼貌。关于即将到来的检查,会议讨论了大约45分钟。然后,大卫·金抛出了舍监与教研室领导间的关系这个问题。大家一直保持沉默,直到切兹帕克开了一个玩笑,说讨论这个问题是没有什么意义的。大卫·金进一步试探性地问他们,是否所有的人都对现状满意。克里明斯建议说,这个主题适合在小范围内进行讨论。除了贝特西·杜拉(Betsy Dula)之外,似乎每个人都同意这种观点。贝特西·杜拉是一位白人女教师,不到三十岁,她担任英语教研室主任。她说在麻烦的问题爆发之前,没有人愿意着手解决这个问题,这是学校面临的问题之一。她还说,舍监与教研室领导之间的关系非常糟糕,这使得她的工作很不好开展。然后,她批评昌西·卡弗不让她对他所在学舍的一位在职教师进行评价。关于那位教师和他为二年级学生开出的英语实验课的质量,他们两个争吵了几分钟。最后,卡弗非常生气,他警告杜拉说,如果她再到他所在的学舍去,他就会"拧断她的脖子"。大卫·金对此加以干预,以平息两个人的怒火。之后,会议很快就结束了。

第二天早上,大卫·金在家里接到杜拉的电话。她说,除非卡弗公开向她道歉,否则她将会向教师工会投诉,如果必要的话,她会到法院起诉。大卫·金安抚杜拉说,星期一他会找卡弗谈一谈。然后,大卫·金给埃莉诺·德布斯(Eleanor Debbs)打了一个电话,埃莉诺·德布斯是肯尼迪高中的一位数学教师,大卫·金许多年前就认识她,而且他非常尊重她的判断。德布斯是卡弗和杜拉的密友,也是这座城市教师工会的副主席。德布斯说,这两个人是一对宿敌,但是他们都是优秀的专业人士。

第20章 整合:变革与领导的实践

她还说,杜拉可能是一个难以对付的竞争对手,她可能得到了教职员工的极大支持。德布斯是一位黑人,虽然杜拉和卡弗受到各种族学生的普遍欢迎,但是,她担心两个人之间的冲突可能会导致种族关系紧张。她强烈要求大卫·金不要再提起这件事情,还告诉他说,她无意中听说:在前一天的一次宴会上,副校长比尔·史密斯说,他认为大卫·金没有勇气和力量能够在肯尼迪呆下去。史密斯说,他之所以一直在拖延,是因为他不希望大卫·金能够干过这一年。那样,他就可以被任命为学校的校长。

大卫·金继任的这个职位,曾经毁掉了他的前任,这个职位也有可能很容易地毁掉他。他的新下属们带着各种各样的问题、需求、动机甚至威胁,来迎接他的到来。他召集的第一次会议,开始时就暗中隐藏着紧张的关系,最终以斗争的爆发而结束。几乎每一位管理者迟早都会遇到这样糟糕的情形,甚至可能更为严重。结果通常是破坏性的,把管理者置于困惑、无助和充满压力的地步。什么办法都没有意义,什么办法似乎都不起作用。大卫·金是否能够逃脱那样的悲惨命运呢?

有一点还是令人感到高兴的。在本案例结束的时候,大卫·金在星期六早上与埃莉诺·德布斯进行了交谈,他拥有一位支持他的同盟军,也还有时间。这个周末的其余时间里,他可以重新进行部署。他应当从哪里开始?我们建议,他应当首先做出积极的反应,进行一场重构。直接的办法就是分别从某个视角进行检查,提出两个问题:从这种视角来看,事态进一步会怎样发展?这种视角提供了什么样的选择?这个思考过程需要花费一些时间,需要进行认真的思考。他应当"走上阳台"(Heifetz,1994),从而拥有一个更加广阔的视野。从理想的角度来看,在这个分析过程中,大卫·金需要再找一个或几个人——令人尊敬的导师、其他学校的校长、亲密的朋友、他的妻子,从不同的角度来提供参考意见。我们把大卫·金可能接受的思考方式,整理成一个新型的版本。

20.1　结构问题与选择

大卫·金坐在厨房的桌子旁边,准备了一杯咖啡、一支钢笔和一些干净的黄色便笺。他开始分析肯尼迪高中的结构问题。他回想起"批评别人"的方法(第2章),在这种方法中,无论发生什么问题,都要对相关个体进行批评,他笑着点了点头,的确是这样!肯尼迪高中的每个人都在指责别人。他回想起结构视角中的教训:真实的问题是系统性的,而我们却在批评个体。

那么肯尼迪高中有什么样的结构问题呢?他想到了结构的两个基础:分工与整合。大致一看,他认为,肯尼迪高中的分工很细,但是非常缺少合作。他在便笺上画了起来,他想画出肯尼迪高中的组织结构图。他逐步意识到,学校拥有一个矩阵结构——教师们拥有不明确的双线报告关系。教师们既要向教研室主任报告,也要向舍监报告。他还记得矩阵结构的劣势;它很容易导致冲突(教师们不知道该向谁负责;而管理者又在争吵谁来管理教师)。组织中缺乏一种整合机制,没有办法把舍监和教研室主任所关心的问题统一起来。例如,昌西·卡弗希望在他的学舍中建立和谐有效的计划;贝特西·杜拉关心的则是全校的英语课程教学是否符合地区主管部门的指导意见。这不仅是个性的原因;是这种结构使得卡弗与杜拉之间相互攻击。在这个结构中,目标、角色和责任都非常不明确。而且,也没有一种有效的结构设置(例如,任务小组或常设委员会)来诊断和解决这些问题。如果大卫·金已经在这个职位上工作了较长的时间,那么他可以更多地借助于校长办公室的权威。主管部门已经授权他对这所学校进行整改,这对他是有帮助的。但是,到目前为止,还没有多少迹象表明,肯尼迪高中的教职员工已经认可了他的权威。

大卫·金的思考是有意义的,但是,究竟如何弥补组织结构的鸿沟,还没有明确的想法。在组织濒临崩溃的边缘,有什么办法能

第20章 整合:变革与领导的实践

让组织处于可控状态之下?特别是现在,他的权威还没有建立起来。他面临着控制教师的问题,而教师们则面临着控制学生的问题。目前,学校就是一个没有约束的系统,它迫切需要结构和边界。

大卫·金感到有些后悔,在周五的会议上,他使事情变得更加糟糕。他想:"我知道这些人对其他人的认识。我为什么不让他们谈论一些他们试图回避的问题呢?我没有布置任何家庭作业,没有给他们的讨论指出一个明确的目标,我没有设定一些讨论的基本规则。当争论一步步白热化的时候,我只是在观望。我为什么不在爆发之前加以干预呢?"他停了下来,摇了摇头。"学无止境,我想是这样,很久以前,我就接受过这些教训,它们可以很好地帮助我扭转这所中学的局面。在混乱当中,我忘记了这一点:在某些结构当中,即使是优秀的人,也无法有效开展工作,我该怎么办?"

大卫·金开始进行头脑风暴式的思考,明确责任是一种可能的选择(第5章):把人们集中在一起,共同明确任务与责任。这种选择以前是有效的,它在这里能起作用么?他回顾了怎样设定责任,谁应当负责?必须得到谁的同意?需要向谁咨询?应当通知谁?他从这些问题来分析肯尼迪高中的情况,舍监与教研室主任之间的职责交叉是一个明显的问题。角色和关系没有明确定义,就不可避免地会出现冲突与混乱。他在考虑是否要对学校的组织结构进行彻底调整:"按照目前的形式,学舍制度能够存在下去么?如果不能,那么是否可以进行修正?可能我们需要对组织结构进行考察:如果我任命一个小组对组织进行诊断并提出改进建议,那会怎么样?我可以让杜拉和卡弗参与这项工作——让他们亲自感受,是什么原因引发了这些冲突。让他们共同参与,提出一个新的设计方案。在专门的领域内,分别向他们授权,制定一些政策和程序。"

即使只是通过几分钟的思考,也可以非常明白:肯尼迪高中面临的主要结构问题,必须着手加以解决。但是,怎么解决杜拉与卡弗之间目前存在的问题呢?现在的结构导致了现有的问题;通过对组织的调整可以避免今后再次发生类似的问题。但是,杜拉要求卡弗向她道歉,这似乎不是理性的方法能够修复的,大卫·金需要从另外一个角度来考虑这个问题了。于是他又转向人力资源视角,以寻求答案。

20.2 人力资源问题与选择

大卫·金:"太具有讽刺意义了,建立这所学校最初的理念是更好地满足学生的需要,打破那种庞大的、官僚体制下的高中。把学舍建设成为一个社区,甚至是家庭,在这里,每个人彼此都熟识,每个人都关心彼此。但是,事实上并没有朝着那个方向发展,每个人都还停留在最低的需求层次上:人们甚至没有安全感。除非他们拥有安全感,否则他们绝不会关心别人。问题不在于人们的个性,每个人都遭遇挫折,因为每个人的需要都没有得到满足。不仅我、卡弗和杜拉是这样,每个人都是这样。我们所有人的需求都没有得到满足,我们没有认识到,其他人也遇到了同样的问题。"

大卫·金又从个人需求分析,转向人际关系分析。杜拉与卡弗在他面前发生的争执,让他没有办法回避人际关系问题,到处都存在着紧张的关系,人们只跟那些认同其观点的人谈话。为什么?该如何处理?他记得读到过这么一段话:"在模式Ⅰ中隐藏着这样一个核心假设,即组织是一个很危险的地方,在这里你必须学会自力更生,否则就会被别人所控制(第8章)""是这样!"他说,"我们现在就是这样,我们应当可以毫不费劲地取得成功,但是目前所有的一切都是非输即赢。任何事情都不会进行公开的讨论,即使有,也只是人们之间的相互攻击。如果出现问题了,我们通常会指责其他人,并试图改变他们。他们通常会采取防御措施,以此来证明自己是正确的。但是,我们从来不会检验我们自己的假设,我们也不提出问题,只是把各种猜疑隐藏起来,等待着其他人来证明我们是正确的。我们已经找到了对付其他人的好办法。"

"你如何有效地进行人员管理呢?"大卫·金暗自思考。"成功的组织一开始就应当有一个明确的人力资源哲学观。我们没有,如果有一个,可能会有用。在人员方面进行投资?我们已经拥有了优秀的人员。他们的报酬也非常高,工作岗位也拥有安全性,我们在这方面应该不错。职务丰富化?现有的职位都挺具有挑战性。授权?这是个大问题。每个人都抱怨没有权力,但是每个人又多少都期望我能够管控一切。我们做些什么事情,能够让人们参与进来呢?让他们负责解决一个或更多的问题?告诉他们,他们必须共同合作来解决这些问题。困难在于,如果我们这么做的话,他们可能不具备所必需的调解技能。开展员工训练么?面对各种冲突,培训可以从调解技能开始。"组织中的权术活动是正常的,他阅读过这方面的内容,他知道这是事实。但是,在和睦相处与相互攻击之间似乎没有严格的界限。

20.3 权术问题与选择

大卫·金不情愿地把注意力转移到权术视角上来,这对他来说并不容易。他知道,权术与此相关;他从来没有见过一个充满紧张权术斗争的学校。比较起来,他以前的学校就相对平静多了;在那里,他曾经亲自处理过一些事情。但是,肯尼迪高中的气氛要紧张得多,它拥有充满斗争的历史,采取强制措施是可以采用的一种权力策略。

如果他把冲突公开化,形势会更加恶化。他在思考着权术视角的基本要素:持续的差异,稀缺的资源,冲突和权力。"瞧!这些问题我们这里都有。学校里形成了不同的派系,有支持学舍制度的,有反对学舍制度的。舍监们希望掌管他们的学舍,看护他们的领地。教研室主任希望掌管教师,扩大他们的领域。一群人希望封闭大门,设立保安。其他人希望不设保安,依旧开放大门。平静的表面之下,种族问题有可能爆发,因为学校没有拉美籍的管理人员。卡弗与杜拉事情可能会被放大传遍整个校园,黑人男性说,他要扭断白人女性的脖子。我们需要一些控制手段。"

"然后,所有外部人员都会对我们的学校充满警惕,父母会担心安全问题,学校董事会不再信任我们,媒体会等着找故事,四月份即将接受检查。也许采取某些手段可以让人们关注外部'敌人',而不是内部人。一个共同的敌人可以使人们团结在一起——哪怕只维持一段时间也行。"

"稀缺的资源?资源正在变得更加稀缺。我们已经流失了10%的教师——这使得我们陷入了弹性教师制的混乱之中,舍监和教研室主任在打得不亦乐乎,比尔·史密斯想得到我这个位置。学校正处于危险地带,我们需要平静的环境。但是,谁能承担起老练的领导职责?学校里面似乎没有中立派。埃莉诺·德布斯也许可以担任这个角色,人们都尊重她,但是,她不是学校的管理人员。"

大卫·金的注意力又转向了权力的两个方面。"权力可以用于伤害别人,我们现在就是这种情况。但是,你也可以运用权力来完成工作,这是权术中比较积极的方面。糟糕的是,现在这里没有这方面的一丝迹象。我是否能够成为一名建设性的权术家呢?我能够做些什么?首先,我需要一项方案。没有这样的方案,我会累死。我最基本的希望是所有人都能够团结协作,使这所学校更适合孩子们。在这个方案下面,大多数人都能够团结起来。建立网络联系——我需要与像史密斯、卡弗和杜拉这些关键人物建立良好的关系。座谈是一个良好的开始,我知道了他们究竟需要些什么。周五的会议是一个错误,那是一场缺乏共同基础的不同利益的斗争,以后需要采取一些精明的谈判策略。我们需要一个舍监和教研室主任都能接受的方案,而且我们需要一些同盟军,非常需要。"

想起来自己一直都在不停地分析,大卫·金会心地笑了。但是,他觉得自己还是有所收获的。他找了一张干净的便笺,对着安静的、空无一人的厨房说:"来,让咱们把这些想法都列出来。"在便笺的顶部,他划了三个横栏:支持者,中立者和反对者。在便笺左侧的上端,他写下了"权力大"。在便笺左侧的下端,他写下了"权力小"。在接下来的半个小时内,他根据不同个体和群体的利益及其权力,画出了肯尼迪高中的权术关系图。画完之后,他有些担心了,支持的人太少了,一伙人都持观望态度。他开始考虑如何建立一个联合体,重新改造学校的权术关系。

大卫·金说:"毫无疑问,我必须控制这个权术混乱的局面。否则,他们会像对待韦尔斯那样,把我从这里挤出去。但是,还是有一些沮丧。希望之光在哪里?"他笑了,开始考虑象征与文化方面的问题。"在我需要的时候,马丁·路德·金博士在哪里?"他回忆起1963年那句名言:"尽管眼下困难重重,但我依然怀有一个梦想。"肯尼迪高中的梦想是什么?

他决定休息一会儿,出去呼吸新鲜空气。这是一个月光皎洁的夜晚。人行道上人来人往,有年轻人,也有老年人;有穷人,也有富人;有黑人,有白人,也有拉美人。商品从商店里涌到了路边的柜台上,有衣服、玩具、电动工具、水果和蔬菜。大卫·金遇到了一些来自他以前任职学校的学生,现在,他们在肯尼迪高中学习。他们说:"我们告诉我们的朋友说,现在我们拥有一位好校长。"他感谢他们,希望他们说得没错。

20.4 象征问题与选择

大卫·金回到厨房里,坐在了那叠便笺的旁边。散了一会步,又喝了一杯咖啡之后,他又增添了活力。他开始回顾学校的历史,"太有意思了。""这真是一个问题:这所学校刚刚成立,还没有什么历史;已经拥有的历史,大多数都是不良记录。其历史是来自不同地方个人的历史大杂烩,每个人都在讲述着不同的故事。可能这就是为什么卡弗那么关心他的学舍,而杜拉则关心她的英语教研室,学校没有什么东西能够得到全体教职员工的关心,没有多少有意义的东西。"

他开始考虑,哪些象征能够产生凝聚力,罗伯特·肯尼迪是学校的同名人物,他只是模糊地记得博比·肯尼迪(罗伯特·肯尼迪的昵称)的演讲。还有别的什么吗?他开始回想有关这个人物的一切:他喜欢什么?他赞同什么?在用这个名字命名学校的时候,创立者是如何考虑的?他们试图传达什么样的信息?大卫·金想到了这么一句话,博比·肯尼迪曾经引用这句话作为对他哥哥的赞词:"有些人只看到事物的表象,并且会问:为什么会是这样?我想像中的事物并不像其现状那样,而且我会问:为什么不可能是那样?"

大卫·金意识到:"这种思想正是肯尼迪高中目前所需要的,我们需要超脱于局部利益,需要一面可以把所有人团结起来的旗帜。在肯尼迪高中举行庆祝活动么?在混乱之中,我们能够成功举办庆祝仪式么?这可能会导致后院起火,使事情变得更加糟糕。但是,这所学校似乎一直没有什么具有特殊意义的时刻——即使在开始的时候。没有典礼,也没有传统,仅有的历史故事也都是些坏事。我们不得不回溯创办这所学校时的价值观,重新点燃最初的火花。如果我把一些人集中起来做这件事怎么样?从设计草案开始怎么样——这次要选择一些对象征符号和仪式敏感的人来做?我们需要一些粘合剂把这些事情整合在一起。"

价值,忠诚,他在心里翻来覆去想这几个词,各种印象萦绕在他的心头,各种想法开始涌现。"人们把我们看作是先驱者,但是在某种程度上我们没有能够做到这一点。一座灯塔上的灯熄灭了,但是还没有另外一座灯塔。我们有可能会触礁,梦想变成了噩梦。人们的忠诚度非常不稳定,学校出现了分裂——人们分别拥有两种不同的信念。这就像追求真正学舍制度的教堂与追求学术卓越的庙宇之间的一场圣战。我们需要把两个方面整合起来。"感觉到自己思想中宗教般的含义,他笑了,他的父母应当为此感到高兴。

大卫·金突然来了灵感。"我们这里不是教堂;我们是一所学校。我们所在的国家拥有不同的宗教和礼仪,但是,也许象征视角可以弥补教堂与学校之间的鸿沟。组织就是教堂,它的许多东西都是关于价值观的。肯尼迪高中究竟是围绕什么建立的?我们是谁?我们的精神出现了什么问题?我们的灵魂和价值观是什么?引发人们冲突的是什么?我们的信仰被分裂成了两个方向,系主任追求学术上的卓越,舍监们追求对学生的关爱。这两者我们都需要,这是我们最初的梦想。把卓越与关爱整合在一起,如果我们总是一方与另一方斗争,那么哪一方面都做不到。"

他在思考,为什么最初他会选择进入公共教育领域,那是他的愿望。为什么会有这样的愿望?他成长在一个充满种族主义的社会,那是非常艰难的。但是,他的父亲遇到的困难更多,父亲担任过学校校长,那曾经是黑人从未涉足的领域。大卫·金一直非常羡慕他父亲的勇气和修养,他记忆最深刻的是他父亲对教育的热情,他父亲是一位真正的为孩子着想的奋斗者——标准很高,感情也很深。从他记事时候起,他也希望成为一名校长。这是服务社会的途径,也是为那些真正需要帮助的年轻人提供服务的途径。给每个人都提供一个机会,在冲突的战火之中,很容易忘记这一点。回忆起来,感觉真不错。

在进行更为深入的思考之前,大卫·金意识到现在可以进行一下总结。又喝了一杯咖啡,他回到自己的笔记前面。这些东西给予了他意识流般的冲击,有所收获,也有所自怜。在学校的时候,他曾经激烈地反对一切理论。回想起这些,他禁不住笑了。"别考虑那么多;干吧!做一个领导者!"目前,他正在思考和反思,他试图把所有的事情综合在一起。走一条不同的道路,这很自然。

大卫·金把自己的思想整理成一张表(见表 20.2)。现在他感觉越来越好了。事情的来龙去脉逐渐清晰了。他感觉到,他对所遇到的困难认识得更加清楚了。可以看出来,他拥有许多选择,当然也有许多缺陷,但是,必须是有可能性的。他知道,他不可能立刻着手做所有的事情;他需要安排各项工作的先后顺序。他需要一个行动计划,需要一个与基本价值观衔接的方案。从哪里开始呢?灵魂?价值观?他必须找到一个重整旗鼓的着力点。

表 20.2 重构罗伯特·F·肯尼迪高级中学

视角	现　状	可能的选择
结构	总体目标、角色、责任和联系都不明确;模糊的矩阵结构;权威不够;没有限制的结构	明确责任;组建考察组织结构的任务小组
人力资源	基本需求得不到满足(例如安全等等);个体之间你死我活的竞争关系;无效的冲突管理;授权不够	提高安全性;进行沟通和冲突管理方面的培训
权术	学舍与教研室之间的冲突;大门与保安的问题;卡弗与杜拉之间的紧张关系,种族紧张关系;外部委托人——父母、董事会、媒体等等	安排谈判场所;打破各种控制因素;团结起来一致对外;建立网络和联合体;谈判
象征	没有共享的象征(历史,仪式和典礼);信仰分裂所导致的损失;缺乏认同感(肯尼迪高中的灵魂是什么?)	撑起一面旗帜(作为肯尼迪高中的基本象征);设计象征、仪式、故事;礼物

大卫·金已经拥有了两大价值观:卓越与关爱。他开始转过来关注领导的发动能力。"我总是在等着其他人启动这些工作,那么我呢?我的贡献体现在什么地方?如果我希望达到卓越的目标,我必须赋予他们权力,权力是人们真正需要的。他们不希望别

人来告诉他们该怎样做。他们希望能够自己签名,他们希望做出自己的贡献,他们之所以斗争得那么激烈,是因为他们爱的深沉,是这种爱把他们带到了肯尼迪中学。他们希望成为更优秀群体的一部分。他们希望能够做出特殊的贡献。他们都希望干好一份工作。我该怎么做,才能既帮助他们做到这一点,又不会妨碍其他人?"

"那么至于关爱呢?领导应当付出爱心,在这里没有人能得到许多关爱。"(他想起了一句歌词:"总是到错误的地方寻找爱。"不禁笑了。)他意识到:"我一直在等着别人来表现爱心和热情,而我却一直压抑着自己的爱心和热情。"

这个想法让他拿起了电话,立刻给贝特西·杜拉打电话,她不在家。但是,他给她留了言:"贝特西,我是大卫·金。关于我们之间的谈话,我想了许多。有一件事,我希望你能了解,我非常高兴,你能成为肯尼迪高中这个团体的一分子,你带来了很多东西,我真诚地希望,我能够得到你的帮助。没有你,我们无法办好这个学校。我们需要完成我们已经开始的事业,我非常关心这项事业。我知道,你也非常关心,星期一我将与你会面。"

他感觉自己有些摇摆不定。在电话机上留言,和亲自跟人打电话,这是两回事情。特别是在你不知道对方是否会接受的情况下,更是如此。

他的第二个电话打给了昌西·卡弗,电话很快就接通了,"是昌西么?我是大卫·金。非常抱歉,打扰你在家里休息。今天早上,杜拉给我打了一个电话。她一直为你昨天说过的话而感到不安。特别是你说你要拧断她的脖子。"

大卫·金耐心地听取卡弗的解释,他说当杜拉无缘无故、不合时宜地当众攻击他的时候,他只是出于自我保护的目的才说了那些话。"昌西,我听到……是的,我知道你非常激动。她也非常激动。"大卫·金耐心地听着昌西那边慷慨陈词的长篇演说。"是的,昌西,我理解你。但是,你要知道,对于这个学校的工作来说,你是非常重要的。我知道,你是多么地关心你的学舍和这所学校。人们在外面都说,你是一位极好的舍监,这你也是知道的。我需要你的帮助,真的。如果你与贝特西这件事被放大传播到社会上,那么会对这所学校有什么影响呢?……你是对的。考虑一下吧!贝特西就是希望你给她道歉。"

他担心,"道歉"这个词会惹怒卡弗。事实上,也的确是这样。事态又变得严重了。他提醒自己,打电话是为了什么。他又退回到倾听的模式。经过几分钟的发泄,卡弗暂时停了下来。大卫·金用温和的语气讲话,试图说服卡弗接受他的观点。"昌西,我不是要告诉你该怎么做。我只是想让你考虑一下这个问题。我也不知道答案是什么。两个人的脑子总比一个人的强吧。请让我知道,你有什么想法?星期一一大早我们见面谈,行么?……非常抱歉占用你的时间。周末愉快!"

大卫·金放下了电话。这个电话比预期的还要困难。事态仍然紧张,但是,可能他已经开始解决问题了。卡弗是个急性子,他有一个没有约束的大炮。但是,他也是非常聪明的,他深深地热爱这所学校。大卫·金认为,让卡弗自己想一想,他能够认识到他对杜拉说的话所包含的巨大风险。如果把他逼得太急了,他会像被逼到角落里的獾一样进行反扑。给他留一些空间,他能够独立做出判断。昌西能够接受授权么?这个问题不会卷土重来吧?

与昌西通话之后,大卫·金休息了一会。他再次回到便笺面前。这叠便笺似乎成了他的安全保护网了。不只如此,便笺还帮助他开阔视野。他已经对事态有了更深入的了解。他已经记录下了卓越与关爱的价值观。他已经有所进展了么,还是仅仅限于思考?这都没有关系。他感觉更好了,事态也更加清楚了。

大卫·金的考虑又转移到公平上来了。他提出问题:"人们是否感觉到这所学校是公平的?我没有听到许多关于公平性的抱怨。但是,用不了多长时间,就会引发另一场战争。昌西和贝特西的事情引起了人们的惊慌。一个男人对一个女人发出武力威胁,这传递了一个非常可怕的信号。这个社会已经充满了太多的男性暴力,而且这又是发生在黑人男性与白人女性之间,事情真的很严重。我和昌西都是黑人,这个事实既好也坏。好的一方面在于,我有机会得到昌西的帮助。但是,这也有不好的一方面,人们也有可能会认为我支持昌西而反对贝特西。这就像是在走钢丝:只要走错一步,我就将成为历史。学校也是这样,它有可能将会面临一个灰暗的前景。希望昌西和贝特西的事情能够得到很好的解决,如果能够让他们两个人团结起来,那不就是一个团结的象征么!可能那就是我们所需要的,至少是一个非常积极的步骤。"

最后,大卫·金开始考虑忠诚和价值的问题,他再一次更加深入地思考象征问题,"在两年之内,肯尼迪高中是怎样从充满希望滑落到没有希望的呢?我们如何能够重新点燃最初的忠诚呢?我们如何重新回忆起创立之初的梦想呢?""唉!"他叹了一口气。"以前,我也曾经遇到过这样的情形。我到原来那所学校工作的时候,那里的管理也非常混乱。虽然不像肯尼迪高中这么糟糕,但是也相当严峻。我们扭转了那所学校的形势。在这个过程中,我学会了一些东西——既要有耐心,也要能忍受艰难。要扭转肯尼迪高中形势也将是困难的,但是,也是非常有意义的。而且,这个目标是能够实现的,所以我才会接受这个职务。那么,我还在抱怨什么呢?我知道我正在投入其中。"

到星期日晚上,大卫·金已经积累了约25页的笔记。这些都是有用的。但是,他在空厨房里的自言自语,更有帮助。站在阳台上,得到一个新的视角,进行思考而不仅仅是烦恼。他打了许多电话。他与学校里几乎每个管理人员都通了话。他们中的许多人都感觉到奇怪——一个周末打电话的校长,还真是新鲜。

大卫·金在不断推进,他需要一些志愿者组成任务小组来解决学校的结构问题。他需要贝特西提供一些建议,他已经着手建立了一些关系。在第二个打给昌西的电话中,委托他对这个目标负责,大卫·金进行了更深入的联系,他希望弗兰克·切兹帕克能够在专业追求卓越方面提供一些建议,他坦率地承认自己在这方面不在行。

有些措施纯粹属于权术活动,他与比尔·史密斯进行了谈判:"比尔,下次如果这个地区需要一位校长,我会帮助你,但是现在你必须帮助我。如果你在我背后使坏,我也会。"大卫·金和善地说服博特兰·珀金斯,他的职业是安排课表,不用再担任舍监了。他打电话给大卫·克里明斯。他告诉他说,珀金斯已经决定变动工作岗位了。他还与卢兹·赫南德兹(Luz Hernandez)进行了一次令人鼓舞的谈话,卢兹·赫南德兹是他前任学校的忠实员工,至少她将考虑是否到肯尼迪高中担任舍监。他还让每个人都考虑如何解决大门的问题。

最重要的是,大卫·金已经着手建立文化整合机制,重新确立人们在学校成立时所感受到的希望和梦想。一个团结的群体会使每个人都感到骄傲,他的计划清单是雄心勃勃的。但是,至少他已经拥有了一些选择,他有许多事情要做。他不能确信未来是什么样子,但是,他感觉到还是有一些希望的。他心中的结已经逐渐打开了。像他的前任那样失败地离开学校的样子,也逐渐在他心中消失了。

电话铃响了,是贝特西·杜拉打来的电话,周末她出去度假了,她想对大卫·金的留言表示感谢。她对他说,能够知道他关心什么是非常重要的。她说:"顺便告诉你,昌西·卡弗给我打电话了。他说,他对星期五的事情感到遗憾。他告诉我,当时他失去了理智,说了一些不该说的话,但那不是他的本意。他邀请我明天共进早餐。"

大卫·金尽可能若无其事地问她:"你会去么?",他很紧张,他在想,如果她拒绝了,那么我们又要回到起点上了。

她回答说:"我会去。对于昌西来说,即使只是打个电话,也已经很不容易了。他是一个非常自负和顽固的人。但是,我们都是专业人士,这值得努力了。"

终于有了一丝缓和的迹象。大卫·金说:"我还有一个问题。

当你来这所学校的时候,你知道今后的工作将不会很容易,为什么你还会选择到这里来呢?"

她沉默了很长时间,他几乎可以听到她思考的声音。

她说:"我喜欢英语,我喜欢孩子,而且我希望孩子们喜欢英语。"

大卫·金又问:"那现在呢?"

"我们能不能不再争斗?那不是我们进行这个昂贵实验的目的。让我们回到根本上去,共同努力,把我们的学校建设成为孩子们喜欢的好学校,他们真的需要我们。"

大卫·金问道:"建设一所人人都引以为荣的伟大学校如何?"

她说:"听起来很不错。"可能她并没有真正理解他的意思。但是,他们已经开始有共同语言了。这还需要花费时间,但是他们能够达到目的。

在这个紧张的周末快要结束的时候,对于大卫·金来说,要想解决所有的问题,还有很长的路要走。"但是,"他对自己说,"我已经不再处于迷惑之中。对于这一切我感觉更加熟悉了,心中的思路更加清晰了。与星期五相比,我发现了许多的可供选择的方案。事实上,我已经尝试了一些令人鼓舞的行动。有些行动可能会有效,有些可能不会有效。但是,我想我知道今后该怎么做了。而且我知道哪种途径是正确的。现在,我们正在朝着那个方向前进"。

他无法等到星期一早上了。

20.5　结论:重构的过程

大卫·金可能会提出其他的问题,找到其他选择方案。与管理和领导一样,组织重构更是一门艺术而不是科学,每位艺术家都会选择一个独特的视角,创作出与众不同的作品。大卫·金的重构过程必然是建立在他一生积累的技能、知识、直觉和智慧的基础之上。重构工作帮助他获得那些他已经了解的事物,这样,面对周围的不确定性和无序状态,他就不会感到迷惑和压抑。杂乱无序的印象和经历逐渐地演变为可以控制的图像,他的思考使自己明白,他并不是孤立无助,他可以采取许多行动。而且,他再次发现了一条非常古老的真理:与沉思和祈祷一样,思考是一项精神训练。他知道前面的路还很长,而且充满困难。谁也无法保证能够成功,但是,他感觉到比开始的时候更加自信了,更加有激情了。他开始想像从未想过的事情。他还说,为什么不敢想呢?

第21章 结　束　语

　　我们希望这部著作能够进一步激发更多的创新型管理和明智的领导实践。管理者和领导者都需要具备较高层次的个人艺术,以应对当今世界的各种挑战、不确定性和矛盾。他们需要判断力和个人自由,从而在日常工作中寻找新的模式和可能性。他们需要多样化的思维模式,从而培养实践的灵活性。面对同样的失败,他们要有能力做出不同的反应……

　　管理者都要面对领导能力的困境:既要保持组织的整体性,确保组织目标的实现,又不能使组织过于僵化和难以驾驭。领导就意味着在强硬与软弱之间走钢丝。过于严格会降低士气,抑制创新,不合理地分配资源,最终会导致灾难的发生。这些结果与大型企业的衰落是相似的。在"永恒的浪花"世界当中(Vaill,1989),没有什么是一成不变的,万事万物都在变化之中。人们总是希望不考虑问题的变化,依然遵循熟悉的途径,依赖于过时的解决方案,做已经熟悉的事情,总是比较愉快的,这让我们感觉我们的世界是有秩序的,我们处于世界的控制之下。但是,当旧的方法失效时(所有的方法最终必然都会失效),管理者通常会来个三百六十度大转弯,走向另一个极端:他们接受所有的观点,并试图满足所有人的需要。其结果必然导致出现一个漫无目标的、无秩序的和混乱的系统,无法开展协调一致的、有目标的活动。柯林斯和波拉斯非常清楚地阐明了这一点:愿景型的公司拥有处理这种矛盾的能力,一方面能够激发变革,追求高风险的创新事业,另一方面也能同时保持组织对核心理念和价值观的承诺。

　　优秀的管理者和领导者应当在两种极端之间保持一种有张力的平衡,他们应当把核心价值观与弹性战略结合起来,既把工作完成,又不能累得筋疲力尽。他们知道自己的立场,知道自己想要得到什么,知道如何清楚地沟通他们的愿景。但是,有许多复杂的因素在推动和妨碍组织的发展,他们对此也是了解的,而且能够做出相应的反应,他们会进行创新的思考。他们所制定的战略具有充足的弹性,以应付前进道路上的各种曲折、反复和陷阱。

有这样一种误导的成见:领导者是因为具有无所不知的预见能力和不受限制的权力,才会去冒险,才会进入未知领域。凯勒(Keller,1990)的认识更加接近现实:"在现实世界中,最伟大的领导者通常是有技巧的人,他们不会控制历史的进程,但是他们拥有很好的判断能力,不会影响历史的进程。"

戈尔巴乔夫的沉浮表明了所有领导人需要面对的众多复杂性。面对复杂的问题和严重的分歧,领导者需要有对抗的信心。他们必须期望通过冲突来释放他们无法控制的因素,他们要有勇气走别人没有走过的道路。

21.1 对核心信念的承诺

在管理培训中,很少包括诗歌和哲学。商学院也很少自我反省:精神上的发展是否是它们培训目标的中心。管理者常常被看作是能够适应任何环境的变色龙,或者是仅仅被私利所驱动的冰冷机器。分析与灵活是必要的,但仅仅有这些并不够。组织需要的领导者应当能够提出植根于价值观和人本精神的目标和方向,并能够让人们认同其可信性和持续性。"我们要掀起一次革命,这次革命不是政治上的,而是精神上的"(Guéhenno,1993,p.167)。

关于核心价值观和信仰,领导者必须进行深入积极地思考,并且鲜明地加以阐述。世界上许多传奇式的企业英雄们,以那样一种令人注目的方式表述他们的哲学和价值观,以至于今天我们还可以在企业行为和经营活动中看到他们的影响。在政界,富兰克林·德拉诺·罗斯福(Franklin Delano Roosevelt),查尔斯·戴高乐(Charles de Gaulle),玛格丽特·撒切尔(Margaret Thatcher)和新加坡的李光耀(Lee Kuan Yew)在其任期内都是备受争议的,但是他们每个人都坚守着稳定的和连贯的价值观和信仰,他们的价值观和信仰进而也形成了引导他们各自祖国发展的愿景。

21.2 进行多视角的思考

既要坚持持续的价值观,也要有弹性的战略,这话听起来有些矛盾。富兰克林·罗斯福被喻为狮子和狐狸。这两种动物的反差,比不上那些领导人真实的反差。他们直觉地认识社会的多面性,并且灵活地采取行动以落实他们的愿景。如果领导者采用多样化的视角,并且遵循不同视角的逻辑,就可以发现和理解更多的东西。

如果领导者的视野过于狭窄,那么他们就会失败。领导者应当能够灵活地考虑组织问题,能够从多种角度来看待组织。这样,他们才能够应对各种难免会遇到的问题。吉米·卡特(Jimmy Carter)先前的职业过于强调细节和理性,因此,他很难使人们支持他的计划,很难赢得大多数美国人的心。总统任期结束之后,对人的关心成为他的主导思想。这种思想帮助他赢得了诺贝尔奖。富兰克林·德拉诺·罗斯福(FDR)是一位出色的人类需求观察家,一位有魅力的说服者,一位可靠的行政官员,一位权术操纵者,一位礼仪的掌控者。他提出了扩大最高法院(Supreme Court)的计划,但是,由于他低估了公众的反应,因此他的多视角方法遭遇到了失败。

多角度的思考是具有挑战性的,而且是违反直觉的。把同一个组织看作是机器、家庭、弱肉强食的竞争丛林和戏剧,领导都应当能够同时从几个角度来看待同一个事物。就像冲浪运动员一样,领导者必须在变革的浪潮中前行。如果他们太超前,他们会被浪花击碎。如果他们太落后,他们就会变得不符合时代潮流。领导者的成功需要艺术、技巧和能力,把组织视为有机体。在这个有机体当中,需要、角色、权力和符号必须整合起来,提供导向并影响行为。对于现代领导者来说,重构的权力是非常重要的。当选择似乎遇到严格的限制时,发现新可能和创造新机会的能力,使得领导者能够发现多种选择方案。这种能力能够帮助他们在恐惧和失望当中寻找到希望和信念。选择是自由的核心,自由对于确保忠诚和柔性来说,是非常关键的。

世界各地的组织都在积极应对逐渐变小的地球和全球化经济的到来。变革的进程不断加快,不断地导致严重的政治、经济和社会突变。现在我们会发现,以组织为基础的世界的演进是如此缓慢,以至于无法适应各种紧迫的社会需求。如果没有明智的领导者和艺术性的管理者来帮助弥合这种裂痕,我们将继续看到资源的不合理分配,大规模的无效率,以及人类遭受不必要的痛苦和遭遇。所有这些痛苦都已经存在,而且没有人能够保证它们不会继续恶化。

我们看到了组织所面临的巨大挑战,但是,我们仍然保持乐观态度。我们希望新一代的管理者和领导者能够认识到,诗歌和哲学精神与分析和技术同等重要。我们希望我们的这本书能够为这些管理者和领导者打好这样的基础。我们的时代需要那些尊重人类生命和人类精神的基本价值观的先驱者。这些管理者是有趣的理论家,他们能够通过复杂的多棱镜来观察一个组织。他们是交涉者,他们能够设计出弹性的战略。这些战略在影响事情进程的同时,也能够适应变化的环境。认识和关心他们自己和同事,他们认为这一点非常重要。他们是设计师、催化剂、倡导者和用精神引领的预言者。

附 录

组织研究领域最有价值的研究成果：
学者的发现与最佳畅销书

在编写这一版《组织重构》的过程中，我们想了一个办法，以确保不会忽略该领域内的重要著作，并且能够恰当地引用或总结这些成果。判断哪些文章和著作是最好的或者是最重要的，并没有完美的方法。但是，至少我们可以知道，学者和公众经常阅读的文献有哪些。我们设计了这样两种排名：(1)"学者的发现"按照学者的引用率排名；(2)畅销书根据《商业周刊》每年的排行榜列出。

1 学者的发现

我们对学者的伟大发现的排名是根据引用率分析得出来的。引用率就是指一篇文献在学术刊物中被引用的次数。这种方法经常用于评价学术影响。我们的引用率分析首先是从两本杂志开始的。这两本杂志是：《管理科学季刊》（Administrative Science Quarterly, ASQ）(1993 到 2000 年)和《管理学会学报》（Academy of Management Journal, AMJ）(1996 至 2001 年)。我们对两本杂志的文献引用情况进行了分析，以引用率为基础，列出了前 25 位的文章和著作排名。(根据本书的需要，我们剔除了那些关于统计分析和研究方法的纯粹的方法论著作)。然后，我们使用科学信息学会(Institute of Scientific Information, ISI)的科学网（Web of Science），做了进一步的分析。它的引用率分析是基于大约 85 000 种学术杂志上发表的论文。这样我们就得到了三种相互独立的排名:AMJ,ASQ 和 ISI。前两类是专门针对组织研究领域的;ISI 的数据显示了更为广泛的影响力分析,不仅是在管理学领域内,也超越了管理学领域之外。就我们排出的 25 篇文献而言,AMJ、ASQ 和 ISI 的引用率之间是一种正相关关系,但是这种关系比较弱(AMJ 和 ASQ 之间的相关系数为 0.09,ASQ 与 ISI 之间的相关系数为 0.16)。我们认为,这反映了真实的情况。学者们在不同的杂志上发表文章,或者是来自不同的学科领域,他们的文献资源有着不同的口味和偏好。这也表明,我们的结果有一定的主观性,基于其他杂志的分析可能会产生相反的结果。基于我们的分析结果,前十五位的文献见表 A.1。

表 A.1 基于引用率分析位居前十五位

AMJ 排名	ASQ 排名	ISI 排名	总体 排名	作者	年份	题目
1	2	7	1	Peffer, J., and Salancik, G.	1978	*The External Control of Organizations: A Resource Dependence Perspective*
3	3	6	2	Cyert, R. M., and March, J. G.	1963	*A Behavioral Theory of the Firm*
5	1	12	3	Dimaggio, P. J., and Powell, W. W.	1983	"The Iron Cage Revisited: Institutional Isomorphism and Collective Rationality in Organizational Fields"
8	11	5	4	Jensen, M. C., and Meckling W. H.	1976	"Theory of the Firm: Managerial Behavior, Agency Costs, and Ownship Structure"

续表

AMJ排名	ASQ排名	ISI排名	总体排名	作者	年份	题目
12	14	2	5	March, J. G. and Simon, H. A.	1958	*Organizations*
8	11	9	5	Nelson, R. R., and Winter, S. G.	1982	*An Evolutionary Theory of Economic Change*
2	21	6	7	Hofstede, G.	1980	*Culture' Consequences: International Differences in Work-Related Values*
24	9	1	8	Thompson, J. D.	1967	*Organizations in Action: Social Science Base of Administrative Theory*
20	4	11	9	Meyer, J., and Rowan, B.	1977	"Institutionalized Organizations: Formal Structure as Myth and Ceremony"
17	5	13	9	Pfeffer, J.	1981	*Power in Organizations*
12	20	4	11	Porter, M. E.	1980	*Competitive Strategy: Techniques for Analyzing Industries and Competitors*
17	17	3	12	Williamson, O. E.	1985	*The Economics Institutions of Capitalism: Firms, Markets, Relational Contracting*

续表

AMJ排名	ASQ排名	ISI排名	总体排名	作者	年份	题目
19	8	10	12	Granovetter, M. S.	1985	*Economic Action and Social Structure: The Problem of Social Embeddedness*
7	18	14	14	Child, J	1972	*Organizational Structure, Environment and Performance: The Role of Strategic Choice*
5	15	19	14	Hambrick, D. C., and Mason, P. A.	1984	"Upper Echelons: The Organization as a Reflection of Its Top Manages"

注：斜体字是著作；引号中的文献是杂志文章。AMJ 代表 Academy of Management Journal, ASQ 代表 Administrative Science Quarterly, ISI 代表 Institute of Scientific Information Web of Science。

这些结果不是最权威的，但是它能够反映这些文献对学者的影响力。为了把几种排名统一起来，我们综合三个数据库的信息进行了平均。例如，普费弗和萨兰西克（Peffer and Salancik, 1976）综合排名第一，在 AMJ 中排名第一，在 ASQ 中排名第二，在 ISI 中排名第七。

虽然引用率分析都是基于近期的文献，但是，被引用的论文通常是较早发表的，发表在 20 世纪 60 年代、70 年代和 80 年代。其中，最早的文献是 1958 年，最新的文献是 1983 年。研究结果表明，一篇新的文献通常要经过 10 年甚至更长的时间，才有可能成为被广泛引用的"经典文献"。

2 畅销书

学者与公众的口味大不一样。从1996—2000年间《商业周刊》的畅销书排行榜中,我们摘出一本排在最前面的书(表A.2)。一般情况下,我们选择在精装书或平装书中排名第一的著作。但是,在以下两种情况下,我们会选择排名靠后的著作:(1)排名第一的著作的主题是管理学和组织学以外的(例如,关于个人理财的著作);(2)这本著作已经连续多年排名第一了,特别像是斯潘塞·约翰逊的《谁动了我的奶酪?》(Spenser Johnson, Who Moved My Cheese?)。

表A.2 《商业周刊》畅销书

年份	畅销书	在《商业周刊》中的排名
2002	Collins, *Good to Great*	在精装书中排名第二(排在 *Who moved My Cheese?* 之后)
2001	Welch, Jack: *Straight from the Gut*	在精装书中排名第二(排在 *Who moved My Cheese?* 之后)
2000	Lewis, *The New New Thing*	在精装书中排名第四(排在 *Who moved My Cheese?*, *The Millionaire Mind*, 和 *The Tipping Piont* 之后)
1999	Johnson, *Who moved My Cheese?*	1999、2002和2001年连续在精装书中排名第一
1998	Chernow, *Titan*	在精装书中排名第三(排在两本个人理财著作之后)
1997	Covery, *The Habits of Highly Effective People*	平装书连续多年排名第一
1996	Adams, *The Dilbert Principle*	在精装书中排名第一

与学者选择的著作相比,大众畅销书大多比较短小、简单。这一点也不奇怪。畅销书通常是从人力资源或文化的视角出发,重点关注人的问题;而学者的选择通常强调文化、权术和结构等方面的问题。畅销书通常都非常活泼。畅销书所传达的信息是:"你可以有很大的作为"。但是,学者们通常倾向于传递相反的信息:"你不太可能有多大的作为,因为你和你的组织要被更强大的社会经济力量所控制"。

参考文献

"The ABB of Management."*Economist*,Jan. 6,1996,p. 56.

Ackman, D. "Pay Madness at Enron." *Forbes*, Mar. 22, 2002. (www. forbes. com/2002/03/22/0322enronpay. html)

Adams,S. *The Dilbert Principle*. New York：HarperBusiness,1996.

Adler,P. S. ,and Borys,B. "Two Types of Bureaucracy：Enabling and Coercive."*Administrative Science Quarterly*,1996,41, 61～89.

Alderfer,C. P. *Existence,Relatedness,and Growth*. New York：Free Press,1972.

Alderfer,C. P. "Consulting to Underbounded Systems."In C. P. Alderfer and C. Cooper（eds.）,*Advances in Experiential Social Processes*. Vol. 2. New York：Wiley,1979.

Alford, C. F. *Whistleblowers：Broken Lives and Organizational Power*. Ithaca,N. Y.：Cornell University Press,2001.

Allison, G. *Essence of Decision：Explaining the Cuban Missile Crisis*. New York：Little, Brown,1971.

Alterman,E. "Wrong on the Wall ,and Most Else ."*New York Times*,Nov. 12,1989,p. E～23.

American Customer Satisfaction Index,2002.（www. theacsi. org/third_quarter. htm#app）

Anderson,S. , Cavanagh, J. , Hartman, C. , and Leondar-Wright, B. "Executive Excess 2001."Washington, D. C.：Institute for Policy Studies,2001.（http：//ufenet. org/press/2001/EE2001. pdf）

Appelbaum,E. ,Bailey,T. ,Berg,P. ,and Kalleberg, A. L. *Manu-*

facturing Advantage: Why High-Performance Work Systems Pay Off. New York: Cornell University Press, 2000.

Argyris, C. *Personality and Organization*. New York: HarperCollins, 1957.

Argyris, C. *Interpersonal Competence and Organizational Effectiveness*. Homewood, Ill. : Irwin, 1962.

Argyris, C. *Integrating the Individual and the Organization*, New York: Wiley, 1964.

Argyris, C. "Empowerment: The Emperor's New Clothes." *Harvard Business Review*, May (June 1998, 76(3).

Argyris, C. , and Schön, D. A. *Theory in Practice: Increasing Professional Effectiveness*. San Francisco: Jossey-Bass, 1974.

Argyris, C. , and Schön, D. A. *Organizational Learning: A Theory of Action Perspective*. Reading, Mass. : Addison-Wesley, 1978.

Argyris, C. , and Schön, D. A. *Organizational Learning II : Theory, Method, and Practice*. Reading, Mass. : Addison-Wesley, 1996.

Armstrong, D. *Managing by Storying Around* . New York : Doubleday, 1992.

Associated Press. "McDonald's Opens up in India." *Kansas City Star*, Oct . 14, 1996 , p. A~4.

Aubrey , B. , and Tilliette , B. *Savoir faire savoir: L'apprentissage de l'action en entreprise* [Knowing and teaching : Action learning in the enterprise]. Paris: InterEditions, 1990.

"Average Sales Per Store ." *Bizstats. com*, 2002. (www. bizstats. com/realworld. htm)

Axelrod , R. "More Effective Choice in the Prisoner's Dilemma." *Journal of Conflict Resolution*, 1980, 24, 379~403.

Babineck, M. "Empire Strikes Back over Use of 'Star Wars' Names." *Houston Chronicle* , Feb. 7, 2002. (www. chron. com/

cs/CDA/story. hts/special/enron/1246185)

Baldridge, J. V. *Power and Conflict in the University.* New York: Wiley, 1971.

Baldridge, J. V., and Deal, T. E. (eds.). *Managing Change in Educational Organizations.* Berkeley, Calif.: McCutchan, 1975.

Bales, F. *Personality and Interpersonal Behavior.* Austin, Tex.: Holt, Rinehart and Winston, 1970.

Barber, B. R. *Jihad vs. McWorld: How the Planet Is Both Falling Apart and Coming Together—and What This Means for Democracy.* New York: Times Books, 1995.

Bardach, E. *The Implementation Game: What Happens After a Bill Becomes Law.* Cambridge, Mass.: MIT Press, 1977.

Barley, S. R. "The Alignment of Technology and Structure Through Roles and Networks." *Administrative Science Quarterly*, 1990, 35, 61~103.

Barnes, L. B., and Kriger, M. P. "The Hidden Side of Organizational Leadership." *Sloan Management Review*, Fall 1986, pp. 15~25.

Barry, D. "A Man Who Became More Than a Mayor." *New York Times*, Dec. 31, 2001.

Barstow, D., and Bergman, L. "At a Texas Foundry, an Indifference to Life." *New York Times*, Jan. 8, 2003 (a), pp. A1 & A14~A15.

Barstow, D., and Bergman, L. "Deaths on the Job, Slaps on the Wrist." *New York Times*, Jan. 10, 2003(b), pp. A1, A14~A15.

Barstow, D., and Bergman, L. "Family's Profit, Wrung from Blood and Sweat." *New York Times*, Jan. 9, 2003(c), pp. A1, A14~A15.

Bartlett, C. A., and Elderkin, K. W. "General Electric: Reg Jones and Jack Welch." Case no. 9 - 391 - 144. Boston: Harvard Business School Case Services, 1991.

Barton, L. *Crisis in Organizations*. Cincinnati: Southwest, 2001.

Bass, B. M. *Stogdill's Handbook of Leadership: A Survey of Theory and Research*. New York: Free Press, 1981.

Bass, B. M. *Leadership and Performance Beyond Expectations*. New York: Free Press, 1985.

Bass, B. M. *Bass & Stogdill's Handbook of Leadership: Theory, Research, and Managerial Application*. (3rd ed.) New York: Free Press, 1990.

Bass, B., Avolio, B., and Atwater, L. "The Transformational and Transactional Leadership of Men and Women." *Applied Psychology: An International Review*, 1996, 45, 5~34.

Bateson, G. *Steps to an Ecology of Mind*. New York: Ballantine, 1972.

Beam, A. "Michael Porter vs. McGraw-Hill." *Boston Globe*, Sept. 20, 1989, p. 40.

Bell, T. E., and Esch, K. "The Fatal Flaw in Flight 51-L." *IEEE Spectrum*, Feb. 1987, pp. 36~51.

Bellow, G., and Moulton, B. *The Lawyering Process: Cases and Materials*. Mineola, N. Y.: Foundation Press, 1978.

Bennis, W. G. *Why Leaders Can't Lead: The Unconscious Conspiracy Continues*. San Francisco: Jossey-Bass, 1989.

Bennis, W. G., and Nanus, B. *Leaders: Strategies for Taking Charge*. New York: HarperCollins, 1985.

Bensimon, E. M. "The Meaning of 'Good Presidential Leadership': A Frame Analysis." *Review of Higher Education*, 1989, 12, 107~123.

Bensimon, E. M. "Viewing the Presidency: Perceptual Congruence

Between Presidents and Leaders on Their Campuses." *Leadership Quarterly*, 1990, *1*, 71~90.

Bergquist, W. H. *The Four Cultures of the Academy: Insights and Strategies for Improving Leadership in Collegiate Organizations*. San Francisco: Jossey-Bass, 1992.

Bernstein, A. "Why ESOP Deals Have Slowed to a Crawl." *Business Week*, Mar. 18, 1996, pp. 101~102.

"The Best Places to Work in America." *Fortune*, 2002. (www.fortune.com/fortune/bestcompanies)

Bethune, G., and Huler, S. *From Worst to First: Behind the Scenes of Continental's Remarkable Comeback*. New York: Wiley, 1999.

Bettelheim, B. *The Uses of Enchantment*. New York: Vintage Books, 1977.

Bing, S. *What Would Machiavelli Do? The Ends Justify the Meanness*. New York: HarperBusiness, 2000.

Bion, W. R. *Experiences in Groups*. London: Tavistock, 1961.

Birnbaum, R. *How Colleges Work: The Cybernetics of Academic Organization and Leadership*. San Francisco: Jossey-Bass, 1988.

Birnbaum, R. *How Academic Leadership Works: Understanding Success and Failure in the College Presidency*. San Francisco: Jossey-Bass, 1992.

Blake, R., and Mouton, J. S. *Building a Dynamic Corporation Through Grid Organizational Development*. Reading, Mass.: Addison-Wesley, 1969.

Blake, R., and Mouton, J. S. "A Comparative Analysis of Situationalism and 9, 9 Management by Principle." *Organizational Dynamics*, Spring 1982, pp. 20~42.

Blake, R., and Mouton, J. S. *Managerial Grid III*. Houston, Tex.: Gulf, 1985.

Blanchard, K., and Johnson, S. *The One-Minute Manager*. New York: Morrow, 1982.

Blank, W., Weitzel, J. R., and Green, S. G. "A Test of the Situational Leadership Theory." *Personnel Psychology*, 1990, 43, 579~597.

Blau, P. M., and Scott, W. R. *Formal Organizations: A Comparative Approach*. Novato, Calif.: Chandler & Sharp, 1962.

Block, P. *The Empowered Manager: Positive Political Skills at Work*. San Francisco: Jossey-Bass, 1987.

Blum, A. "Collective Bargaining: Ritual or Reality." *Harvard Business Review*, Nov.-Dec. 1961, pp. 63~69.

Blumberg, P. *Industrial Democracy: The Sociology of Participation*. New York: Schocken Books, 1968.

Blumer, H. *Symbolic Interaction: Perspective and Method*. Upper Saddle River, N. J.: Prentice Hall, 1969.

Bodily, S., and Bruner, S. "Transformation of Enron 1986—2000." Multimedia Case, Darden School, University of Virginia, 2002.

Bok, S. *Lying: Moral Choice in Public and Private Life*. New York: Vintage Books, 1978.

Bolman, L. "The Client as Theorist." In J. Adams (ed.), *New Technologies in Organization Development*. La Jolla, Calif.: University Associates, 1975.

Bolman, L. G., and Deal, T. E. *Modern Approaches to Understanding and Managing Organizations*. San Francisco: Jossey-Bass, 1984.

Bolman, L. G., and Deal, T. E. "Leadership and Management Effectiveness: A Multi-Frame, Multi-Sector Analysis." *Human Resource Management*, 1991, *30*, 509~534.

Bolman, L. G., and Deal, T. E. "Leading and Managing: Effects of Context, Culture, and Gender." *Education Administration Quarterly*, 1992(a), *28*, 314~329.

Bolman, L. G., and Deal, T. E. "Reframing Leadership: The Effects of Leaders' Images of Leadership." In K. E. Clark, M. B. Clark, and D. Campbell (eds.), *Impact of Leadership*. Greensboro, N. C. : Center for Creative Leadership, 1992(b).

Bolman, L. G., and Deal, T. E. *Leading with Soul : An Uncommon Journey of Spirit*. (2nd ed.) San Francisco: Jossey-Bass, 2001.

Bolman, L. G., and Granell, E. "Versatile Leadership: A Comparative Analysis of Reframing in Venezuelan Managers." Paper presented at the World Conference of the Ibero-American Academy of Management, Madrid, Dec. 1999.

Bower, J. L. *Managing the Response Allocation Process*. Boston: Division of Research, Harvard Business School, 1970.

Bower, M. *The Will to Manage : Corporate Success Through Programmed Management*. New York: McGraw-Hill, 1966.

Bradford, D. L., and Cohen, A. R. *Managing for Excellence*. New York: Wiley, 1984.

Briand, M. "People, Lead Thyself." *Kettering Review*, Summer 1993, pp. 38~46.

Brief, A. P., and Downey, H. K. "Cognitive and Organizational Structure: A Conceptual Analysis of Implicit Organizing Theories." *Human Relations*, 1983, *36*(12), 1065~1090.

Broder, J. M., and Schmitt, E. "U. S. Attacks on Holdouts Dealt Iraqis Final Blow." *New York Times*, Apr. 13, 2003, p. B1.

Broughton, I. *Hangar Talk: Interview with Fliers 1920s to 1990s.* Cheney, Wash.: Eastern Washington University Press, 1988.

Brown, L. D. *Managing Conflict at Organizational Interfaces.* Reading, Mass.: Addison-Wesley, 1983.

Brown, L. D. "Power Outside Organizational Paradigms: Lessons from Community Partnerships." In S. Srivastva and Associates, *The Functioning of Executive Power: How Executives Influence People and Organizations.* San Francisco: Jossey-Bass, 1986.

Bunker, B. B., and Alban, B. T. *Large Group Interventions: Engaging the Whole System for Rapid Change.* San Francisco: Jossey-Bass, 1996.

Burns, J. M. *Leadership.* New York: HarperCollins, 1978.

Burrough, B., and Helyar, J. *Barbarians at the Gate: The Fall of RJR Nabisco.* New York: HarperCollins, 1990.

Burrows, P. "Carly's Last Stand?" *Business Week*, Dec. 24, 2001. (www.businessweek.com/magazine/content/01_52/b3763001.htm)

Burrows, P., and Elstrom, P. "HP's Carly Fiorina: The Boss." *Business Week*, Aug. 2, 1999, pp. 76~84.

Byrne, J. A. "The Shredder: Did CEO Dunlap Save Scott Paper—or Just Pretty It Up?" *Business Week*, Jan. 15, 1996, pp. 56~61.

Byrne, J. A. "Inside McKinsey." *Business Week*, July 8, 2002(a), pp. 66~76.

Byrne, J. A. "Joe Berardino's Fall from Grace." *Business Week*, Aug. 12, 2002(b), pp. 50~56.

Byrne, J. A., France, M., and Zellner, W. "At Enron, the Environment Was Ripe for Abuse." *Business Week*, Feb. 25, 2002.

(www. businessweek. com/magazine/content/02 _ 08/b3771092. htm)

Byrne, J. A., Lavelle, L., Byrnes, N., and Vickers, M. "How to Fix Corporate Governance." *Business Week*, May 6, 2002, pp. 69~78.

Byrnes, N., Byrne, J. A., Edwards, C., and Lee, L. "The Good CEO." *Business Week*, Sept. 23, 2002, pp. 80~88.

Cahlink, G. "Federal Aviation Administration: Cruising Altitude." *GovExec. Com*, May 15, 2002.
(www. govexec. com/features/fpp/fpp02/faa. htm)

Campbell, D. "If I'm in Charge, Why Is Everyone Laughing?" Paper presented at the Center for Creative Leadership, Greensboro, N. C., 1983.

Campbell, J. *The Power of Myth*. New York: Doubleday, 1988.

Carless, S. A. "Gender Differences in Transformational Leadership: An Examination of Superior, Leader, and Subordinate Perspectives." *Sex Roles: A Journal of Research*, Dec. 1998, pp. 1~10.
(www. findarticles. com/cf_dls/m2294/11-12 _39/53590324/p1/article. jhtml? term=)

Carlson, S. *Executive Behavior*. Stockholm: Strombergs, 1951.

Carlzon, J. *Moments of Truth*. New York: Ballinger, 1987.

Case, J. *Open Book Management: The Coming Business Revolution*. New York: HarperBusiness, 1995.

Chaize, J. *La porte du changements' ouvre de l'interieur: Les trois mutations de l'entreprise* [The door to change opens from the inside: The three transformations of the corporation]. Paris: Calmann-Lévy, 1992.

Chandler, A. D., Jr. *Strategy and Market Structure*. Cambridge,

Mass.:MIT Press,1962.

Chandler,A. D. ,Jr. *The Visible Hand: The Managerial Revolution in American Business*. Cambridge, Mass. : Harvard University Press,1977.

Chandler,S. "United We Own." *Business Week*, Mar. 18,1996, pp. 96~100.

Charan,R. ,and Useem,J. "Why Companies Fail." *Fortune*, May 27,2002,pp. 50~62.

Cherniss,C. "Emotional Intelligence: What It Is and Why It Matters. "Paper presented at Annual Meeting of the Society for Industrial and Organizational Psychology,New Orleans,2000.

"China Issues White Paper on Labor,Social Security." *People's Daily*, Apr. 30,2002.

(http://english. peopledaily. com. cn/200204/29/eng2002042 9_94943. shtml)

"China Says 'No' to Pirated Software." *People's Daily*, Apr. 5, 2002. (http://english. peopledaily. com. cn/200204/05/ eng20020405_93534. shtml)

Clark,B. R. "The Organizational Saga in Higher Education." In J. V. Baldridge and T. E. Deal (eds.), *Managing Change in Educational Organizations*. Berkeley,Calif: McCutchan,1975.

Cleveland, H. *The Knowledge Executive: Leadership in an Information Society*. New York: Dutton,1985.

Clifford,D. K. ,and Cavanagh,R. E. *The Winning Performance*. New York: Bantam Books,1985.

Cohen, M. , and March, J. G. *Leadership and Ambiguity*. New York: McGraw-Hill,1974.

Cohen,P. S. "Theories of Myth." *Man*,1969,4,337~353.

Coleman, J. S. *Equality of Educational Opportunity*. Washington, D. C. : National Center for Educational Statistics, U. S. Department of Health, Education, and Welfare, 1966.

Coles, T. "How Rudy Rallied Us." *New York Post*, Sept. 9, 2002. (www. nypost. com/postopinion/opedcolumnists/56550. htm)

Collins, B. E. , and Guetzkow, H. *A Social Psychology of Group Processes for Decision Making*. New York: Wiley, 1964.

Collins, J. C. *Good to Great : Why Some Companies Make the Leap and Others Don't*. New York: HarperCollins, 2001.

Collins, J. C. , and Porras, J. I. *Built to Last : Successful Habits of Visionary Companies*. New York: HarperBusiness, 1994.

Collinson, D. L. , and Collinson, M. "Sexuality in the Workplace: The Domination of Men's Sexuality. " In J. Hearn, D. L. Sheppard, P. Tancred-Sheriff, and G. Burrell (eds.), *The Sexuality of Organization*. London: Sage, 1989.

Colvin, G. "The 50 Best Companies for Asians, Blacks, and Hispanics. " *Fortune*, July 19, 1999, pp. 53~58.

Conger, J. A. *The Charismatic Leader : Behind the Mystique of Exceptional Leadership*. San Francisco: Jossey-Bass, 1989.

Corwin, R. "Organizations as Loosely Coupled Systems: Evolution of a Perspective. " Paper presented at the Conference on Schools as Loosely Coupled Organizations, Stanford University, Nov. 1976.

Cox, H. *The Feast of Fools*. Cambridge, Mass. : Harvard University Press, 1969.

Cox, T. , Jr. *Cultural Diversity in Organizations : Theory, Research, and Practice*. San Francisco: Berrett-Koehler, 1994.

Cronshaw, S. F. "Effects of Categorization, Attribution, and Encoding Processes on Leadership Perspectives. " *Journal of Ap-*

plied Psychology, 1987, 72(1), 91~106.

Crosby, P. *Let's Talk Quality*. New York: McGraw-Hill, 1989.

Crozier, M., and Friedberg, E. *L'acteur et le système* [The actor and the system]. Paris: Points/Politique Seuil, 1977.

Cusumano, M. A., and Selby, R. W. *Microsoft Secrets: How the World's Most Powerful Software Company Creates Technology, Shapes Markets, and Manages People*. New York: Free Press, 1995.

Cyert, R. M., and March, J. G. *A Behavioral Theory of the Firm*. Upper Saddle River, N. J.: Prentice Hall, 1963.

Dalton, M. *Men Who Manage*. New York: Wiley, 1959.

David, G. "Can McDonald's Cook Again?" *Fortune*, Apr. 14, 2003, pp. 120~29.

Davis, M., and others. "The Structure of Educational Systems." Paper presented at the Conference on Schools as Loosely Coupled Organizations, Stanford University, Nov. 1976.

Deal, T. E., and Jenkins, W. A. *Managing the Hidden Organization: Strategies for Empowering Your Behind-the-Scenes Employees*. New York: Warner Books, 1994.

Deal, T. E., and Kennedy, A. A. *Corporate Cultures*. Reading, Mass.: Addison-Wesley, 1982.

Deal, T. E., and Key, M. K. *Corporate Celebration*. San Francisco: Berrett-Koehler, 1998.

Deal, T. E., and Nutt, S. C. *Promoting, Guiding, and Surviving Change in School Districts*. Cambridge, Mass.: Abt Associates, 1980.

De Geus, A. "Companies: What Are They?" *RSA Journal*, June 1995, pp. 26~35.

Delbanco, A. "Scholarships for the Rich." *New York Times Mag-*

azine, Sept. 1, 1996, pp. 36~39.

Deming, W. E. *Out of the Crisis*. Cambridge, Mass.: MIT Center for Advanced Engineering Study, 1986.

De Pree, M. *Leadership Is an Art*. New York: Dell, 1989.

De Pree, M. *Leadership Jazz*. New York: Dell, 1992.

Dewan, S. K. "A Video Study of Enron Offers a Picture of Life Before the Fall." *New York Times*, Jan. 31, 2002, pp. C1 & C7.

DiMaggio, P. J., and Powell, W. W. "The Iron Cage Revisited: Institutional Isomorphism and Collective Rationality in Organizational Fields." *American Sociological Review*, Apr. 1983, *48*, 147~160.

Dittmer, L. "Political Culture and Political Symbolism: Toward a Theoretical Synthesis." *World Politics*, 1977, *29*, 552~583.

Doktor, J. "The Early Implementation of the Family Resource and Youth Services Centers of Kentucky: Multi-Frame Perspective." Unpublished doctoral dissertation, Vanderbilt University, 1993.

Dornbusch, S., and Scott, W. R. *Evaluation and the Exercise of Authority*. San Francisco: Jossey-Bass, 1975.

Downer, L. *The Brothers: The Hidden World of Japan's Richest Family*. New York: Random House, 1994.

Drucker, P. F. "Peter Drucker's 1990s: The Futures That Have Already Happened." *Economist*, Oct. 21, 1989, pp. 19~20, 24.

Drucker, P. F. *Managing the Future: The 1990s and Beyond*. New York: Plume, 1993.

Dunford, R. W. *Organizational Behavior: An Organizational Analysis Perspective*. Sydney: Addison-Wesley, 1992.

Dunford, R. W., and Palmer, I. C. "Claims About Frames: Practitioners' Assessment of the Utility of Reframing."*Journal of Management Education*, 1995, *19*, 96~105.

Dwyer, J., Flynn, K. and Fessenden, F. "9/11 Exposed Deadly Flaws in Rescue Plan." *New York Times*, July 7, 2002, pp. A1 & A10~11.

Dwyer, P., Engardio, P., Schiller, Z., and Reed, S. "Tearing Up Today's Organization Chart." *Business Week*, 1994 (21st Century Capitalism Special Issue), pp. 80~90.

Eagly, A. H., and Johnson, B. T. "Gender and Leadership Style: A Meta-Analysis." *Psychological Bulletin*, 1990, 111, 233~256.

Eckholm, E. "China's New Leader Works to Set Himself Apart." *New York Times*, Jan. 12, 2003, p. A6.

Edelfson, C., Johnson, R., and Stromquist, N. *Participatory Planning in a School District*. Washington, D. C.: National Institute of Education, 1977.

Edelman, M. J. *Politics as Symbolic Interaction: Mass Arousal and Quiescence*. Orlando: Academic Press, 1971.

Edelman, M. J. *The Symbolic Uses of Politics*. Madison: University of Wisconsin Press, 1977.

Edwards, M. R. "In-Situ Team Evaluation: A New Paradigm for Measuring and Developing Leadership at Work." Paper presented at conference "The Impact of Leadership," Center for Creative Leadership, Colorado Springs, 1991.

Eichenwald, K. "Audacious Climb to Success Ended in a Dizzying Plunge." *New York Times*, Jan. 13, 2002(a), pp. 1, 26~27.

Eichenwald, K. "Flinging Billions of Dollars to Buy Assets No One Else Would Touch." *New York Times*, Oct. 3, 2002(b), p. C~4.

Eichenwald, K. "For WorldCom, Acquisitions Were Behind Its Rise and Fall. (*New York Times*, Aug. 8,2002(c),pp. A～1,C～6.

Eichenwald,K. ,and Richtel, M. "Enron Trader Pleads Guilty to Conspiracy." *New York Times*,Oct. 18,2002,pp. C1 & C9.

Elden,M. "Client as Consultant: Work Reform Through Participative Research." *National Productivity Review*, Spring 1983,pp. 136～147.

Elden,M. "Sociotechnical Systems Ideas as Public Policy in Norway: Empowering Participation Through Worker - Managed Change." *Journal of Applied Behavioral Science*,1986,*22*, 239～255.

Elmore,R. F. "Organizational Models of Social Program Implementation." *Public Policy*, 1978,*26*,185～228.

Enderud,H. G. "The Perception of Power." In J. G. March and J. Olsen (eds.),*Ambiguity and Choice in Organizations*. Bergen,Norway: Universitetsforlaget,1976.

Engardio,P. ,and DeGeorge,G. "Importing Enthusiasm." *Business Week*, 1994 (21st Century Capitalism Special Issue),pp. 122～123.

Esposito,F. ,and others. "America's 50 Best Companies for Minorities." *Fortune*,July 9,2002,pp. 122～128.

Ewing,J. ,Baker,S. ,Echikson,W. ,and Capell,K. "Eager Europeans Press Their Noses to the Glass." *Business Week International Edition*, Apr. 19, 1999. (www. businessweek. com/1999/99_16/b3625014. htm)

Farkas,C. M. , and De Backer, P. *Maximum Leadership: The World's Leading CEOs Share Their Five Strategies for Success*. New York: Henry Holt,1996.

Fayol, H. *General and Industrial Management*. (C. Stours,

trans.) London: Pitman, 1949. (Originally published 1919)

Feinberg, M., and Tarrant, J. J. *Why Smart People Do Dumb Things*. New York: Simon & Schuster, 1995.

Fiedler, F. E. *A Theory of Leadership Effectiveness*. New York: McGraw-Hill, 1967.

Fiedler, F. E., and Chemers, M. *Leadership and Effective Management*. Glenview, Ill.: Scott, Foresman, 1974.

Fiedler, K. "Casual Schemata: Review and Criticism of Research on a Popular Construct." *Journal of Personality and Social Psychology*, 1982, 42, 1001~1013.

Fine, G. A. "Justifying Work: Occupational Rhetorics as Resources in Restaurant Kitchens." *Administrative Science Quarterly*, 1996, 41, 90~115.

"Fire and Forget." *Economist*, Apr. 20, 1996, pp. 51~52.

Firestone, D. "Senate Votes, 90 – 9, to Set Up Homeland Security Department Geared to Fight Terrorism." *New York Times*, Nov. 20, 2002, pp. A~1 and A~12.

Firestone, W. A. "Butte-Angels Camp: Conflict and Transformation." In R. Herriot and N. Gross (eds.), *The Dynamics of Planned Educational Change*. Berkeley Calif.: McCutchan, 1977.

Fisher, R., and Ury, W. *Getting to Yes*. Boston: Houghton Mifflin, 1981.

Fiske, S. T., and Dyer, L. M. "Structure and Development of Social Schemata: Evidence from Positive and Negative Transfer Effects." *Journal of Personality and Social Psychology*, 1985, 48(4), 839~852.

Fleishman, E. A., and Harris, E. F. "Patterns of Leadership Behavior Related to Employee Grievances and Turnover." *Personnel Psychology*, 1962, 15, 43~56.

Floden, R. E., and Weiner, S. S. "Rationality to Ritual." *Policy Sciences*, 1978, 9, 9~18.

Follett, M. P. *The New State: Group Organization and the Solution of Popular Government*. London: Longmans, 1918.

Foucault, M. *Surveiller et punir* [Supervise and punish]. Paris: NRF-Gallimard, 1975.

Frangos, S. *Team Zebra*. New York: Wiley, 1996.

Freiberg, K., and Freiberg, J. *Nuts: Southwest Airlines' Crazy Recipe for Business and Personal Success*. New York: Bantam Doubleday, 1998.

French, J. R. P., and Raven, B. H. "The Bases of Social Power." In D. Cartwright (ed.), *Studies in Social Power*. Ann Arbor, Mich.: Institute for Social Research, 1959.

Frensch, P. A., and Sternberg, R. J. "Skill-Related Differences in Chess Playing." In R. J. Sternberg and P. A. Frensch (eds.), *Complex Problem Solving*. Hillsdale, N. J.: Erlbaum, 1991.

Freudenberg, W. R., and Gramling, R. "Bureaucratic Slippage and Failures of Agency Vigilance." *Social Problems*, 1994, 4(1), 214~239.

Fried, I. "HP Board Slams Walter Hewlett." *C\Net News. Com*, Jan. 18, 2002.
(http://news.com.com/2100 - 1001 - 818687.html? tag = bplst)

Friedman, R. *Front Stage, Backstage: The Dramatic Structure of Labor Negotiations*. Cambridge, Mass.: MIT Press, 1994.

Frost, P. J. *Organizational Culture*. Thousand Oaks, Calif.: Sage, 1985.

Frost, P. J. "Power, Politics, and Influence." In L. W. Porter and others (eds.), *The Handbook of Organizational Communica-*

tion. Thousand Oaks,Calif. :Sage,1986.

Fulghum,R. *From Beginning to End : The Rituals of Our Lives*. New York:Villard Books,1995.

Galbraith, J. R. *Designing Complex Organizations*. Reading, Mass. :Addison-Wesley,1973.

Galbraith,J. R. *Organization Design*. Reading, Mass. : Addison-Wesley,1977.

Galbraith,J. R. *Designing Organizations :An Executive Briefing on Strategy, Structure, and Process*. San Francisco: Jossey-Bass,1993.

Gallos,J. V. ,Ramsey,V. J. ,and Associates. *Teaching Diversity : Listening to the Soul ,Speaking from the Heart*. San Francisco:Jossey-Bass,1997.

Gamson, W. A. *Power and Discontent*. Florence, Ky. : Dorsey Press,1968.

Ganitsky,J. ,and Sancho, A. "Martín Varsavsky (A)." *Revista de Empresa*,July—Sept. 2002,*1*(1),97~126.
(www. revistadeempresa. com/REVISTA/Public. nsf/index? OpenFrameSet)

Gardner,H. *Frames of Mind : The Theory of Multiple Intelligences*. (10th anniversary ed.) New York:Basic Books,1993.

Gardner,J. W. *Handbook of Strategic Planning*. New York:Wiley,1986.

Gardner,J. W. *The Moral Aspects of Leadership*. Washington, D. C. :Independent Sector,1987.

Gardner,J. W. *On Leadership*. New York:Free Press,1989.

Garland, H. "Throwing Good Money After Bad: The Effect of Sunk Costs on the Decision to Escalate." *Journal of Applied Psychology*,1990,*75*,728~731.

Gaventa, J. *Power and Powerlessness: Quiescence and Rebellion in an Appalachian Valley*. Urbana: University of Illinois Press, 1980.

Gegerenzer, G., Hoffrage, U., and Kleinbölting, H. "Probabilistic Mental Models: A Brunswikian Theory of Confidence." *Psychological Review*, 1991, 98, 506~528.

Gertz, D., and Baptista, J. P. A. *Grow to Be Great: Breaking the Downsizing Cycle*. New York: Free Press, 1995.

Ghoshal, S., and Bartlett, C. A. "The Multinational Corporation as an Interorganizational Network." *Academy of Management Review*, 1990, 15, 603~625.

Giuliani, R., and Kurson, K. *Leadership*. New York: Miramax, 2002.

Goffman, E. *Frame Analysis*. Cambridge, Mass.: Harvard University Press, 1974.

Goldberg, L. R. "The Development of Markers for the Big-Five Factor Structure." *Psychological Assessment*, 1992, 4, 26~42.

Goleman, D. *Emotional Intelligence*. New York: Bantam, 1995.

Goleman, D. *Working with Emotional Intelligence*. New York: Bantam Doubleday, 2000.

Goleman, D., McKee, A., and Boyatzis, R. E. *Primal Leadership: Realizing the Power of Emotional Intelligence*. Boston: Harvard Business School Press, 2002.

Goodman, D. "Doctor Fights Order to Quit Maine Island." *Boston Globe*, Oct. 15, 1983, pp. 1, 8.

Gordon, M. R. "Ex-Soviet Pilot Still Insists KAL 007 Was Spying." *New York Times*, Dec. 9, 1996, p. A6.

Graeff, C. L. "The Situational Leadership Theory: A Critical View." *Academy of Management Review*, Apr. 1983, pp. 321~338.

Greenleaf, R. K. *The Servant as Leader*. Newton Center, Mass. : Robert K. Greenleaf Center, 1973.

Gregory, K. L. "Native View Paradigms: Multiple Cultures and Cultural Conflict in Organizations." *Administrative Science Quarterly*, 1983, 28, 359~376.

Greiner, L. E. "Evolution and Revolution as Organizations Grow." *Harvard Business Review*, July—Aug. 1972, pp. 37~46.

Greising, D. "Quality: How to Make It Pay." *Business Week*, Aug. 8, 1994, pp. 54~59.

Griffin, E. *The Reflective Executive: A Spirituality of Business and Enterprise*. New York: Crossroad, 1993.

Guéhenno, J.-M. *La fin de la démocratie* [The end of democracy]. Paris: Flammarion, 1993.

Gulick, L., and Urwick, L. (eds.). *Papers on the Science of Administration*. New York: Columbia University Press, 1937.

Hackman, J. R. (ed.). *Groups That Work (and Those That Don't): Creating Conditions for Effective Teamwork*. San Francisco: Jossey-Bass, 1989.

Hackman, J. R., and Oldham, G. R. *Work Redesign*. Reading, Mass. : Addison-Wesley, 1980.

Hackman, J. R., Oldham, G. R., Janson, R., and Purdy, K. "A New Strategy for Job Enrichment." In L. E. Boone and D. D. Bowen (eds.), *The Great Writings in Management and Organizational Behavior*. New York: Random House, 1987.

Hackman, J. R., and Wageman, R. "Total Quality Management: Empirical, Conceptual, and Practical Issues." *Administrative Science Quarterly*, 1995, 40, 309~342.

Hakim, C. *We Are All Self-Employed*. San Francisco: Berrett-Koehler, 1994.

Hall, R. H. "The Concept of Bureaucracy: An Empirical Assessment." *American Journal of Sociology*, 1963, 49, 32～40.

Hall, R. H. *Organizations: Structures, Processes, and Outcomes.* (4th ed.) Upper Saddle River, N. J.: Prentice Hall, 1987.

Hallinger, P., Bickman, L., and Davis, K. *What Makes a Difference? School Context, Principal Leadership, and Student Achievement.* Occasional Paper no. 3, National Center for Educational Leadership, Harvard University, 1990.

Hambleton, R. K., and Gumpert, R. "The Validity of Hersey and Blanchard's Theory of Leader Effectiveness." *Group and Organization Studies*, June 1982, pp. 225～242.

Hamel, G., and Prahalad, C. K. *Competing for the Future: Breakthrough Strategies for Seizing Control of Your Industry and Creating the Markets of Tomorrow.* Boston: Harvard Business School Press, 1994.

Hammer, M., and Champy, J. *Reengineering the Corporation.* New York: HarperCollins, 1993.

Hammonds, K. H. "Size Is Not a Strategy." *Fast Company*, Sept. 2002, pp. 78～86.

Hampden-Turner, C. *Creating Corporate Culture: From Discord to Harmony.* Reading, Mass.: Addison-Wesley, 1992.

Hamper, B. *Rivethead: Tales from the Assembly Line.* New York: Warner Books, 1992.

Hampton, W. J., and Norman, J. R. "General Motors: What Went Wrong—Eight Years and Billions of Dollars Haven't Made Its Strategy Succeed." *Business Week*, Mar. 16, 1987, p. 102.

Handy, C. *The Age of Unreason.* Boston: Harvard Business School Press, 1989.

Handy, C. *Understanding Organizations.* New York: Oxford

University Press, 1993.

Handy, C. *The Age of Paradox*. Boston: Harvard Business School Press, 1995.

Hansell, S. "Citibank: The Ante Rises in East Asia." *New York Times*, July 14, 1996, sec. 3, pp. 1, 12~13.

Hansot, E. "Some Functions of Humor in Organizations." Unpublished paper, Kenyon College, 1979.

Heath, C., and Gonzalez, R. "Interaction with Others Increases Decision Confidence But Not Decision Quality." *Organizational Behavior and Human Decision Processes*, 1995, 61, 305~326.

Hedberg, B. L. T., Nystrom, P. C., and Starbuck, W. H. "Camping on Seesaws: Prescriptions for a Self-Designing Organization." *Administrative Science Quarterly*, 1976, 21, 41~65.

Heffernan, M. "The Female CEO." *Fast Company*, Aug. 2002, pp. 58~66.

Heffron, F. *Organization Theory and Public Organizations: The Political Connection*. Upper Saddle River, N. J.: Prentice Hall, 1989.

Heifetz, R. A. *Leadership Without Easy Answers*. Cambridge, Mass.: Belknap Press, 1994.

Heimovics, R. D., Herman, R. D., and Jurkiewicz Coughlin, C. L. "Executive Leadership and Resource Dependence in Nonprofit Organizations: A Frame Analysis." *Public Administration Review*, 1993, 53, 419~427.

Heimovics, R. D., Herman, R. D., and Jurkiewicz Coughlin, C. L. "The Political Dimension of Effective Nonprofit Executive Leadership" *Nonprofit Management and Leadership*, 1995, 5, 233~248.

Helgesen, S. *The Female Advantage: Women(s Ways of Leader-*

ship. New York: Doubleday, 1990.

Helgesen, S. *The Web of Inclusion: A New Architecture for Building Great Organizations*. NewYork: Currency/Doubleday, 1995.

Henderson, R. M., and Clark, K. B. "Architectural Innovation: The Reconfiguration of Existing Product Technologies and the Failure of Established Firms." *Administrative Science Quarterly*, 1990, 35, 9~30.

Hersch, S. M. *The Target Is Destroyed: What Really Happened to Flight 007 and What America Knew About It*. New York: Random House, 1986.

Hersey, P. *The Situational Leader*. New York: Warner Books, 1984.

Hersey, P., and Blanchard, K. H. *The Management of Organizational Behavior*. (3rd ed.) Upper Saddle River, N. J.: Prentice Hall, 1977.

Herzberg, F. *Work and the Nature of Man*. Cleveland: World, 1966.

"Hewlett-Packard Merger Pitch Awarded Top Honor." *Corporate Financing Week*, June 16, 2002.
(www.corporatefinancingweek.com/current + news/best + deal + pitch.asp)

Hill, L. A., and Farkas, M. T. *Meg Whitman at eBay, Inc*. Boston: Harvard Business School, 2000.

Hofstede, G. *Culture's Consequences: International Differences in Work-Related Values*. Newbury Park, Calif.: Sage, 1984.

Hogan, R., Curphy, G. J., and Hogan, J. "What We Know About Leadership." *American Psychologist*, 1994, 49, 493~504.

Hoge, W. "Crashing, and Saving, the Old Lads' Front Office."

New York Times, Sept. 14, 2002, p. A14.

Holland, J. H. *Hidden Order*. Reading, Mass.: Addison-Wesley, 1995.

Hollander, E. P. *Leadership Dynamics*. New York: Free Press, 1978.

Holusha, J. "No Utopia, But to Workers, It's a Job." *New York Times*, Jan. 29, 1989, sec. 3, p. 1.

Hoskisson, R. E., Hitt, M. A., Johnson, R. A., and Grossman, W. "Conflicting Voices: The Effects of Institutional Ownership Heterogeneity and Internal Governance on Corporate Innovation Strategies." *Academy of Management Journal*, 2002, 45(4), 697~716.

House, R. J. "The Path-Goal Theory of Effectiveness." *Administrative Science Quarterly*, 1971, 16, 321~338.

Iacocca, L., and Novak, W. *Iacocca*. New York: Bantam Books, 1984.

"An Interview with Kevin Rollins." *Austin American Statesman*, May 26, 2002.

(www.austin360.com/aas/business/052602/0526rollinsqna.html)

Ishikawa, K. *What Is Total Quality Control? The Japanese Way*. Upper Saddle River, N. J.: Prentice Hall, 1985. "It's 'More Than Any of Us Can Bear.'" *CBS News*, Sept. 26, 2001.

(www.cbsnews.com/stories/2001/09/11/archive/main310811.shtml)

Jackall, R. *Moral Mazes: The World of Corporate Managers*. New York: Oxford University Press, 1988.

Jacobson, J. "Parity and the Presidency." *Chronicle of Higher Education*, June 27, 2002.

Jehn, K. A. "A Multimethod Examination of the Benefits and Detriments of Intragroup Conflict." *Administrative Science*

Quarterly, 1995, 40, 256~282.

Jensen, C. *No Downlink: A Dramatic Narrative About the* Challenger *Accident and Our Time.* New York: Farrar, Straus & Giroux, 1995.

Jensen, M. C. and Meckling, W. H. "The Nature of Man." *Journal of Applied Corporate Finance*, 1994, 7(2), 4~19.

John, O. P. "The 'Big Five' Factor Taxonomy: Dimensions of Personality in the Natural Language and in Questionnaires." In L. Pervin (ed.), *Handbook of Personality: Theory and Research.* New York: Guilford, 1990.

Johnson, K. "Divorced from the Job, Still Wedded to the Culture." *New York Times*, June 16, 1996, p. F~11.

Johnson, S. *Who Moved My Cheese?* New York: Putnam, 1998.

Juran, J. M. *Juran on Leadership for Quality: An Executive Handbook.* New York: Free Press, 1989.

Kahn, J. "Diversity Trumps the Downturn." *Fortune*, July 9, 2001, pp. 114~115.

Kahn, J. "China's Congress of Crony Capitalists." *New York Times*, Nov. 10, 2002, pp. 4~1 & 4. (www.nytimes.com/2002/11/10/weekinreview/10KAHN.html)

Kahneman, D., and Tversky, A. "Prospect Theory: An Analysis of Decisions Under Risk." *Econometrica*, 1979, 47, 263~291.

Kamens, D. H. "Legitimating Myths and Education Organizations: Relationship Between Organizational Ideology and Formal Structure." *American Sociological Review*, 1977, 42, 208~219.

Kanter, R. M. *Men and Women of the Corporation.* New York: Basic Books, 1977.

Kanter, R. M. *The Change Masters: Innovations for Productivity in the American Corporation*. New York: Simon & Schuster, 1983.

Kanter, R. M. *When Giants Learn to Dance*. New York: Simon & Schuster, 1989.

Katzell, R. A., and Yankelovich, D. *Work, Productivity, and Job Satisfaction*. New York: Psychological Corporation, 1975.

Katzenbach, J. R., and Smith, D. K. *The Wisdom of Teams: Creating the High-Performance Organization*. Boston: Harvard Business School Press, 1993.

Kaufer, N., and Leader, G. C. "Diana Lam (A)." Case. Boston University, 1987(a).

Kaufer, N., and Leader, G. C. "Diana Lam (B)." Case. Boston University, 1987(b).

Kauffman, E. M. "Creating the Uncommon Company." In R. W. Smilor and D. L. Sexton (eds.), *Leadership and Entrepreneurship: Personal and Organizational Development in Entrepreneurial Values*. Westport, Conn.: Quorum/Greenwood, 1996.

Keidel, R. W. "Baseball, Football, and Basketball: Models for Business." *Organizational Dynamics*, Winter 1984, pp. 5~18.

Keller, B. "While Gorbachev Gives In, the World Marvels at His Power." *New York Times*, Feb. 11, 1990, sec. 4, p. 1.

Keller, B. "Women Superintendents: Few and Far Between." *Education Week*, Nov. 10, 1999.
(www.edweek.org/ew/ewstory.cfm?slug=11women.h19)

Kidder, T. *The Soul of a New Machine*. New York: Little, Brown, 1981.

Kidder, T. *Among School Children*. Boston: Houghton Mifflin, 1989.

Killian, K., Perez, F., and Siehl, C. "Ricardo Semler and Semco,

S. A." Glendale, Ariz.: Thunderbird, American Graduate School of International Management, 1998.

Kleinfeld, N. R. "The Company as Family No More." *New York Times*, Mar. 4, 1996, sec. A, pp. 1, 8~10.

Kohlberg, L. "The Claim to Moral Adequacy of a Highest Stage of Moral Judgment." *Journal of Philosophy*, 1973, 70, 630~646.

Komives, S. R. "Gender Differences in the Relationship and Hall Directors' Transformational and Transactional Leadership and Achieving Styles." *Journal of College Student Development*, 1991, 32, 155~164.

Kopelman, R. E. "Job Redesign and Productivity: A Review of the Evidence." *National Productivity Review*, 1985, 4, 237~255.

Korten, D. C. *When Corporations Rule the World*. San Francisco: Berrett-Koehler, 1995.

Kotter, J. P. *The General Managers*. New York: Free Press, 1982.

Kotter, J. P. *Power and Influence: Beyond Formal Authority*. New York: Free Press, 1985.

Kotter, J. P. *The Leadership Factor*. New York: Free Press, 1988.

Kotter, J. P., and Cohen, D. S. *The Heart of Change: Real Life Stories of How People Change Their Organizations*. Boston: Harvard Business School Press, 2002.

Kotter, J. P., and Heskett, J. L. *Corporate Culture and Performance*. New York: Free Press, 1992.

Kouzes, J. M., and Posner, B. Z. *The Leadership Challenge: How to Get Extraordinary Things Done in Organizations*. San Francisco: Jossey-Bass, 1987.

KPMG. "Mergers and Acquisitions: A Global Research Report." KPMG, 2000. (www.kpmg.co.uk/kpmg/uk/image/m & a_

99. pdf)

Kühberger, A. "The Framing of Decisions: A New Look at Old Problems." *Organizational Behavior and Human Decision Processes*, 1995, 62, 230～240.

Kuhn, T. S. *The Structure of Scientific Revolutions*. (2nd ed.) Chicago: University of Chicago Press, 1970.

Labaton, S. "Downturn and Shift in the Population Feed Boom in White Collar Crime." *New York Times*, June 2, 2002. (www.nytimes.com/2002/06/02/business/02CRIM.html?)

Labich, K. "Is Herb Kelleher America's Best CEO?" *Fortune*, May 2, 1994, pp. 44～52.

Lamb, D. "He Wages War-on Reality." *Los Angeles Times*, Apr. 8, 2003. (www.latimes.com/news/printedition/la-war-sahaf 8 apr08010418, 1, 1881104. story)

Landler, M. "Their Watchword Efficiency, Swiss Recoil at Air Disasters." *New York Times*, July 13, 2002, p. A1.

Langer, E. *Mindfulness*. Reading, Mass.: Addison-Wesley, 1989.

Lawler, E. E., III. *High-Involvement Management: Participative Strategies for Improving Organizational Performance*. San Francisco: Jossey-Bass, 1986.

Lawler, E. E., III. *From the Ground up: Six Principles for Building the New Logic Corporation*. San Francisco: Jossey-Bass, 1996.

Lawler, E. E., III, and Shuttle, J. L. "A Causal Correlation Test of the Need Hierarchy Concept." *Organizational Behavior and Human Performance*, 1973, 7, 265～287.

Lawrence, A. T., and Weckler, D. A. "Can NUMMI's Team Concept Work for You? Part I: A Bicultural Experiment." *Northern California Executive Review*, Spring 1990, pp. 12～17.

Lawrence, P., and Lorsch, J. *Organization and Environment*. Boston: Division of Research, Harvard Business School, 1967.

Lax, D. A., and Sebenius, J. K. *The Manager as Negotiator*. NewYork: Free Press, 1986.

Leavitt, H. J. *Managerial Psychology*. (4th ed.) Chicago: University of Chicago Press, 1978.

Leavitt, H. J. "The Old Days, Hot Groups, and Managers' Lib." *Administrative Science Quarterly*, 1996, 41, 288~300.

Ledford, G. E. "Employee Involvement: Lessons and Predictions." In J. R. Galbraith, E. E. Lawler III, and Associates (eds.), *Organizing for the Future: The New Logic of Managing Complex Organizations*. San Francisco: Jossey-Bass, 1993.

Lee, A. *Call Me Roger*. Chicago: Contemporary Books, 1988.

Lesgold, A., and Lajoie, S. "Complex Problem Solving in Electronics." In R. J. Sternberg and P. A. Frensch (eds.), *Complex Problem Solving*. Hillsdale, N. J.: Erlbaum, 1991.

Levering, R. "Going Places." *Fortune*, Jan. 8, 2001. (www.fortune.com/indexw.jhtml?doc_id=00003099&channel=artcol.jhtml&_DARGS=%2Ffragments%2Ffrg_top_story_body.jhtml.2_A&_DAV=artcol.jhtml)

Levering, R., and Moskowitz, M. *The 100 Best Companies to Work for in America*. New York: Plume, 1993.

Levering, R., and Moskowitz, M. "The 100 Best Companies to Work For." *Fortune*, Jan. 20, 2003, pp. 127~152.

Levine, D. I., and Tyson, L. D. "Participation, Productivity, and the Firm's Environment." In A. S. Blinder (ed.), *Paying for Productivity: A Look at the Evidence*. Washington, D. C.: Brookings Institution, 1990.

Levinson, H. *The Exceptional Executive*. Cambridge, Mass.: Harvard University Press, 1968.

Levinson, H., and Rosenthal, S. *CEO: Corporate Leadership in Action*. New York: Basic Books, 1984.

Lewin, K., Lippitt, R., and White, R "Patterns of Aggressive Behavior in Experimentally Created Social Climates." *Journal of Social Psychology*, 1939, *10*, 271~299.

Lewis, N. A. "This Mr. Smith Gets His Way in Washington." *New York Times*, Oct. 12, 1996, pp. 17, 30.

Lifson, T., and Takagi, H. *Mitsubishi Corporation: Organizational Overview*. Boston: Harvard Business School Case Services, 1981.

Likert, R. *New Patterns of Management*. New York: McGraw-Hill, 1961.

Likert, R. *The Human Organization*. New York: McGraw-Hill, 1967.

Lingle, C. "China's Economy Faces Severe Pain." *Taipei Times*, Feb. 3, 2002.
(www.taipeitimes.com/news/2002/02/03/story/0000122610)

Lipsky, M. *Street-Level Bureaucracy*. New York: Russell Sage Foundation, 1980.

Longworth, R. C. "Old Rules of Economics Don't Work the Way Textbooks Say They Should." *Kansas City Star*, Oct. 27, 1996, sec. K, pp. 1, 4.

Loomis, C. J. "Dinosaurs?" *Fortune*, May 3, 1993, pp. 36~42.

Lopez, B. *Crow and Weasel*. New York: North Point, 1998.

Lord, R. G., and Foti, R. J. "Schema Theories, Information Processing, and Organizational Behavior." In H. P. Sims, Jr., D. A. Gioia, and Associates (eds.), *The Thinking Organization*.

San Francisco:Jossey-Bass,1986.

Love,J. F. *McDonald's: Behind the Arches*. New York: Bantam Books,1986.

Lubans,J. "More Than a Game. " (www. lubans. org/morethanagame. html,2001)

Lukes,S. *Power:A Radical View*. New York:Macmillan,1974.

Lundin,W. ,and Lundin,K. *When Smart People Work for Dumb Bosses*. New York:McGraw-Hill,1998.

Luthans,F. "Successful vs. Effective Real Managers,"*Academy of Management Executive*, 1988,*2*(2),127～132.

Luthans,F. ,Yodgetts,R. M. ,and Rosenkrantz,S. A. *Real Managers*. Cambridge,Mass. :Ballinger,1988.

Lynch,P. "In Defense of the Invisible Hand."*Worth*,June 1996, pp. 86～92.

Lynn,L. E. ,Jr. *Managing Public Policy*. New York: Little, Brown,1987.

Maccoby,M. *The Leader*. New York:Ballantine,1981.

Machan,D. "DEC's Democracy." *Forbes*, Mar. 23,1987,pp. 154, 156.

Machiavelli, N. *The Prince*. New York: Penguin Books, 1961. (Originally published 1514)

Maier,N. "Assets and Liabilities in Group Problem Solving. " *Psychological Review*,1967,*74*,239～249.

Malavé,J. *Gerencia en salud :Un modelo innovador* [Health management: An innovative model]. Caracas: Ediciones IESA,1995.

Manes,S. ,and Andrews,P. *Gates*. New York:Touchstone ,1994.

Mangham,I. L. , and Overington, M. A. *Organizations as Theater: A Social Psychology of Dramatic Appearances*. New

York: Wiley, 1987.

Manning, P. *Police Work: The Social Organization of Policing*. Cambridge, Mass. : MIT Press, 1979.

March, J. G. "The Technology of Foolishness." In J. G. March and J. Olsen (eds.), *Ambiguity and Choice in Organizations*. Bergen, Norway: Universitetsforlaget, 1976.

March, J. G., and Olsen, J. (eds.), *Ambiguity and Choice in Organizations*. Bergen, Norway: Universitetsforlaget, 1976.

March, J. G., and Simon, H. A. *Organizations*. New York: Wiley, 1958.

Markels, A., and Murray, M. "Call It Dumbsizing: Why Some Companies Regret Cost-Cutting." *Wall Street Journal*, May 14, 1996, p. 1.

Marshall, M. V. "An Introduction to the Marketing Concept of Managing an Institution's Future." Cambridge, Mass. : Institute for Educational Management, 1984.

Marx, K. *Capital: A Critique of Political Economy*. (S. Moore and E. Aveling, trans.) London, 1887.

Marx, R., Stubbart, C., Traub, V., and Cavanaugh, M. "The NASA Space Shuttle Disaster: A Case Study." *Journal of Management Case Studies*, 1987, *3*, 300~318.

Maslow, A. H. *Motivation and Personality*. New York: HarperCollins, 1954.

Mayo, E. *The Human Problems of an Industrial Civilisation*. New York: Macmillan, 1933.

Mayo, E. *The Social Problems of an Industrial Civilisation*. Boston: Division of Research, Graduate School of Business Administration, Harvard University, 1945.

McCaskey, M. B. *The Executive Challenge: Managing Change*

and *Ambiguity*. Marshfield, Mass. : Pitman, 1982.

McClean, B. "Why Enron Went Bust. " *Fortune*, Dec. 24, 2001, pp. 58~68.

McClelland, D. C. *Human Motivation*. Glenview, Ill. : Scott, Foresman, 1985.

McConnell, M. *Into the Mouth of the Cat : The Story of Lance Sijan, Hero of Vietnam*. New York: New American Library, 1986.

McConnell, M. Challenger: *A Major Malfunction*. New York: Doubleday, 1987.

McGrath, J. E. *Groups : Interaction and Performance*. Upper Saddle River, N. J. : Prentice Hall, 1984.

McGregor, D. *The Human Side of Enterprise*. New York: McGraw-Hill, 1960.

McLean, B. "Why Enron Went Bust. " *Fortune*, Dec. 24, 2001, pp. 58~68.

McLennan, R. *Managing Organizational Change*. Upper Saddle River, N. J. : Prentice Hall, 1989.

McNamee, M. , and Borrus, A. "Out of Control at Enron. " *Business Week*, Apr. 8, 2002, pp. 32~33.

Mendelson, H. , and Korin, A. "The Computer Industry: A Brief History. " Palo Alto, Calif. : Stanford Business School, n. d. (http://wesley.stanford.edu/computer_history/)

Meredith, R. "New Blood for the Big Three's Plants: This Hiring Spree Is Rewarding Brains, Not Brawn. " *New York Times*, Apr. 21, 1996, sec. 3, pp. 1, 3.

"Mergers and Acquisitions: A Global Research Report. " KPMG, 2000.
(www.kpmg.co.uk/kpmg/uk/image/m&a_99.pdf)

Meyer, J. W., and Rowan, B. "The Structure of Educational Organizations." In M. W. Meyer and Associates, *Environments and Organizations: Theoretical and Empirical Perspectives*. San Francisco: Jossey-Bass, 1978.

Meyer, J. W., and Rowan, B. "Institutionalized Organizations: Formal Structure as Myth and Ceremony." In J. W. Meyer and W. R. Scott (eds.), *Organizational Environments: Ritual and Rationality*. Thousand Oaks, Calif: Sage, 1983(a).

Meyer, J. W., and Rowan, B. "The Structure of Educational Organizations." In J. W. Meyer and W. R. Scott (eds.), *Organizational Environments: Ritual and Rationality*. Thousand Oaks, Calif. : Sage, 1983(b).

Miller, D., and Friesen, P. H. *Organizations: A Quantum View*. Upper Saddle River, N. J. : Prentice Hall, 1984.

Mintzberg, H. *The Nature of Managerial Work*. New York: HarperCollins, 1973.

Mintzberg, H. *The Structuring of Organizations*. Upper Saddle River, N. J. : Prentice Hall, 1979.

Mintzberg, H. *The Rise and Fall of Strategic Planning: Reconceiving Roles for Planning, Plans, Planners*. New York: Free Press, 1994.

Mirvis, P. H. "Organization Development, Part I: An Evolutionary Perspective." *Research in Organizational Change and Development*, 1988, 2, 1~57.

Mirvis, P. H. "Organization Development, Part II: A Revolutionary Perspective." In W. A. Passmore and R. W. Woodman (eds.), *Research in Organizational Change and Development*, Vol. 2. Greenwich, Conn. : JAI Press, 1990.

Mirvis, P. H., and Hall, D. T. "New Organizational Forms and the New Career." In D. T. Hall and Associates, *The Career Is Dead:Long Live the Career.* San Francisco:Jossey-Bass,1996.

Mishel,L. ,Bernstein,J. , and Schmitt,J. *The State of Working America , 2000/2001.* Ithaca,N. Y. :ILR Press,2001.

Mitroff,I. I. *Stakeholders of the Organizational Mind : Toward a New View of Organizational Policy Making.* San Francisco: Jossey-Bass,1983.

Mitroff,I. I. ,and Kilmann,R. H. "Stories Managers Tell: A New Tool for Organizational Problem Solving." *Management Review*,July 1975,pp. 18~28.

Moeller,J. "Bureaucracy and Teachers' Sense of Power." In N. R. Bell and H. R. Stub (eds.), *Sociology of Education.* Florence,Ky. :Dorsey Press,1968.

Montgomery,L. "Earning Loyalty:Pay Is Only One Issue When It Comes to Retaining Employees." *Insidebiz. com*, 2000. (www. insidebiz. com/hamptonroads/special _ report/special091800. htm)

Moore,J. F. "Predators and Prey: A New Ecology of Competition." *Harvard Business Review*, May-June 1993, pp. 75~86.

Morgan, A. *Prescription for Success : The Life and Values of Ewing Marion Kauffman.* Kansas City, Mo. : Andrews & McMeel,1995.

Morgan, G. *Images of Organization.* Thousand Oaks, Calif. : Sage,1986.

Morgan, G. *Imaginization: The Art of Creative Management.* Thousand Oaks,Calif. :Sage,1993.

Morganthau,T. "Saying 'No' to New Coke." *Newsweek,* June 23,1985,pp. 32~33.

Morris, B. "The Wealth Builders." *Fortune*, Dec. 11, 1995, pp. 80～94.

Morris, B. "Trophy Husbands." *Fortune*, Oct. 14, 2002, pp. 79～98.

Morrison, A. M. *The New Leaders: Guidelines on Leadership Diversity in America*. San Francisco: Jossey-Bass, 1992.

Morrison, A. M., White, R. P., and Van Velsor, E. *Breaking the Glass Ceiling*. Reading, Mass.: Addison-Wesley, 1987.

Mosser, N. R., and Walls, R. T. "Leadership Frames of Nursing Chairpersons and the Organizational Climate in Baccalaureate Nursing Programs." *Southern Online Journal of Nursing Research*, 2002, *3*(2). (www.snrs.org/members/SOJNR_articles/iss02vol03.htm)

Murphy, J. T. *Managing Matters: Reflections from Practice*. (Monograph.) Cambridge, Mass.: Graduate School of Education, Harvard University, 1985.

Myers, I. *Introduction to Type*. Palo Alto, Calif: Consulting Psychologists Press, 1980.

Nadler, D. A., Gerstein, M. S., and Shaw, R. B. *Organizational Architecture: Designs for Changing Organizations*. San Francisco: Jossey-Bass, 1992.

Norris, F. K. "A Tale Told to Congress, Full of Sound, But Blurry." *New York Times*, Feb. 8, 2002, p. C～1.

Nussbaum, B., and Dobrzynski, J. H. "The Battle for Corporate Control." *Business Week*, May 18, 1987, pp. 102～109.

O'Grady, S. *Basher Five-Two: The True Story of F-16 Pilot Captain Scott O'Grady*. New York: Bantam Doubleday Dell, 1997.

Ohmae, K. *The Borderless World: Power and Strategy in the Interlinked Economy*. New York: HarperBusiness, 1990.

Oliver, T. *The Real Coke, the Real Story*. New York: Random House, 1986.

Olsen, J. "The Process of Interpreting Organizational History." In J. G. March and J. Olsen (eds.), *Ambiguity and Choice in Organizations*. Bergen, Norway: Universitetsforlaget, 1976 (a).

Olsen, J. "Reorganization as a Garbage Can." In J. G. March and J. Olsen (eds.), *Ambiguity and Choice in Organizations*. Bergen, Norway: Universitetsforlaget, 1976(b).

"On a Clear Day You Can Still See General Motors." *Economist*, Dec. 2, 1989, pp. 77~78, 80.

Oppel, R. A. "How Enron Got California to Buy Power It Didn't Need." *New York Times*, May 8, 2002, p. A1.

O'Reilly, C. A., Ⅲ, and Chatman, J. A. "Working Smarter and Harder: A Longitudinal Study of Managerial Success." *Administrative Science Quarterly*, 1994, 39, 603~627.

Orgogozo, I. *Les paradoxes du management* [The paradoxes of management]. Paris: Les Éditions d'Organisation, 1991.

Ortner, S. "On Key Symbols." *American Anthropologist*, 1973, 75, 1338~1346.

Oshry, B. *Seeing Systems: Unlocking the Mysteries of Organizational Life*. San Francisco: Berrett-Koehler, 1995.

Osterman, P. "Work-Family Programs and the Employment Relationship." *Administrative Science Quarterly*, 1995, 40, 681~700.

O'Toole, J. *Leading Change: Overcoming the Ideology of Comfort and the Tyranny of Custom*. San Francisco: Jossey-Bass, 1995.

O'Toole, J. *Forming the Future*. New York: Blackwell, 1996.

O'Toole, P. *Corporate Messiah: The Hiring and Firing of Mil-*

lion-Dollar Managers. New York：Morrow,1984.

Owen,H. *Spirit：Transformation and Development in Organizations*. Potomac,Md. : Abbott,1987.

Owen,H. *Open Space Technology*. Potomac,Md. : Abbott,1993.

Owen,H. *Tales from Open Space*. Potomac,Md. : Abbott,1995.

Palumbo,G. *Gerencia participativa : Un caso exito en el sector salud* [Participative management：A successful case in the health sector]. Caracas：Fundación Antonio Cisneros Bermudez,1991.

Pande,P. S. , Neuman, R. P. , and Cavanagh, R. R. *The Six Sigma Way：How GE, Motorola and Other Top Companies Are Honing Their Performance*. New York：McGraw-Hill,2000.

Paré,T. P. "Jack Welch's Nightmare on Wall Street." *Fortune*, Sept. 5,1994,pp. 40～48.

Parker,S. , and Wall, T. D. *Job and Work Design：Organizing Work to Promote Well-Being and Effectiveness*. Thousand Oaks,Calif：Sage,1998.

Paulson,E. *Inside Cisco：The Real Story of Sustained M&A Growth*. New York：Wiley,2001.

Pennar,K. "Economic Anxiety." *Business Week*, Mar. 11, 1996, pp. 50～52.

Perrow,C. *Complex Organizations : A Critical Essay*. (2nd ed.) Glenview,Ill. : Scott,Foresman,1979.

Perrow,C. *Complex Organizations : A Critical Essay*. (3rd ed.) New York：Random House,1986.

Peters, B. G. *American Public Policy：Promise and Performance*. New York：Chatham House,1999.

Peters, T. J. , and Austin, N. *A Passion for Excellence*. New York：Random House,1985.

Peters, T. J., and Waterman, R. H. *In Search of Excellence*. New York: HarperCollins, 1982.

Petzinger, T. *Hard Landing: The Epic Contest for Power and Profits That Plunged the Airlines into Chaos*. New York: Times Business, 1995.

Pfeffer, J. *Organizational Design*. Arlington Heights, Ill.: AHM, 1978.

Pfeffer, J. *Power in Organizations*. Boston: Pitman, 1981.

Pfeffer, J. *Managing with Power: Politics and Influence in Organizations*. Boston: Harvard Business School Press, 1992.

Pfeffer, J. *Competitive Advantage Through People: Unleashing the Power of the Work Force*. Boston: Harvard Business School Press, 1994.

Pfeffer, J. *The Human Equation: Building Profits by Putting People First*. Boston: Harvard Business School Press, 1998.

Pfeffer, J., and Salancik, G. *The External Control of Organizations*. New York: Harper & Row, 1978.

Pichault, F. *Ressources humaines et changement stratégique: Vers un management politique* [Human Resources and Strategic Change: Toward a Political Approach to Management]. Brussels, Belgium: DeBoeck, 1993.

Port, O. "Quality." *Business Week*, Nov. 30, 1992, pp. 66~72.

Porter, E. "Notes for the Looking for Leadership Conference." Paper presented at the Looking for Leadership Conference, Graduate School of Education, Harvard University, Dec. 1989.

Powell, W. W., Koput, K. W., and Smith-Doerr, L. "Interorganizational Collaboration and the Locus of Innovation: Networks of Learning in Biotechnology." *Administrative Science Quarterly*, 1996, 41, 116~145.

Pressman, J. L., and Wildavsky, A. B. *Implementation*. Berkeley: University of California Press, 1973.

Quinn, R. E. *Beyond Rational Management: Mastering the Paradoxes and Competing Demands of High Performance*. San Francisco: Jossey-Bass, 1988.

Quinn, R. E., and Cameron, K. "Organizational Life Cycles and Shifting Criteria of Effectiveness." *Management Science*, 1983, *29*, 33~51.

Quinn, R. E., Faerman, S. R., Thompson, M. P., and McGrath, M. R. *Becoming a Master Manager: A Competency Framework*. New York: Wiley, 1996.

Ragins, B., Townsend, B., and Mattis, M. "Gender Gap in the Executive Suite: CEOs and Female Executives Report on Breaking the Glass Ceiling." *Academy of Management Executive*, 1998, *12*(1), 28~42.

Rallis, S. "Different Views of Knowledge Use by Practitioners." Unpublished paper, Graduate School of Education, Harvard University, 1980.

Rappaport, C. "A Tough Swede Invades the U. S." *Fortune*, Jan. 29, 1992, pp. 76~79.

Reddin, W. J. *Managerial Effectiveness*. New York: McGraw-Hill, 1970.

Reed, K. "Rituals of Combat: Air War." Unpublished manuscript, University of Southern California, 2001.

Reed, S., and Sains, A. "Outraged in Europe over ABB." *Business Week*, Mar. 4, 2002. (www.businessweek.com/magazine/content/02_09/b3772140.htm)

Reichheld, F. F. "Loyalty-Based Management." *Harvard Business Review*, Mar.-Apr. 1993, pp. 64~73.

Reichheld, F. F. *The Loyalty Effect: The Hidden Force Behind Growth, Profits, and Lasting Value.* Boston: Harvard Business School Press, 1996.

Reid, P. C. *Well Made in America: Lessons from Harley-Davidson on Being the Best.* New York: McGraw-Hill, 1989.

Renner, M. "Corporate Mergers Skyrocket." Worldwatch Institute, 2000. (www. globalpolicy. org/socecon/tncs/mergers/renner. htm)

Rice, A. K. *The Enterprise and Its Environment.* London: Tavistock, 1953.

Ricks, T. E. *Making the Corps.* New York: Scribner, 1997.

Ridout, C. F., and Fenn, D. H. "Job Corps." Boston: Harvard Business School Case Services, 1974.

Riebling, M. *Wedge: From Pearl Harbor to 9/11—How the Secret War Between the FBI and CIA Has Endangered National Security.* New York: Touchstone, 2002.

Rifkin, J. *The End of Work: The Decline of the Global Labor Force and the Dawn of the Post-Market Era.* Los Angeles: Tarcher/Putnam, 1995.

Rising, D. "Pilot Got Bad Information." *San Francisco Examiner*, July 9, 2002. (www. examiner. com/headlines/default. jsp? story=n. crash. 0709w)

Ritti, R. R., and Funkhouser, G. R. *The Ropes to Skip and the Ropes to Know.* (2nd ed.) Columbus, Ohio: Grid, 1982.

Roberts, J. L., and Thomas, E. "Enron's Dirty Laundry." *Newsweek*, Mar. 11, 2002.

Rosener, J. B. "Ways Women Lead." *Harvard Business Review*, 1990, *68*, 119~125.

Rosenthal, E. "China's Communists Try to Decide What They

Stand For." *New York Times*, May 1, 2002, p. A~3.

Rosenthal, R., and Jacobson, L. *Pygmalion in the Classroom: Teacher Expectations and Pupils' Intellectual Development.* Austin, Tex.: Holt, Rinehart and Winston, 1968.

Rossiter, C. *1787: The Grand Convention.* New York: New American Library, 1966.

Roush, C. *Inside Home Depot.* New York: McGraw-Hill, 1999.

Russ, J. *Les théories du pouvoir* [Theories of power]. Paris: Librairie Générale Française, 1994.

Ryan, M. "They Call Their Boss a Hero." *Parade*, Sept. 8, 1996, pp. 4~5.

Salancik, G. R., and Pfeffer, J. "An Examination of Need-Satisfaction Models of Job Attitudes." *Administrative Science Quarterly*, 1977, *22*, 427~456.

Salovey, P., Bedell, B., Detweiler, J. B., and Mayer, J. D. "Coping Intelligently: Emotional Intelligence and the Coping Process." In C. R. Snyder (Ed.), *Coping: The Psychology of What Works.* New York: Oxford University Press, 1999.

Salovey, P., and Mayer, J. "Emotional Intelligence." *Imagination, Cognition, and Personality*, 1990, *9*(3), 185~211.

Sapolsky, H. *The Polaris System Development.* Cambridge, Mass.: Harvard University Press, 1972.

Schein, E. H. *Process Consultation.* Reading, Mass.: Addison-Wesley, 1969.

Schein, E. H. *Organizational Culture and Leadership.* (2nd ed.) San Francisco: Jossey-Bass, 1992.

Schein, V. E. "Relationships Between Sex Role Stereotypes and Requisite Management Characteristics Among Female Managers." *Journal of Applied Psychology*, 1975, *75*, 340~344.

Schein, V. E. "The Relationship Between Sex Role Stereotypes and Requisite Management Characteristics: A Cross – Cultural Look." Paper presented at the 22d International Congress of Applied Psychology, Kyoto, Japan, July 1990.

Schelling, T. *The Strategy of Conflict*. Cambridge, Mass. : Harvard University Press, 1960.

Schemo, D. J. "Is VW's New Plant Lean, or Just Mean?" *New York Times*, Nov. 19, 1996, p. C1.

Schlesinger, J. M. "NUMMI Keeps Promise of No Layoffs by Setting Nonproduction Workdays." *Wall Street Journal*, Oct. 29, 1987, p. 30.

Schlesinger, L. , Eccles, R. , and Gabarro, J. *Managerial Behavior in Organizations*. New York: McGraw-Hill, 1983.

Schneider, B. , and Alderfer, C. "Three Studies of Measures of Need Satisfaction in Organizations." *Administrative Science Quarterly*, 1973, 18, 498～505.

Schuler, D. A. , Rehbein, K. , and Cramer, R. D. "Pursuing Strategic Advantage Through Political Means: A Multivariate Approach." *Academy of Management Journal*, 2002, 45(4), 659～672.

Schwartz, H. S. "The Clockwork or the Snakepit: An Essay on the Meaning of Teaching Organizational Behavior." *Organizational Behavior Teaching Review*, 1986, 11, 19～26.

Schwartz, J. "The Former C. E. O. : Darth Vader. Machiavelli. Skilling Set Intense Pace." *New York Times*, Feb. 7, 2002, pp. C～1 & C～7.

Schwartz, J. , with Wald, M. L. "Like Jigsaw Puzzle, Pieces of Data Are Forming Picture of Shuttle Disaster." *New York Times*, Apr. 3, 2003, p. A～14.

Scott, W. R. *Organizations: Rational, Natural, and Open Sys-*

tems. Upper Saddle River, N. J. : Prentice Hall, 1981.

Scott, W. R. "The Organization of Environments: Network, Cultural, and Historical Elements." In J. W. Meyer and W. R. Scott (eds.), *Organizational Environments: Ritual and Rationality*. Thousand Oaks, Calif. ; Sage, 1983.

Seeger, J. A., Lorsch, J. W., and Gibson, C. F. "First National City Bank Operating Group (A) and (B)." Boston: Harvard Business School Case Services, 1975.

Sellers, P. "True Grit." *Fortune*, Oct. 14, 2002, pp. 107~110.

Selznick, P. *Leadership and Administration*. New York: HarperCollins, 1957.

Semler, R. *Maverick: The Success Story Behind the World's Most Unusual Workplace*. New York: Warner Books, 1993.

Senge, P. M. *The Fifth Discipline: The Art and Practice of the Learning Organization*. New York: Doubleday/Currency, 1990.

Sennett, R. *Authority*. New York: Knopf, 1980.

Sérieyx, H. *Le big bang des organisations* [The organizational big bang]. Paris: Calmann-Lévy, 1993.

Shu, L., and Adams, A. S. "Is There Something More Important Behind Framing?" *Organizational Behavior and Human Decision Processes*, 1995, *62*, 216~219.

Simmel, G. *The Sociology of Georg Simmel*. New York: Free Press, 1950.

Simon, H. *Hidden Champions: Lessons from 500 of the World's Best Unknown Companies*. Boston: Harvard Business School Press, 1996.

Simon, H. A. *Administrative Behavior*. New York: Macmillan, 1947.

Sirianni, C. "Tavistock Institute Develops Practices of Contemporary Work Reform." Civic Practices Network, Brandeis University, 1995.

(www.cpn.org/cpn/sections/topics/work/stories-studies/tavistock_institute.html)

Sloan, A. P., Jr. *My Years with General Motors*. New York: Macfadden, 1965.

Smith, C. S. "China Faces Problems Creating Jobs, Officials Say." *New York Times*, Apr. 30, 2002, p. A8.

Smith, H. *The Power Game*. New York: Random House, 1988.

Smith, R. "It's No Fun Running No. 1 When You're Taking the Heat." *Fortune*, Aug. 3, 1987, pp. 26~27.

Snook, S. *Friendly Fire: The Accidental Shootdown of U. S. Black Hawks over Northern Iraq*. Princeton: Princeton University Press, 2000.

Solomon, R. C. *Ethics and Excellence: Cooperation and Integrity in Business*. Oxford, England: Oxford University Press, 1993.

Sorkin, A. R. "Tyco Details Lavish Lives of Executives." *New York Times*, Sept. 18, 2002, p. C~1.

Spector, R., and McCarthy, D. *The Nordstrom Way: The Inside Story of America's #1 Customer Service Company*. New York: Wiley, 1995.

Stack, J., and Burlingham, B. *The Great Game of Business*. New York: Doubleday/Currency, 1994.

Stack, J., and Burlingham, B. *A Stake in the Outcome: Building a Culture of Ownership for the Long-Term Success of Your Business*. New York: Doubleday, 2002.

Staw, B. M., and Epstein. "What Bandwagons Bring: Effects of Popular Management Techniques on Corporate Performance, Reputation, and CEO Pay." *Administrative Science Quarterly*,

2000,45(3),523~556.

Staw,B. M. ,and Hoang,H. "Sunk Costs in the NBA: Why Draft Order Affects Playing Time and Survival in Professional Basketball." *Administrative Science Quarterly*, 1995,40,474~494.

Stein,N. "Winning the War to Keep Top Talent." *Fortune*, May 29,2000.

Stern,R. N. , and Barley, S. R. "Organizations and Social Systems: Organization Theory's Neglected Mandate." *Administrative Science Quarterly*, 1996,41,146~162.

Sternberg,R. J. *Beyond IQ: A Triarchic Theory of Human Intelligence*. New York: Cambridge University Press,1985.

Steward,T. A. "Managing in a Wired Company." *Fortune*, July 11,1994,pp. 44~56.

Stires,D. "Fallen Arches." *Fortune*, Apr. 29,2002,pp. 74~76.

Stogdill,R. *Handbook of Leadership*. New York: Free Press,1974.

Stross,R. E. "Microsoft's Big Advantage—Hiring Only the Supersmart." *Fortune*, Nov. 25,1996,pp. 159~162.

Taylor,F. W. *The Principles of Scientific Management*. New York,1911.

Taylor, M. , Ramaya, K. , and Puia, G. "Outback Steakhouse, Inc." Kansas City: Bloch School of Business and Public Administration, University of Missouri-Kansas City,1999.

Tetlock,P. E. "Cognitive Biases and Organizational Correctives: Do Both Disease and Cure Depend on the Politics of the Beholder?" *Administrative Science Quarterly*, 2000,45,293~326.

Thompson,J. D. *Organizations in Action*. New York: McGraw-Hill,1967.

Thorndike,E. L. "Intelligence and Its Uses." *Harper's*, 1920, 140,227~235.

Tichy, G. " Fusionen und Übernehmen: Erfolgsaussichten der Fusionen" [Mergers and Takeovers: Prospects for Success]. Beiträge zur Wirtschaftpolitik Nr. 6—Studie im Auftrag der Kammer für Arbeiter und Angestellte für Wien, Vienna, 2000.

Tichy, G. "What Do We Know About Success and Failure of Mergers." *Journal of Industry, Competition and Trade*, forthcoming.

Toffler, B. L., and Reingold, J. *Final Accounting: Ambition, Greed and the Fall of Arthur Andersen*. New York: Broadway, 2003.

Tomsho, R. "How Greyhound Lines Re-Engineered Itself Right into a Deep Hole." *Wall Street Journal*, Oct. 20, 1994, p. A1.

Topoff, H. R. "The Social Behavior of Army Ants." *Scientific American*, Nov. 1972, pp. 71~79.

Trahair, R. C. S. "George Elton Mayo." Bristol, England: Thoemmes, 2001.

(www.thoemmes.com/encyclopedia/mayo.htm)

Treacy, M., and Wiersema, F. *The Discipline of Market Leaders: Choose Your Customers, Narrow Your Focus, Dominate Your Market*. Reading, Mass.: Addison-Wesley, 1995.

Trieschmann, J. S., Dennis, A. R., and Northcraft, G. B. "Serving Multiple Constituencies in the Business School: MBA Program vs. Research Performance." *Academy of Management journal*, 2000, 43, 1130~1142.

(www.aom.pace.edu/amj/december2000/Trieschmann.pdf)

Trist, E., and Bamforth, K. "Some Social and Psychological Consequences of the Longwall Method of Coal Getting." *Human Relations*, 1951, 4, 3~38.

Trost, A. H. "Leadership Is Flesh and Blood." In L. Atwater and

R. Penn (eds.), *Military Leadership: Traditions and Future Trends*. Annapolis, Md.: Naval Institute Press, 1989.

Uchitelle, L. "We're Leaner, Meaner and Going Nowhere Faster." *New York Times*, May 12, 1996, sec. 4, pp. 1, 4.

Uchitelle, L., and Kleinfeld, N. R. "On the Battlefields of Business: Millions of Casualties." *New York Times*, Mar. 3, 1996, pp. 1, 13~15.

Urwick, L. "Organization as a Technical Problem." In L. H. Gulick and L. Urwick (eds.), *Papers on the Science of Administration*. New York: Columbia University Press, 1937.

Useem, M. *Investor Capitalism: How Money Managers Are Changing the Face of Corporate America*. New York: Basic Books, 1996.

Vaill, P. B. "The Purposing of High-Performance Systems." *Organizational Dynamics*, Autumn 1982, pp. 23~39.

Vaill, P. B. *Managing as a PerformingArt: New Ideas for a World of Chaotic Change*. San Francisco: Jossey-Bass, 1989.

Valian, V. *Why So Slow? The Advancement of Women*. Cambridge, Mass.: MIT Press, 1999.

Varin, A. "The Royal Family A. D. (After Diana)." ABC News, Aug. 31, 2002. (http://abcnews.go.com/sections/world/DailyNews/diana020828_aftermath.html)

Vaughan, D. "Autonomy, Interdependence, and Social Control: NASA and the Space Shuttle *Challenger*." *Administrative Science Quarterly*, 1990, 35, 225~257.

Vaughan, D. *The* Challenger *Launch Decision: Risky Technology, Culture, and Deviance at NASA*. Chicago: University of Chicago, 1995.

Voss, J. F., Wolfe, C. R., Lawrence, J. A., and Engle, R. A.

"From Representation to Decision: An Analysis of Problem Solving in International Relations." In R. J. Sternberg and P. A. Frensch (eds.),*Complex Problem Solving*. Hillsdale,N. J.: Erlbaum,1991.

Vroom,V. H. ,and Yetton,P. W. *Leadership and Decision Making*. Pittsburgh:University of Pittsburgh Press,1973.

Wald,M. L. "Panel Examines Whether NASA Was Out of Touch with Safety Problems." *New York Times*, Mar. 25, 2003, p. A~12.

Waldrop,M. M. *Complexity: The Emerging Science at the Edge of Order and Chaos*. New York:Simon & Schuster,1992.

Waterman,R. H. ,Jr. *What America Does Right: Learning from Companies That Put People First*. New York:Norton,1994.

Weatherford,J. M. *Tribes on the Hill: The United States Congress—Rituals and Realities*. Westport,Conn. :Bergin & Garvey,1985.

Weber,M. *The Theory of Social and Economic Organization*. (T. Parsons,trans.) New York:Free Press,1947.

Weddle,C. J. "A Study of Leadership Styles and Personality of Successful Women Administrators in Higher Education: Implications for Organizations and Training." Paper presented at conference "The Impact of Leadership," Center for Creative Leadership,Colorado Springs,1991.

Weick,K. E. "Educational Organizations as Loosely Coupled Systems." *Administrative Science Quarterly*,1976,*21*,1~19.

Weick, K. E. "Cognitive Processes in Organizations." In B. E. Staw (ed.),*Research in Organizational Behavior*. Greenwich, Conn. :JAI Press,1981.

Weick, K. E. , and Bougon, M. G. "Organizations as Cognitive

Maps." In H. P. Sims, Jr., D. A. Gioia, and Associates (eds.), *The Thinking Organization*. San Francisco: Jossey-Bass, 1986.

Weiner, S. S. "Participation, Deadlines, and Choice." In J. G. March and J. Olsen (eds.), *Ambiguity and Choice in Organizations*. Bergen, Norway: Universitetsforlaget, 1976.

Weisbord, M. R., and Janoff, S. *Future Search: An Action Guide to Finding Common Ground in Organizations and Communities*. San Francisco: Berrett-Koehler, 1995.

Weiss, C. H. *Social Science Research and Decision Making*. New York: Columbia University Press, 1980.

Westerlund, G., and Sjostrand, S. *Organizational Myths*. New York: HarperCollins, 1979.

White, R. W. "Competence and the Psychosexual Stages of Development." In M. R. Jones (ed.), *Nebraska Symposium on Motivation, 1960*. Lincoln: University of Nebraska Press, 1960.

Whitmyer, C. *In the Company of Others*. New York: Putnam, 1993.

Whyte, W. F. *Money and Motivation*. New York: HarperCollins, 1955.

Wilson, C., and Wilson, J. "The Impact of Personality, Gender and International Location on Multi-Level Management Ratings." Paper presented at conference "The Impact of Leadership," Center for Creative Leadership, Colorado Springs, 1991.

Wimpelberg, R. K. "Managerial Images and School Effectiveness." *Administrators' Notebook*, 1987, 32, 1~4.

Witkin, R. "Downing of KAL 007 Laid to Russian Error." *New York Times*, June 6, 1993, p. A7.

Woodward, J. (ed.). *Industrial Organizations: Behavior and Control*. Oxford, England: Oxford University Press, 1970.

WuDunn, S. "When Lifetime Jobs Die Prematurely." *New York Times*, June 12,1996, sec. D, pp. 1,8.

Yorks, L., and Whitsett, D. A. *Scenarios of Change: Advocacy and the Diffusion of Job Redesign in Organizations*. New York: Praeger, 1989.

Yukl, G. *Leadership in Organizations*. (5th ed.) Upper Saddle River, N. J.: Prentice Hall, 2001.

Zachary, G. P. "Climbing the Peak: Agony and Ecstasy of 200 Code Writers Beget Windows NT." *Wall Street Journal*, May 26, 1993, pp. A1, A6.

Zachary, G. P. *Showstopper! The Breakneck Race to Create Windows NT and the Next Generation at Microsoft*. New York: Free Press, 1994.

人名索引

A

Ackman, D. , 170
Ackoff, R. , 310
Adams, A. S. , 42
Adams, S. , 9
Adler, P. S. , 57
Alban, B. T. , 177, 178
Alderfer, C. P. , 129, 218
Allen, G. , 112
Allen, P. , 224
Allen, W. , 229
Alsing, C. , 319, 320, 321, 322, 325, 326, 327
Anderson, S. , 170
Andrews, P. , 224
Applebaum, E. , 148, 162
Argyris, C. , 36, 59, 130~136, 162, 183, 186, 188, 387
Armstrong, D. , 287
Atwater, L. , 379
Aubrey, B. , 11, 158
Austin, N. , 372, 373
Avolio, B. , 379

Axelrod, R. , 240

B

Babineck, M. , 32
Bailey, T. , 148, 162
Baker, S. , 171
Baldridge, J. V. , 216
Bales, F. , 194
Bamforth, K. , 163, 164
Baptista, J. P. A. , 9, 140, 173
Barber, B. R. , 265
Bardach, E. , 11
Barley, S. R. , 72, 261
Barnes, L. B. , 371
Barnevik, P. , 65
Barreta, A. , 180
Barry, D. , 367
Barstow, D. , 124, 144
Barth, S. , 338
Bartlett, C. A. , 66, 257
Barton, L. , 366
Bass, B. M. , 191, 373, 379, 397
Bass, C. , 4
Bateson, G. , 298

Beam, A., 80~81
Bedell, B., 188
Belden, T., 430
Bell, T. E., 207, 232
Bellow, G., 228
Bennis, W G., 214, 228, 370, 372, 373, 387, 397
Bensimon, E. M., 19, 349
Berardino, J. F., 4, 42
Berg, P., 148, 162
Bergman, L., 124, 144
Bergquist, W. H., 16
Bernstein, A., 156
Bernstein, J., 170
Bethune, G., 13, 14, 279
Bettelheim, B., 287
Bickman L., 379
Bieber, O., 175
Bing, S., 13
Bion, W. R., 194
Birnbaum, R., 16, 19
Blake, R., 191, 373~374
Blanchard, K. H., 374, 375, 387
Blank, W., 376
Blau, P. M., 56
Block, P., 214, 240
Bluestone, I., 170
Blum, A., 313
Blumberg, P. 162

Blumer, H., 270
Bodily, S., 429
Boesky, I., 244
Boisjoly, R., 232
Bok, S., 240
Bolman, L. G., 16, 20, 168, 349, 436, 440
Bonavota, J., 450
Borrus, A., 84
Borys, B., 57
Bower, J. L., 91
Boyatzis, R. E., 13, 189
Bradford, D. L., 387
Brady, K., 377
Briand, M., 371
Broder, J. M., 75
Broughton, I., 292
Brown, L. D., 217, 218, 219
Bruner, R. F., 188
Bruner, S., 429
Brunner, 380
Bunker, B. B., 177
Burns, J. M., 240, 242, 375
Burr, D., 57
Burrough, B., 246, 248, 249, 250
Burrows, P., 391, 392
Bush, G. W., 3, 60, 203, 315, 398

Byrne, J. A. , 4, 10, 34, 140, 170, 283~284, 430
Byrnes, N. , 170, 283~284

C

Cahlink, G. , 258
Cameron, K. , 70
Campbell, D. , 443
Campbell, J. , 270, 280
Capell, K. , 171
Capellas, M. , 393
Capra, F. 92
Carless, S. A. , 379
Carlson, S. , 334
Carlzon, J. , 329, 390, 396, 397
Carrigan, P. , 389
Carroll, L. , 271
Carstedt, G. , 15, 275
Carter, J. , 473
Carter, S. , 180
Carver, C. , 448, 450
Case, J. , 159
Cavanagh, J. , 170
Cavanagh, R. E. , 372, 373
Cavanagh, R. R. , 12
Cavanaugh, M. , 207
Cézanne, P. , 15
Chaize, J. , 11, 73, 75
Chambers, J. , 8

Champy, J. , 60, 97, 100
Chandler, A. D. , Jr. , 73, 384
Chandler, C. , 100
Chandler, S. , 157
Chaplin, C. , 131
Charan, R. , 8~9
Chatman, J. A. , 373
Chemers, M. , 374, 387
Cherniss, C. , 188
Churchill, W. , 317
Clark, B. R. , 270
Clark, K. B. , 72, 61, 84
Cleveland, H. , 371, 397
Clifford, D. K. , 372
Clifford, J. , 101, 102
Clinton, B. , 7, 203, 292
Clinton, H. R. , 292
Cohen, A. R. , 387
Cohen, B. , 433
Cohen, D. S. , 408, 419
Cohen, M. , 310 - 311, 314
Cohen, P. S. , 280
Cohen, W. , 337, 338
Coleman, J. S. , 312
Coles, T. , 367
Collins, B. E. , 193
Collins, J. C. , 148, 155, 275, 283, 343, 345, 372, 434
Collinson, D. L. , 183

Collinson, M. , 183
Colvin, G. , 172
Condit, P. , 296
Conger, J. A. , 372
Corwin, R. , 270
Cox, H. , 299
Cox, T. , Jr. , 441
Cramer, R. D. , 259
Crimmins, D. , 452, 468
Crosby, P. , 173
Cross, I. , 113
Crozier, M. , 211
Curphy, G. J. , 9
Cusumano, M. A. , 76
Cutcliffe, M. , 423
Cutler, D. , 75, 224~225, 229, 236
Cyert, R. M. , 34, 212, 213, 262
Czepak, F. , 450, 451, 452

D

Dalton, M. , 222
Davis, K. , 379
Davis, M. , 270
Day, B. , 286
De Backer, P. , 33, 65, 148, 151, 372, 432
De Castro, E. , 321, 322
De Gaulle, C. , 473
De Geus, A. , 430, 434
De Pree, M. , 443
Deal, G. , 53
Deal, T. E. , 11, 16, 20, 77, 118, 144, 148, 168, 253, 272, 289, 296, 349, 413, 436, 440
Debbs, E. , 454
DeGeorge, G. , 174
Delbanco, A. , 306
Dell, M. , 33
Demarco, H. , 27, 28, 29, 30, 32, 46, 47, 342, 403
Deming, W. E. , 173
Descarpentries, J.-M. , 11, 158
Detweiler, J. B. , 188
Dewan, S. K. , 188
DiMaggio, P. J. , 302, 303
Dittmer, L. , 270
Dobrzynski, J. H. , 264
Doktor, J. , 350
Donovan, W. , 17, 182
Donz, K. E. , 24
Dornbusch, S. , 61, 71, 304
Downer, L. , 260, 295
Drucker, P. F. , 76, 138, 170, 271
Dula, B. , 454, 455, 457, 458, 465, 466
Dunford, R. W. 16, 19

Dunlap, A. , 34, 140
Durant, B. , 257, 383
Dwyer, J. , 54
Dwyer, P. , 67

E

Eagly, A. H. , 379
Eastman, G. , 100
Ebbers, B. , 96
Eccles, R. , 317
Echikson, W. , 171
Edelfson, C. , 311
Edelman, M. J. , 270, 296, 304, 307, 308, 314
Edison, T. , 87
Edwards, C. , 283
Edwards, M. R. , 379
Eichenwald, K. , 97, 430, 431
Einstein, A. , 45
Elden, M. , 168
Elderkin, K. W. , 257
Elizabeth Ⅱ , 366
Elmore, R. F. , 11
Elstrom, P. , 391
Emerson, R. W. 148
Emery, F. , 164
Enderud, H. G. , 314
Engardio, P. , 67, 174
Epstein, 302

Esch, K. , 207, 232
Esposito, F. , 172
Ewing, J. , 171

F

Farkas, C. M. , 33, 65, 148, 151, 372, 397
Farkas, M. T. , 93
Fastow, A. , 430
Fayol, H. , 55
Feinberg, M. , 7
Fenn, D. H. , 393
Fessenden, F. , 54
Feuerstein, A. , 433
Fiedler, F. E. , 374
Fiedler, K. , 387
Fine, G. A. , 297
Fiorina, C. , 379, 391~394, 399
Firestone, D. , 82
Firestone, W. A. , 412
Firth, N. , 326
Fisher, R. , 228, 236~237
Fleishman, E. A. , 191
Fletcher, J. , 206
Floden, R. E. , 312
Flynn, K. , 54
Follett, M. P. , 124
Ford, H. , 383, 384
Ford, H. , Ⅱ , 390

Foucault, M. , 215
France, M. , 430
Frangos, S. , 101, 422, 423～428
Franklin, B. , 200
Freiberg, J. , 281
Freiberg, K. , 281
French, J. R. P. , 217
Freud, S. , 270
Freudenberg, W. R. , 11
Frey B. , 160
Fried, I. , 394
Friedberg, E. , 211
Friedman, R. , 312～313
Friesen, P. H. , 96, 97
Frist, T. , Sr. , 288
Frost, P. J. , 217, 222
Fulghum, R. , 289～290
Fuller, C. , 234
Funkhouser, G. R. , 222, 290

G

Gabarro, J. , 317
Galbraith, J. R. , 60, 75, 117
Galileo, 19
Gallos, J. V. , 364, 440, 441
Gallup, G. , 314
Gamson, W. A. , 215
Gandhi, M. , 395, 399
Ganitsky J. , 388

Gardner, H. , 189
Gardner, J. W. , 369, 370, 371, 373
Garland, H. , 41
Garvey, J. , 258
Gates, B. , 147, 137, 224, 238
Gaventa, J. , 217
Geertz, 304
Gegerenzer, G. , 42
Gerstein, M. S. , 58
Gertz, D. , 9, 140, 173
Ghoshal, S. , 66
Giamatti, A. B. , 341
Gibson, C. F. , 98
Giuliani, R. , 333, 366～367, 396
Goffman, E. , 298
Goizueta, R. , 414
Goldberg, L. R. , 192
Goleman, D. , 13, 188, 189
Gonzalez, R. , 42
Goodman, D. , 338
Goodnight, J. , 153～154
Gorbachev, M. S. , 472
Gordon, M. R. , 25
Graeff, C. L. , 376
Gramling, R. , 11
Granell, E. , 349
Green, S. G. , 376

Greenberg, J. , 88
Greenleaf, R. K. , 387
Greiner, L. E. , 70
Greising, D. , 174
Griffin, E. , 443
Grossman, W. , 255
Guehenno, J. -M. , 472
Guetzkow, H. , 193
Gulick, L. , 55
Gumpert, R. , 376
Gupta, R. , 10
Guyer, J. , 327

H

Hackman, J. R. , 165, 173, 193
Hakim, C. , 137
Hall, D. T. , 136
Hall, R. H. , 56, 382
Hallinger, P. , 379
Hambleton, R. K. , 376
Hamel, G. , 432
Hammer, M. , 60, 97, 100, 422
Hammonds, K. H. , 264
Hampden-Turner, C. , 15, 275, 277
Hamper, B. , 132, 133, 134, 135, 143
Hampton, W. J. , 176, 386
Handy, C. , 136, 137, 138, 194

Hansell, S. , 77
Hansot, E. , 298
Harris, E. F. , 191
Hartman, C. , 170
Haynes, J. , 115
Haynes, R. , 115, 120
Heath, C. , 42
Hebert, E. , 291
Heckler, M. , 337
Hedberg, B. L. T. , 91
Heffernan, M. , 381
Heffron, F. , 219
Heifetz, R. A. , 369, 455
Heimovics, R. D. , 20, 349
Helgesen, S. , 92, 101, 102, 378
Helyar, J. , 246, 248
Henderson, R. M. , 72, 95
Herman, R. D. , 20, 349
Hernandez, L. , 468
Hersch, S. M. , 26
Hersey, P. , 374, 375, 387
Herzberg, F. , 164~165
Heskett, J. L. , 148, 275
Hewlett, W. , 87, 392
Higashi, K. , 175, 176
Hill, L. A. , 93
Hirsch, P. , 137
Hitler, A. , 7, 395, 399

Hitt, M. A. , 255
Hoang, H. , 41
Hock, D. , 317
Hoffrage, U. , 42
Hofstede, G. , 270, 277～278
Hogan, J. , 9
Hogan, R. , 9
Hoge, W. , 378
Holberger, K. , 324
Holland, C. , 326
Holland, J. H. , 75
Hollander, E. P. , 373, 387
Holmes, O. W. , 243
Holusha, J. , 174, 175
Hoover, J. E. , 17, 182
Hoskisson, R. E. , 255
House, R. J. , 387
Huler, S. , 13

I

Iacocca, L. , 283, 393, 396
Ishikawa, K. , 173

J

Jackall, R. , 221, 222
Jackson, H. , 290
Jackson, M. , 413
Jacobson, J. , 381
Jacobson, L. , 42

Janoff, S. , 177
Janson, R. , 165
Jefferson, T. , 148
Jehn, K. A. , 219
Jenkins, W. A. , 118, 144, 148, 289
Jensen, C. , 207
Jensen, M. C. , 58, 126
Jobs, S. , 87
John, O. P. , 192
Johnson, B. T. , 379
Johnson, K. , 91
Johnson, R. , 311
Johnson, R. A. , 255
Johnson, Ross 246, 247, 248, 249, 250
Johnson, S. , 387, 405
Jung, C. , 270
Juran, J. M. , 173
Jurkiewicz Coughlin, C. L. , 20, 349

K

Kafka, F. , 124
Kahn, J. , 171
Kahneman, D. , 42
Kalleberg, A. L. , 148, 162
Kamens, D. H. , 306
Kanter, R. M. , 11, 137, 144,

156,168,216,228～229,
233,354,371
Katzell,R. A. ,162
Katzenbach,J. R. ,115～117,201
Kaufer,N. ,396
Kauffman,E. M. ,142
Keidel, R. W. , 111, 112, 113, 114,115
Kelleher,H. ,281,432～433, 441
Keller,B. ,380,381,472
Kelly,W. P. ,393
Kennedy,A. A. ,11,76,272
Kennedy,J. F. ,11
Kennedy,R. ,462
Key,M. K. ,296
Kidder,T. ,317～328,442
Killian,K. ,169
Kilmann,R. H. ,287
King,D. ,445～470
King, M. L. , Jr. , 282, 395, 396,461
King,R. ,281
Kleinbölting,H. ,42
Kleinfeld,N. R. ,140,141
Kohlberg,L. ,241
Komives,S. R. ,379
Kopelman,R. E. ,165
Koput,K. W. ,66

Korin,A. ,238
Korten,D. C. ,261
Kotter, J. P. , 148, 181, 217, 220,227,228,233,275,332, 343,346,347,370,372,373, 375,404,408,418
Kouzes,J. M. ,372,373,389
Kozlowski,D. ,58
Kravis,H. ,249,340
Kriger,M. P. ,371
Kroc,R. ,71
Kühberger,A. ,41
Kumar,R. ,393
Kurosawa,A. ,21
Kurson,K. ,333

L

Labaton,S. ,244
Labich,K. ,141,151
Lam,D. ,396
Lamb,D. ,399
Landler,M. ,76
Landry,T. ,113
Langer,E. ,21
Larson,D. ,414
Lavelle,L. ,170
Lawler, E. E. , Ⅲ, 129, 141, 144,148,152,165,166
Lawrence,A. T. ,171

Lawrence, P. , 305
Lax, D. A. , 198, 228, 240, 242
Lay, K. W. , 4, 27, 42, 243, 429
Leader, G. C. , 396
Leavitt, H. J. , 56, 194, 335
Ledford, G. E. , 168
Lee, A. , 174, 175, 176, 382, 384
Lee, B. , 175
Lee, L. , 283~284
Leondar-Wright, B. , 170
Levering, R. , 144, 148, 151, 364, 432, 433, 438
Levine, D. I. , 162
Levinson, H. , 372, 387
Lewin, K. , 190
Lewis, N. A. , 260
Lifson, T. , 329
Likert, R. , 166, 178, 191, 387
Lingle, C. , 154
Lippitt, R. , 190
Lipsky, M. , 85
Lo, T. , 402
Lombardi, V. , 113
Longworth, R. C. , 261
Loomis, C. J. , 4, 256, 258
Lopez, B. , 287
Lorsch, J. W. , 98, 305
Love, J. F. , 70

Lubans, J. , 114
Lukes, S. , 217
Lundin, K. , 7
Lundin, W. , 7
Luthans, F. , 334, 343, 346, 347, 348
Lynch, P. , 139
Lynn, L. E. , Jr. , 346~347

M

Maccoby, M. , 144, 372, 373
Machan, D. , 91
Machiavelli, N. , 18, 404
Maier, N. , 193, 201
Malavé, J. , 162
Mandel, B. , 414
Manes, S. , 224
Mangham, I. L. , 300, 304
March, J. G. , 43~44, 212, 213, 262, 270, 298, 304, 308, 310, 311, 314
Marcus, B. , 284
Maritz, P. , 225, 226, 229, 236
Mark, R. , 27, 46, 284
Markels, A. , 140
Marriott, J. W. , Sr. , 288
Marshall, C. , 351, 365
Marshall, M. V. , 262
Marx, K. , 148

Marx, R. , 207
Maslow, A. H. , 127, 128, 129, 241
Mattis, M. , 379
Mayer, J. D. , 188
Mayo, E. , 124, 148
McAuliffe, C. , 205, 209
McCarthy, D. , 272~274
McCaskey, M. B. , 32
McClelland, D. C. , 127
McConnell, M. , 206, 207, 286, 293
McCourt, M. , 416
McGrath, J. E. , 193
McGregor, D. , 123, 129, 130, 135
McKee, A. , 13, 189
McLean, B. , 3, 159, 243
McLennan, R. , 409
McNamee, M. , 84
Meckling, W. H. , 58, 126
Meese, E. , 234
Mendelson, H. , 238
Meredith, R. , 138
Messier, J. -M. , 218
Meyer, J. W. , 270, 302, 304, 305
Miller, D. , 96, 97
Minich, P. , 105, 106
Mintzberg, H. , 11, 59, 63, 81, 90, 103, 181, 310, 334
Mirvis, P. H. , 136, 178

Mishel, L. , 170
Mitroff, I. I. , 287, 412
Moeller, J. , 56
Mola, R. , 294
Moliere, 234
Montgomery, L. , 152
Moore, J. F. , 254, 255
Morgan, G. , 11, 142
Morganthau, T. , 414
Morris, B. , 257, 381
Morrison, A. M. , 364, 379, 442
Moskowitz, M. , 144, 148, 364, 432~433, 438
Moulton, B. , 228
Mouton, J. S. , 191, 373~374
Mullins, G. , 414
Murphy, J. T. , 371
Murray, M. , 140
Myers, I. , 191

N

Nadler, D. A. , 58
Nanus, B. , 214, 370, 372, 373, 387, 393
Nelson, R. R. , 405
Neuman, R. P. , 12
Nicklaus, J. , 249
Nickles, D. , 292
Nixon, R. , 7

Nordstrom, J. , 272
Norman, J. R. , 176, 386
Norris, F. K. , 8
Novak, W. , 393, 396
Nussbaum, B. , 264
Nutt, S. C. , 253, 413
Nystrom. P. C. , 91

O

O'Grady, S. , 286
Ohmae, K. , 78
O'Keefe, G. , 337~338
Oldham, G. R. , 165
Oliver, T. , 414
Olsen, J. , 270, 304, 308, 309
Olson, 431
Omidyar, P. , 93, 283
Oppel, R. A. , 244
O'Reilly, C. A. , Ⅲ , 373
Orgogozo, I. , 135
Ortner, S. , 270, 280
Osborne, P. , 28 ~ 29, 46, 47, 342, 403
Oshry, B. , 34, 35, 36, 371
Osipovich, G. , 25
Osterman, P. , 152
O'Toole, J. , 147, 148, 296, 430
O'Toole, P. , 390
Overington, M. A. , 300, 304

Overstreet, D. , 414
Owen, R. , 147~148
Owen, H. , 177, 416, 418

P

Packard, D. , 87
Palmer, I. C. , 19
Palmer, R. , 67
Palumbo, G. , 162
Pande, P. S. , 12
Paré, T. P. , 257
Parker, S. , 165
Paterson, T. , 238
Paulson, E. , 318
Peck, D. , 319
Pennar, K. , 140
Perez, F. , 169
Perkins, B. , 449, 450
Perrow, C. , 56, 61, 261, 259, 305
Peters, B. G. , 11
Peters, T. J. , 343, 372, 387
Petzinger, T. , 433
Pfeffer, J. , 19, 126, 138, 141, 142, 148, 149, 152, 155, 157, 159, 165, 166, 167, 211, 216, 228, 251, 262, 476
Pichault, F. , 228, 230
Porras, J. I. , 148, 155, 282, 343,

345,372,434,475
Port,O. ,173
Porter,E. ,244
Porter,M. ,80
Posner,B. Z. ,372,373,389
Potter,Z. ,423
Powell,C. ,172
Powell,W. W. ,66,302~303
Prahalad,C. K. ,432
Pressman,J. L. ,11
Puia,G. ,329
Purdy,K. ,165

Q

Quadracci,H. ,443
Quinn,R. E. ,70,310

R

Rabkin,M. ,102
Ragins,B. ,379
Rallis,S. ,312
Ramaya,K. ,329
Ramsey,V. J. ,364,441
Rappaport,C. ,65
Rasala,E. ,321,326
Rasoli,H. ,436,440
Raven,B. H. ,216
Reagan,R. ,229~230,398
Reddin,W. J. ,374

Reed,J. ,98,99
Reed,K. ,293
Reed,S. ,65,67
Rehbein,K. ,259
Reichheld,F. F. ,140
Reid,P. C. ,269
Reingold,J. ,45
Renner,M. ,9
Reynolds,H. ,180
Rice,A. K. ,164
Richtel,M. ,430
Ricks,T. E. ,282
Ride,S. ,209
Ridge,T. ,60
Ridout,C. F. ,393
Riebling,M. ,17
Rifkin,J. ,143
Rising,D. ,76
Ritti,R. R. ,222,290
Roberts,J. L. ,430
Roosevelt, F. D. , 18, 411, 413,472
Rose,P. ,112
Rosener,J. B. ,378
Rosenkrantz,S. A. ,343,346
Rosenthal,R. ,42
Rosenthal,S. ,372
Rossiter,C. ,200
Roush,C. ,284

Rowan, B. ,270,302,304,305
Russ, J. ,211,216
Ryan, M. ,433,434

S

Sahaf, M. S. ,399
Sahani, O. P. ,67~68
Sains, A. ,66
Salancik, G. R. , 126, 262, 263,476
Salovey, P. ,188
Sancho, A. ,388
Sapolsky, H. ,300~301
Schaeberle, B. ,247~248
Schein, E. H. ,194,271
Schein, V. E. ,380
Schelling, T. ,238
Schemo, D. J. ,137
Schiller, Z. ,67
Schlesinger, J. M. ,176
Schlesinger, L. ,317
Schmitt, E. ,75
Schmitt, J. ,170
Schneider, B. ,129
Schön, D. A. , 36, 163, 183, 186,188
Schuler, D. A. ,259
Schwartz, J. ,30,205
Scott, W. R. , 56, 61, 71, 304,307
Seale, R. ,327
Sebenius, J. K. , 199, 228, 236, 240,242
Seeger, J. A. ,98
Selby, R. W. ,76
Sellers, P. ,379
Selznick, P. ,270
Semler, R. ,169
Senge, P. M. ,34,36
Sennett, R. ,369
Sérieyx, H. ,5,73
Shakeshaft,380
Shanahan, B. ,327
Shaw, R. B. ,58
Shea, T. ,453
Shu, L. ,42
Shula, D. ,113
Shuttle, J. L. ,129
Siehl, C. ,169
Sijan, L. ,285,293
Simmel, G. ,371
Simon, H. ,152
Simon, H. A. ,43~44
Sinegal, J. ,152,171,284
Sirianni, C. ,164
Sjostrand, S. ,74
Skilling, J. K. ,3~4,8,27; 46,47,159,188

Sloan, A. P., Jr., 256, 382, 383
Smith, B., 449, 450, 460
Smith, C. S., 154
Smith, D. K., 115~117, 201
Smith, F., 260, 388
Smith, H., 228, 229, 230, 234
Smith, R., 4, 384, 385, 386
Smith-Doerr, L., 66
Snook, S., 37, 38, 39, 196
Solomon, R. C., 435, 439
Song, M. L., 283
Sorkin, A. R., 58
Spector, R., 272~274
Stack, J., 159
Starbuck, W. H., 91
Staw, B. M., 41, 302
Stein, N., 154
Stern, R. N., 261
Sternberg, R. J., 189
Steward, T. A., 66, 67
Stires, D., 73, 88
Stockdale, J., 286
Stockman, D., 230
Stogdill, R., 191
Stromquist, N., 311
Stross, R. E., 152
Stubbart, C., 207
Summers, L., 81, 82, 89
Swanson, D., 123

T

Takagi, H., 329
Tarrant, J. J., 7
Taylor, F. W., 55
Taylor, M., 329
Tetlock, P. E., 41, 42
Thatcher, M., 473
Thomas, E., 430
Thompson, J. D., 56, 181
Thorndike, 188
Thorsrud, E., 164
Tichy, G., 9
Tilghman, S., 381
Tilliette, B., 11, 158
Toffler, B. L., 45
Tomsho, R., 98
Topoff, H. R., 59
Townsend, B., 379
Trahair, R. C. S., 148
Traub, V., 207
Treacy, M., 432
Trist, E., 164
Tsongas, P., 290
Tsutsumi, Y., 294
Tun, W., 402
Tversky, A., 42
Tyson, L. D., 162

U

Uchitelle, L. ,139
Updike, J. ,112
Urwick, L. ,55
Ury, W. ,228,237~238
Useem, J. ,8~9
Useem, M. ,264

V

Vaill, P. B. ,328,372,471
Valian, V. ,380
Van Velsor, E. ,379
Varin, A. ,367
Varsavsky, M. ,387~388
Vaughan, D. ,7,206,207
Veres, J. ,324
Vickers, M. ,170
Vroom, V. H. ,374,387

W

Wageman, R. ,173
Wald, M. L. ,205
Waldrop, M. M. ,75
Wall, T. D. ,165
Wallach, S. ,321,326
Wallin, C. ,272
Waterman, R. H. , Jr. , 123, 129,142,148,158,174,343, 387~389,436,437,440
Weatherford, J. M. ,291,296
Weber, M. ,56,369
Weckler, D. A. ,174
Weddle, C. J. ,379
Weick, K. E. ,270
Weigl, H. ,247
Weiner, S. S. ,309,312
Weis, J. ,447
Weisbord, M. R. ,177
Weiss, C. H. ,312
Weitzel, J. R. ,376
Welch, J. ,3,177,218,257
West, C. ,89
West, T. ,319,322~323,327
Westerlund. G. ,74
White, R. ,98,99,190
White, R. P. ,379
White, R. W. ,127
Whitman, M. ,93
Whitmyer, C. ,438
Whitsett, D. A. ,165
Whyte, W F. ,161
Wiersema, F. ,432
Wildavsky, A. B. ,11
Wilson, C. ,379
Wilson, J. ,379
Wilson, T. ,248
Wimpelberg, R. K. ,20,349

Winter, S. G. ,409
Witkin, R. ,26
Wolf, D. ,93
Woodruff, R. ,415
Woodward, J. ,305
Wozniak, S. ,84
Wright, R. ,286~287
WuDunn, S. ,137
Wyatt J. B. ,286~287
Wyman, T. ,234

Y

Yankelovich, D. ,162

Yetton, P. W. ,374,387
Yew, L. K. ,473
Yodgetts, R. M. ,343,346
Yorks, L. ,165
Yukl, G. ,373

Z

Zachary, G. P. ,75,224,225,
 226
Zellner, W. ,430

主题词索引

A

ABB,65
ABB 公司,65
Ascardio 公司,162
阿姆特兰公司,28
安达信公司,4,27,84
安然公司:指责,45~46;领导的智障,7;竞争战略,27~28;欺骗性,32,36;高管人员的报酬,170;安然公司的破产,3~4,27;价值观被忽视,243~244;财务不透明,159;缺少灵魂,429~430;管理层的自我保护,187~188;绩效评价,221
澳拜客牛排店,329

B

Berwind 公司,90
百事,413~414
柏克德公司,344
斑马团队,401,423~428
棒球队,112
包容性网络,92~95
宝洁公司(P&G),123,167,343
保健因素,与工作设计的关系,165~166
报酬。见薪酬。
北极星导弹系统,300~301
北欧航空公司(SAS),329,390
贝丝以色列医院,101~102
本杰瑞冰激凌公司,433
比喻,297~298,426~427,435
避免产生裙带关系的政策,31~32
变革:变革与冲突,411~412,424~426;变革失败,401~405;人力资源视角,405~408,420~421;变革与损失,413~418;变革的模式,418~419,420~421,444;关于变革的寓言,405~406;变革与权术视角,405,411~412,420~421;重构,405~408;变革的阻力,408,411~413,415~416;反应迟缓,89;变革与结构视角,405,408~411,420~421;变革与象征

视角,315~316,405,413~418,420~421,426~428;变革与培训,405~408,423~424。同见:重组。
《变革的核心》(Cohen),419
辩护:模型Ⅱ的理论运用,185~186;权术型领导者的工具,382,390~393
标准,61~62
标准操作程序(SOPs),62~63
标准品牌公司,246~247
并购,公司并购,9
波音公司,95,296,344
不确定性:回避不确定性,277~278;不确定性与视角的选择,340~342
部落,部门与全球资本主义,264~265

C

Carnaud et Metal Box,11,158
Cin-Made,160
Covenant Corporation,220~221
参与,权力的一种来源,217
参与:员工参与,160~163;员工士气,56~58
层级式组织结构:麦当劳的层级式组织结构,67~69;团队的层级结构,108~111。同见纵向协调。
差异,持续的差异,209~210
产品,群体的基础,60
成立时间,组织结构的成立时间,70~71
承诺:视角的选择,339,341~342;对核心价值观的承诺,472~473
程序(流程):群体的基础,59~60;核心流程,71~72;群体,194~201;组织的流程,308~315,336~337
重构:重构的艺术,469~470,473~474;案例,351~365;变革,405~419;伦理,435;人力资源视角的重构,355~357,458~459;领导,381~400;新来者和外来者的重构,364;权术视角的重构,357~360,459~460;重构的权力,18~20,22,49,362~363;重构的风险,362~363;结构视角的重构,352~355,456~458;象征视角的重构,360~362,461~465
重新设计工作,163~166
重新设计工作,163~166
重组,多视角的观点,336
重组:案例,80~81,97~104;重

组与视角的选择,341～342;重组与信息技术,;76～77;重组中的基本问题,94～96;麦格·劳希尔公司,80;重组成功的原则,103;重组的原因,95～97。同见再造。

冲突:冲突与变革,411～412,424～426;冲突与视角的选择,342;团队内部的人际冲突,197～200;冲突解决的多视角观点,336;个性与组织,130～136;冲突与权术视角,209～210;冲突与象征性解决,213;冲突的类型,219～220

冲突实验室,177

《冲突的战略》(Schelling),238～239

《从优秀到伟大》(Collins),343～344,348～349

《从最差到第一:大陆公司复兴的背后》(Bethune and Huler),13～14,17

丑闻,公司丑闻,244,433～435

创业汽车租赁公司,151

丛林(组织的比喻),435,439～442

D

《达成一致》(Fisher and Ury),236

《大门里的野蛮人》(Burrough and Helyar),246～251

《戴维营条约(1978)》,213

"呆伯特",115

"呆伯特法则",9

Denny饭店,171

大陆航空公司,279～280

大通曼哈顿银行,140～141,344

大众,137

代理问题,58～59

带来好结果的会议,177

戴姆勒-奔驰公司,171

道德。见伦理。

道德分析,242

德尔塔航空公司,154,343

德州仪器公司,178,344

低限制系统,218～219

地理位置,群体划分的基础,60～61

地图:知识体系图,14,42～43;权术网络规划,230～232,232,460～461;系统映射图,35

调查,调查与人力资源管理,178

顶峰公司,180～181

杜邦公司,99,343,384
多视角的思考,17～21,22注释3,336～337,473～474
多样化:多样化与权力,440～441;提倡多样化,171～172;团队多样化,321～322

E

Exxon,179,343
俄罗斯客机撞机事件,76

F

法国航空公司,212
反对党,215～216,252
放任型领导风格,190
菲尔德再加工公司。见SRC Holdings。
分工,59～60,81
《愤世嫉俗者》(莫里哀),234
丰田,33,166;NUMMI的风险投资合作伙伴,174～176,386
福利,153～154
福特汽车公司,383
辅助人员,85～86,95
复杂性:应对复杂性,36～42;环境的复杂性,72～73;组织的复杂性,30,81

G

"改革型的"和"事务型的"的领导者,395
高管人员,高管人员的报酬,176～177
高限制系统,218
哥伦比亚号航天飞机事故,205～206
个人权力,217
个人主义,277～278
个性:个性与管理风格,191～193;个性与组织,130～136,146注释1
工厂(把组织比喻作工厂),435～437
《公共政策管理》,343,345～348
工会:自下而上的权术活动,252～253;联合的公平/权力问题,441;NUMMI工厂中的工会,176
工作保护,154～155
工作场所,工作场所的民主,168～171
工作核心层,85,86
公共政策系统,258～259
公开,186～187,218～219,243～244
公平,组织的伦理,435,439

～442
公平性,243
公司。见组织。
《公司理论:管理行为,代理成本和所有权结构》(Jense & Meckling),58～59
《公司文化与绩效》(Kotter and Heskett),275
《公司行为理论》(Cyert and March),213
公制系统,401
公众超市公司,139
沟通:横向沟通,64;模型Ⅱ的理论运用,186;多视角的观点,337;包容性网络模型,92～93
故事,208,286～289;故事与群体认同,323～324;象征型领导讲述故事,398～399
顾客/客户,群体的基础,60
雇用的实践,149,151～152,155～156
官僚机构:指责官僚机构,45～46;官僚制中的伦理问题,222;机械官僚制,57,87～88,95,98～99;专业型管理结构,89,95;停滞的官僚制,96;韦伯的官僚制,56
管理:管理类著作与论文,12～14,475～479;"走动式管理",389;管理的障碍,7～9;领导与管理的区别,369～370;管理改善,9～11;明茨伯格的组织结构模式,85～87;账务公开式管理,159;X理论和Y理论,129～130,150。同见人力资源管理;领导;管理者
管理方格,372～373,373～377
管理风格,190～193,349～350,374～377
管理类图书,12～13,475～480
管理学论文,475～480
管理者:安排议程,228～230;谈判与讨价还价,235～239;管理者的效率,346～348;管理者的伦理,240～245;管理者的思维扩张,18～19;管理者的视角偏好,349～350;想像与现实,334～335;管理政策的必然性,226～228,245建立网络与联合体,232,233～234;新来者和外来者的管理,364;权术指南,230～232;权术技能,228～244;作为权术家的管理者,224～245;内部提升,155～156;管理者的角色,262～263;自我

保护,187～188。同见领导；管理。
规范性同构,303
规范性制度同构,302～304
规模:高绩效团队的规模,116；组织规模,69～71
规则,正式群体,196～197
规则:84～85；纵向协调,61～63
国家航空航天局(NASA),7～8,205～208,209～210,232～233
国家环境保护局(EPA),307
国家劳工关系委员会,307～308
国家卫生服务团(NHSC),337～338
国内税务局,178
国土安全部,277

H

哈佛大学:专业型官僚体制,89；哈佛大学的重组,80～82；哈佛大学的结构,67～69,72,74,77,78；哈佛大学所利用的象征,274～275
哈雷一戴维森公司,269
韩国航空公司(KAL),007航班灾难,24～27,31～32
汉城百货大楼倒塌事件,26
航空母舰,航空母舰的组织结构,53～54
好事多公司,152,155,171～172,284
核心流程,71～72
黑鹰直升机,击落事件,37～38,196,207
横向协调,64～67,91～92
横向协调。见水平协调。
互动:个体或群体间的互动,83；团队中的互动,111～115
花旗银行,77～78,98～99,344
化学银行,140
环境:重构的原因,95；对结构的影响,72～73
灰狗巴士,98
辉瑞,344
会议:横向协调,64,66～67；多视角的理解,337；作为戏剧的会议,308～309；包容性网络中的会议,92～94
惠普,67,83,86,344,388～389,390～391
惠普购并事件,394

I

IBM, 154, 178, 224, 239, 255, 258
Isomorphism,302～304

J

911事件。见恐怖主义袭击。
机械官僚制,57,87~88,95,98~99
《基业长青》(Collins and Porras),275,282,343~345
绩效,绩效与团队结构,115~117
绩效控制,63
绩效评价。见评价。
激励:视角的选择,339~340,342;激励与工作设计,163~165;关于激励的多视角理解,337
集体谈判,312~313,441
计划:行动计划,63;战略规划,309,336;计划,309~311;纵向协调,62~63
计算机操作系统,224~225
技能:群体的基础,60;技能要求的改变,137;技能工资,168~169;权术技能,228~244
技术水平,技术水平与视角的选择,339~340;重构的原因,95~96;对结构的影响,74~76
技术专家集团,85,86,95
家居货栈,284~285,286

家庭(把组织比喻作家庭),435,437~439
价值,267。同见象征视角。
价值创造与索取,235~236,237~238
价值观:对核心价值观的承诺,472~473;作为象征形式的价值观,281~283
简单的层级团队设计,110,111
简单的结构,86~87,95
健伍,344
奖赏,对奖赏的控制,216
角度。见视角。
角色:群体中的非正式角色,194~196;管理者的角色,262~263
教育:教育变革,408~409,411~413;公共政策生态系统的一部分,260~261;计划的象征性角色,310~311;教育机构的结构,305~307
结构:特别委员会,91~92,95;结构与代理问题,58~59;航空母舰的组织结构,53~54;花旗银行的组织结构,77~78;结构安排,85~94 结构设计时需要考虑的问题,69~78;分工,59,60;结构设计的两难,81~85;哈佛大学的结构，68～69,71,73,74,77,80;结构对工作场所活动的影响,56～59;组织的整合,59～60;横向协调,64～67;松与紧,83～84;矩阵结构,65;麦当劳的结构,67～68,69,70～71,73,77,78;明茨伯格的组织结构模型,85～92,94～95,103～104;对恐怖主义袭击的反应,54;成功团队的结构,105～106;纵向协调,61～64;包容性网络的结构,92～93。同见重组。

结构视角,51～52,78～79;结构视角的前提假设,54～55;结构视角与变革,405,408～409,420～421;结构视角对组织流程的理解,336～337;结构视角概述,16～17,19,22;重构,353～355,456～458;结构视角的不足,363;结构视角的理论基础,55～56;何时选择结构视角,339～342

解雇。见缩编;工作保护

《解开情商之迷》(Goleman),189～190

《经济变迁的演化理论》(Nelson and Winter),311～312

惊奇，组织是令人惊奇的,31～32

精神:精神与领导,442;组织的精神,432～435;成功群体的精神,328～329;以精神为中心的团队建设,329

《竞争大未来》(Hamel and Prahalad),432

局部最优化,60

矩阵结构,66,67

聚硫橡胶。见莫顿聚硫橡胶公司。

决策:安排议程,217;讨价还价/谈判,235～236;多视角的观点,336;组织决策,44～45;决策与计划,309～311;决策与权力,214～215;

《君主论》(Machiavelli),18,404

K

KKR,249

KPMG,9

卡特皮勒公司,343

开放空间,177

开放系统,123

康柏公司,67,359～360

康明斯发动机公司,167

柯达,100～101,343,421～422,423～428

科学管理,55
可接近性,人力资源领导者的特点,388~389
可口可乐公司,172,413~415
克莱斯勒公司,139,171,390~394
恐怖主义袭击:航空标准操作程度(SOPs),62~63;英雄般的反应,285~286;对恐怖主义袭击作出反应的组织结构,54;局部最优化,60;恐怖主义袭击之后的象征,269~270
控制:社会控制,215~216;纵向协调,63
库柏工业公司,65

L

篮球队,113~114
劳动力:劳动力的多样化,171~172;技能要求,137~138;对结构的影响,77。同见员工
里兹大饭店,151~152,157~158,288~289
理解:期望对人们理解能力的影响,37~42;领导任务,30,39~41;个性理论对理解能力的影响,41~42
理解环境。见理解
理论:变革理论,418~421;倡导的理论与应用的理论,183;领导能力理论,371~377;个性理论,41~42,183~187;全面质量管理(TQM),173~174;人力资源视角的理论基础,123~125;象征视角的理论基础,270;多元价值观,47~48
利弗·施特劳斯公司,403
利润分享计划,156~157
利益分配,156
联邦调查局(FBI),221;与CIA的冲突,17~18
联邦航空管理局(FAA),258,308
联邦快递(FedEx),129,150~151,154,155,259,387
联合航空公司,115~116
联盟,216。同见网络模糊性:视角的选择,339~341;应对模糊性,36~37;组织联盟,32~33;联盟的绩效评价,221;美国铸铁管公司(Acipco),144
联盟,建立联盟,211~214;作为组织的联合体,211~214;联盟与权术视角,208,209,210
《六西格玛方法》(Pande, Neum-

man, and Cavanagh),12,16
林肯电器公司,154~155
临时结构,91~92,94
灵魂,328~329;安然公司相关案例,429~430;灵魂与伦理,430~431,433~435;组织的灵魂,432~435
领导:安排议程,228~230;领导艺术,21;领导背景,370~371;与领导能力相联系的戏剧,314~315;示范,322~323,395~396;卓越公司的领导,344~345;领导与性别,377~378;群体中的领导,200~201;人力资源型领导,382,387~390,399~400;领导模式,372~377;多视角的运用,333~334;领导与组织文化,272~273;领导与组织伦理,435~438;领导范式,471~472;权术型领导,382,390~395;重组的原因,95~96;重构,381~400;精神型领导,442~443;结构型领导,382~387;象征性领导,382,395~400;"改革型的"和"事务型的"的领导者,395;对价值观的承诺,472~473。同见管理;管理者的领导风格,190~193,349,350,374~377
《领导的要旨》(Goleman, McKee, and Boyatzis),13,17,189~190
领导能力的情景模式,374~377
伦理:领导的特征,436~441;伦理与权术视角,220~222;伦理与权术,240~244;伦理与灵魂,430~431,434~435
罗伯特·F.肯尼迪高级中学:案例,445~456;重构的应用,456~470

M

Malden Mill 纺织品生产商,433
MCI,97
马里恩实验室,142~143
《马基雅弗利会怎么做?自私有理》(Bing),13,18
马斯洛的需求层次理论,128~129,242
马自达,155
麦当劳,343;行动计划,64;机械官僚制,87~88;麦当劳的组织结构,67~69,70~72,77~78;麦当劳使用的象征,275
麦格·劳希尔公司,80

麦克万公司,123~124,145
麦肯锡公司,10
玫琳凯化妆品公司,295
梅耶-布里格斯类型测试,191~192
美国"肯尼迪"号军舰,53~54,61
美国电报电话公司(AT&T),95,154,416
美国顾客满意度指数,9,153
美国管理协会,关于缩编的调查,140
美国国会:美国国会的典礼,295~296;美国国会的仪式,290~291
美国国土安全部,60,82
美国海军,179,300~301
美国海军陆战队,281~282
美国军队,63
美国空军,292~294,329
美国连锁医院集团(HCA),288
美国斯塔克号驱逐舰,38,39
美国温森斯号驱逐舰,38~39
美国医疗协会(AMA),232
美国邮政总局,178
庙宇,把组织比作庙宇,435,441~443
民权运动,252,253
民主,工作场所的民主,168~171
民主型领导网络,190
敏感性训练,176~177
谬误,组织诊断中的谬误,43~48
《摩登时代》,130~131
模仿性制度同构,302~304
模型Ⅰ的理论运用,183~185,197~198,458~459
模型Ⅱ的理论运用,185~188
摩托罗拉,436~437,440
莫顿聚硫橡胶公司,206~207,209~210,221,232~233
默克,344,431~432
目标:高绩效团队的目标,115;目标对结构的影响,73~74,84~85;结构目标与权术目标,212~213;目标的类型,73~74
目标设定:多视角的理解,337;目标设定过程的谈判,209,210~212

N

Novo-Nordisk,12
内部晋升,155~156
那比斯考公司,247。同见RJR那比斯考公司
男子气概—女子气概(文化维

度),277~278
南斯拉夫,168~170
女性:晋升的限制,379~381;女性领导能力,377~379,381;女性与包容性网络,92~94。同见多样化
挪威,164,168
诺斯壮百货公司,57,272~275

O

"On a Clear Day.,"387

P

POWs,285~286
Pretà Manger,11~12
培训:培训与变革,405,406~408,423~424;员工培训,157;群体技术,176~178;团队培训,168。见学习。
批评(指责),45~46,184~185,207~208
皮格马利翁效应,42
平等,工作中的平等,168~171
评价:评价过程中的冲突,411~412;关于评价的多视角观点,336;戏剧式的组织流程,311~312;
苹果计算机公司,87,255,
普林斯顿大学,381

Q

期望:概念,38~40;女性领导者的期望,380
欺骗,31,36
企业生态系统,256~257
企业政府生态系统,259~260
汽车工会(UAW),118,144,170
强生公司,282~283
强制性权力,215
切尔诺贝利核事故,26
情商,188~190
《情商》(Goleman),189~190
庆典:群体活动,325~326;组织变革,416~417;意义,442~443;精神,329;象征形式,280,289~290
全面质量管理(TQM):NUMMI 的案例,174~176;理论基础,173~174
全球化:组织间网络与全球化,66;全球化条件下组织与员工之间的新型关系,136~138;全球化与社会,260~265;全球化对结构的影响,58,62,65,77~78
全球化运动,与圣战运动,265~266
全球资本主义,全球资本主义与

部落,264~265

全食超市,166~167,171

全通道网络结构,110,111

权力:权威与反对党的权力,215~216;破坏性权力与建设性权力,460~461;权力的分配,218,392;权力的特征,439~441;组织在社会中的权力,261,263~265,265~266;权力与权术视角,209,210,210~211,214~215,223;重构的权力,18~22,48~49,362~363;权力的来源,216~218;权力与戏剧,313~315;追求权力,46,47

权力距离,277~278

权术代理人,组织,作为权术代理人的组织,250~251,254~266

权术活动:在开发计算机操作系统过程中的权术活动,224~226;权术活动与伦理,240~244;权术活动是不可避免的,227,245;关于权术的负面印象,204;权术视角对权术活动的理解,206~207

权术家,作为权术家的管理者,224~245

权术竞技场,组织,作为权术竞技场的组织,250,251~254,256~266

权术视角,204;挑战者号事件的应用分析,207~208,209~211,212,221~222,226~227,232~233;权术视角的假设,208~211;权术视角与权威,215~216,222~223;权术视角与谈判,208~209,210~211;权术视角与变革,405,412~413,420~421;权术视角与冲突,209,210,219~220;权术视角与伦理,220~222;权术视角与人力资源视角,207~208;权术视角与组织卓越,344~345,346;从权术视角来理解组织流程,336~337;权术视角概要,18,19,22;权术活动,206~207;权术视角与权力,208~209,210,211,214~219,223;权术视角的重构,357~360,459~461;权术视角的不足,364;何时采用权术视角,339~342

权术网络规划,230~232,232,460~461

权术行动:自下而上,252~253;自上而下,253~254

权术型领导,382,390~395

权术影响,实践的步骤,232~233

权威,权威与权术视角,215~216,222~223,252

权威:与领导能力的区别,369;作为权力的来源,214,216;纵向协调,51

确定的行动,307

群体,105~120;群体的优势与劣势,193~194;群体的自主与相互依赖,83;群体的识别,323~324;群体中的人员关系管理,176~177;非正式文化参与者,327~328;群体中的非正式准则,196~197;群体中的非正式角色,194~196;群体中的个体间冲突,197~200;群体中的个体动力学,193~201;群体中的领导,200~201;群体的结构设计,59~61;象征设计在群体中的应用,320~329;T 型群体,177。同见团队。

R

《Rashomon》(Akira Kurosawa),21

RJR 那比斯考公司,248~250,252,256,340

热爱,432~433,435~436,438~439

人道主义,244,433~434,435,437

人的需求。见需求。

人际关系动力学,180~202;案例,180~181,182~183,197~200;人际交往与情商,188~190;群体中的人际关系动力学,193~201;个体差异,181~182;管理风格,190~193;管理者的自我保护,186~188;个体行为理论,183~186

人际交往能力,188

人力资源管理,147~179;人力资源管理成功的障碍,149~150;多样化提升战略,149~150,171~172;早期的实践,147~148;授权,149~150,158~171;雇佣,149~150,151~157;人力资源管理哲学,150~151;人力资源管理应用技术,176~177;TQM战略,173~176

人力资源视角,121~122,145~146;人力资源视角的假设,125~126;人力资源视角与变革,404~405,406~408,

420~421；人力资源视角对组织流程的理解，336~337；人力资源视角概述，17，19，20；人力资源视角与权术视角，207~208；人力资源视角对权力的理解，214~215；重构，355~357，458~459；人与组织之间的关系，123~146；人力资源视角的不足，363；理论前提，123~125；何时选择人力资源视角，339~341。同见人力资源管理；个体间动力学

人力资源型领导，382，387~390，400

人民快递公司，57

任务：对团队工作的影响，111~114，119~120；群体运行的层次，194

任务小组，64，66~67

日本：宗教信仰，39；仪式与典礼，294~295

瑞典，168

S

SAP，167

SAS研究所，12，153~154

Shoney饭店，171

SRC Holdings（即原来的菲尔德再加工公司），159~160

三哩岛核事故，26，282，343

三菱公司，329

商塞姆考公司，169，170

少数派。见多样化。

"设计效果"，42

社会，社会与组织的关系，260~265

社会控制，215~216

社会智力，188

神话，280~282，282~283，288~289

《神话的力量》(Campbell)，270

生产率，员工参与对生产率的影响，160~163

生态系统，254~256；企业生态系统，256~258；企业政府生态系统，259~260；公共政策生态系统 258；社会生态系统，260~261

"圣战运动"与"全球化运动"，264~265

《时代》杂志，年度人物奖，221~222

时间，群体的基础，60

实验室训练，177~178

实验学校项目，411~412

实用的理论：定义，183；模型Ⅰ，184~185，197~198，459；模

型Ⅱ,185~187
食品药品管理局(FDA),308
士气:员工参与与士气,161~162;组织结构对士气的影响,56~57
世界贸易中心。见恐怖主义袭击
世通公司,23 注释,36,96,222,243
事业部结构,90~91;重组机械官僚制结构,98~99
视角:选择,339~342;定义,14~15;有效管理者如何运用,346~348;功能,22;朱利安尼对不同视角的运用,333;管理者的视角偏好,349~350;四种视角,18~19,336~337,473~474;不同视角对组织决策的影响,43~45;卓越的组织,434~436,438~439;多视角的现实体,335~338;概念,14,22。同见,人力资源视角,权术视角;重构;结构设计;象征视角。设计,权力的来源,217
授权:授权于员工,150,158~160;人力资源领导者的授权,390
数字设备公司(DEC),66,91,343,224,393
双层职权团队设计,108~109
双子座惨剧。见恐怖主义袭击
《谁动了我的奶酪?——在工作和生活中应对变化的绝妙方法》(Johnson),405~406
思科系统公司,8,318
斯凯伦计划,156~157
斯科特纸业,34~35,139
四维模型,总述,19,20
松下,166
损失,损失与变革,413~419
缩编,139~141,154
索尼公司,344

T

"The Iron Cage Revisited: Institutional Isomorphism and Collective Rationality in Organizational Fields," (DiMaggio and Powell),302~304
Texaco公司,171~172
T型群体,177
泰科公司,58~59
泰勒制管厂,124
谈判:集体谈判,312~313,441;一项管理技能,235~236;权术视角,209,210~211。同

见谈判(Negotation)

谈判:一项管理技能,235～240;谈判与权术视角,208～209,210～211

天主教教堂,289

挑战者号宇宙飞船事故,6,205～208;权术视角的应用,208～210

通用电器公司(GE),86,139,257,343～344,384

通用汽车公司(GM),178;企业生态系统的举例,256～257;领导能力的挑战,4;四处走动的管理,389;新联合汽车制造公司,173～176,386;工作生活质量,143～145;通用汽车的重组,99;通用汽车的结构型领导,382～387。

通用食品公司,167～168

通用数据公司,鹰项目小组,318～328

童话故事,280,286～289

土星公司,12,57,170,386;权威,437;仪式,296;权力的象征,440;团队,117～119,167

团队,105～120;团队的多样化,321～322;高绩效团队,115～117;团队中的人员互动,193～201;团队的语言,323;

土星公司的团队,117～119;自我管理团队,146～148;运动团队,112～114;团队的结构设计,107～111;象征视角在团队中的运用,320～329;团队工作与相互依赖,111～114。同见群体

《团队的智慧》(Katzenbac & Smith),115

团队工作:成功的决定因素,114～115;任务对团队工作的影响,111～114,119～120

团队建设,178,328～329

V

Venezuelan 的医疗服务体系,162～163

W

网络:全通道网络结构,110,111;建立网络,233～234;循环网络,110;电子网络,75～76;横向协调方式之一,66;权力的来源,216～217

微软,34,151～152,224～225,238～239

未来研究规划,177

"为一角钱奔走"运动,84～85

文化:民族文化,277～279;组织

文化，271～274。同见组织文化。

文化的重要性：《工作价值观的差异性（Hofstede）》，248～249

沃尔沃，15，168

沃尔沃法国公司，275～277

无形的晋升限制，379～381

X

X理论，129～130，150

西南航空公司：CEO报酬，171；员工的承诺，141；英雄，285；幽默，151，414，437；劳资谈判，441；关爱，438；神话，280～281；精神，431～433

西屋电气公司，344

希尔逊·莱曼·赫顿公司，250

稀缺资源，460；稀缺资源与视角的选择，341；稀缺资源与权术视角，209，210，211

袭击友军事件，36～38，195，207

戏剧，300～316；关于组织的制度理论，301～305；作为戏剧的组织流程，308～315；作为戏剧的组织结构，305～308；北极星导弹系统，300～301

戏剧。见舞台，剧场。

系统：开放系统，123；高限制系统与低限制系统，218

系统动力学，35～36

系统模式，34～35

现实：管理者面对的现实，334～335；多面体，335～338

《乡村之声》，93

象征，267～268，274～298；类比，297～298；大陆航空公司对象征的运用，279～280；哈雷－戴维森公司的文化，269；成功团队中的象征，318～329；法国沃尔沃公司对象征的运用，274～277。见具体的象征形式。

象征视角，267～268；象征视角在群体/团队中的应用，319～320；象征视角的假设，270～271；象征视角与变革，315～316，405，413～419，420～421，426～428；象征视角与组织文化，317～329；象征视角对组织流程的理解，336～337；象征视角概述，18，19，22；重构，360～362，461～465；象征视角的不足，363；象征视角的理论基础，270～271；何时采用象征视角，339～343。同见象征。

象征型领导，382，395～400

象征性的平等主义,170~171,174~175

效率:管理者的特征,346~438;领导风格的不同类型,381~399

协调:横向协调,64~67;纵向协调,61~63

心智模式,7~8,15~16。同见视角。

《新机器的灵魂》(Kidder),288

《新闻周刊》,285

《新型管理模式》(Liken),178

新拉纳克,位于苏格兰的纺织厂,147~148

新联合汽车制造有限公司(NUMMI),174~176,386

薪酬:员工薪酬,152~154;高管人员薪酬,171;技能工资,168~169

薪水。见报酬。

信奉的理论,183

信息:向员工提供信息,159~160;权力的来源,216~218

信息技术(IT)。见技术创新仪式,290~292,320~321

信仰,435,441~443

星状网络,110,112

行政管理,85,86

性别:性别与领导能力,377~381;男子气概—女子气概(文化维度),277~278

性格的"大五"模型,192

需求:人的需求,126~128;马斯洛的需求层次理论,128~129,242;员工的需求(与工作相关),123。同见激励。

选举,象征主义,291

学生民主协会,216~217

学习:员工学习,157~158;组织学习,33~36,213~214;影响,41~42。同见培训。

循环网络团队设计,110,112

Y

Y理论,129~130

亚里士多德的伦理观,434

要求,模式Ⅱ的应用,185~187

耶鲁大学,342

一个老板的团队设计,108~109

伊代纳(明尼苏达)学区,281

伊拉克:黑鹰直升机被击落的事件,37~38,196,206~207;伊拉克战争,74~75,399

伊拉克战争(2003),74,399

伊士曼-柯达公司,100~101,343,421

仪式:变革的仪式,416~417,426;仪式与精神,329;象征

形式,280,289～294,296～297

以身作则,领导者以身作则,322,395～396

艺术:领导艺术,18;重构的艺术,469～470,473～474

议程:控制议程,217;安排议程,228～230

易趣,12,94,282～283

意义,436,441～444

音乐,443

英国航空公司,34

英雄:作为英雄的领导者,370～371;组织的象征,280,283～286

鹰小组,鹰小组的组织文化,318～328

营销概念,261～262,263～264

《用故事管理》(Armstrong),287～289

幽默:群体中的幽默,324～325;西北航空公司的案例,152;象征的形式,298

游戏(竞争,参与),297～298,324～325

《愚人庆典》(Cox),299

语言,团队/群体的语言,322～323

员工:员工的职权,84;员工自主,83,160～163;员工责任的分类,81～83;组织与员工之间的冲突,130～136;授权,150,158～163;雇佣,151;非人性的管理,123～124,130～136;投资,150,157;高绩效组织的员工投资,142～145;工作保护,154～155;士气,56～57;缩编的影响,140～141;参与,160～163;工资与福利,153～154;内部晋升,155;财富分享,150,156～157;留住员工的战略,150,152～157;员工培训,157～158;组织与员工的关系,136～139;员工负荷,82。同见劳动力。

员工持股计划(ESOP),156

愿景:愿景与变革,427～428;作为象征形式的愿景,281～282;象征型领导如何进行愿景沟通,397～398

运动队,112～114

Z

再造:案例,97～104;目标未实现,9。同见重组。

责任:责任神话,236;团队责任,117,119

责任分配,116,458
战略,战略的结构意义,73~74
战略高层,85,86,94
战略规划,309~310,336
《战略计划的兴起与衰落》(Mintzberg),309
账务公开式管理,159
《真正的管理者》(Luthans, Yodgetts,& Rosenkrantz),343, 345~348
整合,结构设计问题,59~61,81
证券交易所(SEC),308
政策:灵活性,84~85;纵向协调,61~63
政府:政府对组织创新的影响,10~11;作为监管者的政府,307~309
政府企业生态系统,259~260
知识体系图,14,42~43
知识体系图,34
制药公司,259,412
制药公司,259,412~413
智障,4,7~9
中央情报局(CIA),与联邦调查局之间的冲突,17~18
州际商务委员会,307
专家:高绩效团队的构成,116;权力的来源,216
专业官僚体制,89,95

专业化,59,116,132
专制型领导风格,190
《追求卓越》,343~345,348~349
卓越,卓越的组织,343~346,348~349,435~437
卓越的组织,343~344,348~349,435~437
咨询师,10~11
资源。见稀缺资源。
自我保护,187~188
自我破坏性的智力综合症,7
自我实现,人的需求,128,130
自主,员工自主,83,160~163;个体或群体自主,83
自主权,435~437,440
《总经理》(Kotter),343,346~347
纵向协调,61~64,67
足球团队,112~113
阻力(反抗):流水线工人的反抗,131~135,143~144;变革的阻力,407~408,411~412,413~415
组织:优势与劣势,5~6;组织的特征(影响结构设计的因素),69~78;作为联合体的组织,211~214;组织的复杂性,30,81;人与组织之间的冲突,130～136,146 注释1;组织中的冲突,208～209,209～210,219～220;作为文化的组织,271～274;组织的成长,95～96;高绩效组织,142～144;组织改善,9～12;不人道地对待员工,123～125,130～136;组织的并购,9;多面体的组织,335～338;作为权术代理人的组织,250～251,254～266;作为权术竞技场的组织,250,251～254,256～266;组织的特征,30～32;社会与组织之间的关系,260～266;组织的灵魂与精神,431～436;组织使用的象征,274～298;员工与组织关系的趋势,136～138。同见组织文化

《组织》(March and Simon),43～44

组织变革。见变革。

组织的流程:多视角的理解,336～337;作为戏剧的组织流程,308～315

《组织的外部控制》(Pfeffer and Salancik),262～263

组织发展(OD),178

组织结构。见结构

组织结构图,17,51

组织文化:定义,271;哈雷-戴维森公司,269;组织文化与领导,272;诺斯壮百货公司,272～275;民族文化与组织文化的关系,278;组织文化与象征视角,317～318。同见象征。

组织学习,33～36,213～214

组织诊断,组织诊断中常见的问题,43～48

郑 重 声 明

高等教育出版社依法对本书享有专有出版权。任何未经许可的复制、销售行为均违反《中华人民共和国著作权法》，其行为人将承担相应的民事责任和行政责任，构成犯罪的，将被依法追究刑事责任。为了维护市场秩序，保护读者的合法权益，避免读者误用盗版书造成不良后果，我社将配合行政执法部门和司法机关对违法犯罪的单位和个人给予严厉打击。社会各界人士如发现上述侵权行为，希望及时举报，本社将奖励举报有功人员。

反盗版举报电话：(010) 58581897/58581896/58581879

传　　真：(010) 82086060

E - mail：dd@hep.com.cn

通信地址：北京市西城区德外大街 4 号
　　　　　高等教育出版社打击盗版办公室

邮　　编：100011

购书请拨打电话：(010)58581118

策划编辑　刘　海
责任编辑　刘　海
封面设计　王凌波
责任绘图　尹　莉
版式设计　范晓红
责任校对　康晓燕
责任印制　陈伟光